공평사회 2

공정사회2
새로운 세상을 향하여

초판 1쇄 발행 2025년 9월 8일

지은이 공정과 평화 아카데미
펴낸이 장길수
펴낸곳 지식과감성#
출판등록 제2012-000081호

교정 주경민
디자인 이현
편집 이현
검수 정은솔
마케팅 김윤길

주소 서울시 금천구 벚꽃로298 대륭포스트타워6차 1212호
전화 070-4651-3730~4
팩스 070-4325-7006
이메일 ksbookup@naver.com
홈페이지 www.knsbookup.com

ISBN 979-11-392-2811-3(03300)
값 18,000원

- 이 책의 판권은 지은이에게 있습니다.
- 이 책 내용의 전부 또는 일부를 재사용하려면 반드시 지은이의 서면 동의를 받아야 합니다.
- 잘못된 책은 구입하신 곳에서 바꾸어 드립니다.

지식과감성#
홈페이지 바로가기

공평사회 2
Fair & Peaceful Society

새로운 세상을 향하여

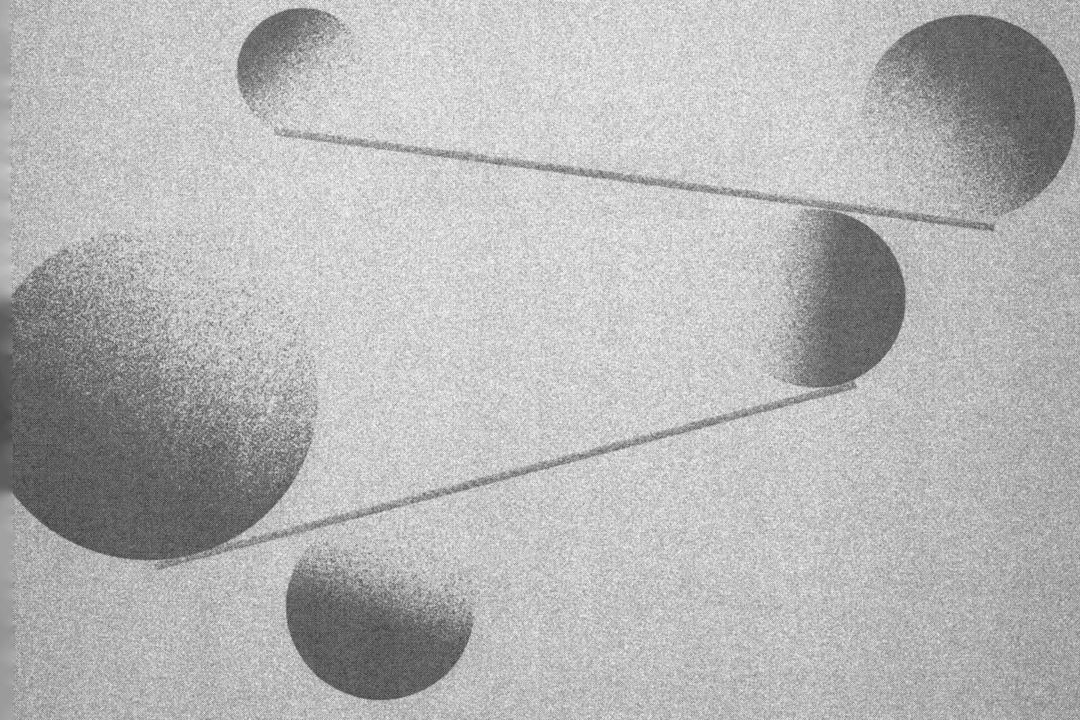

FAIRNESS / PEACE / ACADEMY

발간에 부쳐

공평한 사회를 향한 다성적 사유의 장(場)
혼란의 시대, 공평의 가치를 다시 묻다

  2024년 겨울, 공정과 평화 아카데미는 『공평사회 2』의 발간을 준비하며, 한국 사회가 안고 있는 불평등과 불공정의 구조를 다시 한번 깊이 성찰하고자 했습니다. 그러나 원고 마감을 앞두고 우리가 전혀 예상하지 못했던 거대한 사건이 발생했습니다. 2024년 12월 3일, 위헌적 계엄선포는 헌정 질서를 송두리째 뒤흔들며, 우리가 일상처럼 여겼던 민주주의의 토대가 얼마나 취약한 것인지를 새삼 일깨웠습니다.

  이어진 대통령 탄핵소추와 재판 그 결과로서의 조기 대선, 사회 전반을 휘감은 혼란과 분열의 정국 속에서, 과연 우리가 어떤 언어로 공정과 평화를 말할 수 있을지 고민하지 않을 수 없었습니다. 아무 일도 없었던 듯이 책을 출간하는 것이 과연 옳은 일인지, 아니면 보다 넓은 시야에서 더 많은 목소리를 담기 위해 출간을 잠시 늦추는 것이 책임 있는 태도인지, 내부에서 논의가 이어졌습니다. 그 결과, 우리는 이 책이 정치적 반응이 아니라, 시대에 대한 성찰과 다음 시대를 위한 다리가 되어야 한다는 데 뜻을 모았습니다. 그리하여 출간 일정을 잠시 미루어 새로운 필진을 초청하고, 논단과 칼럼 형식을 함께 아우르는 보다 열린 구성을 기획하게 되었습니다.

『공평사회 2』는 그런 고민과 토론, 기다림과 재구성의 시간 끝에 나온 책입니다.

이번 책에서는 전통적인 논문 형식의 분석뿐 아니라, 각자의 현장에서 실천하고 사유해 온 시민·연구자·활동가들의 목소리가 칼럼이라는 형식으로 함께 담겼습니다. 이를 통해 단지 이론과 구조를 논하는 데 그치지 않고, 현실의 무게를 감각하며 쓰인 글들, 삶의 자리에서부터 공평과 연대를 다시 사유하는 글들이 함께 호흡하게 되었습니다.

우리는 지금, 경제적·사회적 불평등뿐만 아니라, 민주주의와 공동체적 윤리가 다시금 시험대에 오른 시대를 살아가고 있습니다. 이 책은 그런 시대에 던지는 하나의 물음입니다.

"지금 우리가 다시 말해야 할 공정과 평화는 무엇인가?"
"어떻게 해야 함께 사는 사회를 실질적으로 가능하게 만들 수 있는가?"

이번『공평사회 2』는 공정과 공존, 갈등의 치유와 통합, 지방분권과 통일지향, 자치교육과 민주주의, 상생노동 및 청년 고용 외 다양한 주제들이 녹아 있습니다. 특히 주목할 점은 각 주제가 거시적 분석과 미시적 체험, 제도와 생활의 언어가 균형을 이루며 구성되었다는 점입니다. 이는 단순한 지적 제안이나 정책 비판을 넘어, 실제 사회적 전환을 만들어낼 수 있는 힘은 어디에서 비롯되는가를 함께 묻는 작업이기도 합니다.『공평사회 2』는 그러한 물음에 답하기 위한 다성적(多聲的) 대화의 장입니다. 하나의 해답을 강요하지 않되, 함께 고민하고 성찰하며 다음 발걸음을 내딛기 위한 발언의 공간입니다.『공평사회 2』의 출간이 늦었지만, 그래서 더욱 충실하고 살아있는 책이 되기를 바랍니다.

그리고 이 책을 읽는 모든 독자 여러분이, 각자의 자리에서 공정과 평화, 민주주의와 공동체라는 가치를 다시 마음에 품고, 작은 실천으로 이어가는 동행자가 되어 주시기를 기대합니다.

이 책의 발간을 위해 옥고를 보내주신 필자, 자신의 시간을 아끼지 않고 헌신하신 기획위원, 편집진 여러분께 깊은 감사의 마음을 전합니다.

그리고 여전히 불확실한 시대를 살아가는 우리 모두에게, 이 책이 작은 빛이 되기를 소망합니다.

2025년 7월
공정과 평화 아카데미

추천의 글

오늘날 우리는 경제적으로는 세계 10위권의 위상에 올라섰지만, 사회적으로는 여전히 깊은 불균형과 갈등 속에 살고 있습니다. 성장과 발전의 외형은 갖추었지만, 그 속을 들여다보면 기회의 불공정, 양극화의 심화, 그리고 공동체적 연대의 붕괴라는 무거운 과제들이 우리 앞에 놓여 있습니다. 이제 우리는 물질적 풍요를 넘어서, '어떻게 함께 살아갈 것인가'라는 질문에 답할 수 있어야 합니다. 바로 이 지점에서 이 책 『공평사회 2』가 우리 사회에 던지는 메시지는 매우 시의적절하고도 본질적입니다.

『공평사회 2』는 시민단체 '공정과 평화 아카데미'가 오랜 시간 사회 곳곳의 목소리를 담아 펴낸 집합적 성찰의 결과물입니다. 우리 사회의 불평등 구조를 분석하고, 다양한 영역에서 공정성과 평등의 가치를 회복하기 위한 구체적인 실천 방안을 제시한다는 점에서, 이 책은 학술성과 실천성을 동시에 갖춘 귀한 시도입니다. 특히 시민의 자율성과 연대, 공공의 회복이라는 가치는 우리가 다음 세대에게 물려주어야 할 가장 소중한 사회적 자산이라는 점에서 뜻깊게 다가옵니다.

저는 오랜 기간 학계와 공공부문, 금융정책의 영역에서 일하면서, 경제의 안정을 도모하고 지속가능한 발전의 조건을 고민해 왔습니다. 특히 한국은행 총재로 재직하던 시절, 거시경제의 수치를 뛰어넘어 국민

개개인의 삶 속에서 체감할 수 있는 경제정책이 얼마나 중요한지를 절감했습니다. 불평등이 구조화되고 기회의 사다리가 끊긴 사회에서는 아무리 경제가 성장해도, 그 성과는 극소수에게만 집중되며 사회 전체의 신뢰는 무너지게 됩니다. 결국 경제의 안정을 뒷받침하는 힘은 기술이나 자본의 힘만이 아니라, 사람과 사람 사이의 신뢰, 사회적 자본, 그리고 공정에 대한 공통된 신념에서 비롯됩니다.

『공평사회』는 이러한 신념을 회복하려는 노력의 산물입니다. 책 속에는 단지 구조적 문제의 나열이 아니라, 그것을 넘어서려는 제안과 희망이 담겨 있습니다. 특히 눈에 띄는 것은 시민이 단지 수동적 수혜자가 아닌, 공공의 문제를 함께 고민하고 실천하는 주체로 서야 한다는 믿음입니다. 이는 한국 사회가 보다 건강한 민주주의로 나아가는 데 있어 반드시 필요한 인식이기도 합니다.

이번 『공평사회 2』는 이전 『공평사회』의 연구논단 중심 구성에서 나아가, 칼럼이라는 보다 열린 형식을 통해 각자의 현장에서 문제를 고민해 온 시민, 연구자, 실천가들의 목소리를 담고 있습니다. 그것은 학문적 깊이와 함께 현실성과 호소력을 지닌 글들로 채워졌으며, 공평한 사회에 대한 집단적 사유의 지평을 넓혀주는 귀중한 작업입니다.

공정과 평화는 결코 구호로만 실현되지 않습니다. 그것은 일상의 삶과 제도의 곳곳에서 구체적인 실천을 통해 비로소 살아 숨 쉬게 됩니다. 그런 점에서 『공평사회 2』는 단지 책 한 권의 의미를 넘어서, 우리 사회의 또 다른 전환을 향한 선언이며, 그 길을 함께 모색하자는 제안입니다. 이 책이 더 많은 시민들에게 읽히고, 나아가 각자의 삶의 자리에서 '공평한 사회'를 위한 작은 실천으로 이어지기를 진심으로 바랍니다.

공정과 평화 아카데미의 귀한 기획과 노고에 깊이 감사드리며, 이 책이 오늘날 계엄 극복의 과제까지 남겨진 한국 사회의 위기와 혼란 속에서 하나의 나침반 역할을 하기를 기대합니다.

2025년 7월

박승

중앙대 명예교수, 전 한국은행 총재

우리는 서로 다릅니다.

숲을 이루는 나무가 저마다 각기 다른 모양과 크기를 지니듯, 한 사회를 구성하는 사람의 생각과 취향, 삶의 조건 또한 저마다 다릅니다. 이러한 다름은 우리 사회를 더욱 풍요롭고 다채롭게 만드는 원천입니다. 그러나 오랜 시간동안 이 다름은 '틀림'으로 오도되어 왔습니다. 힘 있는 자의 기준이 공정이라는 이름으로, 가진 자의 질서가 법치라는 이름으로 우리 모두에게 강요되었습니다.

『공평사회 2』는 이런 현실을 직시하는 것에서 출발합니다. 모든 구성원이 자신의 다양성을 인정받으면서 공존할 수 있는 사회가 공정의 시작임을 강조하면서, 극단적인 혐오와 분열, 권력 카르텔이 만들어낸 불공정의 민낯을 낱낱이 밝힙니다. 금권과 권력이 법과 자유를 독점해 민주주의를 훼손하는 현실을 외면하지 않고, 극우적 선동과 기득권의 횡포를 날카롭게 고발합니다.

그러나 이 책이 단지 비판에 머물지 않는다는 점이 무엇보다 중요합니다. 공정과 평화는 우리 사회 공동체가 지속가능할 수 있기 위해 전제되어야 할 규범이자, 약속이라는 점을 강조합니다. 서로 다르기에 더 돌보고 연대해야 한다는 메시지를 전합니다.

『공평사회 2』는 분열과 혐오의 정치가 판치는 이 시대에 공정과 평화를 다시 바로 세워야 한다는 제안입니다. 무너져 가는 민주주의를 지켜내기 위한 절박한 외침이자, 우리가 어떤 사회를 만들지 함께 고민해보자는 초대입니다.

권력자들이 말하는 "공정"이 아닌, 우리 모두가 함께 만들어 가는 "공평사회"를 위한 소중한 기록이자 제안으로서, 이 책을 기꺼이 권합니다.

2025년 7월

용혜인

제21, 22대 국회의원

먼저 『공평사회 2』의 발간을 진심으로 축하드리며, 지난 2021년 9월 창립 이후 4년 가까이 흔들림 없이 활동을 이어온 '공정과 평화 아카데미'의 노고에 깊은 경의를 표합니다.

1980년대 민주화운동, 1990년대 환경운동 등을 통해 우리 시민사회는 역동적으로 출발했지만, 지금은 양적으로 위축되고 질적으로 위기에 놓여 있습니다. 각자도생의 분위기가 짙어지며 공동체적 연대는 힘을 잃고, 시민단체의 지속적인 운영은 점점 더 어려워지고 있습니다. 이런 환경 속에서도 한결같이 시민과 함께해 온 '공정과 평화 아카데미'의 활동은 더욱 뜻깊습니다.

2025년 대선은 대통령 탄핵으로 인해 치러졌지만, 그 과정은 힘난했고 결과도 결코 가볍지 않았습니다. 정권 교체는 이루어졌으나, 그 뒤엔 우리 사회 곳곳에 뿌리내린 기득권 세력과 그들을 대변하는 엘리트 집단의 강고한 저항이 있었습니다. 그들은 불법 계엄과 대선을 보수와 진보의 갈등으로 몰아가려 했습니다. 그러나 그 본질에는 시민의 정치적 무관심과 과잉이 자리하고 있습니다.

정치 양극화는 기득권의 존속에 유리한 조건을 만들어줍니다. 시민이 정치로부터 멀어질수록 사회의 진보는 정체되거나 후퇴할 수밖에 없습니다. 따라서 합리적 보수의 회복과 극우의 억제를 위해서라도 지금의 정부는 반드시 성공해야 합니다. 그러나 정부의 노력만으로는 부족합니다. 시민단체가 더욱 단단한 연대를 구축하고, 시민 전체의 보편적 이익을 추구함으로써 더 많은 이들이 정치에 관심을 갖고 참여해야 합니다.

현 정부가 내세운 '국민주권정부'는 단지 구호에 그쳐서는 안 됩니다. 다양한 시민의 적극적인 참여를 통해 비로소 민주주의는 살아 숨 쉬게 됩니다. '공정과 평화 아카데미'가 건강한 공론장을 지향하며 시민의 관심을 모아내고, 근거 없는 혐오와 과잉을 줄이는 데 중요한 역할을 해주시리라 기대합니다.

앞으로 정부가 개혁을 추진할수록 저항 세력은 더 조직적이고 강고하게 대응할 것입니다. 그 상황은 이미 예고되고 있습니다. 따라서 정부의 성공은 비판적 성찰을 품은 시민사회의 지지와 참여, 그 성원이 절실히 필요합니다. 물론 그 지지는 정부의 잘못에 대한 정당한 비판을 포함합니다.

이번에 발간된 『공평사회 2』는 지난 2023년 12월의 창간호에 이은 뜻깊은 두 번째 기획입니다. 흔히 "시작이 반"이라고 하지만, 두 번째는 지속가능성을 보여주는 분기점이라는 점에서 더 각별합니다. 이 책은 공정하고 평화로운 사회를 염원하는 민주시민들의 실천적 의지를 담고 있으며, 각계각층의 위기 극복 방안이 진솔하게 제시되어 있습니다.

무엇보다 평범한 시민들이 삶의 현장에서 직접 겪은 문제를 스스로 성찰하고, 그 해법을 제안한 글들이 인상 깊었습니다. 이 책에 담긴 성찰과 제안은 현 정부가 개혁을 추진하는 데 있어 귀중한 참고가 되리라 생각합니다. 많은 시민들이 이 책을 읽고 토론하고, 함께 사유하고 행동하길 바랍니다.

"정조는 백성을 위하여 권력을 사용했고, 그 권력의 정당성은 백성에게서 나왔다."

저는 이러한 정조의 개혁 정신이 지금의 '국민주권정부'가 지향해야 할 방향이라 믿습니다. 『공평사회 2』가 그 길에 든든한 동반자가 되길 바랍니다.

2025년 6월 30일
김준혁
제22대 국회의원, 전 한신대학교 교수

목차

발간에 부쳐 … 4
추천의 글 … 8
1. 박승 … 9
2. 용혜인 … 12
3. 김준혁 … 14

연구 논단
1. 지속가능발전, 우리가 살고 싶은 사회에 이르는 길 김은경 … 22
2. 선감학원 아동인권침해 실태 및 피해회복을 위한 특별법 제정의 필요성 강신하 … 46
3. 지방분권과 통일 지향적 헌법 개정 권형둔 … 72
4. 풀뿌리 민주주의 진화 과정, 헌법과 지방자치법 정순희 … 104
5. 서울시 안심소득, 기본소득의 대안이 될 수 없다 신지혜 … 126
6. 인공지능 시대의 새로운 교육 패러다임과 탈(脫)지능주의 박상일 … 150

칼럼 - 위기 극복을 위한 제도 개선
1. 공정한 사회를 위한 공존의 길, 남녀동수정치 신명 … 170
2. 기본사회를 향한 시대적 과제: 양극화 완화와 국토균형발전 임배근 … 176
3. 노동의 상생적 공론장을 위하여 이병훈 … 185
4. 12·3 계엄 참회록: 자치교육과 주민자치 활성화를 통해 성숙한 민주시민사회로 나아가야 장재옥 … 193
5. 초고령사회에서 평화로운 노년의 집, 우리 법은 준비되었는가? 윤태영 … 204
6. 이재명 시대와 지방자치, 그리고 K-민주주의 정왕룡 … 214

7. 가계부채 비극 막을 길, 금융복지 원스톱센터에 있다 백주선	219
8. 지방정부 민간위탁 노동센터의 전국화가 시급하다 박재철	229
9. 청년고용의 현황, 문제 및 정책방향 모색 송수종	235
10. 한국의 저출생 위기의 해법 편해성	252
11. AI 디지털 교과서 도입, 지금 서둘러야 하는가? 박정인	268
12. 지속가능한 친환경농업을 위한 정책 방향 오형근	274
13. 남아공 G20에서 대한민국은 무엇을 이야기할 것인가? 이영란	279
14. 수평 윤리로의 전환과 한반도 평화 체제 구축 손덕기	291
15. 공정과 평화 아카데미 4년을 돌아보며 박상일	301

칼럼 - 위기 극복을 위한 의식의 전환

1. 내가 생각하는 공정과 평화 이정세	308
2. 연민이 정치를 할 때 김영순	317
3. 민주주의의 본질은 '국민에 의한 정치'입니다 손덕기	331
4. 전봇대와 공정에 관한 소소한 이야기 이동일	336
5. 갈등의 치유와 통합을 위한 사색(思索) 김옥성	359
6. 공동체 내 다양성과 공정의 긴장과 조화 변용완	371
7. 현재는 미래에게 사회통합으로 답해야 한다 왕성옥	377
8. 민주국가, 그리고 시민의 책임과 권리 사이 박순길	382
9. 「법 앞에서」의 정치: 데리다와 라투르를 통해 본 '법 블랙박스' 백우인	387

연구 논단

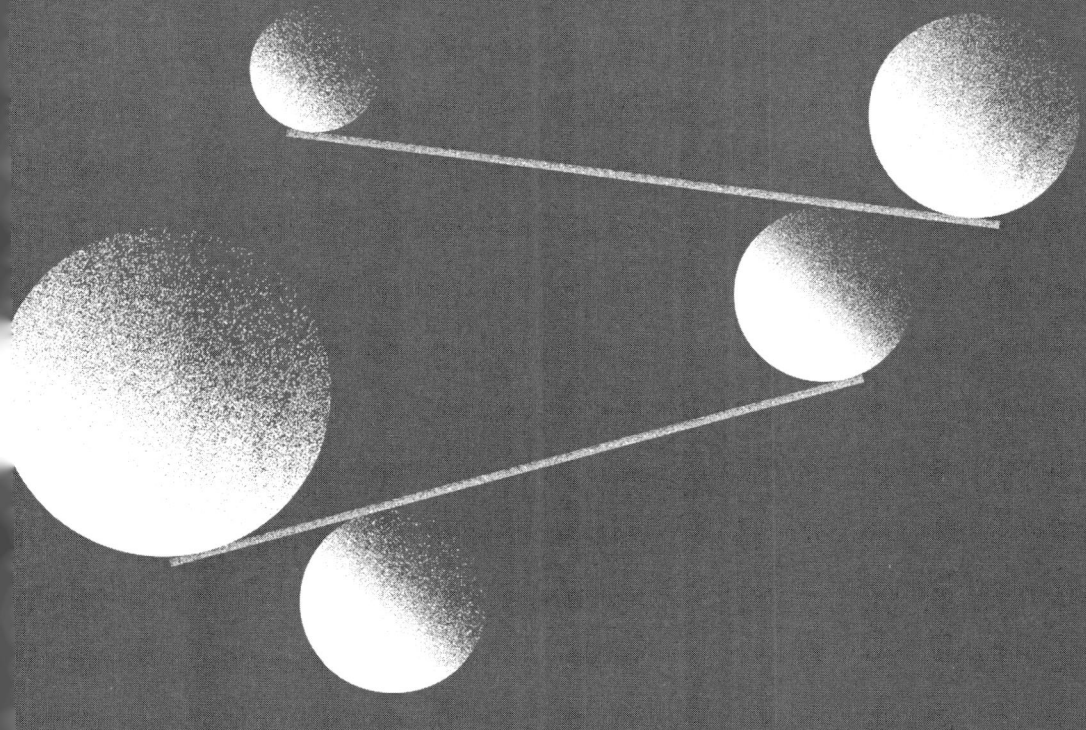

지속가능발전, 우리가 살고 싶은 사회에 이르는 길

김은경

사단법인 지구행동 이사장, 디지털 경영학 박사
전) 환경부 장관

목차

1. 우리의 위기
2. 위기의 근본 원인은 자본주의
3. 지속가능발전, 자본주의의 위기 극복을 위한 새로운 담론
4. 지속가능발전을 위한 현 정부의 과제

1. 우리의 위기

지금 우리가 살고 있는 사회는 어떤 사회인가?

경제는 성장하지만, 불평등은 점점 심해지고, 자연생태는 점점 더 파괴되어 가는 사회라고 요약할 수 있지 않을까? 달리 표현하면 경제성장을 위해 다른 것들을 희생하는 사회라고도 할 수 있을 것이다. 국제연합(UN) 산하의 유엔개발계획(UNDP)은 1996년 '인간개발보고서(Human Development Report, HDR)'에서 성장을 우선한 나라들에서 희생되는 것들을 다섯 가지로 설명한 바 있다.[1] 성장이 문화적 뿌리를 사라지게 하는 '뿌리 없는 성장', 성장 과정에서 언론이 억압되는 '무언의 성장', 성장의 과실이 소수에게만 돌아가는 '무자비한 성장', 성장은 하지만 고용은 늘지 않는 '고용 없는 성장', 미래 세대가 살아갈 생태적 기반이 훼손되는 '미래 없는 성장'이 그것이다. 이러한 현상들은 우리가 경제개발을 거치는 과정에서 모두 겪어 온 것이거나 지금도 겪고 있는 것들이다.

다행이라고 해야 할지, 더 큰 걱정이라고 해야 할지 모르겠지만, 이러한 현상은 우리나라만 겪고 있는 것은 아니다. 하버드 대학에서 ESG(Environmental(환경), Social(사회), Governance(지배구조))를 강의하는 레베카 헨더슨은 현재의 위기를 세 가지로 설명한다.[2] 첫째는 기후변화를 포함한 자연생태의 위기이다. 경제학이, 닫혀있는 지구 생태

---
1) UNDP, Human Development Report 1996, Oxford University Press, 1996.
2) Rebecca Henderson, Reimagining Capitalism in a World on Fire, PublicAffairs, 2020.

계에서 살아가야 하는 현실과 달리, 자연자원의 한계를 설정하지 않고 무한한 것으로 전제하고 있기에 발생할 수밖에 없는 문제들이다. 투입될 자연자원이 고갈되거나 부족해지는 일도 문제이지만, 자원을 투입해 생산하고 소비하는 과정에서 발생하는 오염으로 인한 문제도 누적되어 자연 생태계를 훼손하고 기후위기를 불러오고 있다. 생산과정이나 소비 이후에 폐기되는 것들이 자연 생태계가 수용할 수 있는 수준을 넘어서는 문제도 심각하다. 지구 한계를 고려해야 하는 요소들은 더 많이 있지만[3], 기후위기로 인한 재난이나, 급격한 생물다양성의 감소, 팬데믹 등은 이미 우리의 일상이 유지되기 어려운 충격을 주고 있다.

둘째는 불평등위기다. 사회주의의 몰락을 보면서 자본주의가 역사발전의 최종 단계라고 성급한 결론을 내렸지만, 2008년의 세계 금융위기로 시장경제체제가 되풀이되는 위기를 내포하고 있음을 부정하기 어려워졌다. 세계를 휩쓸었던 신자유주의의 실패는 그 원인으로 밝혀진 불평등에 주목하는 계기가 되었다. 2008년의 불평등 수준이 1929년의 대공황과 유사한 수준이었다는 경제학자들의 지적이 있었지만, 위기를 수습하는 과정 자체가 불평등을 확대하는 과정이었을 뿐 아니라 그 이후에도 불평등은 더 심화되고 있다. 불평등은 그저 단순한 자산과 소득의 차이에 그치는 것이 아니라, 구매력의 부족으로 경제 시스템의 유지 자체를 어렵게 한다는 점에서 쉽게 보아 넘길 일은 아니다. 지금 우리가 일상에서 목격하는 자영업 위기의 근본 원인이 구매력 부족이라는 점에서 불평등은 이미 우리 경제 시스템을 흔들고 있다.

---

[3] 요한 록스트룀, 지구한계의 경계에서, 에코리브로, 2017년.

셋째는 민주주의의 위기이다. 모든 민주주의 사회가 자본주의 경제 체제를 택하고 있는 상황에서 자본주의 사회의 양극화는 불만 세력을 양산해 낸다. 이 불만 세력을 정치적 배경으로 삼는 포퓰리즘이 좌·우 양측에서 나타나고 있지만, 근본적인 문제 해결에 이르지는 못한 상태에서 민주주의 제도는 심각한 위협을 받고 있다. 2020년 트럼프가 선거에 패배했을 때 국회의사당에 난입한 폭도들의 모습은 민주주의 위기를 상징적으로 보여주었다. 2024년 대통령 선거에서 승리한 트럼프가 그 폭도를 모두 사면한 모습은 주변부의 말단에서 문제가 발생하는 것이 아니라, 가장 중심부에서 민주주의가 부정되고 있다는 점에서 더욱 충격이다. 지금 우리가 겪는 일이 일반적인 민주주의 체제에서 일어날 수 있는 일이라고 여겨야 할지 모르지만, 최근의 우리나라 상황 역시 제도의 최상부에서 민주주의의 붕괴를 획책했던 사건이다. 유럽에서 극우주의가 세를 얻어가는 모습 또한 민주주의의 위기를 걱정하게 한다.

2. 위기의 근본 원인은 자본주의

세계가 겪고 있는 이러한 중첩된 위기의 근본 원인은 자본주의로 모아지고 있다. 자본주의가 출발 시기부터 위험을 안고 있다는 우려가 있었지만, 이분화된 이념 대립의 상대였던 사회주의가 몰락하면서 자본주의는 마치 무결점의 최선의 체제인 것처럼 행세를 해왔다. 그러나 많은 사람이 걱정했던 바대로 자본주의의 본질인 성장과 축적은 자본주의 자체의 존속을 어렵게 하는 지경에 이르렀다. 자본주의가 자신의 존재 기반까지 먹어 치우는 식인자본주의가 되었다는 낸시 프레이저의 지적은 섬뜩한 표현이지만, 깊고 폭넓은 성찰을 담고 있다.[4] 파울로 제르바우도는 신자유주의 실패로 생겨난 좌·우 포퓰리즘 정부들의 실패와 팬데믹 상황에서 드러난 선진국들의 부실한 대응을 근거로 국가의 목표가 경제성장에서 벗어나야 한다고 주장한다.[5] 국내총생산(GDP)이 높은 국가를 선진국이라고 불렀지만, 그 국가들이 국민의 안전과 안정적인 삶을 보장해 주지 못했다는 것이다. 결국 국가의 최종적인 목표는 '경제성장'이 아니라 '국민의 안전과 안정적인 삶의 질' 보장이어야 한다는 것이다.

그러나 이러한 주장은 대번에 벽에 부딪힌다. '자본주의가 아니면, 사회주의를 하자는 것인가?'라는 즉각적인 반문은 특히 우리나라에서는 일반적이다. 사회주의가 그 이상을 실천하지 못하고 실패한 것은 부정할 수 없는 사실이다. 그러나 그것이 사회주의가 지향했던 모든 가치를 부정해야 하는 이유가 될 수는 없다. 동시에 사회주의가 실패했기 때문에 자본주의를 비판할 수 없다는 논리도 성립하지 않는다. 지속가능발전의 관점에서 보면 사회주의 역시 '더 많은 자원을 투입해 더 많은 제품을 생산해 소비하고 폐기하는' 산업주의라는 점에서 자본주의와 다르지 않다. 지금 우리가 당면한 문제를 해결하기 위해서는 자본주의와 사회주의라는 이분법을 벗어난 새로운 담론이 필요하다. 문제를 일으킨 방법으로는 문제를 해결할 수 없다는 지적은 평범하지만, 새겨야 할 격언이다.

---

4) 낸시 프레이저, 좌파의 길, 서해문집, 2023년, p. 32.
5) 파올로 제르바우도, 거대한 반격: 포퓰리즘과 팬데믹 이후의 정치, 다른백년, 2022년, p. 89.

두 번째로 부딪히는 문제는 사회·경제 시스템을 바꾸는 일이 가능하겠느냐는 지적이다. 현실적인 관점에서 일견 타당해 보이는 지적이다. 자본주의가 우리 사회에 얼마나 깊이 침투해 우리의 일상과 사고를 지배하고 있는가를 파헤쳐 볼수록 쉽지 않은 문제로 보인다.[6] 그렇지만, 조금 더 긴 역사를 살펴보면 어떤 시스템도 영원하지 않으며, 더구나 이미 많은 문제가 드러난 시스템이 오래갈 수 없다는 것은 어렵지 않게 이해할 수 있다. 현재의 체제라는 것이 가장 이상적인 것도 필연적인 것도 아니며, 현 시스템으로 이익을 보는 사람들의 주장으로 유지되고 있을 뿐이라는 성찰에 이르면 사회·경제 시스템의 변화를 위한 논의가 불가피하다는 생각에 닿는다. 사회·경제 시스템이 사회구성원의 합의로 바꿀 수 있는 것이라는 학자들의 이야기는 불가능해 보이는 일에 도전해야 하는 상황에서 큰 힘이 된다.

그다음 문제는 '그럼 어디서부터 어떻게 바꿀 것인가?'이다. 자본주의 자체가 문제가 아니라 자본주의가 제대로 작동하지 않기 때문이라고 현재의 자본주의를 구멍 난 배에 비유한 장하성은 우선 구멍을 때우는 일이 필요하다고 주장한다.[7] 그는 재벌개혁이 그 배에 난 구멍을 때우는 일이라고 주장한다. 우리나라에서 재벌이 자본주의 시장경제의 공정성을 해치고, 결과적으로 불평등을 심화시킨다는 비판은 타당하다. 그렇다고 재벌 문제만 해결하거나 완화해서 자본주의가 완전히 작동되면 문제가 해결될 것인가? 현재의 문제는 오히려 자본주의가 너무 성공해서 생긴 문제이며, 자본주의 본성의 문제를 간과하고 있다는 비

---

6) 이영자, 자본주의의 신화와 독사(Doxa), 나남, 2015년.
7) 장하성, 한국 자본주의, 헤이북스, 2014년.

판을 제기할 수 있다. 이와 반대로 앞서 인용한 이영자는 「자본주의의 신화와 독사」에서 자본주의가 우리의 일상과 사고를 얼마나 철저하게 지배하는지를 보여주면서 부분적인 변화로는 자본주의의 문제를 해결할 수 없다고 주장한다.

이 두 시각은 자본주의 문제를 바라보는 상반된 시각이다. 전자는 부분적인 개혁에 그침으로써 오히려 자본주의를 결과적으로 강화하게 된다는 비판을 받고, 후자는 구체적인 실천 방안이 없는 공허한 주장이라는 비판을 받는다. 사회 시스템 전체를 일시에 정지시키고 새로운 시스템으로 전환할 방법이 있지 않다면 두 번째 문제 제기는 실현이 불가능하다. 맛시모 데 안젤리스는 이러한 두 극단적인 대립을 넘어서는 대안을 제시한다. 프랜시스 후쿠야마의 「역사의 종말」에 빗대어 「역사의 시작」이라고 제목을 붙인 책에서 맛시모 데 안젤리스는 다양한 분야가 공동의 가치를 가지고 동시에 변화를 이루어가는 방법으로 해결할 수 있다고 주장한다.[8] 맛시모 데 안젤리스가 지속가능발전을 구체적으로 언급하지 않지만, 그가 제시하는 방법은 지속가능발전이라는 담론이 사회 변화를 실현하고자 하는 방안과 다르지 않다.

3. 지속가능발전 자본주의의 위기 극복을 위한 새로운 담론

(1) 지속가능발전 담론의 태동과 확산

지속가능발전은 지구라는 닫힌 생태계에서 현재 인류가 살아가는 방식이 지속적으로 유지될 수 있는가에 대한 문제의식에서 출발했다. 지

---

8) 맛시모 데 안젤리스, 역사의 시작, 갈무리, 2019년.

속가능발전 담론의 이론적 배경이 된 「성장의 한계」는 현 경제 시스템의 다섯 가지 주요 구성요소-인구, 산업생산, 식량생산, 자원, 오염-의 상호작용을 시나리오별로 시뮬레이션해 무한한 성장이 가능한지를 검토했다. 연구 결과는 어느 경우에도 무한한 성장은 불가능할 뿐 아니라 성장이 행복을 가져오는 것도 아니어서, 무한한 성장을 추구할 것이 아니라 국민이 더 행복해질 수 있는 방법을 찾아야 한다는 것이었다.

1987년 유엔은 「우리 공동의 미래」를 통해 '미래 세대가 그들의 필요를 충족시킬 수 있는 기반을 훼손시키지 않으면서 현세대의 필요를 충족시키는 것'이라고 지속가능발전을 정의했다.[9] 경제발전의 필요성을 부인할 수 없지만, 경제활동이 지속적으로 환경을 훼손하는 경우 인류의 생존이 유지될 수 없다는 점에서 두 가지를 함께 고려하는 방법으로 지속가능발전이라는 담론이 탄생한 것이다. 그 결과 지속가능발전은 현재의 경제활동이 미래 세대의 삶의 터전을 훼손하지 않는 범위 내에서 이루어져야 하며, 모든 사람의 기본적인 필요를 충족하는 것을 우선해야 한다는 두 가지 기본가치를 담고 있다. 이처럼 지속가능발전 담론은 경제성장을 우선하는 자본주의 시장경제에 결핍되어 있는 생태적 관점과 사회적 관점을 포괄하고 있다.

지속가능발전은 1992년 세계 185개 국가의 정상들이 그 필요성을 수용하고, 각국의 정책 기조로 삼을 것을 합의하고, 이후 매 10년마다 성과를 점검하고 이행 수단을 발전시켜 왔다. 2015년 모든 국가가 지속가능발전을 추진하기 위해 17개의 지속가능발전 지표별 이행 목표를 세우고 실행 성과를 유엔에 보고하기로 합의했다. 이러한 과정은 경

---

9) World Commission on Environment and Development(WCED), Our Common Future, Oxford University Press, 1987년, p. 43.

제성장을 우선하는 것이 아니라 국가가 모든 정책 분야들이 균형 있게 발전시켜 나가야 한다는 원칙을 실천할 수 있는 수단을 제공한 것이다. 지속가능발전은 세계가 가치에 동의했을 뿐만 아니라 구체적인 실행 수단을 공유하고 있는 실천 가능한 담론이다.

(2) 중첩된 위기 대응을 위한 담론

지속가능발전은 개별적인 문제 해결 방식이 아니라, 경제, 사회, 환경 등 여러 분야를 아우르는 통합적 접근을 추구한다는 점에서 중첩적인 위기에 대응할 수 있다는 장점이 있다. 개별 정책이나 문제에 단편적으로 대응할 경우 오히려 새로운 문제를 초래할 가능성이 크다. 예를 들어, 경제성장을 최우선 과제로 삼으면서 환경 보호를 소홀히 한 결과 기후위기와 생태계 파괴가 일어나고, 그로 인해 팬데믹이 발생해 일상적인 경제시스템 작동이 중단되는 충격을 겪었다. 지속가능발전은 이러한 문제를 방지하기 위해 각 분야가 균형을 이루며 지속적인 변화를 만들어갈 수 있도록 하는 담론이다.

현재 우리가 직면한 위기(기후변화, 경제 불평등, 민주주의 후퇴 등)는 단일한 해결책으로 풀기 어렵다. 지속가능발전은 이러한 복합적 문제를 동시에 고려하고, 상호 연계된 해결책을 모색하는 접근 방식을 제공한다. 예를 들어, 기후변화 대응을 위한 재생에너지 전환은 단순한 환경 정책이 아니라, 일자리 창출과 기술 혁신을 유도하는 경제정책이기도 하고, 공동체를 중심으로 지역 경제를 활성화하는 방안이기도 하며, 생산·소비 구조의 전환을 통해 불평등을 완화시키고 가계소득을 증가시키는 사회정책이기도 하다. 나무를 심고, 갯벌을 보전하는 등등의 환경 정책 역시 기후변화 대응 수단이 된다.

지속가능발전은 개별 영역의 우선순위를 정하는 것이 아니라, 모든 영역이 균형을 이루며 지속적인 변화를 이루어야 한다는 점을 강조한다. 맛시모 데 안젤리스가 주장한 바와 같이, 지속가능발전의 핵심은 경제, 사회, 환경이 동등한 가치를 가지고 동시에 변화를 시도할 수 있는 구조를 만드는 것이며, 지속가능발전목표(SDGs, Sustainable Development Goals)는 이러한 통합적 접근의 틀을 제공한다. 지속가능발전목표는 단순한 환경 보호 개념을 넘어, 경제와 사회 전반의 구조를 변화시킬 수 있는 중요한 프레임워크다. 눈앞의 개별적인 위기를 해결하는 데 급급하기보다, 문제가 발생하지 않는 시스템, 즉 우리가 살아가고 싶은 지속가능한 사회를 만들어가는 데 필요한 수단이다.

지속가능발전이 중첩된 위기에 대응하는 데 유리한 점은 시민과 다양한 이해관계자의 참여를 통해 문제를 해결하는 거버넌스를 핵심 원칙으로 삼고 있다는 데에도 있다. 기존의 정책 결정 방식은 정부나 특정 엘리트 그룹에 의해 주도되는 경우가 많았으나, 지속가능발전에서는 특히 관심을 가져야 할 사회적 약자를 포함한 다양한 주체가 협력하는 거버넌스 체계를 중요하게 여긴다. 지속가능발전은 단순히 정부의 의무만으로 달성할 수 있는 것이 아니라, 시민과 기업, 지역사회가 함께 실천해야 하는 과제다. 예를 들어, 기후변화 대응을 위해 재생에너지를 확대하는 과정에서 지역 주민의 참여와 의견 수렴이 이루어지지 않으면 사회적 갈등을 야기하고, 사업 추진이 지연될 가능성이 높다. 반면, 시민 주도의 에너지 협동조합이 활성화되면 정책의 수용성과 지속가능성이 높아질 수 있다. 지속가능발전 목표를 효과적으로 달성하기 위해서는 특히 지방정부, 시민사회, 기업 등이 협력하는 구조가 필요하다.

(3) 지속가능발전에 대한 비판과 오해

지속가능발전은 1987년 「우리 공동의 미래」에서 처음 정의된 이후, 30년 이상 국제사회에서 논의되며 발전해 온 개념이다. 모든 담론이 그러하듯이 시간이 흐르면서 지속가능발전에 대해서도 다양한 비판과 오해가 발생했다.

첫 번째는 지속가능발전이 모호하다는 비판이다. 새로운 담론이 등장할 때마다 모호하다는 비판을 받는 것은 역사적으로 반복된 일이다. 민주주의, 자유, 인권과 같은 보편적인 가치조차 처음 등장했을 때에는 명확한 정의를 내리기 어려웠으며, 다양한 해석과 논란을 거쳐 발전해 왔다. 지속가능발전도 마찬가지로, 기존의 성장 중심 경제 패러다임에 익숙한 사람들에게는 낯설고 이해하기 어려운 개념으로 보일 수 있다. 민주주의라는 개념이 처음 등장했던 절대왕정이 지배하던 시대의 사람들에게는 그것이 무엇을 의미하는지 명확하지 않았다. 자유시장경제 역시 초기에는 자본주의와 사회주의 사이에서 혼란스럽게 정의되었으나, 시간이 지나면서 구체적인 제도와 정책으로 자리 잡았다. 마찬가지로, 지속가능발전도 기존의 경제성장 중심 사고방식으로는 완전히 이해하기 어려운 개념일 수 있다.

더욱이 지속가능발전은 개념의 모호성을 넘어, 새로운 세계관을 요구하는 개념이다. 기존의 성장주의 패러다임이 경제적 성과만을 강조했다면, 지속가능발전은 경제, 사회, 환경의 균형을 고려해야 한다고 주장한다. 그렇기에 지속가능발전을 제대로 이해하기 위해서는 경제성장이 무엇보다 중요하고, 경쟁을 통해 경제적 효율성을 높이는 것이 최고의 선이라는 기존의 가치에서 벗어나, 미래 세대와 환경을 반영하는 새로운 가치 체계를 수용하는 것이 필요하다.

국제사회는 지속가능발전을 단순한 개념으로 남겨두지 않고, 2015년 유엔 지속가능발전목표(SDGs)를 통해 17개의 구체적인 목표와 169개의 세부 목표를 설정했다.[10] 이 목표들은 빈곤 감소, 기후변화 대응, 지속가능한 도시 개발 등 실질적인 정책 방향을 제시하며, 각국의 정부와 기업, 시민사회가 실천할 수 있도록 명확한 기준을 마련했다. 지속가능발전은 단순히 모호한 개념이 아니라, 국제사회가 합의한 실천 가능한 목표를 가지고 있으며, 각국의 정책과 기업경영, 시민운동의 방향성을 설정하는 중요한 기준으로 활용되고 있다. 더 이상 지속가능발전이 모호하다는 주장은 타당하지 않다.

두 번째는 지속가능발전은 어렵다는 비판이다. 그것은 사실이다. 하지만 현대 사회가 당면한 문제들 자체가 복합적이고 복잡하게 얽혀있다. 기후변화는 단순한 환경문제가 아니라 경제, 정치, 사회 문제와 깊이 연결되어 있다. 불평등은 단순히 소득 격차 문제를 넘어 건강, 교육, 기회의 불평등으로 확장된다. 민주주의 위기는 경제적 양극화와 결합하여 사회적 갈등을 심화시키고 있다. 현재 인류가 직면한 문제들은 과거와 비교할 수 없을 정도로 복잡하고 상호 연관성이 크게 얽혀 있다. 이러한 복합적인 문제를 하나의 정책이나 기술로 해결할 수 있다고 생각하는 것이 오히려 지나치게 단순하고 비현실적이다.

지속가능발전이 어려운 것은 기존의 가치와 시스템을 바꾸어야 하기 때문이다. 기존의 단기적인 이익을 우선하는 방식으로 운영되었던 기업과 정부의 운영을 단기적 이익 보다 장기적인 지속가능성을 고려하

---

10) United Nations, Transforming Our World: The 2030 Agenda for Sustainable Development, 2015년.

는 체계로 전환해야 한다. 이를 위해서는 지속가능발전을 최우선으로 하는 국가 정책의 변화, 산업에서의 지속가능한 생산과 소비 모델로의 전환, 지속가능한 생활 습관 등 국가, 기업, 시민 개개인의 인식 변화와 실천이 필요하다.

즉, 지속가능발전은 하나의 정책으로 쉽게 해결할 수 있는 문제가 아니며, 사회 전체가 공통의 가치와 목표를 가지고 협력해야 하므로 어려운 일이다. 그럼에도 불구하고 피할 수 없는 일이다. 따라서 지속가능발전의 개념을 온전히 이해하는 것이 필요하다. 이해를 쉽게 한다는 명분으로 녹색성장이나, 사회적 책임경영, 공유가치 창출, ESG 등과 같이 지속가능발전 개념을 축소하거나 왜곡하는 일은 문제의 본질을 회피하면서 시간을 낭비할 뿐이다.

세 번째는 지속가능발전이 지나간 유행 아니냐는 이야기도 상당히 많이 퍼져있는 비판이다. 담론이 유행인지 아닌지는 그것이 다루는 문제가 해결되었는지를 기준으로 판단해야 한다. 무한한 성장의 논리에 기반한 자본주의 시스템이 초래한 문제가 해결되었는지를 살펴보면 오히려 위기는 더욱 강해지고 있는 것이 현실이다. 자본주의가 여전히 작동하지만, 자본주의가 가져온 문제들이 점점 더 심각해지면서 새로운 대안에 대한 요구는 점점 커지고 있다. 이러한 문제들이 해결되지 않은 상황에서 지속가능발전이 더는 논의될 필요가 없다는 주장은 맞지 않다.

나아가 오래된 담론이라는 이유만으로 가치가 없어지는 것은 아니다. 지속가능발전이 30년 이상 논의되었다고 해서, 그것이 더는 유효하지 않다고 말할 수 있을까? 만약 그렇다면, 18세기 이후 계속 사회를 지배하고 있는 경제이론도 유행에 따라 폐기되어야 한다. 하지만 경제이론들은 수없이 되풀이된 실패를 겪었음에도 오늘날까지 여전히 논의되고 있다. 지속가능발전이 유행이 지났다는 생각 자체가 유행을 만들어내는 시장경제에 길들여진 사고일 뿐이다.

(4) 지속가능발전 성과와 기대

지속가능발전에 대한 비판은 그것이 모호하고, 어렵고, 지나간 유행이라는 데 집중되어 있지만, 실상 우리 사회는 지속가능발전의 원칙을 실현하지 못했기 때문에 더욱 깊은 위기를 겪고 있다. 지속가능발전 담론을 부정하기보다는, 오히려 우리 사회의 지속불가능성을 어떻게 해결할 것인가에 대한 구체적인 실천을 고민해야 할 시점이다. 지속가능발전에 대한 방관자적 비판을 넘어, 적극적인 논의를 통해 담론을 다듬고 실천방안을 구체화시켜 나아가야 할 시점이다. 따라서 그동안의 몇몇 성과들을 살펴보는 것은 지속가능발전의 역할을 이해하고 기대할 수 있는 근거가 될 것이다.

지금은 보편적이지만 학교급식은 2000년대 초부터 지속가능발전위원회(이하 지속위)에 참여한 학부모들의 요구에서 시작되었다. 우리나라 학생의 비만이 급속히 증가하고 있다는 문제의식에서 학생의 식습관을 바로잡고, 안전한 먹거리를 통해 건강을 유지하는 동시에, 점심을 거르는 아이의 문제까지도 해결할 수 있는 급식체계가 필요하다는 요구였다. 그들의 주장을 정리한 보고서는 참여정부 말기에 대통령 비서실 비서관 회의에 정책 의제로 올려 논의했다. 정권 말기여서 정책이 바로 실행되지는 못했다. 정권이 교체된 이후 서울시의회에서 무상급식 조례를 만들고 무상급식예산을 책정했다. 당시 오세훈 시장이 주민투표를 통해 무상급식을 저지하려고 했으나, 오히려 오세훈 시장이 물러나는 결과를 가져왔다. 이후 무상급식 정책은 전국으로 확대되었다. 지속위가 국민이 논의할 장을 만들고 제안된 의견을 정책으로 만들어 제시하는 역할은 우리 사회가 시민들이 살아가고 싶은 사회로 나아가는 출발점을 제공한다는 점에서 의미가 크다.

참여정부 지속위의 중요한 역할에는 각 부처가 수립하는 중장기 계획을 검토하고 의견을 제시하는 기능이 있었다. 2006년 당시 건설교통부(이하 건교부)가 우리나라의 「수자원장기종합계획」을 수립하고 지속위에 검토를 요청해 왔다. 지속위에서는 건교부 측의 전문가와 환경부 측 전문가, 시민사회 전문가가 모두 참여하는 검토위원회를 구성했다. 검토위원회는 우리나라가 물 부족 국가라는 통계자료부터 다시 검토를 시작해 「수자원장기종합계획」에서 계획하고 있는 추가적인 댐 건설이 불필요하다는 결론을 도출했다. 대신에 홍수터 활용 등 다양한 홍수 대응 방안과 수량관리 시 하천 생태계를 보전할 수 있는 유지용수를 고려하는 등의 통합적인 물관리 정책을 담았다. 이후 이명박 대통령이 4대강에 보를 설치하면서 2011년 「수자원장기종합계획」을 다시 댐 건설 중심으로 바꾸었다. 이명박 대통령은 대통령 직속의 지속위를 축소·격하해 환경부 산하로 옮기고 대신에 녹색성장위원회를 대통령직속위원회로 설치해 4대강 보 설치를 주도하게 했다. 지속위가 계속 제 역할을 할 수 있었다면 환경을 훼손하면서 경제적 실익도 없는 토건 사업을 사전에 예방할 수 있었을 것이라는 점에서 아쉬운 사례다.

장항매립사업을 중단시키는 대신에 지역에 국립생태원과 해양생물자원관을 건립한 사례는 환경운동의 한계를 극복한 지속가능발전의 성과로 꼽을 수 있다. 대부분의 환경운동은 환경을 훼손하는 개발사업을 중단하도록 요구하는 데 그쳤기 때문에, 경제적 기회를 박탈당한다는 지역주민의 불만을 해소하지 못한다는 단점이 있었다. 지속가능발전은 지역 상황에 맞는 대안을 찾아 줌으로써 환경을 보전하면서 경제적 기회도 제공할 수 있다는 장점이 있다. 다만 이러한 사례가 다른 갈등사례에도 계속 적용될 수 있으려면 지속위가 대안을 개발할 수 있고, 대안 사업에 대한 예산을 조달하는 방안이 마련되어야 한다.

근래에는 모든 환경운동을 블랙홀처럼 빨아들이는 기후위기 대응 논의에서 기술과 산업이 기후위기를 해결하는 열쇠로 거론되고 있다. 녹색성장이 지속가능발전을 추구한다는 주장과 달리 4대강에 보를 설치하고 원전을 확대하는 그린워싱[11] 도구로 쓰였던 불과 10여 년 전의 실패를 깡그리 잊고 다시 녹색성장 탄소중립이 모든 문제를 해결할 수 있는 마법인 양 외치고 있다. 기후위기는 지속가능발전목표 17개 중 하나로 기후위기만 해결되면 지속가능한 사회가 만들어지는 것이 아니다. 위기를 가져온 방식으로 위기를 해결할 수 없다는 격언에 비춰보면 지금과 같은 대응방식이 기후위기조차 제대로 해결할 수 있을지도 의심스럽다.

기후위기 대응은 지속가능발전이라는 가치와 원칙을 전제로 통합적 접근을 통해 생태 환경을 개선하는 동시에, 불평등을 줄이는 방식으로 진행해야 한다. 온실가스와 환경오염물질을 배출하지 않는 재생에너지의 생산기회를 가계, 마을 공동체, 사회적기업, 협동조합에 우선 지원

---

11) 그린워싱(greenwashing): 실제로는 친환경적이지 않지만 마치 친환경적인 것처럼 홍보하는 '위장환경주의'를 가리킴.

하는 생산·소비 구조의 전환을 통해 기후위기에 대응하고 지역경제를 활성화시키고 불평등을 줄일 수 있다. 지속가능발전은 다양한 분야와 위치의 이해관계자들이 참여해 드러난 문제의 해결이 아니라 문제가 발생하는 근원을 찾아내고, 문제가 발생하지 않는 시스템을 만드는 것을 의미한다.[12]

성장의 논란도 마찬가지다. 지구생태계의 한계를 인정하지 않는 무한한 양적 성장은 불가능하며, 물질 소비를 증가시키지 않는 질적 발전으로 전환해야 한다는 지속가능발전의 원칙을 실현하기 위해서도 지속가능발전목표체계를 활용한 통합적 접근은 필수다. 지금까지 성장 우선을 주장하는 측에서는 경제성장 방식이 하나밖에 없는 것처럼 주장하면서, 실제로는 사업을 계획한 특정 사업자에게 특혜를 주어왔지만, 경제성장 방식은 다양하다. 다양한 방안을 검토해서 다른 지속가능발전 목표를 악화시키지 않는 범위와 방법의 사업을 선택함으로써 지속가능발전에 기여하는 경제성장을 견인할 수 있다. 경제성장 역시 17개 지속가능발전지표 중 하나라는 점에서 다른 지표들과 함께 고려되어야 한다.

불평등, 출산율, 자살률 등과 같이 모든 정책 분야의 종합된 결과로 나타나는 지표는 더욱이나 분절된 하나의 행정구조에서 해결할 수 없다. 모든 정책 분야를 종합한 최종 국가 운영의 성과로 나타나는 이러한 지표를 개선하는 것 역시 지속가능발전이라는 틀을 활용하는 것이 효과적이다. 지속가능발전목표를 국가 정책의 건강검진지표로 활용하면 모든 분야의 정책이 최종적으로 건강한 국가, 국민의 삶의 질이 나아지는 국가, 누구도 소외되지 않는 국가로 나아가고 있는지를 점검할 수 있다.

---

12) 피테 생게 외, 지속가능발전목표와 경제 전환, 2021년.

4. 지속가능발전을 위한 현 정부의 과제

지속가능발전법을 대체한 지속가능발전기본법이 2022년 1월 제정되고, 그해 7월에 시행되었지만, 윤석열 정부에서는 2년여 동안 법을 이행하지 않고 있다가 2024년 11월에야 지속가능발전위원회를 구성했다. 당연히 2년여 동안 지속가능발전위원회가 이행해야 하는 의무를 이행하지 않았고, 위원회가 구성된 이후에도 별도의 사무국이 없는 상태에서 전문성 없는 국무조정실 공무원이 담당하고 있을 뿐 아니라 연간 예산이 7억 밖에 되지 않아 의미 있는 활동을 기대하기 어려운 실정이다. 이 상태로는 지속가능발전기본법에 명시된 역할을 제대로 이행하지 못할 것으로 우려된다.

정부의 지속가능발전에 대한 인식과 의지가 이러하다 보니, 전국의 지방정부의 지속가능발전기본법 이행도 제대로 이루어지지 못하고 있다. 국회입법조사처의 연구결과에 따르면, 전국 광역 및 기초 자치단체의 84%가 지속가능발전 조례를 제정했으나, 34.2%만 지속가능발전위원회를 설치했고, 지속가능발전 기본전략을 수립하지 않은 자치단체가 54.7%이고, 이행 성과를 평가해 지속가능보고서를 발간한 자치단체는 4.9%에 불과하다.[13]

이러한 법 이행의 해태와 낮은 실효성을 극복하고 국정 운영이 지속가능발전에 부합하도록 만들기 위해 현 정부가 반드시 해야 할 기본과제들을 정리해 보면 다음과 같다.

---

13) 국회입법조사처, 지속가능발전기본법 이행실태 분석 및 실효성 제고방안, 2024년, p. 55.

(1) 지속가능발전위원회의 위상과 기능 강화

현재 국무총리실 산하에 있는 지속가능발전위원회를 별도의 사무국이 있는 위원회로 재구성하는 것이 시급하다. 대통령직속위원회로 별도의 사무국을 두고 운영하면서, 다양한 분야의 시민사회 활동가와 전문가가 참여해서 정책을 제안하고 토론하는 기능을 수행했던 참여정부에서의 지속가능발전위원회의 위상과 기능이 회복되어야 한다. 이를 통해 가장 기본적으로 각 부처가 수립하는 중장기 국가 기본계획의 지속가능성을 점검하는 역할을 수행할 수 있어야 한다.

당시에 비해 변화된 상황을 반영한다면, 훨씬 더 높아진 정책 참여 요구를 받아들이고 논의할 수 있는 숙의 기능을 강화하는 것과 2015년 공표된 SDGs 체계에 따른 평가 기능을 보강하는 것이 필요하다. 또한, 참여정부에서는 지방정부의 지속가능발전 추진을 위한 가이드를 만드는 데 그쳤지만, 이제는 모든 지방자치단체가 지속가능발전을 추진하는 과정을 실질적으로 지원하고 컨설팅할 수 있도록 기능을 강화하는 것이 필요하다. 더불어 지방정부의 지속가능성을 평가하는 역할도 강화해야 한다.

국민의 지속가능발전에 대한 인식을 높이고, 참여를 확대할 수 있도록 하는 다양한 홍보와 참여 프로그램도 확대하고, 단계별 기관들의 지속가능성 이행 성과를 평가하는 수단 등 시급한 연구들도 진행할 수 있도록 해야 할 것이다.

현 정부는 지속가능발전목표와 국가 정책을 효과적으로 연계하고, 각 부처의 지속가능발전 정책을 조율할 수 있도록 정부 출범과 함께 대통령 직속 기구로 실질적 위상을 복원해야 한다. 이를 통해 지속가능발전이 국가운영의 핵심 가치로 자리 잡도록 해야 한다. 지속가능발전위원회의 복원은 현재의 지속가능발전기본법으로도 가능한 일이므로, 미루어야 할 이유가 없다.

(2) 지속가능발전기본법의 개정

지속가능발전기본법 개정의 핵심 방향은 지속가능발전위원회의 위상과 기능을 강화하여 실질적인 정책 추진력을 확보하는 것이다. 이를 위해 위원회에 심의·의결권을 부여하고, 독립적 사무처를 설치하여 지속가능발전 정책의 수립, 조정, 이행을 전담하도록 해야 한다.

현재의 지속가능발전기본법은 중앙정부와 지방정부에 이행의무를 부과하고 있지만, 실제로 이행을 위한 수단이 제공되거나 지원되지 못하고 있어 효과적으로 이행되기 어려운 한계가 있다. 2007년 지속가능발전법을 만들 당시에 법에 대한 저항을 우려해 가능한 한 부담을 주지 않는 방향으로 입법을 했던 기조가 2022년 지속가능발전기본법 재(再) 입법 시기에도 유지되면서, 이행을 담보할 수 있는 수단이 제대로 반영되지 못했던 한계가 있다. 그러나 많은 위기가 이미 드러나 보다 적극적으로 지속가능발전을 추진해야 할 필요가 커진 지금은 법의 실효성을 강화해야 할 시점이다.

지방자치단체에 지속가능발전 이행의무를 부과하면서, 그 이행을 위한 예산은 전혀 배정하지 않고 있어 지방정부가 부족한 예산의 한계로 인해 형식적인 이행에 그칠 수밖에 없는 요인이 되고 있다. 또한, 이러한 지방정부의 법 이행 실태를 평가하고 보완할 방안도 없는 상황에서는 더욱이나 지방정부의 지속가능발전 추진을 추동하기 어렵다. 중앙정부와 지방정부 간 협력체계를 정립하고, 지방자치단체가 지속가능발전 정책을 주도적으로 추진할 수 있도록 행정적·재정적 지원을 강화하며, 지속가능발전목표 이행도를 정부 및 공공기관 평가에 반영할 수 있어야 한다. 지방자치단체의 지속가능발전을 추진할 기본적인 여건인 공무원과 시민의 지속가능발전 인식과 역량을 강화하고 참여 의지를 높이는 동시에 좋은 사례를 확산하기 위한 교육이나 홍보, 연구의 활성화 등의 역할도 적극적으로 지원되어야 한다.

지속가능발전을 위한 새로운 시도를 지원하는 역할도 보완되어야 한다. 이미 개발과 보전의 대립으로 사회적 갈등이 발생한 사업의 경우 대안을 논의하고 개발하는 역할도 지원되어야 한다. 장항매립사업의 취소와 대안 사업 시행 사례가 많은 갈등 사례에서도 적용될 수 있으려면 문제 해결을 위한 논의 절차를 마련하고, 대안 사업을 만들어 기존사업과 함께 평가할 수 있어야 하며, 대안 사업을 집행할 수 있는 예산이 지원되어야 한다. 갈등 사안이 아니더라도, 분절된 행정의 틈새에서 자리 잡지 못하고 있는 정책이나 사업을 발굴해서 실행할 수 있도록 지원하는 일이나, 부처 간의 협력과 조정이 필요한 사업이 진행될 수 있도록 지원하는 것도 반드시 필요하다.

지속가능발전 추진을 위한 다양한 과제를 제대로 이행하기 위해서는 실행을 전담하는 기구가 필요하다. 지속가능발전위원회가 계획과 집행을 모두 맡는 것은 어려운 일이다. 많은 정부 기관이 실행 조직을 두고 있는 것과 마찬가지고, 지속가능발전의 실행을 돕는 조직의 설치 근거를 두는 것과, 그 실행의 안정성을 담보할 수 있는 재원을 확보하는 것도 개정안에 반드시 반영되어야 할 부분이다. 탄소중립위원회의 예산이 51억 원이고 그 이행을 위한 기후기금이 1조 원에 이르는 데 비해, 지속가능발전위원회 예산은 7억 원에 불과하고, 집행 예산이 없다는 것은 기후 대응이 지속가능발전의 17개 목표 중에 하나라는 것을 감안하면 더더욱 문제가 있다. 기후변화대응이 지속가능발전의 가치를 제대로 담을 수 있게 하기 위해서도 지속가능발전의 실행을 위한 적절한 재정적 기반은 필수적이다. 명목뿐인 법으로는 커지는 위기에 대응할 수 없다. 실행을 위한 조직과 예산을 갖춘 실효성 있는 법으로 개정되어야 한다.

(3) 지속가능발전의 가치와 원칙을 반영한 헌법 개정

반헌법적 계엄으로 대통령이 탄핵되어 조기 대선이 치러졌다. 이러한 상황을 불러온 정부 권력구조의 문제를 해결하기 위한 헌법 개정 필요성이 커지고 있다. 그러나 헌법 개정의 필요성은 정부 권력의 문제에만 국한된 것이 아니다. 현행 헌법은 1987년에 개정되어 민주화 운동의 성과를 담았다는 점에서 의미가 크다. 하지만 유엔이 「우리 공동의 미래」에서 지속가능발전을 선언한 같은 해에 헌법이 개정되면서 지속가능발전 담론을 수용하고 받아들이기는 어려운 상황이었다. 결과적으로 우리 헌법은 지구라는 고립된 생태계에서 인류가 삶을 이어가기 위한 지속가능발전의 가치를 전혀 반영하지 못하고 있다.

헌법 제135조에 '모든 국민은 건강하고 쾌적한 환경에서 생활할 권리를 가지며, 국가와 국민은 환경보전을 위해 노력하여야 한다'고 명시하고 있다. 그러나 이 환경권은 대상을 국민으로 한정하고 있어 국민이 아닌 사람을 배제하고 있을 뿐 아니라, 사람 이외의 생물을 고려하지 못한다. 또한, 이 조항은 현재의 국민을 대상으로 하고 있어 미래 세대를 고려하지 못하는 뚜렷한 한계가 있다. 무엇보다도 국가와 국민을 환경보전을 위해 노력해야 할 주체로 정하고 있어 환경 문제를 일으키는 주요 당사자인 기업의 의무를 명확히 정하지 못하고 있다. 폴 호켄은 '기업의 참여 없는 지속가능발전은 타이타닉호에 고인 물을 스푼으로 퍼내는 것과 같다'고 했다.[14] 지속가능발전이 선언된 이래 기업들은 지속가능한 사회로 나아가기 위해서 기업이 무엇을 해야 할지를 고민하기보다, 기존의 이익구조를 유지하기 위해 근본적인 변화를 회피하는 길을 찾아왔다. 다양한 유행을 거쳐 ESG에 이르고 있지만, 기업이 지속가능발전에 대한 책임과 의무를 제대로 이해하고 받아들이지 않으면 지속가능발전을 위한 근본적인 변화를 기대하기 어렵다.

사회의 가장 기본적인 가치를 담는 헌법에 지속가능발전을 반영하는 것은 사회 전반의 낮은 인식을 높이고, 책임 있는 행동을 해야 할 의무를 부과하는 가장 효과적인 방법이 될 것이다. 지속가능발전기본법의 제정에도 불구하고 중앙정부와 지방자치단체가 지속가능발전을 적극적으로 추진하지 않는 현실이나, 지속가능한 사회를 위한 기여가 아니라 기업의 존속을 위한 활동에 머물고 있는 기업이 더 이상 지속가능발전을 추진해야 할 책임을 회피할 수 없는 근거도 될 것이다.

탄핵으로 인한 조기 대선이 이루어지다 보니 대선과 개헌이 동시에 이루어지기는 어려웠다. 하지만 각 분야에서 분출하는 개헌에 대한 요구를 외면할 수는 없다. 38년 전에 만들어진 헌법은 너무나 많은 부문에서 경제·사회·환경 여건의 엄청난 변화를 따라잡지 못하고 있다. 새 정부는 출범 후 바로 개헌논의를 시작해 2026년 지방선거와 동시에 개헌을 국민투표에 붙일 수 있어야 한다. 문재인 정부가 제안했던 헌법개정안의 논의에서 이미 지속가능발전을 헌법에 반영하기 위한 논의

---

14) 폴 호켄, 비즈니스 생태학, 에코리브르, 2004년.

가 활발하게 진행되었던 터라 사회적 합의를 이루는 것은 크게 어렵지 않을 것으로 보인다. 개정 헌법에 지속가능발전을 반영하는 것은 차기 정부가 지속가능한 사회를 향해 나아가는 데 가장 기본적인 발판이 될 것이다.

선감학원 아동인권침해 실태 및 피해회복을 위한 특별법 제정의 필요성

강신하
공정과 평화 아카데미 공동 상임대표
법무법인 상록 대표 변호사, 법학박사

목차

1. 들어가는 말
2. 선감학원 설립 과정
3. 선감학원 사건의 위헌·위법성
4. 아동 인권 침해 실태
5. 선감학원 피해 회복을 위한 특별법 제정의 필요성

1. 들어가는 말

일본은 해방 전 불량 행위를 하거나 불량 행위를 할 우려가 있다는 명목으로 법적 근거도 없는 선감학원을 설립하여 피해자를 법적 절차도 없이 강제로 수용하여 엄격한 군대식 규율과 통제 속에 20만 평에 달하는 농지의 상당 부분을 농사 기술의 습득과 자급자족을 핑계로 농사에 강제 동원하였다.

해방 이후에도 대한민국은 아무런 법적 근거 없이 공무원과 경찰을 동원하여 조직적으로 7세에서 18세까지의 아동·청소년들을 부랑아로 보인다는 이유로 강제 연행 후 경기도가 운영하는 선감학원에 강제 수용하여 일상적인 굶주림, 강제노역, 폭언, 폭행 등 인권유린을 자행하여 피해자들에게 신체적, 정신적 장애를 낳았다.[1]

아래에서는 선감학원 설립 경위, 선감학원 사건의 위헌·위법성, 아동인권 침해 실태, 피해자의 화해와 치유를 위한 선감학원 특별법 제정의 필요성에 대해 살펴보도록 하겠다.

2. 선감학원 설립 과정

가. 조선총독부

일제강점기 조선총독부는 1923년 제령(制令) 형식의 조선감화령(朝鮮

---

1) 진실·화해를 위한 과거사정리위원회, 2022. 10. 18. 진실규명결정서, 12쪽.

感化令)을 만들었고, 조선 총독은 '연령 8세 이상 18세 미만의 자로 불량 행위를 하거나 불량 행동을 할 우려가 있고, 적당한 친권을 행사하는 자가 없는 자' 등(조선감화령 제1조)의 사유로 감화원(感化院)에 강제로 입원시킬 수 있었다. 감화원에 입원한 자의 입원 기간에 대한 제한 규정은 없었다. 다만, 제2조에서 23세를 넘은 자에 대해서 입원할 수 없도록 하는 규정만 두고 있었다.[2]

위와 같은 조선감화령은 근본적으로 일제강점기 식민지 사람을 자의적·강제적으로 지배·통치하기 위한 제령 형식으로 그 자체로 불법성을 가진다고 볼 수밖에 없는 데다가, 조선감화령 제1조에서 정한 '불량 행위를 하거나 불량 행동을 할 우려' 사유가 너무 추상적이어서 제헌헌법 제23조[3]에서 규정한 죄형법정주의 취지, 신체의 자유를 규정한 제헌헌법 제9조[4], 거주와 이전의 자유를 규정한 헌법 제10조[5] 등을 위반한 것이었다.

이 조선감화령에 따라 식민지 아동이 감화원에 수용되었다. 1923년 조선총독부는 조선감화령에 따라 함경남도 문천군에 관립 영흥학교를

---

[2] 다만, 재판소의 허가를 받아 징계장에 들어간 자의 경우에는 예외를 두고 있었다(조선감화령 제2조, 제1조 제3호).

[3] 1948. 7. 17. 헌법 제23조 "모든 국민은 행위 시의 법률에 의하여 범죄를 구성하지 아니하는 행위에 대하여 소추를 받지 아니하며 또 동일한 범죄에 대하여 두 번 처벌되지 아니한다."

[4] 1948. 7. 17. 헌법 제9조 "모든 국민은 신체의 자유를 가진다. 법률에 의하지 아니하고는 체포, 구금, 수색, 심문, 처벌과 강제노역을 받지 아니한다. 체포, 구금, 수색에는 법관의 영장이 있어야 한다."

[5] 1948. 7. 17. 헌법 제10조 "모든 국민은 법률에 의하지 아니하고는 거주와 이전의 자유를 제한받지 아니하며 주거의 침입 또는 수색을 받지 아니한다."

설립[6]하고 소위 감화사업을 시작했다.[7]

1942년 태평양전쟁이 계속되면서 조선총독부는 '마지막 한 명의 황국신민화라는 당면 과제에 대응하기 위해 불량소년마저도 황국신민으로서 병역 의무를 충실히 이행한다'라는 이름으로 경기도에 선감학원을 설립하였다.

조선총독부는 '조선사회사업협회'를 내세워 기부금 50만 원을 마련하여 그 돈으로 선감도 전체를 매수한 후에 경기도지사로 부임한 스즈카와가 1942. 4. 20. '총후의 꿋꿋한 황국신민'을 만들겠다는 목표로 선감학원을 개원했다. 개원 초기 1차로 200여 명의 아동이 수용되었다.

1942. 5. 29. 선감학원 개원일 당시.
도심에서 단속된 부랑아들이 선감도에 도착한 모습.

1943. 11. 6. 선감학원 야외교육 장면

1943. 선감학원 아동들이 김장하는 모습.

〈문화조선〉 1943년 4월호.
"선감학원 견학기" 기사 헤드라인.

---

6) 조선감화령에 따라 설립된 감화원은 영흥학교 외에도 대구소년보호소(1926년), 경성의 명진사(1928년), 평양갱생원(1934년), 경기도 수색갱생원(설립 미상), 부산적기 학원(1934년) 등 사립 감화원도 세워졌다(국가인권위원회, 선감학원 아동인권침해사건 보고서, 2018. 6. 22, 133쪽). 그리고 전남 신안군에 목포학원(1938년), 경기도 부천군 선감도에 선감학원(1942년)이 추가로 세워졌다(갑 제31호증 선감학원 아동인권침해사건 보고서, 134쪽).
7) 국가인권위원회, 선감학원 아동인권침해사건 보고서, 2018. 6. 22, 37쪽.

선감학원은 조선총독부가 운영했다.[8] 다만, 행정적으로 조선총독부 사회과 안에 사무실을 둔 조선사회사업협회가 조선총독부로부터 보조금을 받아 운영하는 형태로 위장했기 때문에 선감학원 운영에 관한 조선총독부의 공문서는 존재하지 않게 되었다.[9]

선감학원 개원 자체가 일본 제국주의 전쟁을 위한 노역자와 전사로 동원하는 것이었기 때문에 그 자체가 심각한 인권 침해의 현장이 되었는데, 인권 침해의 주체는 조선감화령 등에 따라 선감학원을 실질적으로 운영한 조선총독부에 있다고 할 것이다.

선감학원을 실질적으로 운영한 주체는 조선총독부였지만, 대외적으로 경기도가 운영하고 있던 것처럼 여러 외형을 가진 역사적 배경이 있었고, 이러한 역사적 배경에서 해방과 한국전쟁이라는 사회적 혼란이 계속되는 과정에서 법적인 측면에서 명백하게 정리되거나 체계가 정돈되지 않았다.

이런 이유로 선감학원 강제 수용과 운영 과정에서 이루어진 아동 인권 침해에 관한 가해 주체가 피고 대한민국이 주도했는지, 피고 경기도가 주도했는지가 간명하게 정리되지 못하는 문제가 첫 번째 문제였고, 가해 주체가 누구인지에 상관없이 일제강점기에 선감학원이 인권 침해의 현장이 되었던 역사가 해방 이후에는 물론이고 선감학원이 폐쇄되기까지 계속되었다는 것이 두 번째 문제였다.

---

[8] 국가인권위원회, 선감학원 아동인권침해사건보고서, 2018. 6. 22. 47쪽, 49쪽.
[9] 국가인권위원회, 같은 보고서, 49쪽.

나. 해방 이후

일본은 1910년 강제 합병 후 한성부를 '경성부'로 명칭을 변경한 후에 '경기도 경성부'로 격하시켰다. 해방 직후에 미군정은 1946. 8월경 '경성부'를 경기도에서 독립시켜 지금의 서울시(서울특별시)가 되는 기초를 마련했다. 이러한 변화 시기에 서울의 부랑아 수용을 담당하였던 선감학원이 실질적으로 경기도에 의하여 운영하게 되는 계기가 되었다.

한편, 1950년 한국전쟁이 발발했고, 전쟁 과정에서 주한 미1군단이 선감도에 주둔했다. 미1군단은 원조 사업의 일환으로 선감도에 사무실, 교사(敎舍), 아동과 직원 관사, 병원, 목욕탕, 식당 등 41개 동의 건물을 신축했다. 미1군단이 철수한 뒤 선감학원을 경기도에서 아동 수용시설로 운영하게 되었다.

1956년 정부는 법무부·내무부·보건사회부 합동으로 '부랑아 근절책 확립의 건'을 마련하였고, 이 대책은 부랑아에 대한 '철저한 단속과 보호책을 강구하여 부랑아의 발생 예방과 조기 발견, 수용 보호, 본적지 송환, 배후자 단속, 부랑 행위의 방지, 기타 이에 대한 중앙 및 지방 관계부처의 공동책임하에 이를 강력 조치'하는 것을 목적으로 했다.[10]

1958년 정부는 국무회의에서 '국무회의부의안 부랑아보호책확립의 건'으로 논의하면서 치안 정책으로 대응하였고, 단속된 아동들은 선감학원 등 아동수용시설로 강제 수용되었다.

---

10) 국가인권위원회, 같은 보고서, 57쪽.

1961년 5·16 군사쿠데타 이후의 군사정부는 사회정화 사업으로 부랑아 등에 대한 단속을 대대적으로 시행하여 1960년대 선감학원에 강제 수용된 인원은 급증했다.[11] 선감학원에 강제 수용된 수용자의 본적지 분포도 전국적이었다.

진실·화해를 위한 과거사정리위원회, 진실규명결정서, 31쪽

<표 Ⅱ-7> 연도별 수용자 본적지 분포[51]

연도	경기	서울	전남	충남	전북	경남	강원	이북	경북	충북	제주	해외	미상	계
1954	7	2	3	3	1	1	1	2	0	0	0	0	1	21
1955	1	2	2	0	0	4	4	1	0	0	0	0	2	16
1956	88	59	43	29	26	39	31	42	24	13	1	0	22	417
1957	35	11	19	16	1	15	7	6	1	6	0	0	4	121
1958	15	7	4	4	0	4	1	5	3	2	0	0	1	46
1959	18	6	8	8	5	4	6	4	3	0	0	0	1	63
1960	7	13	11	5	8	11	5	4	3	2	0	0	8	77
1961	69	27	19	14	15	15	11	17	9	6	1	1	17	221
1962	92	68	72	54	35	46	29	35	25	25	7	1	69	558
1963	103	40	29	36	18	25	19	16	9	10	1	0	52	358
1964	209	37	26	52	17	26	18	18	19	15	1	0	90	528
1965	81	44	25	23	24	27	8	8	19	12	2	0	47	320
1966	58	11	11	12	2	10	2	1	3	3	0	1	9	123
1967	55	11	3	8	4	4	3	2	2	1	0	0	7	100
1968	130	23	13	14	9	7	4	1	6	3	1	0	42	253
1969	53	10	11	2	0	4	5	0	1	4	0	0	19	109

최초 1957. 2. 9. 제정·시행된 경기도 선감학원 조례가 내무부 장관의 승인을 받았는지 확인되지 않지만, 1960. 4. 30. 경기도지사 '박태원'은 "내무부 장관의 승인을 얻어 개정한 경기도 선감학원 조례 중 개정 조례를 이에 공표한다"고 명시했다. 이는 경기도 선감학원 조례 개정이 될 때마다 계속됐고, 선감학원 특별회계조례가 폐지될 때도 내무

---

11) 국가인권위원회, 같은 보고서, 21쪽.

부 장관의 승인을 받았다.

정부(법무부·내무부·보건사회부)의 '부랑아 근절책 확립'이라는 목표를 수행하기 위한 성격이었고, 이런 이유로 정부가 목표를 달성하기 위해 경찰·행정력을 전국적으로 동원하여 전국 단위로 부랑아를 단속하여 선감학원에 수용했고, "1. 부랑아의 수용 구호, 2. 부랑아의 지도 및 직업보도"라는 선감학원 업무가 국가 사무라는 인식 때문에 내무부 장관의 승인을 받은 후에 경기도 선감학원 조례를 개정했던 것이다.

다. 선감학원 운영 법령

(1) 일제강점기

앞에서 살펴본 바와 같이, 1923년 조선감화령에 따라 8세 이상 18세 미만의 자에 해당하는 아동이 감화원에 수용되었다. 조선총독부는 조선감화령에 따라 함경남도 문천군에 관립 영흥학교를 설립했고, 그 이후에 전남 신안군에 목포학원(1938년), 경기도 부천군 선감도에 선감학원(1942년)을 추가로 설립했다.[12]

대구소년보호소(1926년), 경성의 명진사(1928년), 평양갱생원(1934년), 경기도 수색갱생원(설립 미상), 부산 적기학원(1934년) 등 사립 감화원도 세워졌다.[13] 따라서, 선감학원의 설립 근거는 역사적으로 조선감화령이 된다고 할 수 있다.

---

12) 국가인권위원회, 같은 보고서, 134쪽.
13) 국가인권위원회, 같은 보고서, 133쪽.

(2) 해방 이후

1948. 7. 17. 대한민국헌법이 제정, 시행되면서 국민주권주의(헌법 제2조), 국민의 기본권 보장 규정(헌법 제8조에서 28조), 입법권은 국회(헌법 제31조)에 속한다고 하는 헌법 규정이 마련되었다.

제헌헌법이 시행되었으나 의회가 모든 법률을 만들지 못하는 상황에서 "현행 법령은 이 헌법에 저촉되지 않는 한 효력을 가진다"라는 헌법 부칙 제100조에 따라 일제강점기에 만들어진 조선총독부 제령이 그대로 효력을 가지는 상황이었다. 즉, 민법이 1958. 2. 22. 제정되어 1960. 1. 1. 시행되기 전에 소위 말하는 '의용 민법[14]'이 적용되었던 것처럼, 조선감화령(朝鮮感化令)[15]은 아동복리법(제정 1961. 12. 30. 법률 제912호) 부칙 제2항에서 "단기 4296년 9월 제령 제12호 조선감화령은 이를 폐지한다"라는 규정에 따라 폐지되기 전까지, 즉, 1961. 12. 31.까지 효력을 가지고 있었다.

따라서, 조선감화령은 1942. 4. 20. 개원한 선감학원 설립의 근거가 되는 법령이었을 뿐만 아니라, 1961. 12. 31.까지도 선감학원 설립의 근거가 되었다고 볼 수 있을 것이다.

---

14) 일본의 강제 합병 이후인 1912년 조선민사령(제령 제7호)이 일본 민법을 그대로 의용해서 사용하도록 하였다는 뜻에서 '의용 민법'이라고 한다.
15) 조선감화령(朝鮮感化令)이 법률의 지위를 갖는지, 시행령의 지위를 갖는지는 별도의 검토가 필요하다.

(3) 조선감화령과 아동복리법의 관계

아동복리법(제정 1961. 12. 30. 법률 제912호, 이하 '구(舊) 아동복리법'이라고 한다)은 제1조에서 "아동이 그 보호자로부터 유실, 유기 또는 이탈되었을 경우, 그 보호자가 아동을 육성하기에 부적당하거나 양육할 수 없는 경우, 아동의 건전한 출생을 기할 수 없는 경우, 또는 기타의 경우에 아동이 건전하고 행복하게 육성되도록 그 복리를 보장함을 목적"으로 한다고 규정했고, 아동복리법의 적용 대상인 아동에 대해 '18세 미만의 자'라고 했다(구 아동복리법 제2조 제1항).

아동복리시설에 관하여 '교호시설, 부랑아보호시설과 소년직업보도시설' 등을 규정했고(구 아동복리법 제3조 제1항), 국가와 지방자치단체는 아동복리시설을 설치할 수 있다는 근거 규정을 두었다(구 아동복리법 제17조 제1항).

조선감화령에 규정된 '감화원'은 구 아동복리법에 규정된 '아동복리시설'에 대응하고, 적용 연령은 '18세 미만'의 아동이라는 점에서 같았으며, 시설의 성격이 수용을 전제로 한다는 점에서 조선감화령과 구 아동복리법은 같은 맥락을 가지고 있었다고 할 수 있다. 다만, 구 아동복리법은 조선감화령 적용 시기 이후에 변화된 시대적 상황에 맞추어 보다 상세한 내용이 추가 반영되고 종합되었다고 할 수 있다.

구 아동복리법 부칙 제2항에서 "단기 4296년 9월 제령 제12호 조선감화령은 이를 폐지한다."라고 둔 이유도 조선감화령과 구 아동복리법이 같은 맥락을 가진 법령이었다는 것을 말해주고 있는 것이다.

일제강점기에 제령(制令) 형식의 조선감화령이 1948. 7. 17. 대한민국헌법이 제정 시행 이후에 '법률'의 지위를 갖는지, 또는 '시행령'의 지위를 갖는지 명확하지 않으나, 1948. 7. 17. 대한민국헌법 부칙 제100조에서 "현행 법령은 이 헌법에 저촉되지 않는 한 효력을 가진다"라는 규정을 두었던 점, 구 아동복리법 부칙 제2항에서 "단기 4296년 9월 제령 제12호 조선감화령은 이를 폐지한다."라고 규정했는데, 이는 구 아동복리법이 종전 시행된 법률의 지위를 가지는 효력을 폐지하려고 했던 점 등을 종합하면, 제령(制令) 형식의 조선감화령은 1961. 12. 31.까지 법률의 지위에서 효력을 가지고 있었다고 할 수 있다.

라. 선감학원의 법적 지위

조선총독부는 조선감화령에 따라 '연령 8세 이상 18세 미만'의 부랑아의 갱생, 직업보도를 목적으로 한 선감학원을 실질적으로 운영했다. 특히 조선총독부는 '조선사회사업협회'를 내세워 기부금 50만 원을 마련하도록 하여 선감도 전체를 매수한 후에 경기도지사로 하여금 1942. 4. 20. '총후의 꿋꿋한 황국신민'을 만들겠다는 목표로 선감학원을 개원했다.

정부(법무부·내무부·보건사회부)가 '부랑아 근절책 확립'이라는 목표를 달성하기 위해 경찰·행정력을 전국적으로 동원하여 전국 단위로 부랑아를 단속하여 선감학원에 수용했다.

정부(법무부·내무부·보건사회부)가 목표로 내세운 '부랑아 근절책 확립'

을 위해서 "1. 부랑아의 수용 구호, 2. 부랑아의 지도 및 직업보도"라는 국가 사무를 처리한다는 인식 아래 경기도는 내무부 장관의 승인을 받아 경기도 선감학원 조례에 따라 선감학원 업무를 수행했던 것이다.

구 정부조직법(1948. 7. 17 제정, 법률 제 1호) 제26조가 "행정각부 장관은 소관 사무에 대하여 지방행정의 장을 지휘·감독한다."는 규정과 구 지방자치법 제1조(1949. 7. 4 제정, 법률 제32호) "지방의 행정을 국가의 감독" 아래에 둔다는 취지에 따라 피고 대한민국은 경기도 선감학원 조례에 따른 선감학원 업무에 대한 재정적 지원을 함과 동시에 경기도 선감학원 조례 승인 등 지휘 감독 권한을 행사하고 있었다고 할 것이다.

3. 선감학원 사건의 위헌·위법성

가. 위헌성

정부는 스스로 자신을 방어할 수 없는 보호 양육이 절실한 피해자를 부랑아라는 낙인을 찍어 아동들의 의사에 반하여 탈출조차 불가능한 '선감도' 섬에 강제 수용한 후 강제노역, 무자비한 폭행과 가혹행위, 굶주림에 시달리게 하고, 초등무상의무교육을 받을 권리마저 박탈한 것은 헌법(헌법 제1호, 1948. 7. 17. 제정) "모든 국민은 법률 앞에 평등이며, …중략… 사회적 신분에 의하여 …중략… 모든 영역에 있어서 차별을 받지 아니한다."는 제8조, "모든 국민은 신체의 자유를 가진다. 법률에 의하지 않고는 체포, 구금, …중략… 강제노역을 받지 아니한다."는 제9조, "모든 국민은 법률에 의하지 않고는 거주와 이전의 자유를 제한받지 아니한다."는 제10조, 초등교육은 의무적이며 무상으로 한다는 제16조, 여자와 소년의 근로는 특별한 보호를 받는다고 규정한 제17조를 위반한 것이다.

나. 위법성

(1) 아동복리법 위반

1961. 12. 30. 제정된 아동복리법 제3조는 아동복리시설의 하나로 부랑아 보호시설을 열거하고 있으나, '부랑아'에 대한 정의 조항조차 없다.[16]

정부는 경찰과 공무원을 동원하여 모호한 부랑아 개념을 이용하여 자의적인 판단과 권한 남용을 조장하여 주로 취약 아동을 표적 삼아 아동 본인의 의사에 반하여 아동을 단속하여 외부와 일체 차단된 격리 시설인 선감도에 강제 수용하고, 강제노역, 각종 가혹행위와 폭력, 굶주림 등 인권 유린을 자행하였다.

이러한 정부의 행위는 보호 감독을 받는 아동을 학대하고, 아동을 위하여 증여 또는 급여된 금품을 그 목적 이외의 용도에 사용하는 행위를 금지한 아동복리법 제15조, 아동을 보호 또는 감독할 의무가 있는

---

16) 그 이전에 강제 수용의 근거가 된 조선감화령과 조선소년령 역시 강제 수용대상을 연령 8세 이상 18세 미만의 자로 불량행위를 하거나 불량행위를 할 우려가 있는 소년 등으로 불명확하게 규정하여. 정부는 경찰 등을 동원하여 자의적 판단으로 피수용 아동을 강제로 수용하여 강제노역에 종사하도록 하였다. 정부는 피수용 아동을 보호하기 위한 어떠한 규정도 마련하지 않고 폭력과 가혹행위, 강제노역에 종사하도록 한 위법을 범했다.

자는 아동의 건강 유지와 향상을 위하여 최선의 주의와 노력을 하도록 규정한 동법 제20조를 위반한 것이다.

정부는 아동복리법 제8조 및 아동복리법 시행령 제10조에 의하면, 단속 과정에서 구청장, 시장, 군수는 요보호아동 등을 발견했을 때에는 이를 일시 보호하고 아동의 신상정보 등 필요한 사항을 기재한 서류를 첨부하여 지체 없이 도지사 등에게 보고하도록 규정하고 있으나, 선감학원에 아동을 강제 수용하는 과정에서 이러한 절차가 이루어진 적이 없다. 심지어 단속 과정에서 폭행, 유인 등 불법적 수단이 동원되었다.[17]

아동복리법 제8조에 따라 아동을 일시 보호된 상태에서 충분한 상담과 신원확인이 진행되어야 하나, 정부들은 피수용 아동을 강제 수용하는 과정에 이러한 절차를 취한 적이 없고, 단속된 아동의 신원 및 연고자 유무를 확인하는 절차를 제대로 이행하지 않아 아동복리법에 규정된 보호자 의견 청취, 보호자 통지 절차도 이행하지 않았다.[18]

1962년 제정된 아동복리시설설치기준령 제3조는 "5세 이상 아동의 거실은 1인당 2.5평방미터(0.75평) 이상, 1실의 정원은 15인 이하.", 아동복리시설설치기준령 제7조는 "아동복리시설에 입소된 아동에게 급여하는 식품은 그 심신의 건전한 발육에 필요한 영양식품이어야 한다.", 아동복리법 제20조는 "아동을 보호 또는 감독할 의무가 있는 자는 아동의 건강 유지와 향상을 위하여 최선의 주의와 노력을 하

---

17) 위 결정서, 58-63쪽.
18) 위 결정서, 54-57쪽.

여야 한다.", 아동복리시설설치기준령 제8조는 " 아동복리시설의 장은 아동의 입소 시와 입소 후 적어도 매년 1회 이상 건강진단과 혈액검사 등 필요한 검사를 실시하여야 한다."고 규정하고 있으나, 정부는 이러한 법 규정을 위반하여 과밀 수용은 물론 피수용 아동에게 최소한 건강 유지에 필요한 급식도 제공하지 않아 굶주림에 시달려 이를 면하기 위해 탈출을 시도하다가 익사를 당하기도 하였다. 건강 유지 및 치료에 필요한 양호교사나 보건교사도 두지 않았다.[19]

정부는 국가와 지방자치단체로서 헌법과 법률을 준수해야 할 의무가 있음에도 불구하고 위에서 살펴본 바와 같이 아동이 그 보호자로부터 유실, 유기 또는 이탈되었을 경우 아동이 건전하고 행복하게 육성되도록 그 복리를 보장하도록 규정한 아동복리법 제1조를 정면으로 위반하였다.

(2) 경찰관직무집행법 등 위반

정부는 경찰을 동원해 피해자를 비롯한 아동을 강제 수용하는 과정에서 경찰관직무집행법(1953. 12. 14 제정, 법률 제299호) 제3조(보호조치)에 따라 보호조치가 필요한 아동을 "적당한 보호자가 없으며 응급의 원호를 요한다고 인정되는 자(단, 본인이 이를 거절할 경우는 예외로 함)"로 규정하고 있어 경찰이 요보호 아동을 발견했다고 하더라도 당사자 의사에 반하여 수용할 수 없음에도 불구하고 아동의 의사에 반하여 강제 수용하는 위법을 저질렀다.

---

19) 위 결정서, 102-119쪽.

부랑아 단속 수용의 직접적 근거가 된 내무부 훈령 제410호는 상위 법령의 위임 없이 제정된 행정청 내부 사무 처리 준칙에 불과한 행정규칙이라 할 것임에도 국민의 기본권인 인신의 자유를 박탈하는 위헌·위법적 규칙이라고 할 것이다.

다. 국제규범 위반

대한민국이 가입한 국제법규인 국제연합(UN)의 「아동의 권리에 관한 협약」 제2조에 의하면, 당사국은 아동을 사회적 출신, 기타의 신분에 관계없이 어떠한 종류의 차별을 하지 않고 협약에 규정된 권리를 존중하고 이를 아동에게 보장해야 하고, 모든 형태의 차별이나 처벌로부터 아동을 보호해야 하고, 동 협약 제3조에는 행정당국 등은 아동에 관한 모든 활동에 있어서 아동의 최선의 이익이 최우선적으로 고려되어야 하고, 동 협약 제6조에 의하면, 당사국은 모든 아동이 생명에 관한 고유의 권리를 가지고 있음을 인정해야 하고, 동 협약 제9조에는 아동은 자신의 견해를 표시할 기회가 부여되어야 한다고 규정하고 있다.

그러나 정부는 피수용 아동을 정의 규정도 없는 애매모호한 하층 신분에 속하는 부랑아에 속한다는 이유만으로 당사자의 의사에 반해 강제 수용한 후 외부 탈출을 금하고, 각종 가혹행위·폭행과 강제노역, 굶주림에 시달리게 하는 등 인권을 유린함으로써 국제규범인 「아동의 권리에 관한 협약」을 위반하였다.

라. 소결

정부는 헌법이 규정한 사회적 신분에 의해 차별을 받지 않는다는 평등원칙, 강제노역 금지 등 신체의 자유와 거주이전의 자유를 규정한 기본권 규정을 위반하여 인생에 있어 보호 양육이 가장 필요한 시점에 있는 약자인 피수용 아동을 경찰 등을 동원해 부랑아의 명확한 기준도 없이 강제로 단속하여 신원을 확인하기도 전에 부랑아로 분류하여 강제 수용하여, 초등의무교육은커녕 강제노역에 종사시키고, 군대식 규율을 통한 단체 기합과 폭력을 가하고 굶주림에 시달리게 한 것은 아동복리법, 경찰관직무집행법 및 국제규범인 「아동의 권리에 관한 협약」을 위반한 위법에 해당한다고 할 것이다.

4. 아동 인권 침해 실태

가. 수용과정

(1) 무분별한 단속

선감학원은 1942. 4. 20. 일제강점기 때 황국신민 양성을 목표로 개원하였으나, 실제로는 부랑아라는 이유로 아동·청소년을 사회에서 강제로 격리시키는 제도였다. 해방 후에도 거리를 배회하며 보호를 제대로 받지 못하는 어린이들을 보호하기는커녕 이들을 감시와 통제 내지 배제의 대상으로 삼아 일반인으로부터 격리하여 강제 수용하였다. 정부는 부랑아를 보호 대상이 아닌 청소 대상으로 여겨 강제로 단속하여 격리시켰다.

정부는 '부랑아'를 대상으로 단속과 강제 수용을 하였으나 단속 과정에서 신원확인, 연고자 확인 등을 거치지 않고 단순히 경찰이 수상하게 여기면 그것으로 단속 대상인 부랑아로 되어 선감학원으로 수용하였다.[20] 1972년부터 1982년까지 강제 수용을 담당한 경기도 부녀아동과 아동복리지도원 임방웅은 "의복이 남루하다든지, 이런 것들을 종합적으로 고려해서 외모로 판단을 하는 거죠."라고 진술하고 있다.[21]

연고자가 있는 경우에도 선감학원에 수용되기도 했다. 1964. 10. 26. 자 경향신문에서도 이러한 사실을 확인하고 있다.[22] 선감학원 원생 중 입소 전 부모, 형제자매, 조부모 등 동거인이 있다는 비율은 76.3%에 달했다.[23]

특히 5·16 이후 군사정부는 쿠데타의 정당성을 확보하기 위해 대대적 단속을 진행하여 경찰과 단속 공무원은 할당량이 정해진 단속기간에는 연고지가 명확한 아동까지도 잡아 선감학원에 강제로 수용하였다.[24]

(2) 수용 절차 위반

정부는 단속 당시 관련 법령인 아동복리법 시행령 제10조에 의하면, 단속 과정에서 아동의 성명, 성별, 생년월일, 주소, 가정환경, 건강 상

---

20) 위 결정서, 40쪽.
21) 위 결정서, 48쪽.
22) 위 결정서, 152쪽.
23) 경기도의회, 선감학원 사건, 진상조사 및 지원방안 최종보고서, 2017. 6., 26쪽.
24) 경기연구원, 2020. 11., 선감학원사건 피해사례조사·분석, 27쪽.

태 등 보호조치에 필요한 사항을 기재한 서류를 첨부하여 서울특별시장 또는 도지사에게 보고하여야 하지만, 상담이나 신원조사 없이 선감학원에 수용되었다. 단속을 한 위 임방웅은 "부랑아는 단속하면 쫓기듯이 애들에게 인적 사항 묻고 명단만 작성해서 선감학원으로 보내는 거라서 보호자 통지를 하기는 어렵죠."라고 진술하고 있다.[25] 심지어 단속 과정에서 폭행, 유인 등 불법적 수단을 동원하기도 했다.

피해자들 역시 집 근처에서 놀다가 경찰이나 공무원에 의해 단속되어 부모의 동의 없이 본인의 의사에 반해 선감학원에 강제 수용되면서 협박, 구타, 욕설 등 정신적, 육체적 피해를 당했다.[26]

나. 수용 기간

(1) 강제노역

1957년 경기도 선감학원 특별회계조례 제2조는 "본 특별회계의 세입세출은 생산 물자 매각 대금, 일반회계 전입금, 기타의 수입으로 한다."라고 하여 원생은 초등학교 의무교육을 실시해야 함에도 불구하고 의무교육 대신 자급자족을 위한 중노동에 시달렸고, 피해자를 비롯한 원생의 무상의 강제노동에 의해 생산된 농산물과 소금 등을 매각하여 선감학원 운영비에 충당하였다.[27]

---

25) 위 결정서, 57쪽.
26) 경기연구원, 같은 책, 125쪽.
27) 위 결정서, 136쪽.

선감학원 피해자는 하루 노동 할당량이 주어졌으며, 이를 채우지 못하면 쉴 수도 없었다.[28] 아침 식사 후에는 초등학교에 가는 극소수의 원아를 제외하고는 교육 대신 작업량이 배정되어 하루 종일 염전, 콩밭, 양잠, 축산 등에 할당되어 강제노역에 시달렸다. 초등학교에 다니는 학생도 수업을 마치면 할당된 강제노역에 종사하였다.

정부는 직업교육이라는 명목으로 선감학원에 직업 보도반을 두어 운영하였으나, 그 실상은 보수의 강제노역이었다.[29] 아동복리시설 설치기준령 제23조 제2항 '위험 또는 유해하거나 아동의 체력에 과중한 실습작업을 시키지 아니할 것'이라는 규정을 위반하여 아동으로서 감내하기 힘든 고강도의 강제노역에 종사하도록 했다.

(2) 폭행 및 가혹행위

선감학원에 강제 수용된 어린이들인 피해자의 하루 일과는 감시와 통제의 병영생활이었다. 피해자들은 배치된 숙소에서도 군대식으로 통제된 상태에서 수시로 구타 내지 기합이 이루어졌다. 원생들의 숙소 내지 선감학원의 배치도는 아래 그림과 같다.

---

28) 경기도의회, 선감학원 사건, 진상조사 및 지원방안 최종보고서, 2017. 6., 31쪽.
29) 위 결정서 80쪽.

아침에 일어나면 탈출 여부를 확인하기 위한 점호를 시작으로 식사 때마다, 그리고 취침 전에도 점호를 실시하는 등 군대식 통제로 억압된 생활이었다.

피해자들을 비롯한 선감학원에 수용된 원아들은 단체 기합 내지 폭행을 경험한 것으로 진술하고 있다. 폭행 가해 주체도 선감학원의 직원인 공무원 등도 31%에 달한다. 성폭력 피해도 25%에 달한다.[30]

피해자들은 단체구성원 중 한 명이라도 잘못하면 원산폭격 등 단체

---

30) 위 결정서, 85-88쪽.

기합을 받았고, 수시로 공무원인 선생님이나 원생 중 나이가 많은 사장, 방장 등에 의해 곡괭이 자루 등으로 폭행을 당했다.[31]

심지어 원생 중 벌거벗김을 당한 비율이 60%, 성적인 접촉이나 성기를 만지는 등 성추행을 경험한 비율이 48.9%, 실제 강간을 경험한 비율도 33.3%에 달하는 등 성적인 학대를 당했다. 이러한 폭행과 굶주림을 견디지 못하고 탈출을 시도한 경험은 67.7%에 달하고, 실제 수용인원의 17.8%는 탈출했다.

(3) 의무교육 기회 박탈

헌법상 의무교육의 대상인 피해자들은 교육 기회를 박탈당했다.[32] 피해자를 비롯한 원생들은 무학이 17.6%, 초등학교 중퇴가 48.4%에 달해 초등학교 의무교육을 받지 못한 비율이 66%에 달했다.[33]

(4) 굶주림

선감학원 피해자들은 식사도 강냉이밥, 꽁보리밥에 소금 한 줌, 간장 한 숟갈, 새우젓 등 한 가지씩만 그것도 소량 제공되어 늘 굶주림에 시달렸다. 심지어 3끼 식사도 제대로 제공하지 않았다.

일제강점기 선감학원 부원장 아들인 이하라 히로미츠의 구술증언에

---

31) 위 결정서, 126쪽, 140쪽.
32) 위 결정서, 80쪽 이하.
33) 경기연구원, 같은 책, 81쪽.

의하면, 원생들이 식사가 부족했기 때문에 영양실조에 걸리거나 고픈 배를 달래기 위해 개구리, 쥐, 뱀을 잡아 먹었고, 이런 이유로 위에 탈이 나서 쓰러져 피병사에 수용되었고, 상처 난 곳에 파리가 잔뜩 꼬여서 커다란 점같이 보였고, 아이들은 파리를 쫓아낼 힘도 없어 보였다고 진술하고 있다.[34]

(5) 열악한 주거환경 및 의료환경

아동복리법 제20조에 의하면 "아동을 보호 또는 감독할 의무가 있는 자는 아동의 건강 유지와 향상을 위하여 최선의 주의와 노력을 하여야" 하고, 아동복리시설설치기준령 제8조에 의하면, "아동복리시설의 장은 아동의 입소 시와 입소 후 적어도 매년 1회 이상 건강진단과 혈액검사, 분뇨 검사, 매독반응 검사, 결핵 검사 기타 필요한 검사를 실시하여야 한다."고 규정하고 있으나 건강진단, 혈액 검사 등을 실시한 적이 없다. 경기도 선감학원 1979년 작성 「현황 및 사업계획」에 따르면 "진료는 월 1회 대부면에서 공의(公醫)가 순회한다."라고 기재되어 있을 뿐이다.[35]

1962. 10. 29. 아동복리설치기준령 제3조는 5세 이상의 아동의 거실은 1인당 2.5평방미터, 1실의 정원은 15인 이하일 것을 규정하고 있으나, 1979년 작성한 현황 및 사업계획에 의하면 원생들이 거주했던 1실의 평수와 거주 인원은 1실 4평에 11명이 합숙했다고 기재하고

---

34) 선감역사박물관, 선감학원 자료집 구술과 신문기사로 톺아보는 선감학원, 21쪽.
35) 위 결정서, 107쪽.

있어 1인당 0.36평으로 아동복리시설 기준 1인당 2.5평방미터(0.75평)의 기준에 크게 미달한다.[36]

피해자들은 좁은 방에 30명이나 수용되어 제대로 누울 수 없어 지그재그로 누워서 잠을 잘 정도로 숙소는 과밀 수용 상태에 있었다.[37]

다. 퇴소 후 피해

(1) 강제 수용으로 인한 각종 트라우마

선감학원 피해자들은 아래 표에서 보는 바와 같이 강제 수용, 폭력 및 가혹행위 등으로 인한 트라우마와 이로 인해 일상생활에 어려움을 겪고 있다.

진실화해위원회에 피해 신청인 중 99명을 상대로 트라우마 관련 설문조사를 한 결과에 따르면, 1회 이상 자살을 시도했다는 응답 비율이 51%에 달하고 있다. 응답자의 48.5%가 일주일 중 1회 이상 음주를 하고 있고, 20.2%는 일주일에 5회 이상 음주를 한다고 밝히고 있다. 가정폭력도 44.2%에 달하고 있으며 이로 인해 상당수는 아내와 이혼 내지 별거 중이거나 자녀와의 소통에 어려움을 겪고 있다.[38]

---

36) 위 결정서, 102-104쪽.
37) 위 결정서, 102쪽.
38) 위 결정서, 149-150쪽.

⟨표 Ⅲ-22⟩ 자살시도

자살시도 빈도	응답(명)	비율(%)
없음	48	49.0
1회	14	14.3
2회	13	13.3
3회	6	6.1
4회 이상	17	17.3
합계	98	100.0

*『선감학원 아동인권 침해 사건 신청인 대상 설문조사』 12번 문항

⟨표 Ⅲ-23⟩ 음주빈도

빈도(일주일 기준)	응답(명)	비율(%)
없음	51	51.5
1회	10	10.1
2회	7	7.1
3회	9	9.1
4회	2	2.0
5회 이상	20	20.2
합계	99	100.0

*『선감학원 아동인권 침해 사건 신청인 대상 설문조사』 13번 문항

⟨표 Ⅲ-25⟩ 가족들에게 행한 폭력의 유형(중복응답 포함)

유형	응답(명)	비율(%)
없음	67	55.8
언어폭력	30	25.0
신체폭력	18	15.0
방치	3	2.5
무시	2	1.6

*『선감학원 아동인권 침해 사건 신청인 대상 설문조사』 15번 문항

(2) 사회부적응

피해자들은 퇴소 후에도 초등의무교육을 받지 않아 제대로 한글을 읽지도 쓰지 못해 취업 등 사회생활에 상당한 어려움을 겪었고, 강제수용에 의한 공포의 격리와 수용 생활 중에 당한 폭력에 의한 트라우마와 후유증 등은 평생에 걸쳐 지속되어 가정생활이나 사회생활 등에 제대로 적응하지 못하고, 구두닦이, 머슴, 넝마주이, 구걸 등으로 생활하다가 나이가 들어서도 일용노동에 종사하며 지냈다.[39] 또한 그들 대

---

39) 김정일 등 17명, 아동기 선감학원 강제 수용자 트라우마 피해에 대한 '고문트라우마 연구회' 의료인들의 의견서, 2024. 6. 30.

부분은 기초생활수급자로 생활하고 있다.[40]

5. 선감학원 피해 회복을 위한 특별법 제정의 필요성

선감학원 피해자는 강제 수용을 통한 인권유린으로 인하여 평생을 고통 속에 살아가고 있다. 1942년부터 1982년까지 원아 대장에 기재된 인원만 해도 4,689명이나, 진실화해위원회에 의해 피해자로 인정된 자는 2022년 10월 1차 조사에서 인정된 167명, 2024년 2차 조사에서 인정된 63명 등 230명에 불과하다.

진실화해위원회는 선감학원에 강제 수용된 아동 모두를 피해자로 인정하였지만 피해조사기간이 만료되어 진실화해위원회를 통한 피해 구제는 불가능하다. 더구나 한국전쟁 무렵 선감학원에 수용된 피해자들은 원아 대장이 존재하지 않는 것으로 확인되고 있다. 원아 대장이 존재하지 않은 피해자들은 수용의 근거가 없어 피해 구제를 받을 수가 없다.

선감학원 피해 사건의 화해와 치유를 위해서는 특별법 제정을 통해 암매장된 유해 발굴 및 공원 묘지화 작업, 선감학원 옛터 복원을 통한 아동인권배움터 설립, 피해자 피해 구제가 절실하다고 할 것이다.

---

40) 경기도의회, 선감학원 사건, 진상조사 및 지원방안최종보고서, 2017. 6, 27쪽.

지방분권과 통일 지향적 헌법 개정[1]

권형둔

공주대학교 법학과 교수, 법학박사

목차

1. 들어가는 말
2. 지방자치법 전면 개정과 지방자치제도의 강화
3. 지방분권 및 지역균형발전을 위한 헌법 개정 시도
4. 지방분권의 실현을 통한 통일 지향적 헌법 개정

---

[1] 이 글은 "독일의 통일과정에서 재정헌법의 역할과 발전", 공법연구 제41집 제2호(한국공법학회), 2012. 12., 221-248, "통일순응적 정당체제의 확립과 선거제도의 개혁-독일과의 비교법적 접근을 중심으로-", 중앙법학 제19집 제1호, 2017. 3., 109-138 등을 참고하여 재구성한 것임.

1. 들어가는 말

서구의 지방자치는 시민혁명을 통해 절대주의 왕권이 무너지고 자유와 평등의 근대 민주주의 이념에 따라 실시됐다. 물론 그 이전에도 이들의 지방분권 이념은 각국의 정치체제, 역사, 사회문화, 심지어 지리적 위치 등에 의해 개별적 특성을 지닌 채 점진적으로 실현되었다.

현대적 의미에서 지방자치의 기본 가치는 "모든 지역적 공동체는 그들 고유의 통치기구를 가져야 하며, 그들 스스로의 문제를 결정함에 있어서 자유로워야 한다"라는 1967년 9월 스톡홀름에서 개최된 「유럽지방기관회의」의 결의문을 통해 드러나고 있다.

서구의 지방자치제도가 근대 입헌주의의 태동과 함께 주민생활의 자유 영역을 최대한도로 보장하기 위해 국가권력을 의도적으로 분산 내지 제한시키고자 한 역사적 배경을 가지고 있는 반면에, 우리나라의 지방자치제도의 역사는 상대적으로 짧다. 또한 서구사회와 서구의 영향으로 아시아 국가에서 비교적 일찍이 근대화된 일본의 경우 입헌국가 성립 이전에도 오랫동안 지방분권의 역사를 가지고 있던 반면에, 우리나라의 경우 조선시대 이래로 강력한 중앙집권체제를 유지하여 왔으며 이는 대한민국 성립 이후에도 마찬가지였다.

그러나 짧은 역사에도 불구하고 지방자치제의 실시는 여러 방면에서 한국 사회에 주목할 만한 변화를 가져왔다. 헌법은 직접민주제의 요소를 수용함에 있어서는 소극적이지만, 지역적 차원에서 지역주민에게 지역공동체의 사무에 효과적인 참여를 가능하게 하는 지방자치제도의 도입을 통해 이를 보완하고 있다. 또한 주민 투표의 도입으로 풀뿌리 민주주의를 강화하고 직접민주제의 요소를 정착시킬 수 있다.

이를 통해 중앙과 지방간 관계뿐만 아니라 민과 관 사이에 과거의 하향식 집행방식에서 상향식 의사결정방식으로 전환하는 중요한 계기가 되고 있으며, 생활현장 곳곳에 남아있는 비민주적 풍토를 민주적으로 바꿔 가는 데 필요한 토양을 제공하고 있다.

하지만, 현실적으로 오랜 역사를 가지고 있는 서구사회와는 달리 지방자치의 경험이 충분히 축적되지 못한 상태에서 시행된 지방자치는 온전한 분권으로 이어지지 못하게 되었고, 이로 인한 부작용은 일정 부분 예견되었던 바이다.

더 좋은 민주주의의 실현을 위해서는 헌법상 재정제도의 확립이 필요하며, 이와 함께 궁극적으로 남북한의 통일을 대비하는 방향으로 실질적인 지방분권이 구현될 수 있도록 제도 개혁과 함께 개헌이 함께 이루어져야 한다고 본다.

2. 지방자치법 전면 개정과 지방자치제도의 강화

가. 2021년 개정 지방자치법의 주요 내용

1988년 지방자치법이 전부 개정된 이래 2021년 1월 12일 33년 만에 전부 개정된 지방자치법은 중앙정부와 지방자치단체, 지방자치단체 간의 협력과 상생을 가능하게 하는 제도적 근거를 마련하였다는 평가를 받고 있다.

이후에도 여러 번 개정되었지만 2021년 지방자치법 전부 개정 이유는 지방자치 출범 이후 변화된 지방행정환경을 반영하여 새로운 시대에 걸맞은 주민 중심의 지방자치를 구현하고 지방자치단체의 자율성 강화와 이에 따른 투명성과 책임성을 확보하기 위하여 지방자치단체의 기관을 다양하게 구성할 수 있는 근거를 마련하고, 지방자치단체에 대하여 주민에 대한 정보공개 의무를 부여하며, 주민의 감사청구권을 부여하고 있다. 또한 중앙지방협력회의의 설치 근거를 마련하고, 특별지방자치단체의 설치·운영에 관한 법적 근거를 마련하여, 관할구역 경계조정 제도를 개선하는 한편, 주민의 조례에 대한 제정과 개정·폐지 청구에 관한 사항을 현행 법률에서 분리하여 별도의 법률로 제정하기 위해 관련 규정을 정비하는 등 그 내용을 반영하기 위해서다.

물론 지방자치의 기본법으로서 법적 체계를 구축하는 데 종합적 안목이 부족하고, 자치입법권, 자치조직권 등 지방자치의 핵심 요소를 충분히 보장하고 있지 않다는 비판도 있다. 또한 지방자치단체 기관 구성 다양화 및 특별지방자치단체의 도입, 특례시에 관한 사항, 주민자치회에 관한 규정 등에서는 좀 더 체계적 구성이 필요했다는 지적도 있다.

그 주요 내용은 다음과 같다.

> 가. 이 법에 따른 지방자치단체의 의회 및 집행기관의 구성을 따로 법률로 정하는 바에 따라 달리 할 수 있으며, 이 경우에는 「주민투표법」에 따른 주민투표를 실시하여 주민의 의견을 듣도록 함(제4조).
> 나. 매립지 및 등록 누락지가 속할 지방자치단체 결정 절차를 개선함(제5조).
>   1) 종전에는 행정안전부장관이 매립지 및 등록 누락지가 귀속될 지방자치단체를 결정하는 경우, 이의제기기간 중 다른 지방자치단체로부터 이의제기가 없더라도 지방자치단체중앙분쟁조정위원회의 심의·의결을 거쳐 결정하도록 하였으나, 앞으로는 이의제기기간 동안 아무런 이의제기가 없는 경우에는 지방자치단체중앙분쟁조정위원회의 심의·의결 없이 매립지 등이 귀속될 지방자치단체를 결정하도록 그 절차를 간소화함.

2) 매립지 귀속과 관련되어 시·군·구 상호 간 비용 분담 등에 대하여 분쟁이 발생하는 경우, 종전에는 시·도에 설치되어 있는 지방자치단체지방분쟁조정위원회의 심의·의결을 거쳐 시·도지사가 조정하도록 하였으나, 앞으로는 지방자치단체중앙분쟁조정위원회에서 매립지 귀속 결정과 함께 병합하여 심의·의결하여 행정안전부장관이 조정하도록 함으로써 매립지 귀속 결정과 관련된 분쟁을 보다 효율적으로 해결할 수 있도록 함.

다. 지방자치단체 관할 구역 경계변경 제도를 개선함(제6조).

1) 관계 지방자치단체의 장은 주민생활에 불편이 큰 경우 등에는 행정안전부장관에게 관할 구역 경계변경에 관한 조정을 신청하도록 하고, 행정안전부장관은 그 신청 내용을 공고한 후 경계변경자율협의체를 구성·운영하게 하여 상호 협의하도록 하는 장을 마련하며, 경계변경자율협의체의 구성을 요청받은 날부터 120일 이내에 협의체를 구성하지 못하거나 법에서 정한 협의 기간 이내에 경계변경 여부 등에 관한 합의를 하지 못한 경우 지방자치단체중앙분쟁조정위원회의 심의·의결을 거쳐 행정안전부장관이 경계변경에 관한 사항을 조정하도록 함.

2) 지방자치단체 간 경계변경에 관한 합의가 된 경우이거나 지방자치단체중앙분쟁조정위원회에서 경계변경이 필요하다고 의결한 경우에는 행정안전부장관은 그 내용을 검토한 후 이를 반영하여 대통령령안을 입안하도록 함.

3) 지방자치단체 간 관할 구역 경계변경 과정에서 상호 비용 부담, 그 밖의 행정적·재정적 분쟁이 발생한 경우 경계변경에 관한 조정과 병합하여 지방자치단체중앙분쟁조정위원회의 심의·의결을 거쳐 행정안전부장관이 조정하도록 함으로써 관할 구역 경계변경에 관한 분쟁을 효율적으로 조정하도록 함.

라. 주민이 지방자치단체 규칙에 대하여 제정 및 개정·폐지 의견을 제출할 수 있도록 함(제20조).

1) 지방자치단체의 규칙이 상위법령이나 조례의 위임에 따라 주민의 권리·의무에 영향을 미치는 경우가 발생하나 규칙에 대한 주민의 제정 및 개정·폐지 의견 제출에 대한 처리가 미흡한 측면이 있었음.
　　2) 주민은 권리·의무와 직접 관련되는 규칙에 대한 제정 및 개정·폐지 의견을 지방자치단체의 장에게 제출할 수 있고, 지방자치단체의 장은 제출된 의견에 대하여 그 의견이 제출된 날부터 30일 이내에 검토 결과를 통보하도록 함.
마. 주민의 감사청구 제도를 개선함(제21조).
　　1) 주민의 감사청구 제도가 주민의 권익 침해에 대한 실질적인 구제 수단으로 운영되도록 하기 위하여 감사청구 연령 기준을 종전의 19세에서 18세로 낮추고, 청구 주민 수 기준을 시·도의 경우 종전의 500명 이내에서 조례로 정하는 수에서 300명 이내에서 조례로 정하는 수로 하여 주민의 감사청구 요건을 완화함.
　　2) 주민 감사청구의 실효성을 높일 수 있도록 주민 감사청구를 사무 처리가 있었던 날이나 끝난 날부터 2년 이내에 제기하도록 하던 것을 앞으로는 3년 이내에 제기할 수 있도록 제기 기간을 연장함.
바. 지방자치단체는 지방의회의 의정활동 등의 정보를 주민에게 공개하도록 하고, 행정안전부장관은 이 법 또는 다른 법령에 따라 공개된 지방자치정보를 체계적으로 수집하고 주민에게 제공하기 위한 정보공개시스템을 구축·운영할 수 있도록 함(제26조).
사. 지방의회의 역량 강화 및 인사권 독립에 관한 사항을 규정함(제41조 및 제103조 제2항).
　　1) 지방의회의 전문성을 강화하고 지방의회 의원의 의정활동을 지원하기 위하여 지방의회에 정책지원 전문인력을 둘 수 있도록 함.
　　2) 지방의회 사무기구 인력 운영의 자율성을 제고하기 위하여 지방의회 사무직원에 대한 임면·교육·훈련·복무·징계 등을 지방의회의 의장이 처리하도록 함.
아. 지방의회의원의 겸직금지 조항을 정비함(제43조).

1) 지방의회의원의 겸직금지 대상이 불명확하여 각종 분쟁이 발생함에 따라, 해당 지방자치단체가 출자·출연한 기관·단체 또는 해당 지방자치단체로부터 사무를 위탁받아 수행하는 기관·단체 등으로 지방의원이 겸직할 수 없는 기관·단체의 범위와 의미를 명확하게 정함.
  2) 지방의회의 의장이 지방의회의원의 겸직 신고 내용을 연 1회 이상 공개하도록 하고, 지방의회의 의장은 지방의회의원의 겸직 행위가 지방의회의원의 의무를 위반한다고 인정될 때에는 그 겸한 직의 사임을 권고하도록 함.
자. 지방자치단체의 폐지·신설·분할·통합 등에 따라 새로운 지방자치단체가 차질 없이 출범할 수 있도록 새로운 지방자치단체가 설치된 경우 최초의 지방의회 임시회는 지방의회 사무처장·사무국장·사무과장이 해당 지방자치단체가 설치되는 날에 소집하도록 함(제54조 제2항).
차. 지방의회의원의 겸직 및 영리행위 등에 관한 의장의 자문과 지방의회의원 징계에 관한 윤리특별위원회의 자문 등에 응하기 위하여 윤리특별위원회에 윤리심사자문위원회를 두도록 하고, 윤리심사자문위원회의 위원은 민간전문가 중에서 지방의회의 의장이 위촉하도록 함(제66조).
카. 지방자치단체의 장의 직 인수위원회 설치 근거를 마련함(제105조).
  1) 지금까지는 지방자치단체의 장의 직 인수위원회에 대한 설치 근거가 없어 지방자치단체 간 인수위원회의 구성과 운영이 통일되지 못한 문제가 있음.
  2) 당선인을 보좌하여 지방자치단체의 장의 직 인수와 관련된 업무를 담당하기 위하여 당선이 결정된 때부터 해당 지방자치단체에 인수위원회를 설치할 수 있도록 하고, 인수위원회의 설치 기간, 구성 및 업무 등을 규정함.
타. 지방자치단체는 자문기관 운영의 효율성 향상을 위하여 중복되는 자문기관을 설치할 수 없도록 하고, 지방자치단체의 장은 자문기관 정비계획 및 조치 결과 등을 종합하여 작성한 자문기관 운영 현황을 매년 지방의회에 보고하도록 의무화 함(제130조).

파. 국가와 지방자치단체 간의 협력을 도모하고 지방자치 발전과 지역 간 균형발전에 관련되는 중요 정책을 심의하기 위하여 중앙지방협력회의를 두고, 그 구성 및 운영에 관한 사항은 따로 법률로 정하도록 함(제186조).

하. 지방자치단체에 대한 적법성 통제를 강화함(제188조 및 제192조).
 1) 지금까지는 시·군 및 자치구의 법령 위반에 대한 국가의 실효성 있는 통제 수단이 없어 법령 위반 사항이 해소되지 못하고 주민의 권리·의무에 영향을 미치는 문제가 있었음.
 2) 주무부장관은 자치사무에 관한 시장·군수 및 자치구의 구청장의 명령이나 처분이 법령에 위반됨에도 불구하고 시·도지사가 시정명령을 하지 아니하면 시·도지사에게 시정명령을 하도록 명할 수 있고, 시·도지사가 시정명령을 하지 아니하면 주무부장관이 직접 시정명령과 명령·처분에 대한 취소·정지를 할 수 있도록 함.
 3) 주무부장관은 시·군 및 자치구의회의 의결이 법령에 위반됨에도 불구하고 시·도지사가 재의를 요구하게 하지 아니하면 시장·군수 및 자치구의 구청장에게 재의를 요구하게 할 수 있도록 함.

거. 특별지방자치단체의 설치 근거를 마련함(제199조부터 제211조까지).
 1) 지금까지는 광역행정수요에 효과적으로 대응할 수 있도록 특별지방자치단체의 설치 근거는 있으나, 구체적인 규정이 없어 특별지방자치단체를 설치·운영할 수 없는 문제가 있었음.
 2) 특별지방자치단체는 법인으로 하고, 특별지방자치단체 설치 시 상호 협의에 따른 규약을 정하여 행정안전부장관의 승인을 받도록 하며, 특별지방자치단체의 지방의회와 집행기관의 조직·운영 등은 규약으로 정하도록 하는 등 특별지방자치단체 설치·운영과 관련한 세부 내용을 규정함.

나. 개정 지방자치법에 대한 분석 및 비판적 검토

1) 개정 지방자치법은 목적 규정에 주민자치의 원리를 명시하고 지방의 정책 결정 및 집행 과정에 주민의 참여권을 신설하였다. 또한 주민조례발안법을 별도로 제정하여 주민이 단체장이 아닌 의회에 조례안의 제정, 개정, 폐지를 청구할 수 있도록 하였다. 지방행정에 대한 주민참여권을 전반적으로 확대하고 있으나 법률 개정안의 단계에서부터 많은 관심을 모았던 주민자치회 구성은 입법에 이르지 못했다.

2) 중앙부처의 자의적 사무 배분을 방지하기 위해 지역 사무는 지역에 우선 배분하는 사무 배분의 기본원칙을 규정하고 자치단체의 국제교류와 협력 추진 근거를 마련하고 있다. 또한 법령에서 조례로 정하도록 위임한 사항은 그 법령의 하위 법령에서 그 위임의 내용과 범위를 제한하거나 직접 규정할 수 없도록 함으로써 지방자치단체의 자치입법권을 강화하였다. 이는 지방자치단체가 "법령의 범위 안에서" 조례를 제정할 수 있는 근거를 "법령의 범위에서"로 개정한 것으로 일견 조례의 제정 범위를 확대한 것으로 보인다. 그러나 "법령의 범위에서"의 의미가 무엇인지 여전히 불분명하고 중앙부처 중심의 행정이 운영되고 있고, 중앙정부에 의한 사무 이양이 한계가 있다는 점에서 "법령에 위반되지 아니하는 범위"로 추가 개정이 필요하다는 비판이 있다. 그러나 지방자치법이 "법령에 위반되지 아니하는 범위"로 개정되어 지방분권의 시대에 부응하기 위해서는 헌법 제37조 제2항 법률유보원칙의 취지에 비추어볼 때 헌법 개정이 필요하다는 것이 일반적 견해다.

3) 사무 배분과 관련하여 국가는 제10조 제1항에 따라 지역주민생활과 밀접한 관련이 있는 사무는 원칙적으로 시·군 및 자치구의 사무로, 시·군 및 자치구가 처리하기 어려운 사무는 시·도의 사무로, 시·도가 처리하기 어려운 사무는 국가의 사무로 각각 배분하여야 한다고 규정하고 있고, 동조 제2항에서는 지역주민생활과 밀접한 관련이 있는 사무는 원칙적으로 시·군 및 자치구의 사무로, 시·군 및 자치구가 처리하기 어려운 사무는 시·도의 사무로, 시·도가 처리하기 어려운 사무는 국가의 사무로 각각 배분하도록 함으로써 보충성의 원칙을 입법화하고 있다. 또한 동조 제3항에서는 국가가 지방자치단체에 사무를 배분하거나 지방자치단체가 사무를 다른 지방자치단체에 재배분할 때에는 사무를 배분받거나 재배분받는 지방자치단체가 그 사무를 자기의 책임하에 종합적으로 처리할 수 있도록 관련 사무를 포괄적으로 배분하여야 한다고 규정함으로써 포괄위임금지원칙의 예외규정을 지방자치단체에 그대로 적용하고 있음을 보여주고 있다.

4) 자율성 강화에 상응하는 책임성과 투명성을 제고하기 위해 법 제26조는 「공공기관의 정보공개에 관한 법률」에서 정하는 바에 따라 지방의회의 의정활동, 집행기관의 조직, 재무 등 지방자치에 관한 정보(이하 "지방자치정보"라 한다)를 주민에게 공개하도록 하고 있다. 또한 제65조에는 지방의회의원의 윤리강령과 윤리실천규범 준수 여부 및 징계에 관한 사항을 심사하기 위하여 윤리특별위원회 설치를 의무화하고 있다. 그리고 지방의회의원이 직무를 통해 부당한 이익을 취하는 것을 방지하기 위해 겸직금지 의무규정을 구체화하고, 허용되는 경우에는 그 구체적 내역을 공개하도록 하

고 있다. 이는 지방의회의 책임성과 윤리성을 제고하기 위한 것이라는 평가를 받고 있다.
5) 이외에도 중앙-지방 협력관계 정립 및 행정 능률성을 제고하기 위해 지방에 영향을 미치는 국가의 주요 정책 결정에 지방의 주요 주체가 참여할 수 있도록 중앙지방협력회의를 설치하도록 하였다. 국가와 지방정부 간 본질적 변화를 시도한 것이라는 평가를 받고 있다.

3. 지방분권 및 지역균형발전을 위한 헌법 개정 시도

가. 지방자치의 활성화와 지방분권을 위한 헌법 개정의 필요성

국민의 기본권 강화, 권력구조의 개편과 함께 과도하게 집중되어 있는 중앙정부의 역할을 축소하고 지방분권을 통한 정치 발전을 이루어야 한다는 데 국민적 공감대가 형성되어 있다. 현재의 지방분권은 중앙정부 주도의 지방자치 시스템이며, 지방자치단체는 중앙정부가 위임한 사무를 집행하는 수준에 불과하다.

지방자치법이 개정되었다 하더라도 제도적으로 지방정부는 재정 자립이 어려울 뿐 아니라 지방의 문제를 스스로 해결할 자치권이 별로 없다. 자치단체의 자치역량 제고, 주민자치 활성화와 함께 지방분권의 성공을 위한 전제는 자주적인 지방재정 확충방안을 헌법에서 제도적인 보장을 통해서 가능하다. 재정분권을 통한 실질적인 지방분권의 실현은 우리나라가 한 단계 더 성숙한 민주주의 시스템을 구축하는 데 기여할 것이다.

하지만, 2017년 20대 국회의 헌법 개정특별위원회가 공개한 『헌법 개정 주요 의제』에 재정과 관련한 사항은 재정·경제 민주주의 구현을 위한 제도 개편으로서 예산법률주의 도입 여부, 정부의 증액동의조항 폐지(수정) 여부, 재정준칙 등 도입 여부, 감사원의 공정성·중립성 확보를 위한 감사원 소속 변경 여부, 경제민주화 조항 강화 여부, 토지재산권에 대한 특별한 제한과 부담 부과(이른바 토지공개념)를 위한 근거규정 별도 신설 여부, 경자유전의 원칙 폐지 여부 등이며, 그 취지로는 "국가재정에 대한 국회의 감시·감독권을 강화하고 예산의 책임성을 확보할 수 있는 재정제도 개편방안과 경제민주화 조항 강화 방안을 검토"한 것으로 소개하고 있다.

또한 지방자치 내지 지방분권 부분 의제에서도 지방자치 확대 여부 및 수준, 지방자치단체의 자치입법권 확대 여부, 지방세조례주의 도입 여부, 중앙-지방 간 사무배분의 보충성의 원칙 규정 여부, 총강에 지방분권국가 선언 여부, 지방자치단체의 종류 명시 여부, 기본권으로서 주민자치권 신설 여부 등으로 재정에 대한 부분은 지방세조례주의 도입 여부 외에는 없다.

이러한 내용만 놓고 보면 국회 헌법 개정특별위원회는 헌법 개정 사항으로서 실질적 지방분권의 전제가 되는 지방재정에 관한 부분이나, 국가재정과 지방재정 간의 관계에 관한 부분에는 전혀 관심을 두고 있지 않다는 점을 확인할 수 있다. 국회에서 논의되는 개헌의 내용을 살펴보면 의원들이 국회와 대통령 간 권력의 배분에만 관심을 가지고 있고, 대통령과 국회 권한의 수평적 분립과 중앙정부와 지방정부 간의 수직적 분립이라는 기능적 권력분립에 대해서는 인식이 부족하고 의지도 없음을 알 수 있다. 지방분권의 성공의 전제가 되는 재정에 관한 권한과 절차가 누락되어 있기 때문이다.

현행 헌법 제117조는 지방자치단체의 기능을 일반적으로 자치입법권, 자치행정권, 자치재정권으로 구분하고 있다. 지방자치단체는 기본적으로는 행정의 과제를 이행하는 권한의 주체이다. 그러한 측면에서 민주적 법치국가에서 국가에 대립하는 주민의 단체, 국가의 의사로부터 완전히 독립한 자치권은 존재할 수 없다. 자치행정권은 오로지 국가의 위임에 근거하여 그리고 위임의 범위 내에서만 존재한다. 다만, 자치행정권은 지방자치단체의 본연의 기능을 포괄하고 있으며, 이에 대하여 자치재정권이나 자치입법권은 자치단체의 자율적 기능을 이행하기 위한 하나의 요소가 된다. 즉 지방자치단체의 자치입법권과 자치재정권은 고유한 입법기능과 재정기능이 아닌 자치행정권의 한 부분으로 이해된다. 그러나 이 경우에도 지방자치단체의 자치사무는 고도의 자율성을 보장받으며, 국가의 간섭도 그러한 측면에서 합목적성 감독이 아닌 합법성 감독에 제한되어야 한다.[2]

고도의 자율성을 보장하는 연방제 수준의 지방분권의 성공적 실현은 자주적 재정권의 보장을 통해 가름된다(?). 따라서 지방자치단체에 대해 재정수단을 실질적으로 보장하는 헌법적 근거가 필요하다.

이에 대해서는 독일 기본법상 재정헌법조항의 도입도 고려해 볼만하다. 재정력이 강한 주와 재정력이 취약한 주들 사이에 재정력 격차를 완화하기 위해 주간 수평적 재정조정은 첨단산업 지역과 농촌지역 간

---

[2] 헌법재판소는 이에 대하여 감사원이 지방자치단체의 자치사무에 대하여 합목적성의 통제를 허용하는 법률조항에 대하여 합헌으로 판단하였으나, 재판관 3인의 반대의견에서처럼 감사원이 지방자치단체의 자치사무까지 합목적성 감사까지 하게 된다면 지방자치단체는 자치사무에 대한 자율적 정책 결정을 하기 어렵고, 독립성과 자율성을 크게 제약받아 중앙정부의 하부행정기관으로 전락할 우려가 다분히 있게 되어 지방자치제도의 본질적 내용을 침해하게 될 것이다. 헌재 2008. 5. 29. 2005헌라3(자치사무에 대한 감사원의 감사).

의 불균형, 나아가 통일 이후 동서독간의 경제적 불균형을 극복하고 독일 통일이 성공적으로 정착하는 데 기여한 제도로 평가받고 있다. 도농 간의 경제적 불균형과 농촌공동화의 문제점까지 극복하고 나아가 통일을 대비하는 실질적 지방분권과 지역균형발전의 성공을 위한 제도가 아닌가 싶다.

나. 독일의 재정헌법과 독일통일 과정에서의 역할

(1) 독일 기본법상 재정제도

헌법상 재정제도는 공적 과제의 주체와 공적 과제의 수행으로부터 발생하는 재정 부담을 과제 수행의 주체에게 배분하고 이를 전체 국가의 수입으로부터 충당하는 제도이다.[3] 독일은 기본법 제정 당시부터 연방과 주의 독자성은 재정헌법의 규정에 따라 결정된다는 것을 인식하고 기본법에 수직적·수평적 재정제도를 도입하였다. 독일은 처음에 연방 내에서 경제 분야의 통일과 함께 생활 관계의 조화를 보장하는 경제·재정의 기본질서를 마련하고자 하였다.

그러나 연합국은 연방의 주에 대한 재정지원이 「지불하는 자가 지시한다.」라는 원칙에 따라 주에 대한 정치적 압력으로 작용할 가능성을 우려했다. 연합국의 반대로 연방재정행정은 유보된 채로 규정되었지만, 마침내 독일은 1955년 연방과 주 사이에 세원배분 문제를 애초의 의도대로 헌법적 차원에서 규정하게 되었다. 결과적으로 헌법상 재정제도는 통일 과정에서 경제력 격차에 대한 동독인들의 우려를 불식하

---

3) 권형둔, "독일의 통일과정에서 재정헌법의 역할과 발전", 공법연구 제41집, 2012, 224면.

는 데 기여하게 된다.

　제정 이후 개정을 거듭하다가 2006년과 2009년의 제1차, 제2차 연방주의 개혁을 통해 재정헌법에 중요한 변화가 있었다. 2006년의 제1차 연방주의 개혁은 독일의 연방국가 질서의 현대화를 목적으로 하였으며, 연방과 주의 사무수행의 효율성을 제고하여 책임성을 명확히 하는 데 주된 목적이 있었다. 그 주요내용으로는 재정적 결과를 고려하여 공동사무를 축소하였고(제91a조, 제91b조), 재정적 효과를 발생시키는 법률 중 연방참의원의 동의를 받아야 하는 범위를 확대하였으며(제104a조 제4항), 연방의 주에 대한 재정지원요건을 명확히 하고 그 한계를 설정하였고(제104b조), 부동산세(Grund-erwerbsteuer)의 징수율의 결정을 주의 권한으로 규정하였으며(제105조 제2a항), 유럽연합법과 국제법에 의해 야기되는 연방과 주의 재정 부담의 분배에 대해 규정하였다(제104a조 제6항, 제109조 제5항). 2009년의 제2차 연방주의 개혁은 연방과 주의 재정 관계의 현대화를 목적으로 하였으며, 특히 국가채무의 관리를 위해 신규 채무 규모를 제한하는 재정준칙을 도입하였다. 특히, 연방과 주들의 IT망의 결합에 관한 법률, 연방과 주의 재정조정에 관한 법률, 소득세법 등이 마련되거나 개정되었다.

　현재 독일 기본법(Grundgesetz)은 제10장을 재정(Finanzwesen)에 관한 장으로 하고 17개의 조문을 두어(제104a조-제115조) 비교적 상세한 내용을 규정하고 있다. 구체적으로는 사무 수행에 대한 비용부담(제104a조), 연방(Bund)의 주(Länder) 또는 지방자치단체(Gemeinde)에 대한 재정지원(제104b조, 제104c조), 연방과 주의 조세입법권(제105조), 연방과 주 및 지방자치단체의 조세수입권(제106조 제106a조, 제106b조, 제107조), 재정조정제도(제107조), 조세행정(관리)권(제108조), 예산과 결산에 대한 규정들(109조-115조)로 이루어져 있다. 또한 재정에 관한 장은 아니지만 연방과 주의 행정권과 입법권에 관한 자세한 규정을 독일 기본법은 규정하고 있다.

(2) 재정헌법의 기능과 역할

독일재정헌법의 특징은 첫째, 연방주의 원리의 실현이다. 독일 재정헌법의 핵심이 되는 재정조정은 기본적으로 독일 제국 이래로 재정영역에 대한 연방국가의 문제가 된다. 연방국가 내에 작용하는 정치적 귀속관계 및 긴장관계는 재정 권력의 배분에서 명시적으로 표현된다. 재정 헌법의 근간이 되는 기본법 규정은 현재 주간재정조정제도를 포함한 재정조정에 대한 연방국가원리가 관철되고 있다.

둘째, 연방전체에 동일한 생활수준의 형성과 사회국가원리의 실현이다. 기본법 제106조 제3항은 연방과 지방의 충당 요구는 연방영역 내에서 생활수준의 균형이 보장되도록 하고 있다. 1970년대 이래로 악화된 주간의 경제적 격차에 따라 주의 책임이 아닌 연방의 책임 문제로 되었다. 재정헌법이 요구하고 있는 연방 전체에 걸쳐 동일한 생활수준의 형성이라는 헌법상의 명령은 사회국가적 원리의 실현이 된다. 사회국가적 내용은 연방과 주의 경합적 입법관할권에 해당한 부분이지만 연방전체 차원에서 규율의 필요성이 존재하는 경우에 연방은 주에 우선하여 입법관할권을 행사할 수 있다.

그러나 이러한 사회국가의 원리가 인구, 상품, 자본의 지속적인 이동을 요구하지는 않는다. 이러한 이동은 재정이 취약하거나 새로 연방에 가입한 주들에게 긴요하게 필요함에도 불구하고 강제할 수 없으며, 이들 주들이 동일한 생활수준을 형성하기 위하여 영원히 보조금을 받을 수는 없기 때문이다. 따라서 사회국가원리는 재정구조가 취약한 주들의 재정조정을 위한 목표가 됨과 동시에 경제구조의 효율성과 연방 전체의 경제성장 기회의 증대를 목표로 하고 있다. 따라서 연방 전체의 동일한 생활수준의 유지라는 목표의 달성은 전적으로 연방의회의 재량에 달려있다고 본다.

그러나 독일의 재정헌법은 통일 이후 중대한 위기를 맞게 되었다. 경제적으로 취약한 동독을 서독지역과 동등하게 대우할 경우 이를 감당할 능력이 없었기 때문이다. 이에 대해 독일연방헌법재판소는 ① 재정이 취약한 주에게 연방이 보조금을 지급하는 방식을 통한 수직적 재정조정, ② 경제적으로 취약한 동독지역에 기본법의 직접적 적용 대신에 국가조약과 통일조약의 우선 적용이 합헌이라는 판결을 통해 경제력 격차로 인한 헌법상 재정조정제도의 문제점을 극복하였다.

독일 기본법은 사회국가 원리에 따라 연방지역 내의 생활수준의 평등을 추진하라는 의미의 재정제도를 규정하고 있지만, 생활 조건의 평등성은 절대적 규범성을 갖지 않고 입법자의 재량에 따라 연기될 수도 있다는 점을 명시한 것이다. 생활 조건의 통일을 위해서는 서쪽 지역의 자본과 상품이 동쪽으로의 이동이 긴요하게 필요하지만, 이들 동쪽의 주들이 영원히 보조금을 받게 될 수는 없기 때문이다.

연방헌법재판소는 규범의 추상성 때문에 재정헌법이 최소한의 효력을 가진 법으로써 다루어지지 않아야 한다고 보았으며, 연방과 주들, 그리고 주들 사이의 정치적 협력과 토론을 위해 정치적 의존성과 법적인 불확실성을 제거한 보장규범으로서의 윤곽규범이 제정되어야 한다고 판시하였다. 연방헌법재판소는 연방이 다수의 주들이 내용에 대한 고려도 없이 정치적 결정을 공증하는 일에 만족해서는 아니 되며, 오히려 기본법의 규범적 요구에 상응하여 법적 규율을 형성하도록 정치적 협상과 타협을 중재해야 하는 헌법적 의무를 부여받고 있다고 판시했다. 판결에서는 재정헌법에서 사용하고 있는 추상적 용어규정을 명확히 하고 있으며, 입법자에게는 수평적 재정조정 시스템 전체에 대한 새로운 개념을 설정할 수 있는 공간을 열어주었다.

연방헌법재판소는 통일 이후의 재정위기에 대하여 연방과 주가 상호간에 타협하여 헌법이 규범력을 확보하도록 유도하였다. 물론 상당한 유보기간에도 불구하고 재정헌법이 근본적인 위기를 해결하지 못함으로써 결국 기본법 개정이 이루어지게 되었다. 즉, 독일 통일 이후 발생한 재정적 문제점으로 인해 연방에 권한의 집중이 가속화되었고 많은 정책들이 연방참사원의 다수당에 의해 제재를 받는 등 이른바 협력적 연방주의에 대한 문제점이 강하게 제기되면서 재정헌법상의 문제점으로 촉발된 헌법개혁은 연방주의 전반에 걸쳐 기본법이 개정되었다.

(3) 재정헌법과 독일통일의 교훈

독일의 통일은 두 단계로 진행되었다. 첫째는 독일민주공화국이 1990년 10월 3일 개정되기 전 기본법 제23조에 의하여 독일연방에 가입함으로써 형식적 통일이 완수된 것이었고, 둘째는 양 독일의 생활환경의 일치로 가는 내용적 통일이 완수되어 가는 과정이다. 두 번째의 경우는 분단 이래로 독일의 정치인이 추구하였던 정책이었고 현재까지 진행 중인 통일과정이다. 통일 독일로 가는 길에 선뜻 동승한 동독의 공산주의자들과 주민들이 신뢰할 수밖에 없었던 것은 독일 기본법의 평등주의를 모토로 하는 사회국가의 원리와 주들의 동등한 기회를 보장하는 연방국가의 원리, 그리고 이러한 원리를 구체적으로 실현하고 있는 재정헌법(평등성 보장)의 존재가 그 근간에 있다고 본다.

다. 문재인 정부 2018년 헌법 개정안과 지방분권의 실현

조문	쟁점	현행헌법	개정안
제1조	지방분권국가의 지향	제1조 ① 대한민국은 민주공화국이다. ② 대한민국의 주권은 국민에게 있고, 모든 권력은 국민으로부터 나온다. 〈신설〉	제1조 ① 대한민국은 민주공화국이다. ② 대한민국의 주권은 국민에게 있고, 모든 권력은 국민으로부터 나온다. ③ **대한민국은 지방분권국가를 지향한다.**
제55조	법률 제정 과정에 지방자치단체의 참가	제52조 국회의원과 정부는 법률안을 제출할 수 있다. 〈신설〉(?) 〈신설〉	제55조 ① 국회의원은 법률안을 제출할 수 있다. ② 정부는 국회의원 10명 이상의 동의를 받아 법률안을 제출할 수 있다. ③ **법률안이 지방자치와 관련되는 경우 국회의장은 지방정부에 이를 통보해야 하며, 해당 지방정부는 그 법률안에 대하여 의견을 제시할 수 있다. 구체적인 사항은 법률로 정한다.**
제97조	중앙과 지방의 소통 강화	〈신설〉	제97조 ① 정부와 지방정부 간 협력을 추진하고 지방자치와 지역 간 균형 발전에 관련되는 중요 정책을 심의하기 위하여 국가자치분권회의를 둔다.

		〈신설〉	② 국가자치분권회의는 대통령, 국무총리, 법률로 정하는 국무위원과 지방행정부의 장으로 구성한다.
		〈신설〉	③ 대통령은 국가자치분권회의의 의장이 되고, 국무총리는 부의장이 된다.
		〈신설〉	④ 국가자치분권회의의 조직과 운영 등 구체적인 사항은 법률로 정한다.
제121조	주민 참여 강화, 보충성 원칙 명시	제117조 ① 지방자치단체는 주민의 복리에 관한 사무를 처리하고 재산을 관리하며, 법령의 범위 안에서 자치에 관한 규정을 제정할 수 있다. ② 지방자치단체의 종류는 법률로 정한다. 〈신설〉 〈신설〉	제121조 ① 지방정부의 자치권은 주민으로부터 나온다. 주민은 지방정부를 조직하고 운영하는 데 참여할 권리를 가진다. ② 지방정부의 종류 등 지방정부에 관한 주요 사항은 법률로 정한다. ③ 주민발안, 주민투표 및 주민소환에 관하여 그 대상, 요건 등 기본적인 사항은 법률로 정하고, 구체적인 내용은 조례로 정한다. ④ 국가와 지방정부 간, 지방정부 상호 간 사무의 배분은 주민에게 가까운 지방정부가 우선한다는 원칙에 따라 법률로 정한다.
제122조	헌법 기구로서 지방의회, 자주 조직권	제118조 ① 지방자치단체에 의회를 둔다. ② 지방의회의 조직·권한·의원선거와 지방자치단체의 장의 선임방법 기타 지방자치단체의 조직과 운영에 관한 사항은 법률로 정한다.	제122조 ① 지방정부에 주민이 보통·평등·직접·비밀 선거로 구성하는 지방의회를 둔다. ② 지방의회의 구성 방법, 지방행정부의 유형, 지방행정부의 장의 선임 방법 등 지방정부의 조직과 운영에 관한 기본적인 사항은 법률로 정하고, 구체적인 내용은 조례로 정한다.

제123조	자치 입법권 강화	〈신설〉	제123조 ① 지방의회는 법률에 위반되지 않는 범위에서 주민의 자치와 복리에 필요한 사항에 관하여 조례를 제정할 수 있다. 다만, 권리를 제한하거나 의무를 부과하는 경우 법률의 위임이 있어야 한다.
		〈신설〉	② 지방행정부의 장은 법률 또는 조례를 집행하기 위하여 필요한 사항과 법률 또는 조례에서 구체적으로 범위를 정하여 위임받은 사항에 관하여 자치규칙을 정할 수 있다.
제124조	자치 재정권 보장 및 재정 조정 제도 신설	〈신설〉	제124조 ① 지방정부는 자치사무의 수행에 필요한 경비를 스스로 부담한다. 국가 또는 다른 지방정부가 위임한 사무를 집행하는 경우 그 비용은 위임하는 국가 또는 다른 지방정부가 부담한다.
		〈신설〉	② 지방의회는 법률에 위반되지 않는 범위에서 자치세의 종목과 세율, 징수 방법 등에 관한 조례를 제정할 수 있다.
		〈신설〉	③ 조세로 조성된 재원은 국가와 지방정부의 사무 부담 범위에 부합하게 배분되어야 한다.
		〈신설〉	④ 국가와 지방정부, 지방정부 상호 간에 법률로 정하는 바에 따라 적정한 재정조정을 시행한다.

라. 평가와 한계

  문재인 정부의 헌법 개정안은 대한민국의 지속가능한 성장을 위해 지방자치를 강화한 점이 특징이었다. 먼저 지방분권국가를 선언함으로써 대한민국 국가 운영의 기본방향이 지방분권에 있음을 분명히 하였다. 지방정부에 자주조직권을 부여하고, 자치행정권, 자치입법권을 강화하는 한편, 자치재정권을 보장하였다. 그리고 지방자치에서 실질적 민주주의가 실현될 수 있도록 지방정부의 자치권이 주민으로부터 나온다는 것을 명시하고, 주민이 지방정부를 조직하고 운영하는 데 참여할 권리를 가진다는 점을 명확히 하였으며, 주민발안, 주민투표, 주민소환 제도의 헌법적 근거를 신설하였다.

  특히 자치재정권의 경우 "자치사무 수행에 필요한 경비는 지방정부가, 국가 또는 다른 지방정부 위임사무 집행에 필요한 비용은 국가 또는 다른 지방정부가 부담"하는 내용의 규정을 헌법에 신설하면서, '지방세 조례주의'를 도입하여 '법률에 위반되지 않는 범위에서' 자치세의 종목과 세율, 징수 방법 등에 관한 조례를 정할 수 있도록 하였다.

  한편, 이러한 자치재정권 보장이 지방정부의 재정을 악화시키거나 지역 간 재정 격차 확대를 초래하지 않도록 국가와 지방정부 간, 지방정부 상호 간 재정조정에 대한 헌법적 근거를 마련하고 있다.

  그리고 국무회의와 같은 위상인 국가자치분권회의를 신설하여 지방자치와 균형발전 관련 중요 사항을 심의하도록 하고 있다. 이를 통해 중앙과 지방 간에 소통과 협력체계를 구축하고 지방의 실질적 국정 참여를 확대하고자 하였다. 입법과정에서 지방의 의견이 반영될 수 있도록 지방자치와 관련된 법률안에 대해서는 국회의장이 지방정부에 그 법률안을 통보하고 지방정부가 이에 대해 의견을 제시할 수 있게 한다.

실질적 지방민주주의 실현을 위해 지방정부의 자치권이 주민으로부터 나온다는 것을 명시하고, 주민이 지방정부를 조직하고 운영하는 데 참여할 권리를 가짐을 명확히 하였다. 또한 주민이 직접 지방정부의 부패와 독주를 견제할 수 있도록 법률상 권리로 보장되었던 주민발안, 주민투표, 주민소환 제도를 헌법에 규정하였다.

그러나 문재인 정부의 헌법 개정안은 재정조정에 대한 헌법적 근거를 적시하고 있음에도 불구하고 재정조정의 구체적 내용에 대해서는 아무런 설명이 없다. 독일의 재정헌법이 별도의 장에서 17개 조문에 걸쳐 중앙과 지역의 수직적 재정조정과 수평적 재정조정에 대하여 구체적으로 규정하고 있는 것과 비교된다. 헌법 개정안에 있는 재정헌법에 관한 빈약한 조문은 지방자치의 활성화와 지방분권에 대한 의지를 의심하게 만든다.

또한 대통령제하에서는 지방자치단체의 예산에 대한 의견이 반영되는 구조를 갖기는 쉽지 않은 한계가 있다. 이러한 부분이 지방분권을 지향하는 문재인 대통령의 개헌안에서도 드러나고 있는 것이다. 그럼에도 조세수입의 분배와 재정전매수익, 지방자치단체가 주민의 소득세 납부를 근거로 한 소득세 수입 중에서 지방자치단체에 교부해야 할 몫의 구체적 부분, 지방자치단체 간의 지방세 수입과 소득세, 법인세 수입에 대한 지역의 몫 등의 구체적 내용에 대해서는 법률에 위임한다는 내용 부분 정도는 헌법에 규정할 수 있다고 본다.

실질적 지방자치의 구현과 헌법상 재정제도의 확립은 중요하다고 본다. 중앙집권적 폐해를 극복하기 위한 방안으로 연방제 수준의 분권 국가 논의가 진행되어 왔다. 이러한 상황에서 연방제 수준의 분권국가 실현의 핵심은 지방에 대한 재정 독립이 관건이다.

독일에서 재정헌법의 본질적 규정이 통일조약에 의해 가입지역에 대해서는 유보된 것은 구 독일연방의 이기적 이익이 아니라 배분정의 때문이었다. 배분에 대한 새로운 정의는 가능한 한 빨리 재정헌법을 실질적인 필요성에 맞게 개정함으로써 통일 독일의 전 지역에 적용할 수 있도록 요구한 것이었다. 독일 통일 이후 재정헌법의 시급한 개혁은 재정적 측면에서 새로운 주들의 완전한 통합의 노정만을 요구한 것이 아니었다. 재정헌법은 구 독일연방의 연방과 주 및 개별 주들 사이의 배분에 대한 논쟁과정에 발생했던 여러 문제점도 해결해야만 했다.

비록 통일 과정에서 수많은 문제가 발생하고 통일조약으로 재정헌법상 기본원리의 구현이 잠정적으로 유예되었음에도 불구하고, 재정헌법의 상황에 적합한 구체적 실현은 통일 이후 실질적인 동서독의 통합에 중요한 제도적 과정이 되었다. 통일 과정에서 재정헌법의 통일조약에 의한 유보는 급작스럽게 이루어진 통일에 대처하는 독일인들의 현명함을 보여준 것이다. 동시에 경제적 비약을 통하여 성취된 복지제도와 화폐의 안정성에 대한 신뢰는 새로운 연방국가 질서의 형성에 대한 그들의 자신감을 보여준다.

완전한 포괄적 통일은 실질적인 삶의 균등한 여건에 도달되는 것이다. 이러한 통일을 위해 독일은 재정헌법을 시대상황에 맞게 개정하였으며, 경제력과 고용력 증진을 위해 법제를 개선해 나가고 있다. 이러한 재정헌법상 기본원리의 구현은 사회기반구조의 개선, 경제적 후원 및 사회적 안전장치를 기능하게 하고 독일의 내적 통일의 완수를 후원하게 된다.

최근에 논의되는 연방제 수준의 지방분권형 개헌과 관련하여 헌법상 재정제도의 확립이야말로 신뢰할 수 있는 지방분권의 실현과 함께 궁극적으로는 통일에 기여할 수 있는 바람직한 헌법 개정 방향이 될 수 있다고 본다.

4. 지방분권의 실현을 통한 통일 지향적 헌법 개정

가. 민주적 정당체제의 강화를 위한 선거제도

정당법은 정당의 민주적 운영을 위해 그 목표를 설정하고 있다. 이에 따라 우리나라 정당들은 대중정당 또는 국민정당을 표방하지만, 실질에 있어서는 특정 인물 중심의 폐쇄적 사당 구조를 벗어나지 못하거나 과두정당체제로 지속해 오고 있다.[4]

또한 정당법상의 설립요건과 등록취소요건은 사실상 봉쇄조항으로 기능하고 있다. 국민주권의 매개체로서 정당의 기능 강화는 대의민주주의 작동의 전제가 되고, 대의제 민주주의에서 책임주체는 정당이 되어야 한다. 하지만 한국의 정당정치는 여전히 지역이나 인물 위주로 진행되고 있고, 대통령제하에서는 비정상적인 후보단일화, 지역연합 등을 통한 정권교체가 상시적으로 발생한다.

---

[4] 정당정치의 폐해를 극복하기 위해 국회선진화법이 제정되어 많은 논란을 불러일으키고 있다. 국회선진화법에 대한 위헌 의견은 국회와 국회의원들의 대화와 타협에 따른 합의정신의 부족, 쟁점 안건에 대한 과도한 정쟁과 낮은 준법의식 등으로 인하여 야기되는 입법교착의 상황을 제거할 필요가 있다고 한다. 그러나 헌법재판소는 국회의원들의 정치력 및 협상력, 국민주권주의 및 대의민주제에서 국민과 국회의원은 자유위임관계를 그 이념적 기초로 함에도 국회의원이 지나치게 정당에 기속되어 심의·표결하는 경향 등 사실 영역에서 발생하는 입법교착을 여야합의를 통해 해결하도록 함으로써 합의제 정신을 강조하고 있다. 국회선진화법의 위헌성 논란과는 별도로 그 시행 방법에 따라 87년 헌정체제의 절차적 민주주의의 한계를 극복하고 합의제 정치시스템을 구축하는 데 상당 부분 기여할 수 있을 것이라고 본다.

대통령을 배출한 정당이 특정 이념이나 정책을 분명히 하고 있는 경우 당원으로서 대통령은 이념적으로나 정책적으로 자신의 정당에 구속된다. 대통령은 임기 만료 후에 퇴임하지만 정당은 자신의 이념과 정책을 선거를 통해 국민의 심판을 받는 게 기본이다. 그러나 한국은 산업화와 민주화를 동시에 달성했음에도 불구하고 근대적 정당체계가 현실정치에서 여전히 뿌리내리지 못하고 있다.

정당법과 함께 선거법이 가지고 있는 근본적 문제점을 개선하지 않고는 정당의 민주적 운영이 불가능하고, 이는 결국 정상적 정권교체와 통일을 대비할 수 있는 정당체계의 정립도 불가능하게 한다. 정당민주화의 첫걸음은 정당공천제의 투명성 확보이다. 심사기구의 구성, 심사절차, 심사기준의 공정성 확보가 중요하다.

그러나 현행법과 판례에 따르면 정당공천과 관련해서는 선거관리업무로 볼 수 없고, 그 위반의 경우 선거법 위반이 될 수 없으며 선거관리위원회의 개입도 불가능하기 때문에 법적 규율이 어렵다.[5] 따라서 정당공천의 민주화 영역은 선거법의 영역으로 넘어갈 수밖에 없다.[6]

결국 정당의 파행적 운영과 개선은 소선거구 1위 대표제에 의해 선출되는 현행 선거제도가 원인이 되며 이에 대한 개선이 필요하다고 본다. 실제로 현재의 단순다수대표제는 대규모 정당에 유리하게 작용하

---

[5] 대법원은 "선거소송은 선거의 관리와 집행이 선거에 관한 규정에 위반하였다는 이유로 선거의 효력을 다투는 것이고 그 소송에서 선거에 관한 규정에 위반된 사실이 있는 때라도 그것이 선거의 결과에 영향을 미쳤다고 인정되는 경우에 한하여 선거의 전부 또는 일부의 무효판결을 할 수 있고, 선거법규에 위반된 사실이 선거의 결과에 영향이 없는 때에는 선거법규에 위반된 사실만으로 선거무효의 판결을 할 수 없는 것"이라고 하여 선거소송의 대상을 일련의 선거관리·집행절차상의 흠결로 하고, 그 판단기준은 선거법규정으로 본다. 대법원 1982. 1. 29. 선고 81수7 판결.

[6] 정당공천은 더 이상 정당 내부의 문제가 아니기 때문에 이를 규제할 필요가 있으며, 입법적·사법적 규제의 대상이 되어야 한다고 하는 주장이 있다. 이에 대해 강승식, "정당공천의 입법적 규제에 대한 비교법적 고찰", 미국헌법연구 23(1), 2012. 4., 1-30.

며 대척점에 있는 정당 간의 권력 교체가 이루어지는 양당제를 유도한다. 지역주의가 일부 완화되는 경향을 보이고 있으나 지역 기반 정당구조를 근본적으로 타파하였다고 볼 수 없다. 따라서 우리 사회에 상존하는 지역주의, 계층의 양극화, 노사문제, 이념적 대립으로 인한 갈등과 분열을 정당체제에 녹여낼 수 있도록 선거제도를 개선해야 한다.

선거제도는 사회적 갈등을 정당체제에 반영하여 해소시킬 수 있는 도구가 된다. 현재의 정당체제는 사회경제적 문제를 해결하기 위한 정책의 차별성이 보이지 않고 냉전을 바탕으로 한 이념 논쟁을 근간으로 성립한 것이다.

독일식 2표 연동형 혼합제인 소선거구 다수대표제와 권역별정당명부 비례대표제의 도입을 통한 비례대표제의 강화가 해법이 될 수 있다. 이는 현재의 승자독식 논란을 완화하는 제도적 장치로 기능할 수 있다. 비례대표제는 다당제와 병행하여 나타나며 정당들이 연합하기보다는 상호독립적인 체제에 이르게 하는 경향이 있다.[7] 하지만, 한국의 비례대표제는 유권자의 민의를 왜곡하고 정권의 안정성을 확보하는 차원으로만 운용되어 왔다. 따라서 제도화의 관점에서 독일식 선거제도와 유사하게 비례대표제를 강화하고 정당득표율을 기준으로 대표성과 비례성을 조화시켜 의석수를 배분할 필요가 있다.[8]

이를 위해 독일식 의원내각제로 개헌이 필요하다는 주장이 있지만,

---

[7] 김영래/박상신, "한국의 혼합선거제도와 정당체제의 변화 연구", OUGHTOPIA, 24(1), 2009, 171-205(174면).

[8] 19대 국회 당시 중앙선거관리위원회는 지역구 의원과 비례대표 의원의 비율을 200 대 100으로 조정하라고 권고한 바 있다. 비례성 원칙의 강화는 의석수의 증가가 필연적으로 요구되는바 이에 대한 국민들의 공감대는 크지 않다. 이 경우 국회의원들에게 지급되는 보수총액의 상한제를 통하여 국민들을 설득시키는 방법이 제안되기도 한다.

이러한 선거제도의 변화가 반드시 권력구조의 변동을 전제로 하지 않는다.[9] 이러한 선거제도 개혁을 통해 가치를 중심으로 보수, 중도, 진보 정당 간 정책 경쟁이 가능해진다. 이는 현재 논의되고 있는 권력구조의 개편에 앞서며 우리나라의 실질적 민주주의 발전을 위한 전제조건이 된다.

선거제도의 개혁은 비례성의 강화와 함께 통일을 대비하여 지역과 이념이 상이한 집단의 대표성을 균형 있게 반영할 수는 있는 방향성을 가져야 한다. 통일 이후 남북한의 다양한 갈등과 균열 구조를 적절히 정당체계 안에 편입시켜 해소하기 위해서는 정당이 남북한 양 지역에 동등한 대표성을 가져야 한다. 남북이 서로 배타적 지지기반 속에서 상이한 정당체제를 형성하는 것이 아니라 사회적 균열을 수렴하여 조정하는 정당의 본질적 기능 수행을 위해서라도 선거제도는 균형적 대표성을 구현할 수 있는 방향으로 개선할 필요가 있다.

따라서 통일을 대비할 수 있는 선거제도의 개정이 필요하며 그러한 근본적 변화 없는 권력구조의 변경에 대한 논의는 현재의 정치세력 간 권력 나누기에 다름 아니라 할 것이다.[10]

나. 합의제 의회 운영을 위한 양원제 도입

1960년 헌법체제에서 잠시 실시되었던 양원제는 지역대표기능이나

---

9) 정당정치가 취약한 상황에서 내각 책임제 및 이원집정부제는 대통령과 총리의 권한분쟁의 소지가 크다. 이에 대해 대통령제는 결선투표제를 도입하는 경우 다당제를 통한 정당정치의 운용이 가능하다. 대통령 결선 투표제를 도입할 경우 정당 간의 연합 정치 또는 연립 정치의 토대가 마련될 수 있으며, 이를 통하여 내각제 등 권력구조의 변경을 꾀할 수 있다.
10) 이에 대해서는 김종갑, "남북통합과 통일한국의 정치제도 디자인", 통일정책연구 24(2), 2015. 12, 257-281.

직능대표기능과 함께 권력통제기능이 있다는 점에서 그 가치가 있다. 특히 연방국가는 아니지만 지역주의의 전통과 함께 통일 대비 남북의 이질화된 정치현실을 고려할 때 양원제는 각 지역의 대표성을 진지하게 고려하는 합리적 제도로서 기능할 수 있다.[11]

즉, 양원제의 도입은 의회 내의 권력분립의 실현과 함께 그 운용 형태에 따라 소외와 배제를 받을 여지가 있는 소수 지역의 이해관계를 반영할 수 있기 때문에 통일에 대비하는 제도가 될 수 있다. 현대 민주주의 국가에서 양원제의 가치는 지역대표기능이라 할 수 있다. 이러한 지역대표성은 지방분권의 이념을 효과적으로 실현시킬 수 있다.[12] 양원제는 지방의 의사와 이익이 적절하게 대표될 수 있는 경우에도 단원제에서보다 상대적으로 지방분권 측면에서 오히려 바람직한 제도다.

예를 들어 독일의 양원제 의회는 주를 대표하는 '연방참사원(Bundesrat)'과 국민을 대표하는 '연방의회(Bundestag)'로 구성된다. 연방국가인 독일에서 양원제는 같은 연방국가인 미국의 양원제와 같이 주의 대표성을 강화하는 기능을 수행한다. 하지만 독일에서 연방의회는 국민 전체를 대표하는 의원으로 구성되지만, 연방참사원은 주지사(Ministerpresident)와 주정부 각료로 구성된다. 또한 연방참사원은 각 주에서 선출되는 최소 3명의 대표를 기본으로 인구수에 비례하여 결정된다. 임기 또한 연방참사원 의원은 주지사 또는 주정부의 각료로서 재직하는 기간 동안으로 비록 연방국가의 제도이지만 인구소멸지역이 증가하고 있는 지금 한국의 현실에서 정치적 대표성을 보완하기 위해 행

---

[11] 이준일, "통일 후의 의회형태로서 양원제", 세계헌법연구 제20권 제1호, 2014, 95면.
[12] 김성호, "지방화 시대에 부응한 지방자치제도의 헌법적 구현 연구", 헌법학연구 제16권 제3호, 2010, 489면 이하.

정구역개편을 통해 최소 인원의 대표를 보장하면서 인구비례를 가미할 경우 도입할 만한 제도라 생각된다.

영국, 독일, 일본 등 양원제를 도입한 대부분의 국가가 의원내각제를 정부형태로 하고 있지만, 미국과 같이 엄격한 권력분립의 원칙이 적용되는 대통령제하에서도 가능하다. 이는 연방국가에서 지역의 이익을 대표하게 하는 기능을 가지기 때문에 정부형태와 상관없이 가능하다.

현재의 단원제 국회는 사회의 이해관계를 조정해 갈등과 대립을 해소하며 사회통합을 견인해 내는 역할을 수행하지 못하고 있다.

제2공화국 양원제 실패의 원인 중 하나는 제도 설계 단계에서부터 참의원의 고유하고도 독자적인 역할 부여와 양원의 생산적 관계 정립에 실패하였기 때문이다. 양원제의 도입과 관련하여 국민적 공감대를 얻지 못하는 이유의 하나는 현재 단원제가 가지는 부정적 요소를 모두 해결해 줄 것이라는 차원에서만 접근하고 있기 때문에 그러한데, 양원제를 채택하더라도 협의제 민주주의의 지향, 대화와 타협의 정책조정 문화형성, 보편적 지역주의 및 지역분권 지향, 평등한 입법과정 구현, 지역대표체제의 재구조화 등 현행 체제가 갖고 있는 한계를 일시에 해결해 줄 수는 없다.

양원제의 도입에 대해서는 2009년 국회헌법자문위원회에서 헌법개정안을 발표하면서 제시한 바 있다. 헌법연구자문위원회의 권고안도 양원제의 장점만 나열한 것에 불과하고 참의원 구성에 있어서 지역대표로 할지, 인구비례로 할지, 그리고 상원과 하원의 권한을 대등하게 할지 아니면 일정 범위로 제한할 것인지에 대한 헌법적 답변을 주고 있지 않다.

양원제 채택에 대한 개헌 논의를 보면 양원제의 필요성을 입법부 외적 요인인 통일과 지방분권이라는 측면에 관심이 집중되고 있는 데 반해, 입법부 내부적 요인으로서 상하원간의 권한 분배와 그 작동방식에 대해서는 상대적으로 관심이 부족하다. 양원제 국회에서는, 인구 비례가 아니라 동일한 의원 수가 배정된 지역대표들로 인해, 예산배정에 있어서 인구가 소수인 지역을 배려할 수 있어 지역갈등을 완화시킬 수 있다. 의사일정에 있어서 시간과 비용이 들지만 상하원 간 견제와 균형이 작동하여 현재의 대립적 구도를 해소할 수도 있다.

또한 통일 이후에는 북한지역의 이해도 반영할 수 있기 때문에 북한지역 주민이 통일에 대한 신뢰를 갖게 할 수 있는 제도로 기능할 수 있다. 양원제로 국회가 구성될 경우에는 통일 이후에 상원은 남북한 지역을 적절하게 대표할 수 있도록 구성하고, 하원은 인구비례에 따라 각 지역구에서 선출된 의원으로 구성할 수 있다.[13]

따라서 제도 채택을 논의하는 과정에서 입법부가 실제로 어떻게 작동할 것인지 그 방식에 대한 고민이 병행되어야 할 것이다. 그러한 관점에서 양원제 논의는 제도가 가진 장점 중 어느 것을 택할 것인지 논의가 이루어져 국민적 공감대를 형성한 후 그것이 지역대표형 상원, 균형적 양원제, 통일을 대비하는 지역 분권적 양원제 채택에 대한 논의로 가는 것이 올바른 방향성이라 할 수 있다.

---

13) 이준일 교수는 양원제가 소수의 의사가 대표되도록 하는 민주주의적 관점, 새로운 형태의 권력분립을 요구하는 권력분립의 관점, 지방주민의 의사와 이익이 대표되도록 요구하는 지방자치 이념의 관점, 통일 후 북한주민의 의사와 이익이 적절하게 대표되도록 요구하는 평화통일이념의 관점에서 도입할 것을 주장하고 있다. 이에 대해 이준일, "통일 후의 의회 형태로서 양원제", 세계헌법연구 제20권 제1호, 2014, 113면.

참고문헌

강승식, "정당공천의 입법적 규제에 대한 비교법적 고찰", 미국헌법연구 23(1), 2012. 4., 1-30.

권형둔, "독일의 통일과정에서 재정헌법의 역할과 발전", 공법연구 제41집 제2호(한국공법학회), 2012. 12., 221-248.

권형둔, "통일순응적 정당체제의 확립과 선거제도의 개혁-독일과의 비교법적 접근을 중심으로-", 중앙법학 제19집 제1호, 2017. 3., 109-138.

김성호, "지방화 시대에 부응한 지방자치제도의 헌법적 구현 연구", 헌법학연구 제16권 제3호, 2010.

김영래/박상신, "한국의 혼합선거제도와 정당체제의 변화 연구", OUGHTOPIA, 24(1), 2009, 171-205.

김종갑, "남북통합과 통일한국의 정치제도 디자인", 통일정책연구 24(2), 2015. 12., 257-281.

이준일, "통일 후의 의회형태로서 양원제", 세계헌법연구 제20권 제1호, 2014.

풀뿌리 민주주의 진화 과정, 헌법과 지방자치법

정순희
성공회대 사회적 기업연구센터 연구교수, 사회복지학 박사
전) 양천구의회 의원

목차

1. 촛불시위에서 응원봉까지
2. 대한민국의 정체성, 헌법 전문
3. 개헌은 권력남용인가, 주권 실현인가
4. 헌법에 나타난 지방분권, 지방자치
5. 풀뿌리 민주주의의 실천, 지방분권 주민자치

1. 촛불시위에서 응원봉까지

21세기 대한민국의 촛불혁명은 피 한 방울 흘리지 않고 유리창 하나 깨지 않으며 새로운 K-민주주의를 실천하는 중이다. 대통령 탄핵을 외치는 광화문광장 집회는 촛불에서 응원봉으로 진화했다. 촛불의 힘으로 2004년 입법 권력으로부터 탄핵 소추된 노무현 대통령을 살려내기도 하고, 2017년 국정농단을 야기한 박근혜 대통령을 탄핵시켰고, 2025년 내란 우두머리 윤석열 대통령을 탄핵시켰다. 그럼에도 불구하고 대한민국은 정치 불신, 사회경제의 양극화와 혐오를 앞세운 극우의 노골적인 헌정체제 전복 위협과 보수의 극우화로 진보와 보수의 진영 대결이 아닌 헌정 체제 수호 전쟁이 끊이지 않고 있다.

이 글에서는 문민정부 초유의 비상계엄 사태로 또 다시 대통령이 헌법재판소라는 현실의 법정과 역사의 법정에 서게 된 지금 주권자인 국민의 시점에서 지방자치로 풀뿌리 민주주의를 키워 나갈 길을 헌법과 지방자치법에서 찾아보고자 한다.

2. 대한민국의 정체성, 헌법 전문

헌법은 전문(前文)과 본문 총 10장 130개조, 부칙 6개조로 구성되어 있다. 일반적으로 국가 정체성의 선언으로서 국가 질서와 체제, 역사적 정통성을 명시한 것이 헌법 전문이라고 할 수 있다. 성문헌법의 필수 요소는 아니지만, 성문헌법을 채택한 국가는 헌법 전문을 두고 헌법 성립의 동기나 목적 및 이념 등을 밝히고 있다.

먼저, 대한민국 헌법 조문과 다른 나라의 헌법 조문을 살펴보겠다.[1] 우리 헌법 전문은 단 하나의 문장으로 국가 정체성과 역사적 정통성, 지향과 가치를 담아냈다.

"유구한 역사와 전통에 빛나는 우리 대한 국민은 3·1 운동으로 건립된 대한민국 임시정부의 법통과 불의에 항거한 4·19 민주이념을 계승하고, 조국의 민주개혁과 평화적 통일의 사명에 입각하여 정의·인도와 동포애로써 민족의 단결을 공고히 하고, 모든 사회적 폐습과 불의를 타파하며, 자율과 조화를 바탕으로 자유민주적 기본질서를 더욱 확고히 하여 정치·경제·사회의 모든 영역에 있어서 각인의 기회를 균등히 하고, 능력을 최고도로 발휘하게 하며, 자유와 권리에 따르는 책임과 의무를 완수하게 하여, 안으로는 국민생활의 균등한 향상을 기하고 밖으로는 항구적인 세계평화와 인류 공영에 이바지함으로써 우리들과 우리들의 자손의 안전과 자유와 행복을 영원히 확보할 것을 다짐하면서 1948년 7월 12일에 제정되고 8차에 걸쳐 개정된 헌법을 이제 국회의 의결을 거쳐 국민투표에 의하여 개정한다. 1987년 10월 29일."

현재 대한민국 헌정사에서 가장 긴 30여 년 동안 안정적 법체계질서를 유지하였으나, 급변하는 환경과 시대정신을 담아내지 못하는 1987년 헌법을 바꾸어야 한다는 목소리가 높다. 대통령 5년 단임제의 한계, 승자독식의 선거제도 폐해, 19세기 자유권에 머물러있는 민주주의

---

1) 정극원. 2022. 세계 각국 헌법 전문(前文)의 비교, 유럽헌법연구, 40, 147-174.

의 한계, 1980년 광주민중항쟁과 1987년 6·10 민주항쟁, 2017년 촛불혁명의 정신을 헌법 전문 속에 포함되어야 한다는 요구도 있다. 이에 대한 국민적 합의와 개헌 논의는 내란 우두머리 윤석열의 탄핵으로 치러질 새로운 정부의 탄생 이후 더욱 가속화될 것으로 보인다.

최근 들어 대한민국의 가장 큰 위협 요소는 대통령으로 바뀐 것 같지만, 세계 유일의 분단국가로서(?) 냉전 이데올로기가 맹위를 떨치는 대한민국 분열의 핵심은 북한이었다. 북한은 미사일 발사부터 오물 풍선 투하까지 실제로 대한민국을 위협하는 요소이기도 했지만, 실생활에서는 오히려 국민에게 위기의식을 조성하는 용도로 활용된 측면을 간과할 수 없다. '대한민국의 영토는 한반도와 그 부속도서로 한다'는 대한민국 헌법의 규정으로 북한은 공식 유엔 가입 국가임에도 불구하고 우리에게는 여전히 주적이거나 통일을 달성하기까지 반국가단체라는 오명에서 자유로울 수 없다. 북한의 헌법 서문은 한반도를 영토로 하여(?) 조선민주주의인민공화국이라는 국명을 통해 역사적 정통성을 내세우며, 사회주의 국가에서 마르크스레닌주의 사상이 아닌 오로지 주체사상과 최고의 영도자로서 김일성과 백두혈통에 그 뿌리를(?) 두고 있다고 주장한다.

미국의 헌법(Constitution of the United States)은 1776년 각 식민지 대표로 구성된 대륙회의가 미국독립선언을 하고 공화정을 채택하여 13개의 주 정부를 구성하여 연방국가 헌법을 만들고 주 정부마다 주 헌법이 따로 있다. 미국의 연방헌법은 주 헌법 또는 주 법률 중에 반대

규정이 있을 때에는 국가 최고의 법(Supreme Law of the Land)[2]으로서 다른 법과 조약 등을 구속한다.

러시아의 입헌주의 전통은 19세기 제정러시아의 법치주의 전통이 형성되었고 러시아 최초의 헌법은 1906년 니콜라스 2세의 제국 자유화 선언으로 러시아제국 기본법을 공포하였다. 러시아는 연합국가가 아닌 단일국가로서 연방 법의 지배하에 단일 언어, 단일 화폐단위, 단일 경제지역 등을 강조하고 있다. 한편으로, 다민족 국가의 특질을 살린 각 주체의 민족 자결권을 인정하고 있다.

세계 모든 나라의 헌법 전문이 국가적 정체성과 역사적 정통성, 국가의 가치관과 지향을 밝히는데 거창하고 복잡하며 권위적인 것만은 아니다. 통일과 함께 독일 기본법을 헌법으로 채택하고 각 주 정부의 법이 헌법 역할을 하는 독일은 〈국민은 신과 인간에 대한 책임을 의식하고 통일 유럽에 동등한 권리를 가진 구성원으로서 세계평화에 이바지할 것을 다짐하며, 헌법 제정권력에 의하여 이 기본법을 제정하였다.〉라고 자유민주주의적 가치와 질서를 구구절절이 설명하지 않았음에도 민주주의에 대한 책임은 물론 2차 세계대전의 전범국가로서 엄격하게 수호해야 할 '세계평화'를 명시하였다. 이성적이고 과학적 지성으로 채워져야 할 헌법 전문에 신과 인간에 대한 책임을 밝힌 독일 헌법 전문은 차원이 다른 형이상학적 신념이 담긴 듯하다. 형이상학, 아니 오히려 신학에 가까울 정도로 신비스럽고 이성과 지성을 뛰어넘는 신적 교감과 영성이 가득 찬 헌법 전문은 아마 스위스가 압도적으로 보인다.

---

2) 성재호. 2010. 미국헌법 제6조 2항의 해석과 관행. 미국헌법학회.21(1), 97-126.

〈전능하신 신의 이름으로! 스위스 국민과 주들은 천지창조에 대한 책임을 자각하며, 세계에 대한 연대와 개방 정신으로 동맹관계를 강화하여 자유, 민주주의, 독립, 그리고 평화를 굳건히 할 것을 결의하며, 이들과 함께 이루어낸 성과와 장래 세대에 대한 그들의 책임을 의식하여, 서로 간의 존중과 그 다양성을 영위하며 함께 살아갈 것을 다짐하고, 자유를 행사하는 자만이 자유로우며, 또한 국민의 힘은 약자의 복지를 기준으로 평가됨을 바탕으로 하여 이하의 헌법을 제정하는 바이다.〉라고 헌법 전문에 스위스의 가치관과 신념을 함축적으로 드러냈다.

사상과 이념, 종교의 자유를 보장하는 국가와 국민의 권리장전에 대한 헌법의 권위를 신봉하는 사람이나, 무신론자 또는 유물론자에게는 상당히 거부감이 있을 듯하지만, 교황이 지배하던 천년 중세시대의 역사적 전통을 가진 유럽국가에서 자연스럽게 표출될 수도 있는 문장일 듯하다. 심지어 그리스로마신화의 본고장, 신들의 나라 그리스는 더욱 간결하고 명료하게 〈성스럽고 일심동체이며 불가분인 삼위일체의 이름으로〉가 헌법 전문이다. 세계 각 국가의 헌법 전문은 국가의 정체성, 역사적 정통성, 민주주의의 가치와 지향을 권위와 신성을 담아 다양한 문장으로 표출하는 것을 확인할 수 있다.

3. 개헌은 권력남용인가, 주권 실현인가

우리나라 개헌의 역사는 순탄치 않았다.

1948년 제헌헌법과 함께 대통령이 된 이승만은 정권연장과 영구집권을 위한 수단으로서 대통령과 국회의원 선거를 앞두고 개헌을 위해 계엄령을 선포하기도 하고 발췌개헌, 사사오입개헌으로 불리는 불법적인 개헌을 강행하였다. 4·19혁명을 사회개혁으로 완성하기 위한 과감한 법 제도를 3차, 4차 헌법에 담았으나 민주화 세력의 역량 한계, 반혁명세력의 준동과 박정희 군사쿠데타로 온건주의 세력의 3, 4차 개헌은 한낱 종이에 불과한 헌법이 되어버렸다. 민주주의 열망을 담은 3, 4차 헌법과 학생과 시민의 열린 광장을 국가적 혼란과 위기라는 이유로 군사쿠데타를 통해 집권한 박정희는 국가재건최고회의를 통해 대통령중심제, 단원제 국회, 헌법재판소 폐지, 법원의 위헌법률심사권, 헌법 개정 국민투표제 등의 내용을 담아 5차 개헌을 강행하였다. 이어서 군사독재 연장을 위한 3선 개헌과 유신체제 개헌으로 헌법을 껍데기만 남기고 장기집권의 철권통치를 이어갔다. 비록 10·26으로 18년 장기집권은 끝났지만, 그 잔당인 신군부세력의 군사쿠데타로 집권한 전두환은 1980년 5월 광주 시민을 무고하게 학살하고 전국을 초토화하면서 국민의 직접선거를 부정하는 대통령 7년 단임제를 골자로 하는 8차 개헌을 하였다. 전두환 집권을 위한 광주학살에 대한 국민적 저항과 분노는 학생운동뿐만 아니라 노동·농민·빈민운동 등 각계각층의 조직화된 투쟁으로 이어졌다. 마침내, 국민의 손으로 최고 권력자를 직접 선출하는 대통령 5년 단임 직선제, 국정감사권 부활, 대통령의 국회해산권 삭제, 비상조치권 폐지·긴급명령권 신설, 헌법재판소 부활 등이 포함된 9차 개헌을 하게 되었다.

대한민국 헌법 제·개정 주요 내용

차수	시기	주요 내용	비고
제헌헌법	1948. 7. 17.	국회: 단원제, 대통령: 국가원수·행정수반, 국회의 간선 (4년 중임) 국무원: 의결기관	1공화국 이승만
1차개헌	1952. 7. 7.	국회: 양원제, 대통령: 직접선거 국회의 국무원 불신임제	이승만 발췌개헌
2차개헌	1954. 11. 29.	초대대통령의 중임제한 철폐 국무총리제·국무위원 연대책임제 폐지 주권의 제약·영토 변경: 국민투표제	이승만3선 정권연장 4사5입개헌
3차개헌	1960. 6. 15.	내각책임제, 공무원의 정치적 중립 중앙선거관리위원회 설치	2공화국 장면정부
4차개헌	1960. 11. 29.	부정선거관련자 및 반민주행위자의 공민권 제한과 부정축재자 처벌에 관한 소급입법	5·16쿠데타 박정희 부칙 개정
5차개헌	1962. 12. 26.	국회: 단원제, 대통령중심제 복수정당제 보장, 헌법 개정: 국민투표 필수	3공화국 박정희
6차개헌	1969. 10. 21.	대통령:3선 허용, 탄핵소추요건 강화 국회의원의 국무위원 겸직허용	3선개헌
7차개헌	1972. 12. 27.	통일주체국민회의: 대통령이 국회의원 정수 3분의 1 선출 대통령: 긴급조치권·국회해산권 보유 헌법 개정절차의 2원화	제4공화국 박정희 유신헌법
8차개헌	1980. 10. 27.	대통령: 선거인단에 의한 간선, 단임제(7년), 헌법 개정절차의 1원화	제5공화국
9차개헌	1987. 10. 29.	국민의 기본권 신장 대통령직선제, 대통령의 국회해산권 폐지	제6공화국

※ 출처: 대한민국 헌정회 자료 재구성

유럽 주요 국가 헌법 제·개정 주요 내용 요약

국가	주요 내용
영국	공식 헌법문서 없음. 1689년 '권리 장전'. 1701년 '왕위계승법'. 1832년 '선거법 개정'. 1911년, 1949년 '하원법'. 1998년 '스코틀랜드법' 개별 법률이 헌법의 핵심 부분 구성
프랑스	1공화국 헌법 1792년 프랑스 대혁명 이후 여러 차례 수정. 2공화국 헌법 1848년. 3공화국 헌법 1875년. 4공화국 헌법 1946년. 제5공화국 헌법 1958년. 제5공화국 이후 24회 이상 헌법 개정 1962년 대통령선거 직접선거 변경. 1974년 헌법재판소 권한 확대. 1982년 지방자치권 확대 개정. 2000년 대통령 임기단축 7년→ 5년. 2003년 지방정부 강화를 위한 개정. 2008년 헌법 및 권력분립,의회강화 개정 2019년 '노란조끼시위' 대응 국민대토론회 헌장 제정
독일	1949년 제정 연방공화국독일기본법(Grundgesetz, Basic Law) 기본법 개정 전체 연방의회 2/3, 연방평의회 2/3 동의 필요 1951년 기본법 권리 수정. 1968년 기본권, 사회적 요구. 1990년 동서독통일. 법체계 통합조정. 2002년 유럽연합의 반영. 2009년 연방국가권한. 2010년 연방자산관리. 2011년 연방헌법재판소. 2013년 기본권 일부 수정
스위스	연방헌법 1848년 제정. 1999년 헌법(1848년 헌법 대체) 2000년 헌법 일부 개정(사회적 요구, 법적 요구 개정) 2003년 지방자치 관련 변경. 2010년 헌법 개정(지방자치권한 확대) 2015년 일부 수정(사회적 변화 관련 조정)

　민주주의 역사와 함께해 온 유럽 주요 국가들도 각국의 현실에 따라 헌법 제·개정을 하였다(요약표 참조). 다만, 헌법 개정이 국민으로부터 위임받은 권력을 특정 개인이나 집단의 권력 연장이나 권력 오남용을 위한 도구가 아니라, 주로 정치, 경제, 사회문화적 현실 정합성과 효율성, 권력의 분산과 견제를 실현하는 민주적 과정으로 국민주권의 확립, 중앙과 지방정부의 병렬적 평등관계, 직접민주주의의 확대를 위한 지방분권, 주민자치의 실현 과정으로 진행되었음을 확인할 수 있다.

우리나라 77년의 헌법 제·개정의 역사 속에서 일관되게 이어져 온 규범으로 국가를 대표하는 대통령을 국민의 손으로 뽑겠다는 직선은 양도 불가능한 권리가 된 듯하다. 헌법 제정 이후로 4·19 혁명으로 집권한 2공화국에서 채택한 의원내각제를 제외하고 대부분 개헌을 단행한 집권자의 의도에 따라 대통령제와 의원내각제 요소를 적당히 혼합한 대통령 중심의 절충형 정부 형태에 대해 '한국식 민주주의' '한국식 대통령제'로 일컬어졌다. 헌법 개정을 통해 정권의 정당성을 부여받고 새로운 공화국을 선포하는 정치적 비극으로 입법, 행정, 사법의 삼권분립을 통한 상호 견제와 감시의 균형이 실종되어 권한을 오·남용하거나 위임권력을 왜곡하여 과도하게 행사하며 법치주의 및 민주적 절차와 과정을 무시하면서 전제군주처럼 권력을 휘두르는 대통령을 '제왕적 대통령'[3]이라고 한다. 집권 연장이나 영구집권을 획책하기 위하여 부정선거와 개헌을 악용하였던 이승만, 박정희, 전두환으로 이어지는 독재정치의 '87년 이전과 '87년 이후는 제왕적 대통령을 실감하기에는 현실적 간극이 크다. 현행 '87년 헌법은 입법 권력으로서 국회에서 국무총리와 국무위원에 대한 해임건의권과 국정감사권, 국정조사권을 통해 대통령과 정부에 대한 국회의 견제수단이 강한 편이며, 대통령의 국회해산권을 폐지하여 행정부의 국회에 대한 과도한 견제 수단을 약화시켰다. 현행 헌법은 현실적으로 대통령의 독주와 전제가 허용되기 어렵다. 국정을 운영하는 대통령과 여당이 다수당으로 이루어지는 단점정부와 달리 야당이 국회의 과반수 이상을 차지하는 여소야대의 분점정부에서는 국회와 정부의 대립과 충돌은 정국의 교착상태로 이어지고,

---

[3] 조소영. 2024. 제왕적(초권력적) 대통령제 개선 운영 모델에 관한 헌법공학적 고찰, 25(4), 149-174.

국회의 행정통제권한의 과잉 행사로 보일 수도 있다. 이를 견제하기 위해 입법 권력인 국회에 대해 대통령은 법률안 공포권과 법률안 재의요구권(거부권)으로 입법권의 남용을 견제하고 있다. 역대 정부에서 입법권의 남용보다 대통령의 견제 받지 않는 무소불위의 권력 오남용이 더욱 큰 부작용을 일으킨 경우가 많았다. 역대 대통령 중에서 법률안 재의요구권이 행사된 경우로 초대대통령 이승만이 사용한 45번의 거부권 행사 다음으로 많은 윤석열 대통령은 총 25번의 거부권을 행사하였다. '87년 헌법 체제에서 김영삼 대통령, 김대중 대통령, 문재인 대통령은 재임 기간 중 거부권을 행사하지 않았으며, 노무현 대통령은 6건, 이명박 대통령 1건, 박근혜 대통령 2건으로 형평성의 문제와 위헌적 요소, 재정집행의 곤란함을 이유로 최소한의 거부권을 행사하였다. 문민정부 이후로 가장 많은 거부권을 행사한 윤석열 대통령은 헌법 위배를 이유로 들어 거부권을 행사하였으나 거부권 행사 법률에 김건희 특검법, 채상병 특검법 등이 포함되어 대통령 본인과 배우자 리스크를 피하고자 자의적으로 행사되었다는 비판을 면하기 어렵다. 지난 제20대 대통령 선거에서 단 0.73% 포인트의 차이로 대통령 자리가 결정되었을 뿐인데 불과 얼마 안 되는 숫자로 승패가 갈린 상대 후보와 진영에 대해 온갖 모욕과 모멸감을 주는 것이 옳은 일인가. 먼지털이식 검찰의 압수수색과 기소권 남발로 전과자를 양산하는 재판, 이익집단이 되다시피 한 언론의 마녀사냥 등을 단지 정치의 후진성, 인간성의 문제로 치부할 수는 없을 것이다.

한밤중에 일어난 윤석열 대통령의 비상계엄이 3시간 천하, 실패한 쿠데타로 끝난 것은 무장한 군인과 탱크를 맨몸으로 막아낸 시민이 있었기에 가능한 일이었다. 국회의 계엄해제결의안, 국회의 대통령 탄핵안 결의, 내란 우두머리에 대한 헌법재판소의 파면을 지켜보는 대한민국 시민들은 헌법 박사, 민주주의 장학생이 되어가고 있다. 4·19 혁명, 5·18 광주민주화운동, 6·10 민주항쟁에서 촛불혁명까지 민주주의의 값비싼 수업료는 87년 이후 헌법 체제에서 드러난 국가권력의 견제와 감시가 얼마나 취약하게 작동하는지, 국가권력자의 민주주의 수호에 대한 의지와 능력을 24시간 작동하는 온갖 미디어와 SNS를 통해 실시간으로 학습하고 평가하는 중이다.

국가의 영토수호와 평화유지, 입헌민주주의 정치와 자유주의경제에 대한 국가적 과제와 주민복리와 재산관리라는 지방정부의 임무를 수행하는 데 대통령과 국회, 지방정부와 지방의회에 한정된 권력을 위임한 우리 국민은 대의민주주의 한계가 드러날 때마다 온몸으로 나서서 직접민주주의를 실천해 왔다. 인구와 영토의 확장으로 직접적인 의사전달과 직접행동이 어려워지면서 대의민주주의가 작동된 지 오랜 세월이 지났음에도 불구하고 여전히 인구와 영토의 어려움을 들어 기존의 대의민주주의 방식만을 고수할 명분은 갈수록 줄어들고 있는 듯하다. '최대다수의 최대행복'이라는 공리주의 방식, 대의민주주의의 원칙으로 다수결의 원리를 주장하는 것이 맞는 것인가? 51대 49의 법칙으로 굳어진 보수와 진보 진영에서 승자독식의 선거방식은 과연 올바른 것인가? 한 표라도 많은 진영이 이른바 승자독식하는 다수결의 원리, 다수의 결정은 정의로운가? 49는 과연 소수인가? 대한민국 5,129만 명에서 2,605만 명으로 전체 인구의 50.86%가 서울과 경기의 수도권에 살고 있는데 지방소멸 위기를 걱정하며 지방균형발전을 위해 대통령실을 비롯한 정치경제의 핵심기관을 이전하는 것으로 대기업 본사를 향 토기업으로 이전, 서울대를 비롯한 SKY대학의 이전 등을 다수결의 투표로 정하면 결코 이길 수 없는 기울어진 운동장일 수밖에 없다.

4. 헌법에 나타난 지방분권, 지방자치

지난 77년 동안 제헌헌법과 9차례의 헌법 개정의 역사를 통해 단 한 번도 변함없이 유지되어 온 헌법의 규정은 지방자치에 관한 규정이다. 제헌헌법은 지방자치에 관한 규정으로 중앙과 지방에 대한 정부의 개념을 사용하지 않고 지방자치단체(법인격)라는 낮은 단계의 수준으로 정의하였다. 또한, 지방자치단체의 업무를 '법령의 범위 내'라는 협소한 기준을 두고 국가위임사무와 자치사무로 구분하였다. '법령의 범위'라는 것은 중앙정부와 국회의 법률과 법률의 구체적 집행체계로서 행정부의 '명령'으로 제한된다는 것이다. 우리나라 지방분권을 구속하는 가장 큰 제약이 바로 헌법에 규정된 구체적인 집행사항을 법률에 맡기는 법률유보주의보다 더욱 후퇴한 것이 바로 '법령의 범위 내'라는 구속조항일 것이다. '법령의 범위 내'라는 규정으로 인하여 각 지방정부의 행정업무는 해마다 지침과 규정으로 내려오는 행정안전부의 업무매뉴얼에 따라야 하고, 지방의회의 조례의 제·개정도 중앙정부의 조례표준안을 준수해야 한다. '법령의 범위 내'라는 규정 하나로 지방자치단체는 독립적인 지방정부, 지방의회의 존립 근거가 권력분립에 의한 지방분권, 풀뿌리 민주주의로서 지방자치의 의미가 퇴색되었다. 지방자치단체는 주민의 대표기관으로서 독립적인 집행권과 입법권을 가진 지방정부의 정체성을 갖기보다는 중앙정부의 방대한 행정업무를 위임받아 처리하는 하위기관이며, 지방의회는 지방자치단체 사무 처리의 기능을 분담하는 자치 행정기관의 일부로 볼 수도 있다는 것이다. 이처럼 '법령의 범위 내'라는 규정은 지방정부와 지방의회가 행정기관에 구속될 수 있는 논란의 여지를 낳고 있다.[4] 제헌헌법 제97조 제2항의 '지방자치단체에는 각각 의회를 둔다'는 규정을 통해 행정 하위단위로서 시·군·구에 기관장을 임명하였음에도 불구하고 지방의회는 주민의 투표로 지방의원을 선출하도록 하였다.

헌법상 지방자치 관련 규정 주요 추이

법	주요 내용
제헌헌법 제1공화국	제96조 ① 지방자치단체는 법령의 범위 내에서 그 자치에 관한 행정사무와 국가가 위임한 행정사무 처리하며 재산을 관리 ② 지방자치단체는 법령의 범위 내에서 자치에 관한 규정을 제정 제97조 ① 지방자치단체의 조직과 운영에 관한 사항은 법률로써 정한다. ② 지방자치단체에는 각각 의회를 둔다. ③ 지방의회의 조직, 권한과 의원의 선거는 법률로써 정한다.
5차헌법 제3공화국	제109조 ① 지방자치단체는 주민의 복리에 관한 사무를 처리하고 재산을 관리하며, 법령의 범위 안에서 자치에 관한 규정을 제정 ② 지방자치단체의 종류는 법률로 정한다. 제110조 ① 지방자치단체에는 의회를 둔다. ② 지방의회의 조직, 권한 의원 선거와 지방자치단체의 장의 선임 방법, 기타 지방자치단체의 조직과 운영에 관한 사항은 법률로 정한다.
9차헌법 제6공화국	제117조: 제5차 개정헌법 제109조와 동일. 제118조: 제5차 개정헌법 제110조와 동일.

※ 출처: 국가법령정보센터 재구성

---

4) 김한나. 2022. 지방의회는 행정기관인가?: 국회의원과 지방의회의원의 본질적 차이에 관한 이론적 검토. 현대정치연구, 15(1), 5-34.

제헌헌법에서 3공화국을 거치면서 지방자치가 무기한으로 연기되거나 헌법 개정의 부칙을 통해 조국통일의 시기까지 지방자치를 무기한 연기함으로써 지방정부와 지방의회의 선출을 유명무실하게 만들었다. 1987년 헌법 체계를 통해 1991년 민선 지방의회가 시작되고 1995년 지방자치단체장 선출과 함께 전국동시지방선거가 실행되기까지 40여 년의 암흑기를 거칠 수밖에 없었다. 성문화된 헌법 조항으로 지방자치단체 사무와 지방자치단체에 의회를 둔다는 규정이 있음에도 불구하고 통치자의 자의적 해석으로 무기한 유보하거나 실행하지 않아서 사문화되었던 지방자치가 1991년에 부활되었음에도 여전히 억압 기제로 작동하는 '법령의 범위 안'이라는 조항은 2018년 문재인 대통령이 제안한 지방분권을 담은 개헌안이 무산되고 이를 대체하는 입법으로 2021년 지방자치법 전면 개정이 이루어진 상태에서도 여전히 끈질기게 존속하고 있다. 사소한 듯 보이지만 결코 사소하지 않은 중대한 결정적 제약을 가진 규정을 개선하지 않는 것은 중앙정부와 국회의 중앙집권적 위계질서를 놓치지 않으려 하는 것은 아닐까 하는 의심을 할 수밖에 없다.

다음으로, 우리나라 헌법은 외국 헌법 문서의 영향력을 받은 것을 보면 일본, 미국, 독일 순서로 나타났다.[5] 더욱이 한자권에 있는 한국과 일본의 법체계 유사성은 법적 용어와 문구에서 우리나라 문법에 맞지 않는 일본식 표현뿐만 아니라 일본어를 통째로 번역한 것도 눈에 띈다.

---

5) 신우철. 2014. 대한민국헌법(1948)의 형성에 외국 헌법이 미친 영향 - 그 기본원리·기본가치·기본제도의 비교법적 연원. 사회와 역사, 101. 67-140.

지방자치 관련 한국-일본 헌법 비교

대한민국 헌법	일본 헌법 (日本 憲法)
제117조 ① 지방자치단체는 주민의 복리에 관한 사무를 처리하고 재산을 관리하며, **법령의 범위 안에서** 자치에 관한 규정을 제정할 수 있다. ② 지방자치단체의 종류는 법률로 정한다.	第92條　地方公共団体の組織及び運営に関する事項は、地方自治の本旨に基いて、法律でこれを定める。 第93條 ① 地方公共団体には、法律の定めるところにより、その議事機関として議会を設置する。 ② 地方公共団体の長、その議会の議員及び法律の定めるその他の吏員は、その地方公共団体の住民が、直接これを選挙する。
제118조 ① 지방자치단체에 의회를 둔다. ② 지방의회의 조직·권한·의원선거와 지방자치단체의 장의 선임방법 기타 지방자치단체의 조직과 운영에 관한 사항은 법률로 정한다.	第94條　地方公共団体は、その財産を管理し、事務を処理し、及び行政を執行する権能を有し、**法律の範囲内で** 条例を制定することができる 第95條　一の地方公共団体のみに適用される特別法は、法律の定めるところにより、その地方公共団体の住民の投票においてその過半数の同意を得なければ、国会は、これを制定することができない

　중앙정부와 지방정부를 유럽과 미국은 연방정부와 주 정부로 하고, 지방정부는 자치행정과 자치입법, 자치재정의 권력기관으로서 정부(government)의 지위를 인정하는 데 반하여 우리나라와 일본은 중앙정부와 지방자치단체(일본: 지방공공단체)라는 정부의 명칭이 아닌 단체로 동일하게 규정하고 있음을 확인할 수 있다. 더욱이 일본 헌법 제94조 '지방공공단체는 그 재산을 관리하고 사무를 처리하며 또한 행정을 집행하는 권능을 가지며 **법률의 범위 내**에서 조례를 제정할 수 있다'라고 규정하였고, 우리나라 헌법 제117조 제1항 '지방자치단체는 주민의 복지에 관한 사무를 처리하고 재산을 관리하며, **법령의 범위 안에서** 자치에 관한 규정을 제정할 수 있다'고 하였다. 지방자치에 관한 규정을 법률의 범위 내가 아닌 법령의 범위 내로 제정한다는 것은 일본 헌법보다 후퇴한 조항이라고 볼 수 있다. 우리 헌법과 법령체계, 한자어의 차용과 일본식 표현 등으로 유사한 측면도 있으나 지방분권에 대해 일본

은 최근 지방분권 개혁을 통하여 조례제정권의 확대라는 발전을 이루었다.

우리나라 헌법의 '법령의 범위 안'이라는 규정이 건국헌법 이래 지방자치단체와 지방의회의 조례 제정에 대한 강력한 구속과 제약을 가져왔다. 그러나, 자치조례는 행정입법으로 침해할 수 없으며, 위임조례는 위임하고 있는 모법을 위반하지 않으면 유효하며 행정입법은 전국적 효력을 가지나 조례는 지역적 효력을 가진다는 점 등의 '체계설'에 따라 자치조례와 법률이 위임하고 있는 조례는 대통령령과 동위의 효력을 가지는 보다 적극적이고 행정입법의 제약을 받지 않는다는 확장적 해석도 있다.[6]

먼저, 지방의회와 지방정부의 충돌에 관한 사례이다. 1987년 헌법에 따라 지방자치가 부활하면서 전국 시·군·구 기초단위에서 1991년 지방의회를 선출하였다. 1991년 이전까지 지방정부는 중앙정부가 지방정부의 기관장을 임명하여 이루어졌다. 이에 주민의 대표로서 입법기관인 지방의원은 집행부에 대한 견제와 감시라는 의욕에 찬 의정활동으로서 행정사무감사 등을 위해 국민의 알 권리로서 집행부의 자료제출을 요구하였으나 군사정권 시절의 위압적 자세와 국가정보를 함부로 공개하지 않겠다는 행정관료의 권위주의적 태도로 행정사무감사를 위한 자료를 제출받지 않았다. 1991년 전국에서 처음으로 청주시의회는 국민의 알권리 보장과 공공기관의 행정정보에 대한 공개의무를 규정

---

[6] 한승훈. (2020). 조례제정 범위로서 '법령의 범위 안에서'에 관한 재해석. 강원법학, 61(2020.10), 549-590.

하는 '청주시 행정정보 공개조례'를 제정하였다. 이에 청주시는 청주시의회를 대상으로 행정소송을 걸었다. 대법원은 시민의 알 권리, 투명한 책임행정을 위해 '포괄적 위임 조례제정권'을 합법이라고 인정하여 청주시의회의 손을 들어주었다. 1991년 청주시 의회의 조례 제정을 시작으로 2년 만에 전국 180여개 지방자치단체에서 정보공개조례를 제정하였고, 1996년에는 국회에서도 '공공기관의 정보공개에 관한 법률'을 제정하게 되었다. 지역을 넘어 국가법이 되었고, 아시아에서는 첫 번째, 세계적으로 13번째로 정보공개법을 가진 나라가 된 「청주시 행정정보 공개조례」 사례다. 과거 권위주의적인 행정관료의 고압적인 태도 이상으로 지방정부의 행정체계는 지방의회에서 주민 복리를 목적으로 제시하는 구체적인 지역 민원 해결에 대해서도 상당한 반대와 거부권을 행사해 온 사례가 적지 않다. 2006년 정선군의회에서 낙후된 지역의 출산율을 높이기 위해 '정선군 세 자녀 이상 세대양육비 등 지원에 관한 조례안'을 의결하자, 정선군수는 조례안이 법령의 한계를 일탈했다는 이유로 의회의 재의결을 요구하고 의회에서 재의결하자 행정소송을 제기했다. 하지만 대법원은 저출산·고령화사회기본법에서 정한 지자체의 책무 범위 안에서 자녀의 임신·출산·양육·교육에 소요되는 경제적 부담을 경감하기 위해 필요한 정책으로서 위법하지 않다고 판결하여 정선군의회의 조례 제정에 힘을 실어주었다. 이후 조례안에 따라 2019년 셋째 자녀부터 12살까지 연 3백만 원을 지급하는 양육비지원사업이 확장되었다. 이와 유사한 사례로 2013년 화천군의회는 열악한 학생의 교육여건 향상을 위해 교육비 부담을 덜어주고 인재 육성을 지원하기 위하여 '화천군 관내 고등학교 학생 교육비 지원 조례안'을 결의하였다. 이에 화천군수는 교육관련 경비는 광역정부인 강원도의 자치사무에 관한 것으로 기초단위인 화천군에서 부담할 수 없다는 이유로 재의를 요구하였고, 군의회가 재의결하여 확정한 조례에 대해 재정부담과 단체장 고유의 재량권을 침해하였다는 이유를 들어 소송을 제기했다. 하지만 대법원은 학생의 교육비 지원은 아동, 청소년에 관한 보호와 복지로서 주민복리에 관한 자치사무라는 지방고유의 사무를 확인함으로써 화천군의회의 손을 들어주었다. 이후 조례를 통해 화천군의 취업준비 고교생에 월 50만 원, 청소년 해외연수, 대학등록금 전액 지원, 거주비 지원 등으로 확대되었다.

지방정부에 있어서 주민복리와 관련된 조례안에 대하여 기초단체장과 지방의회의 대립 상태에서 대법원 판결을 통해 단체장의 패소로 이어진 재의결무효확인 소송 사례로서 1997년 '광주동구의회 저소득층 지원 조례안', 2009년 '인천광역시 지하수개발 이용 주민지원 조례안', 2015년 '순창군 대중교통 소외지역 주민 교통복지 증진에 관한 조례안', 2016년 '울진군 군민에 대한 공공요금 일부 지원 조례안' 등으로 포괄적 범위의 조례제정안을 인정한 사례였다. 이와 달리 중앙정부에 의한 지방정부의 제약과 압박으로 헌법재판소의 판결까지 가게 된 사례로서 지방정부 단체장과 중앙정부 간의 권한쟁의가 있다. 서울특별시 박원순 시장의 지역 청년을 위한 취업과 활동을 지원하기 위한 '청년수당'과 성남시 이재명 시장의 '청년배당사업'에 대해 박근혜 정부는 지방자치단체의 예산감독은 중앙정부의 정당한 권한으로 지방교부세법 시행령에 따라 지자체가 사회보장제도를 신설·변경하는 경우 중앙정부와 협의해야 하고 협의가 이루어지지 않는 경우 사회보장위원회의 조정을 따르도록 규정하고 이를 위반하면 지자체가 집행한 금액만큼 중앙정부가 지방교부세를 삭감할 수 있다고 주장하였다. 이에 2019년 11월 박원순 서울시장은 피청구인을 대통령으로 하여 '서울특별시 청년활동지원사업'에 권한쟁의를 제기하였다. 같은 해 12월 이재명 성남시장은 무상공공산후조리와 중학교 신입생 무상교복, 24세 연 100만 원 청년 배당 등의 복지정책 시행으로 박근혜 정부의 강압에 대해 반발하여 권한쟁의를 청구하였다. 지역의 복지정책과 현안 해결을 위한 사업과 예산집행은 지방정부 고유사무임에도 중앙정부의 지나친 간섭과 자치권 침해로 갈등과 대립을 초래했다. 또한, 65세 이상 어르신에 대해 10만 원 상당의 지역화폐를 공로수당이라는 명분으로 지급하였던 '서울특별시 중구 어르신 공로수당 지원조례'와 관련하여 2023년 서울시 중구 서양호 구청장과 보건복지부 장관 간의 권한쟁의도 있었다. 보건복지부는 65세 이상 저소득 어르신에 대해 기초연금을 지급하고 있으므로 정부지원사업의 중복을 이유로 서울시 중구의 공로수당 지급에 대해 기초연금 국고보조금을 10% 감액 처분하였고 이에 서울 중구청장은 행정의 지나친 간섭과 자치권의 침해라고 반발하였다. 이러한 중앙정부의 국고보조금이라는 예산지원을 명분으로 서울시, 성남시와 중구 등 지방정부의 지역 고유의 복지사업에 대해 지속적인 갈등과 마찰을 빚고 있는 것은 지방정부의 자주 재정권이 제대로 작동하지 않기 때문이라고 한다.

　지방분권은 중앙정부의 헌법과 법률에 지방정부의 대등한 의견 개진이 보장되는 입법참여권과 국정참여권이 보장되어야 하고, 이에 더해 지역의 재산관리와 운영을 독자적으로 관리할 수 있는 재정자주권이 보장되어야 실질적인 자치와 분권이 이루어진다고 할 수 있다. 지역주민에 대한 소통이 원활한 지방의회는 지역주민의 욕구와 현안에 더 민감할 수 있고 지역 현안에 더 밀착하여 훨씬 창의적인 주민지원 정책과 사업 지원에 관한 조례를 제정한다. 이에 중앙정부는 '포퓰리즘'이라고 비난하며 지방정부 정책을 억압한다. 지방정부의 청년수당, 공로수당 지급은 포퓰리즘이고 지난 박근혜 정부의 기초연금 지급은 포퓰리즘이 아니라고 말할 수 있는가? 오히려 중앙정부가 공약한 복지지원사을 전액 국고보조금이 아닌 지방정부가 그 재원을 부담하는 것은 지방정부 재정을 고갈시키는 주된 원인이 되기도 한다.

지역 재정에 기반하여 민선정부 7기 이후로 지역 혁신과제를 들고 나온 광역·기초자치단체장이 추진하였던 다양한 정책사업들이 전국적으로 이슈가 되고 이후 중앙정부의 정책의제로 채택되기도 하였다. 서울시와 성남시의 청년수당은 전 국민 기본소득에 대한 어젠다가 되었다. 이와 같이 지역 사업을 넘어 국가적 의제로 정책 방향을 제시하는 지방분권의 다양한 실험은 계속되고 있다.

5. 풀뿌리 민주주의의 실천, 지방분권 주민자치

대한민국은 입헌민주공화국으로서 자유와 평등의 이름으로 삼권분립의 질서 속에서 민주주의를 착실하게 실천하고 있다. 하지만, 대의민주주의와 다수결의 민주주의의 한계가 극명하게 드러나는 현실정치에서 촛불시민은 광장의 직접민주주의를 보여주었다. 입법기관과 사법기관의 힘을 빌려 내 손으로 뽑은 대통령을 내 손으로 끌어내리는 역사를 이루었다. 하나하나의 물방울이 모여 개울을 이루고 강물이 되어 바다로 가듯이, 국민 개개인은 비록 작고 약한 존재이지만 단결과 화합으로 민주주의 대장정에서 대통령이든 국회의원이든 크고 작은 배를 띄워 더 나은 삶과 더 나은 복지국가의 망망대해로 더 멀리 나아갈 수 있다. 깨어 있는 시민의 조직된 힘이 민주주의를 더 강하게 만들고 직접 민주주의를 실천할 수 있게 한다. 직접민주주의를 실천했던 그리스의 엘리트 귀족만큼이나 물질과 정신적인 영역에서 우리 국민은 이미 모두가 풍부한 지혜와 다양한 정보를 공유하고 있다. 더욱이 인구와 영토의 제약을 넘어설 수 있는 정보통신기술의 발달로 인해 제약을 극복할 수 있는 강력한 물적 토대도 갖추었다. 정보통신 인터넷의 발달은 빛의 속도로 전 세계의 정보를 공유할 수 있게 하였다. 광범위한 AI의 발전과 적용으로 실시간 정치참여가 가능해졌으며, 연령과 성별, 빈부격차, 인종 차별 등을 넘어 소통과 연대, 장애와 장벽을 넘어서는 과정에 있다.

대통령이나 국회의원이 이제 더 이상 국가와 국민을 위협하는 최대 리스크가 되어서는 안 되고, 정치가 국가 발전의 걸림돌이 되지 않아야 한다. 통치권력을 분산하고 더 많은 자치의 권리를 부여받을수록 민주시민이 더 높은 자유와 책임을 누릴 수 있다. 굽이굽이 돌아온 대한민국 역사, 결코 짧지 않은 대한민국 정치사를 획기적으로 전환할 기회, 21세기 시대적 소명을 담은 새로운 헌법, 새로운 공화국의 도래, 지방분권의 역사를 통해 우리는 다시금 전 세계 민주주의 교과서로 새 장이 열릴 것을 기대한다.

서울시 안심소득, 기본소득의 대안이 될 수 없다

신지혜

기본소득당 최고위원
전) 기본소득당 상임대표

목차

1. 들어가며: 서울시 안심소득, 기본소득에 도전장을 내다
2. 서울시의 안심소득 실험
3. 기본소득, 모두가 공유부를 배당받을 권리
4. 서울시 안심소득, 기본소득의 대안이 될 수 있을까?
5. 나가며

1. 들어가며: 서울시 안심소득, 기본소득에 도전장을 내다

'포퓰리즘이다', '돈으로 환심 사기다'.

오세훈 서울시장이 기본소득을 향해 한 말이다. 서울시 안심소득 시범 정책을 홍보할 때마다 오 시장은 기본소득을 쭉 비판·비난하며 안심소득이 훨씬 우월한 소득 보장 정책임을 강조한다. 심지어 다음 대통령 선거는 본인의 출마 여부와 상관없이 기본소득과 안심소득의 대결이 될 것이라는 기대로 안심소득 정책 실험을 하고 있다고 말한다.[1] 안심소득 정책 실험이 애초에 기본소득보다 우월함을 증명하기 위해 제안되었고, 그 목표를 향해 진행하고 있다는 의미일 것이다. 이러한 의도는 고스란히 안심소득 시범 정책의 효과 등을 알리는 보도자료에도 반영되고 있다.

대권에 도전할 의사가 있는 오세훈 서울시장이 기본소득을 견제하는 정책을 서울시의 주요 정책으로 삼고 있다. 대통령 선거에서 주요 핵심 의제로 기본소득이 떠오를 만큼, 기본소득에 대한 지지가 높아지고 있다는 방증이다. 2007년 대통령 선거에서 처음으로 제시되었을 때 꿈 같던 이야기 정도로 치부되었던 기본소득이 2022년 대통령 선거에 이르면서 구체적인 재원 계획을 포함해 실현 가능성을 논하는 정책의 영역으로 들어선 것이다. 특히, 2020년에 대한민국을 비롯해 전 세계를 덮친 팬데믹으로 경제도 큰 타격을 입었고, 정부는 최초로 전 국민 재난지원금을 지급했다. 소득이 줄었어도 재난 때문에 소비가 늘 수밖에

---

1) "다음 대선은 오세훈표 안심소득과 이재명표 기본소득의 대결"(매일경제, 2024. 6. 24.) https://v.daum.net/v/20240624180336124

없었던 국민의 소비 여력을 지원하고, 재난으로 인한 복지 사각지대를 막기 위함이었다. 전 국민 재난지원금을 경험한 직후인 2020년 6월에 전국 18세 이상 500명을 대상으로 실시한 여론조사에서 기본소득 찬성이 48%로 나타났다.[2] 꿈같았던 이야기가 찬반이 팽팽할 만큼 기본소득에 대한 국민적 공감대가 확산되고 있는 것이다.

코로나 재난으로 언제든 경제가 멈출 수 있다는 경험, AI를 비롯한 기술 발전으로 앞으로 일자리가 줄어들 수밖에 없다는 우려 등으로 인해 미래에는 정부가 최소한의 존엄한 삶의 유지를 위한 재정 역할을 해야 한다는 공감대가 커지고 있다. 세계의 기술 패권 경쟁과 끊이지 않는 전쟁 등 내부 요인이 아닌 외부 요인 때문에 고금리·고물가·고환율로 인한 민생 위기도 이어지고 있다. 2021년부터 3년 연속 실질임금이 하락하는, 한 번도 경험한 적 없는 위기가 구체적으로 드러날수록 앞으로 소득 보장 정책은 주목받을 것이다. 또, 기후 위기, 인구 위기, 지역 소멸 위기 등을 타개할 방안으로써 현금 지급 정책이 대두될수록 정치권의 정책 경쟁도 깊어질 것이다.

오세훈 서울시장이 안심소득으로 기본소득에 도전장을 낸 것은 미래를 위해서라도 현금 지급 및 소득 보장 정책이 더 중요해질 것이라 예상했기 때문일 것이다. 다양한 소득 보장 정책이 시범 운영되고 더 나은 미래를 위한 논쟁을 풍성하게 만드는 것은 반길 일이다. 하지만 서울시 안심소득 시범 정책은 기대보다 우려를 키우고 있다. 풍요로운 논

---

2) 21대 국회 최대 화두 된 '기본소득'..진짜 도입될 수 있을까 (시사저널, 2020. 6. 8.) https://v.daum.net/v/20200608153105625

쟁이 되기는커녕 논쟁 지점을 흐트러뜨리는 지점이 곳곳에서 발견되고 있기 때문이다. 안심소득이 기본소득보다 우월하다는 것을 증명하겠다는 것이 제일의 목표인 듯 정책 효과를 홍보하고 있는데, 투명하게 결과를 공개하지 않아 기본소득과 제대로 비교할 수 있는지조차 의문인 주장을 반복하고 있다.

위기를 극복하고 더 나은 미래를 맞이하기 위해 정책을 실험한다. 특히, 재원 규모가 큰 정책일수록 국민의 동의를 필히 구해야 하기 때문이다. 다만, 답정너식[3]으로 시범 정책을 시행하는 것은 누구의 미래에도 도움이 되지 않는다. 더 나은 미래를 위한 제대로 된 논쟁이 필요하다. 이 글에선 서울시에서 시행하고 있는 안심소득 정책과 이를 홍보하는 각종 자료들을 바탕으로 안심소득이 기본소득보다 우월하지 않을 뿐 아니라 기본소득의 대안이 될 수 없음을 밝히고자 한다.

2. 서울시의 안심소득 실험

가. 서울시 안심소득 시범 정책의 구체적 내용

오세훈 서울시장이 안심소득 실험을 약속한 것은 2021년 2월이다. 안심소득은 4.7 서울시장 보궐선거를 앞두고 국민의힘 서울시장 경선 후보로서 발표한 공약이다. 이 시기에는 여전히 코로나 방역을 위해 거리두기를 강하게 적용하고 있었다. 2020년 5월 전 국민 재난지원금 지급 이후에도 소상공인이나 특수형태 근로종사자, 프리랜서, 위기가

---

[3] 답정너는 답은 정해져 있고 너는 대답만 하면 된다는 뜻으로 쓰이는 말이다.

구 등을 위한 현금 지급 정책이 진행되고 있던 시기이기도 했다. 코로나로 인한 경제 충격을 국민이 버티고 있을 때, 소득 보장 정책을 공약한 것이다.

이후 오 시장이 국민의힘 후보로 공천 확정되고 서울시장으로 선출되었고, 선출된 해였던 2021년 11월에 안심소득 시범 정책 실시 계획을 발표했다.

오세훈 서울시장이 안심소득을 설명할 때 가장 강조하는 말이 '하후상박'이다. 소득이 적은 사람에게 후하게 지원하는 선별을 강조하는 것이다. 선별의 기준은 두 가지다. 재산이 3억 2,600만 원 이하여야 하고, 특정한 기준 이하의 소득이어야 한다. 기준 소득 대비 부족한 소득의 절반을 지원하는 것이 안심소득이다.

예를 들어, 기준 소득을 100만 원이라고 하고, A가 별도의 재산 없이 매달 50만 원의 소득을 벌고 있다고 가정해 보자. A는 기준 소득 100만 원 미만의 소득을 벌기 때문에 안심소득 지급 대상자가 될 수 있다. 기준 소득과 실제 소득의 차이인 50만 원 중 절반인 25만 원의 안심소득을 지원해 A의 총 소득이 75만 원이 되게 하는 것이다.

서울시 안심소득 시범 정책의 기준 소득은 매년 각종 복지 정책의 지표가 되는 중위소득의 85%로 정했다. 2024년 기준으로 중위소득 85%는 1인 가구 1,894,178원, 2인 가구 3,130,218원, 3인 가구 4,007,458원, 4인 가구 4,870,426원이다. 1단계는 2022년 7월부터 실시했고 기준중위소득 50%[4] 이하 484가구를 선정했다. 2단계는 2023년 7월부터 실시했으며, 기준중위소득 85%[5] 이하 1,100가구를 선정했다. 마지막으로 3단계는 2024년 4월부터 실시했고, 기준중위소득 50%[6] 이하인 서울시 거주 가족돌봄청(소)년 및 저소득위기가구 492가구를 선정했다. 단계별로 선정된 가구는 25년 6월까지 최대 3년간 안심소득을 지원받고, 2026년까지 사업 효과를 심층 연구할 계획이다.[7]

나. 서울시 안심소득의 목표

복지 사각지대를 해소하고 소득격차를 완화하는 하후상박형 소득 보장 제도로 '약자와의 동행'을 하겠다는 것이 서울시 안심소득 시범 사업의 목표다. 즉, 약자 대상으로 최저 생활을 유지하게 지원하는 기존의 소득 보장 정책의 한계를 안심소득으로 극복하겠다는 취지가 크다.

1997년 경제위기 이후에 국민기초생활보장제도가 도입됐다. 정부 및 지방자치단체의 복지제도를 한눈에 볼 수 있는 홈페이지 '복지로'에 따르면, 국민기초생활보장제도는 급여별(생계급여, 의료급여, 주거급여, 교육급여) 선정 기준을 충족한 대상에게 각 가구의 처한 특성이나 상황에

---

[4] 2022년 기준중위소득 50%는 1인 가구 972,406원, 2인 가구 1,630,043원, 3인 가구 2,097,351원, 4인 가구 2,560,540원이다.
[5] 2023년 기준 중위소득 85%는 1인 가구 1,766,208원, 2인 가구 2,937,732원, 3인 가구 3,769,594원, 4인 가구 4,590,819원이다.
[6] 2024년 기준 중위소득 50%는 1인 가구 1,114,223원, 2인 가구 1,841,305원, 3인 가구 2,357,329원, 4인 가구 2,864,957원이다.
[7] 서울시 보도자료, https://www.seoul.go.kr/news/news_report.do#view/410282

따라 생계비, 주거비, 의료비, 교육비 등을 지급하는 대표적인 공공부조제도이다.[8]

정부가 국민의 기초 생활을 지원하기 시작했다는 데 의의를 두지만, '송파 세 모녀'와 같이 매년 복지 사각지대로 인한 비극적인 소식이 끊이지 않을 만큼 까다로운 선정 조건이 대표적인 단점으로 꼽힌다. 급여 종류별로 다르지만, 생계급여의 경우 기준중위소득 32%[9] 이하의 가구에 생계급여 선정기준에서 가구의 소득인정액[10]을 차감한 금액을 지급한다. 또, 근로능력을 심사해 근로할 수 없다는 것을 인정받아야 할 뿐만 아니라, 부양의무자[11]의 소득이 연 1억 원을 넘거나 일반 재산이 9억 원을 초과하면 생계급여를 받을 수 없다. 터무니없이 낮은 소득 기준과 불합리한 부양의무자 조건 등은 기초생활보장제도에 접근하기 어렵게 만드는 커다란 장벽이었다. 기준 중위소득 범위를 넓히고 부양의무자 기준을 일부 폐지한 지금에 이르러서야 기초생활수급자는 전체 인구 대비 5%를 넘었다.[12] 또, 까다로운 조건 때문에 기초생활보장제도에서 한 번 탈락하면 다시 제도 속으로 들어가기 어려워 소득을 벌어들이려 하지 않는다는 것 역시 한계로 지적됐다.

---

8) 복지로 홈페이지 https://www.bokjiro.go.kr
9) 2024년 기준 기준소득 32%는 1인 가구 713,102원, 2인 가구 1,178,435원, 3인 가구 1,508,690원, 4인 가구 1,833,572원이다.
10) 소득인정액은 소득평가액과 재산의 소득환산액을 합친 것을 의미한다. 복지로 홈페이지 https://www.bokjiro.go.kr/ssis-tbu/twataa/wlfareInfo/moveTWAT52011M.do?wlfareInfoId=WLF00001132
   * 소득평가액=실제소득-가구특성별 지출비용-근로소득공제
   * 재산의 소득환산액 = (재산의 종류별가액 - 기본재산액 - 부채) × 재산의 종류별 소득환산율
11) 부양의무자는 수급권자의 1촌 직계혈족 및 그 배우자를 말한다.
12) [단독] 0세 배당소득자 4년간 12배 늘어… '금수저' 미성년자 금융소득만 4700억원 (헤럴드경제, 2024. 9. 24.) https://v.daum.net/v/20240924100053332

서울시 안심소득 시범 사업은 생계급여 기준 중위소득 32%보다 높은 기준 중위소득 50~85%를 지급기준액으로 설정했다. 제도 혜택 진입장벽을 낮춰 복지 사각지대를 줄이고, 생계급여보다 더 많은 금액의 소득을 유지하게 함으로써 소득 격차를 줄이는 것이 안심소득 도입 목적인 것이다.

서울시는 안심소득 홈페이지를 별도로 만들 만큼 정성 들여 사업을 진행하고 있다. 홈페이지에 소개된 안심소득 시범 사업 비전에 따르면, 소득양극화 완화, 근로의욕 증대, 복지 사각지대 해소, 삶의 만족감 향상, 경제활성화 등의 기대효과를 만드는 것이 목표다.

다. 서울시가 홍보하는 안심소득의 성과와 한계

안심소득 1단계 시범사업 지원가구는 2022년 7월부터 안심소득을 받기 시작했다. 서울시는 2023년 12월 20일에 '2023 서울 국제 안심소득 포럼'을 개최해 이 자리에서 안심소득 중간조사를 처음 발표했다.[13] 보고서가 공개된 것은 아니지만, 동영상으로 공개된 발표 내용과 서울시의 보도자료를 토대로 서울시가 홍보하는 안심소득 시범 사업 성과를 평가해 보고자 한다.

---

13) 오세훈표 미래복지 '안심소득' 중간조사 첫 발표...현행 대비 사각지대 해소·탈수급 비율↑(서울시 보도자료, 2023. 12. 20.) https://www.seoul.go.kr/news/news_report.do#view/402403

(1) 현행 국민기초생활보장제도 대비 복지 사각지대 해소와 높은 탈수급 비율

1단계 시범사업에는 중위소득 50% 이하인 484가구가 선정되었다. 그중 기초생활보장제도 등 현행 복지제도 지원을 받는 가구는 222가구(45.9%), 비수급 가구는 262가구(54.1%)다. 서울시는 안심소득이 국민기초생활보장제도에 비해 저소득층을 더 넓게 지원한다고 성과를 홍보한다. 이는 기준중위소득을 높인 당연한 결과다.

더 유심히 살펴봐야 할 것은 안심소득이 국민기초생활보장제도보다 탈수급 비율이 높다고 홍보하는 것이다. 2023년 11월 기준으로, 지원 가구 중 안심소득을 지급하는 기준인 기준 중위소득 85%보다 소득이 늘어나 더 이상 안심소득을 받지 않아도 되는 지원 가구가 23가구(4.8%)고, 1단계 안심소득 선정 기준인 중위소득 50%를 초과한 가구도 56가구(11.7%)라고 발표했다. 서울시는 국민기초생활제도는 정해진 소득 기준을 넘으면 수급 자격이 박탈되지만, 안심소득은 소득 기준을 초과해도 자격은 유지되며, 가구소득이 줄면 자동으로 안심소득을 지급하기 때문에 현행 복지제도 대비 근로 의욕을 저해하지 않는 것으로 보인다고 분석하고 있다.

언뜻 보면, 안심소득이 현행 제도보다 낫다고 판단할 수 있지만, 투명하게 정보가 공개되지 않았기 때문에 섣불리 판단하기 어렵다. 안심소득을 현행 제도와 근로 의욕 부분에서 비교하고 싶었다면, 안심소득 '탈수급' 가구 중 현행 복지제도 수급 가구는 얼마나 포함되었는지를 투명하게 공개해야 한다. 안심소득 1단계 시범 사업 선정 가구(484가구) 중 수급 가구는 222가구(45.9%)다. 이들은 안심소득을 지원받는 동안은 기초생활보장제도의 생계급여 등을 받지 않지만, 수급 자격은 유지할 수 있도록 서울시가 정부와 협의했다. 그렇다면, 기초생활보장제도 안에서는 일하고 싶어도 수급 자격 박탈될까 봐 일할 수 없었던 사람도 일할 수 있는 조건이 된 것이다.

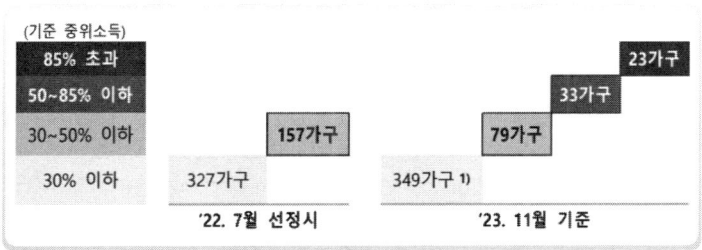

[그림1] 오세훈표 미래복지 '안심소득' 중간조사 첫 발표⋯현행 대비 사각지대 해소·탈수급 비율↑(서울시 보도자료, 2023. 12. 20.)
https://www.seoul.go.kr/news/news_report.do#view/402403

하지만, 위 서울시 보도자료에 따르면, 현행 기초생활보장제도 수급 자격이 될 수 있는 기준 중위소득 30% 이하 가구 수가 줄지 않았다. 오히려 기준 중위소득 30~50% 이하 가구 중 소득이 늘어난 가구가 있는 것처럼 보인다. 이는, 안심소득처럼 현금 지급 정책을 실시하면 일을 하지 않을 것이라는 편견을 깨는 근거 자료가 될 순 있어도, 탈수급 비율이 높다고 단정하기 어렵다.

(2) 지원 가구의 근로소득 증가

서울시는 안심소득 1단계 시범 사업 지원 가구 중 104가구(21.8%)는 2023년 11월 기준으로 근로소득 증가를 경험했다고 발표했다.

▶ **근로소득 100만원(월) 이상 증가 :**
49가구 (1,000천원 ~ 5,369천원)
▶ **근로소득 50만원(월) 이상 증가 :**
65가구 (500천원 ~ 5,369천원)

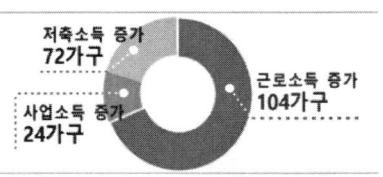

[그림2] 오세훈표 미래복지 '안심소득' 중간조사 첫 발표…현행 대비 사각지대 해소·탈수급 비율↑(서울시 보도자료, 2023. 12. 20.)
https://www.seoul.go.kr/news/news_report.do#view/402403

위 그림처럼 근로소득이 증가했다며, 안심소득이 근로 의욕을 높였다고 성과를 홍보하고 있다. 현행 제도와 비교해 안심소득이 근로 의욕을 높이는 소득 보장 제도라는 점을 증명하고 싶다면, 더 다양한 연구가 필요하다.

안심소득 1단계 시범사업 지원가구는 기준 중위소득 50% 이하다. 안심소득 지급 기준 중위소득은 85%이다. 안심소득 역시 지원을 받을 것인지 일을 할 것인지 선택하게 만드는 기준이 있다는 의미다. 기초생활보장제도가 기준 중위소득 32% 벽에서 노동 여부를 망설인다면, 안심소득은 기준 중위소득 85%가 그 장벽인 셈이다. 그렇다면, 안심소득 지급 기준의 소득을 벌고 있는 사람들이 어떤 선택을 하는지, 그 선택의 이유가 무엇인지에 대한 깊은 연구가 필요하다.

서울시가 발표한 자료로는 다양한 상상이 가능하다. 지원된 소득으로 일자리를 찾고 구직할 여유가 생겨서 근로소득이 늘어난 것일 수도 있다. 이 경우, 안심소득이 아닌 어떤 형태의 소득 지원 정책에서도 동일한 효과가 나올 수 있다.

현행 제도와 비교해 안심소득이 탈수급 비율이 높다거나 근로 의욕을 고취시켰다는 것을 증명하기 위해선 보다 투명하고 제대로 된 연구가 필요해 보인다. 그럼에도 불구하고, 서울시는 현행 제도나 기본소득과 비교해 안심소득이 더 우월한 제도임을 선전하고 싶어 한다. 하지만 현행 기초생활보장제도를 도입한 취지를 크게 벗어나지 못한 안심소득과 기본소득은 제안된 이유부터 목표하고자 하는 사회 변화까지 다른 점이 많기에 단순 비교하는 것은 무리다.

3. 기본소득, 모두가 공유부를 배당받을 권리
가. 기본소득 정의 및 정당성

기본소득은 국가 또는 지방자치단체(정치공동체)가 모든 구성원 개개인에게 어떤 자산 심사나 조건 없이 정기적으로 지급하는 소득이다.[14] 기본소득의 정의에 기본소득의 다섯 가지 특징이 들어있다. 무조건성, 보편성, 개별성, 정기성, 현금성이다.

기본소득 지급 대상은 모든 구성원이다. 안심소득이나 현행 기초생

---

14) 기본소득한국네트워크, https://basicincomekorea.org/all-about-bi_definition/

활보장제도와 달리 재산, 소득, 근로 능력 등을 심사하지 않는다. 실업급여나 구직수당과 달리 기본소득을 받는 조건으로 무엇인가 하라고 내세우지 않는다. 이는 구성원 모두가 기본소득을 받을 권리가 있음을 나타내는 정당성과 연결된 기본소득의 특성이다.

사회 구성원 모두의 것이라 볼 수 있는 공유부(commons)의 가치나 공유부로 만들어 낸 수익을 모두의 몫으로 나누는 것이 정의로운 분배이기 때문에, 모두의 몫을 기본소득으로 배당해야 한다는 것이다. 기본소득의 정당성을 말할 때, 대표적으로 언급되는 예시가 미국 알래스카 주의 '알래스카 영구기금'이다. 알래스카는 주 헌법에 알래스카의 자연 자원은 모두 알래스카 사람들에게 속한다는 원칙을 천명했고, 이후 발견된 석유에서 나오는 수익금을 알래스카 주민에게 매년 배당하고 있다. 석유나 토지, 햇빛, 바람 등 모두의 것이라 볼 수 있는 자연 자원을 통해 얻는 수익을 모두의 몫으로 배당하라는 것이 기본소득 정당성의 논리다. 대한민국에서도 전남 신안군 등에서 태양광이나 풍력 발전을 통한 수익을 지역주민에게 배당하는 '햇빛바람연금'도 기본소득 정당성 철학에 근거했다고 볼 수 있다.

물론, 모두의 것이라 볼 수 있는 공유부나 공유부로 인해 생겨난 수익에서 얼마만큼을 모두의 몫으로 배당해야 할지는 국가나 지자체 등의 정치공동체가 만들어 가야 할 합의다. 즉, 기본소득의 액수는 우리 사회의 무엇을 공유부로 인정할 것인지, 어떤 방식으로 공유부의 가치를 정치공동체가 환원하여 모두에게 배당할 수 있을지 등 사회적 합의를 통해 결정돼야 할 부분이다. 모든 국민에게 기본소득을 배당했을 때의 소비 진작 등의 경제적 효과, 복지 사각지대나 불평등 해소, 사회구성원 개개인의 실질적 자유 향상 등의 효과를 고려해 충분한 액수를 지급할 수 있도록 합의하는 정치공동체의 노력이 필요하다. 하지만, 안심소득과 같이 소득 보장을 위해서만 기본소득이 제안된 것은 아니기 때문에, 안심소득을 지원받을 가구를 선별하는 것이 아닌 모든 구성원 개개인에게 배당되어야 한다는 철학에서부터 기본소득과 안심소득은 다를 수밖에 없는 것이다.

나. 경제와 산업의 구조를 바꾸는 기본소득

기후 위기가 심각해질수록 탈탄소 경제로 전환해야 한다는 경각심이 세계적으로 확산되고 있다. 유럽연합(EU)은 탄소국경조정제도를 2026년 1월부터 시행한다고 예고했고, 미국 역시 미국판 탄소국경세로 불리는 청정경쟁법이 2022년 6월에 미국 상원에서 발의됐고, 현재 민주당과 공화당 모두의 지지를 받고 있어 올해 연말 통과가 유력하다고 알려져 있다.[15] 경제에서 수출이 차지하는 비중이 큰 대한민국이 탈탄소 경제로 전환하지 않으면 되돌리기 어려운 큰 위기를 맞이할 수밖에 없는 절체절명의 순간이다. 윤석열 정부가 하는 방식대로 세제·융자 지원 등 민간의 자율적 영역에 맡겨두는 것은 정부의 역할을 방기하는 것과 다름없다. 정부의 대대적인 공공투자로 재생에너지를 비롯한 탈탄소 경제 전환을 이끌어야 하는 순간이다.

---

[15] 알고도 대책 없는 윤 정부... 한국에 유례 없는 위기 온다 (오마이뉴스, 2024. 9. 20.) https://v.daum.net/v/20240920071200346

정부가 주도하는 공공투자는 국민의 몫이라 볼 수 있는 세금과 국민이 앞으로 함께 책임져야 할 국채 등으로 이뤄질 가능성이 크다. 정부의 공공투자로 탈탄소 경제를 위한 산업이 형성되면, 이 산업의 경제적 효과 역시 기업만 누리는 것이 아니라 국민에게 마땅히 기본소득으로 배당해야 정의로운 경제가 된다. 정부가 탈탄소 경제에 투자한 만큼 '공유 지분'을 설정해 공유 지분에 대한 수익을 국민이 주주가 되어 수익을 배당받는 권리를 기본소득으로 실현하자는 구체적 제안까지 나아갔다.

산업 생태계를 탈탄소 경제로 전환하고, 그 효과를 배당함으로써 분배의 구조까지 바꾸는 역할로서의 기본소득이 새롭게 주목받고 있다. 이제 기본소득의 실현을 위한 상상과 계획은 조세를 더 걷어 나누는 방식을 넘어서고 있다.

4. 서울시 안심소득, 기본소득의 대안이 될 수 있을까?

모두의 몫을 모두에게 기본소득으로 배당하라는 것이 기본소득 철학의 핵심인데, 서울시는 '같은 재원이면 안심소득이 기본소득보다 우월하다'라는 식의 근거 없는 주장만 반복한다. 오세훈 서울시장의 안심소득은 두 가지 이유로 기본소득의 대안이 될 수 없다.

가. 재원 계획 없는 안심소득, 복지 축소 우려만 키운다.

서울시는 안심소득은 밀턴 프리드먼의 음의 소득세(NIT, Negative income tax)의 제안에서 고안된 것이라 말한다. 음의 소득세는 소득의 특정 기준을 설정해 놓고 그보다 소득이 많은 사람은 세금(양의 소득세)을 내고, 특정 기준에 소득이 미치지 못하는 사람은 보조금(음의 소득세)을 지급해 소득 재분배를 하자는 제안이다. 서울시의 안심소득 시범 사업은 기준 중위소득 85%을 안심소득 지급 기준으로 놓고 실제 소득과 지급 기준 소득 차액 중 절반을 지원하는 형태다. 밀턴 프리드만의 제안과 가장 큰 차이점은 특정 기준 이상의 소득을 버는 사람에게 양의 소득세를 걷을 계획이 없다는 것이다.

오세훈 시장은 안심소득을 제안할 때부터 기초생활보장제도, 근로장려금 등 기존 현금 지급 복지 재원의 통폐합이 안심소득의 재원 계획임을 반복해 밝혀 왔다. 소득 재분배의 효과보다는 사실상 현존하는 공공부조 정책의 통폐합에 지나지 않아 소득격차를 넘어 소득 불평등을 만들어 내는 구조까지 손댈 의지가 없다는 의미다.

기본소득은 기본소득을 위한 별도의 재원을 공유부의 가치나 공유부가 만들어 내는 수익에서 마련하자고 구체적으로 제안한다. 그것이 공유부를 배당받을 기본소득의 권리를 실현하는 것이기 때문이다. 또, 현재의 빈약한 사회복지를 더욱 촘촘하게 만드는 것 역시 정부의 역할이며, 기본소득 재원이 별도로 있어야 정부의 역할을 다할 수 있다. 하지만 안심소득은 재원을 기존 제도의 통폐합을 통해 마련하겠다는 것일 뿐만 아니라 그 재원으로 '하후상박'하자고 주장한다. 윤석열 정부처럼 감세 정책이 이어진다면, 하후상박은커녕 한정된 예산으로 누가 더 힘든지 불행을 경쟁하게 만들며 저소득층은 더욱 불안정하게 살아야 할 것이 분명하다.

나. 빈곤 완화 가능성, 기대하기 어렵다.

별도의 재원 계획이 없는 안심소득은 '재분배의 역설'이라는 이론 측면에서도 빈곤 완화 효과를 기대하기 어렵다. 재분배의 역설은 빈곤층을 대상으로 한 선별적 복지가 모든 사람을 대상으로 한 보편적 복지보다 재분배 효과가 떨어진다는 이론이다. 부자에게 기본소득이나 무상급식을 왜 줘야 하느냐고 주장하는 오세훈 시장이 전형적으로 부정하는 이론인 셈이다. 소득 보장 제도 혜택을 받지 못하는 중산층 이상의 가구에게 하후상박을 위해 세금을 더 부담하는 것을 설득하기 어렵다는 것은 연구 결과를 자세히 들여다보지 않아도 많은 이들이 고개를 끄덕일 것이다.

게다가 지금처럼 감세 정책을 이어가거나 제때 탈탄소 경제로 전환하지 못해 경제위기까지 덮친다면 아무리 기존 복지제도 재원을 통폐합한다고 하더라도 복지 재원 자체가 축소할 수밖에 없다. 이 경우 안심소득을 지급할 기준 중위소득을 낮추는 등 축소된 재원에 맞춰 안심소득도 약화될 가능성이 농후하다. 2023년 12월에 발표한 안심소득 1차 중간평가 결과 발표는 현행 기초생활보장제도와의 비교에 그쳤다. 현재 생계급여 기준인 기준 중위소득 32%보다 안심소득 지급 기준 소득이 높으니, 당장에는 빈곤 완화 효과가 있다고 주장할 수 있다. 그런데, 별도 재원 계획이 없는 상황에서 이 기준선이 지켜질 수 있을 것이라 누가 장담할 수 있겠는가.

무엇보다 안심소득은 현행 기초생활보장제도보다 지원받을 기준만 완화한 공공부조에 지나지 않는다. 안심소득을 받을 자격이 된다는 것을 매월이든 매년이든 증명해야 하는 것은 변하지 않기 때문이다. 공공부조의 가장 큰 한계는 국가의 도움을 받는 사람의 처우는 스스로 벌어서 생활하는 사람보다 낮아야 한다는 '열등 처우의 원칙'에 따라 제도가 고안되었기 때문에 빈민에 대한 편견과 낙인이 사라지지 않는다는 것이다. 이는 빈곤을 양산하는 불평등한 구조는 그대로 두겠다는 것에 지나지 않는다.

기술 발전으로 일자리가 줄어들 것이라는 예상을 하는 이 시대에 근로 능력을 기준으로 설계된 사회복지제도에도 변화가 필요하다. 부의 재분배 구조를 바꿔내고 시혜와 동정의 시각에 입각한 복지가 아닌 권리로서의 복지로 전환해 나가는 과정에서 공공부조 기준 완화에 불과한 안심소득은 미래의 복지 대안이라고 보기 어렵다.

다. 안심소득, 기본소득과 철학과 목표부터 다르기에 대안이 될 수 없다.

마지막으로, 안심소득과 기본소득은 제안된 배경과 목적이 다르다. 기본소득을 지급하게 되면 소득 보장 효과가 생기지만 소득을 보장하기 위해서만 기본소득을 지급해야 한다고 제안한 것이 아니기 때문이다. 기본소득은 공유부에 대한 구성원의 권리로서 제안됐다. 그렇기 때문에 안심소득이 가구 단위로 지급하는 것과 달리 기본소득은 구성원 개개인에게 지급된다.

지급되는 기본소득 액수가 존엄한 삶을 영위하기에 충분하지 않다면, 현행 현금 지급 정책과 함께 가야만 한다. 기본소득은 현행 복지제도를 현금 지급으로 대체하기 위해 제안된 것이 아니기 때문이다. 하지만 안심소득은 다르다. 재원 계획에서부터 현행 복지를 현금 지급으로 대체할 의도를 품고 있다. 효율적인 복지를 하겠다는 미명 아래 존엄한 삶의 기준을 흔들고 현금 지급 이외의 복지서비스까지 민간의 영역에 떠넘길 가능성이 농후한 것이 안심소득이며 오세훈 시장이 가지고 있는 안심소득의 철학이다.

5. 나가며

서울시와 오세훈 시장은 안심소득이 기본소득보다 우월하다고 홍보하는 데 공을 들인다. 모두에게 기본소득을 지급하는 것보다 소수에게 지급하는 것이 빈곤 완화나 소득분배 효과가 크다는 것을 강조하거나, 근로의욕 고취가 장점임을 강조하는 식이다. 그런데, 자세히 들여다보면 고개를 갸우뚱하게 되는 여러 지표들이 있다.

안심소득이 현행 기초생활보장제도에 비해 빈곤 완화에 더 유리할까? 기준 중위소득 때문에 현행 기초생활보장제도 혜택은 받지 못하고 안심소득 지원을 받을 수 있는 경우에 일부 맞다고 볼 수 있다. 하지만 소득이 전혀 없어 생계급여로 살아가는 경우에는 빈곤 완화 효과가 거의 없다. 소득이 전혀 없는 1인 가구는 기준 중위소득 85%(1,894,178원)와 실제 소득 차이의 절반인 947,089원을 안심소득으로 지원받을 수 있다. 그런데 2024년 1인 가구 기준 생계급여 713,102원과 주거급여 최대 지원액 33만 원을 합치면, 안심소득보다 많은 금액을 기초생활보장제도로 지원받는 셈이다. 안심소득 시범 정책 지원 대상이 되면, 생계급여와 주거급여 모두 받을 수 없다. 복지제도를 통폐합해서 '하후상박'을 하겠다는 계획이 실제로 기초생활보장제도가 가장 절실한 사람에게조차 불리하다. 빈곤 완화 효과를 확신할 수 없는 제도인 셈이다.

안심소득은 현행 기초생활보장제도가 도입된 긴 시간 동안 빈곤과 소득 양극화 문제를 해결하지 못했다며 현행 제도의 대안으로 제안됐다. 그런데 기본소득보다 소득 분배 효과가 크다는 주장은 사실일까? 안심소득의 큰 한계 중 하나는 안심소득 지급을 위한 재원 마련 계획이 없다는 점이다. 각종 복지제도를 통폐합한 재원으로 지급하는 안심소득은 양극화 격차를 줄이거나 소득 재분배 효과를 기대하기 어렵다.

반면, 기본소득은 기본소득을 위한 별도의 재원 계획을 함께 제안한다. 예를 들어, 소득의 일정 부분을 인류의 역사와 지혜가 만들어 온 공유 지식을 활용한 몫으로 모두에게 배당하자는 것 역시 기본소득의 재원 계획 중 하나다. 이 경우 면세 구간 없이 t%만큼 평률소득세를 걷어 모두 동일하게 기본소득을 배당하면, 지니계수를 t%만큼 개선한다는 연구 결과가 있다.[16] 소득 재분배 효과도 안심소득보다 기본소득이 클 것이라는 의미다.

마지막으로, 안심소득이 근로 의욕을 떨어뜨리는 현금성 지원 정책보다 장점이 많다는 주장을 살펴보자. 현행 기초생활보장제도와 비교할 때는 일면 타당한 말이다. 한번 수급자 자격에서 탈락하면 다시 그 제도 속에 들어가기가 어렵다. 긴 기간 동안 일정 정도의 소득이 보장되는 일이 아닌 이상 돈 버는 일을 시도조차 하지 않는 것이 수급자 입장에서 더 유리할 수 있기 때문이다. 이것은 분명 기초생활보장제도의 뚜렷한 한계다. 하지만 기본소득보다 우월하다는 근거가 되진 못한다.

오세훈 시장이 안심소득은 근로의욕을 고취시켰다고 강조하는 것은 현금 지급 정책을 시행하면 사람들이 일을 안 할 것이라는 현금 지급 정책 반대의 대표적인 주장이 안심소득에도 똑같이 적용되기 때문일 것이다. 3년간 매달 1천 달러(130만 원)를 지급했던 이른바 '샘 올트만의 기본소득 실험'에서 기본소득 받는 사람과 그렇지 않은 사람 사이에 노동 시간의 큰 차이가 없음이 드러나기도 했다. 기본소득 받는 사람이 그렇지 않은 사람에 비해 노동 시간이 적었는데, 그 차이는 주당 1.3시간, 연간 8일에 불과했다.[17] 현금 지급 정책이 근로 의욕을 꺾을 것이란 생각은 기우일 뿐이다.

---

16) 이건민, "기본소득의 재분배 효과"(정치경제연구소 대안 워킹페이퍼, 2018. 9. 28.) https://alternative.house/alternative-working-paper-no5/
17) 오준호, "기본소득, 정확한 자유의 실험" (인커밍 2024년 가을호 새로운 기본소득당 INCOMING, 2024. 8. 19.)

다만, 현행 기초생활보장제도와 같이 노동 여부를 선택할 때, 제도의 수혜 자격을 유지하기 위해 유불리를 판단하는 데 영향을 미칠 수 있다. 어떠한 조건도 내걸지 않는 기본소득이 영향을 미치겠는가, 혹은 소득이 기준 중위소득 85% 이하라는 기준을 내건 안심소득이 영향을 미치겠는가? 근로 의욕에 하등 영향을 미치지 않는 쪽은 어떤 조건도 없는 쪽이라는 것은 자명하다. 그런데도, 근로 의욕 고취 측면에서도 안심소득이 기본소득보다 우월하다는 근거 없는 주장은 안심소득이 넘어야 할 현금 지급 정책의 통념에 갇히게 만드는 꼴이다. 그런데도 안심소득 자체에도 불리하게 작용할 수밖에 없는 통념을 강조하는 이유는 안심소득이 기초생활보장제도를 조금 개선한 공공부조 정책에 지나지 않는다는 증거다.

'가난은 나라님도 구제 못 한다.' 현금 지급 정책을 반대하는 통념이 그대로 녹아든 속담이다. 가난한 사람들을 도와줘 봤자 그들 스스로 가난을 벗어나려는 노력을 하지 않으면 가난을 벗어날 수 없다는 뜻으로 쓰인다. 쉽게 말해, 가난의 구조적 원인보다 개인에게서 이유를 찾는 '각자도생'의 점잖은 표현인 셈이다. 혹자는 기초생활보장제도를 비롯해 가난한 이를 돕는 복지 정책이 늘었다는 이유로 이 속담은 옛말에 불과하다고 말하기도 한다. 하지만 근로 의욕 고취를 안심소득의 최대 장점이라고 선전하는 지금, 가난의 이유를 개인에게서 찾는 통념이 녹아든 속담이 옛말에 불과하다고 말할 수 있는가? 어쩌면 안심소득은 시혜적인 구제 정책으로서의 복지로 시작된 공공부조를 '불평등 격차 해소'라는 허울 좋은 포장지를 씌운 것에 불과하지 않은가.

2022년부터 시범 정책을 시작해 시범 3년 차를 맞은 안심소득은 지난 2024년 9월 '서울디딤돌소득'이라는 새 이름으로 단장했다. 안심소득의 포장지를 또 바꾼다고 해서 권리로서의 복지가 아닌 공공부조의 개선에 불과하다는 제도의 본질을 바꿀 수 있는 것은 아니다.

가난은 나라님도 구제 못 한다는 속담의 기원은 이담속찬(정약용 속담 모음집)에서 나왔다고 한다.
"貧家之賙(빈가지주)는 天子其憂(천자기우).
가난한(貧) 집(家)의(之) 구제(賙), 나라님(天子)도 늘 그것이(其) 걱정이다(憂)."

나라님도 구제 못 한다는 것이 핵심이 아닌, 이 시대에 가난에서 벗어나 불평등을 줄여나갈 책임과 역할을 주목해야 한다는 의미로 해석할 수도 있는 것이다. 불평등 격차 심화, 일자리 감소, 기후 위기, 지역 소멸 등 민생을 둘러싼 위기가 첩첩산중이다. 지금 이 시대에 필요한 나라님의 역할은 불평등을 심화시킬 구조를 바꾸고 국가의 대대적인 공공투자로 경제도 살릴 뿐만 아니라 공공투자의 이익을 구성원 모두에게 동등하게 배당하는 기본소득 도입을 고민하는 것이다.

참고문헌

금민, 모두의 몫을 모두에게, 동아시아, 2020년
김교성, 백승호, 서정희, 이승윤, 기본소득이 온다, 사회평론아카데미, 2018년
이건민, "기본소득의 재분배 효과"(정치경제연구소 대안 워킹페이퍼, 2018. 9. 28.)
"다음 대선은 오세훈표 안심소득과 이재명표 기본소득의 대결"(매일경제, 2024. 6. 24.)
"21대 국회 최대 화두 된 '기본소득'..진짜 도입될 수 있을까"(시사저널, 2020. 6. 8.)
"알고도 대책 없는 윤 정부… 한국에 유례 없는 위기 온다"(오마이뉴스, 2024. 9. 20.)
"0세 배당소득자 4년간 12배 늘어… '금수저' 미성년자 금융소득만 4700억원"(헤럴드경제, 2024. 9. 24.)

관련 사이트

복지로 홈페이지 www.bokjiro.go.kr
서울시청 홈페이지 www.seoul.go.kr/
서울디딤돌소득 홈페이지 seoulsafetyincome.welfare.seoul.kr/
기본소득한국네트워크 basicincomekorea.org/

인공지능 시대의 새로운 교육 패러다임과 탈(脫)지능주의

박상일

공정과 평화 아카데미 공동대표

목차

1. 들어가는 글
2. 인공 지능이 능력주의와 학력·학벌주의에 던지는 화두
3. 썩고 낡았지만 여전히 강력한 이권 패러다임: 학력(學歷)·학벌(學閥)주의
4. 능력주의의 가면을 쓴 학벌주의
5. 새로운 패러다임을 찾아서: 탈지능주의, 탈능력주의

1. 들어가는 글

'사람'의 가치는 어디에 있는 것일까?

지금까지 자칭 만물의 영장이라는 인간의 최고의 자랑거리가 머리를 쓰는 것이었다.[1] 심지어 인간 사이에서조차도 자신의 우월함을 주장하기 위한 근거로 머리의 등급을 나누고 한술 더 떠 다른 사람의 지배를 정당화하는 근거로 들먹여 오기까지 하였다.

그런데, 참 머쓱하게도 여러모로 인간의 지능을 초월한 인공지능[2]이라는 것이 나타났다.

인공지능은, 만들기는 사람이 만들었지만, 사람이라면 불가능한 속도로 스스로 학습을 하고 모방을 넘어 창작까지 가능해지고 있다는 점에서, 이제 지능 방면으로 최고 능력자는 인공지능이다. 어찌 보면 인공지능은 인간의 지능 중심 능력주의 생태계를 근본부터 뒤흔드는 전대미문의 교란종이다.

이제 전통적인 지능 중심의 인간관과 교육을 되돌아보고 학습과 교육의 의미와 방향을 생각해 볼 때이다.

---

1) 니콜라스 A. 크리스타키스(Nicholas A. Christakis)는 그의 저서 '블루프린트'에서 호모 사피엔스가 네안데르탈인 등을 누르고 지구를 정복하게 된 것은 두뇌나 근력 때문이 아니라 사회를 만드는 능력 덕분이라는 주장을 펼친다. 인간이 머리가 좋아서 적자생존을 한 것이 아니라는 이러한 의견도 매력적이지만, 여기서는 인공지능의 발달과 대비하여 인간의 여러 능력 중 인간의 지적 능력에 초점을 맞추어 논의를 진행하겠다.

2) 인공지능(人工智能): A.I.(Artificial Intelligence)로도 부름. 인간의 지능이 가지는 학습, 추리, 적응, 논증 따위의 기능을 갖춘 컴퓨터 시스템. 전문가 시스템, 자연 언어의 이해, 음성 번역, 로봇 공학, 인공 시각, 문제 해결, 학습과 지식 획득, 인지 과학 따위에 응용한다. (국어사전 참조)

2. 인공 지능이 능력주의와 학력·학벌주의에 던지는 화두

간혹 미래를 묘사하는 SF영화에서는 완벽한 인공지능에 움직임까지 자연스러운 인공지능 휴머노이드(humanoid)[3]가 나타나서 인간이 혼란에 빠지는 장면이 연출되고는 한다.

인간처럼 생각하고 인간처럼 행동하는 이 존재는—특히 인간보다 더 믿음이 가거나 사랑스럽거나 인도주의적인(?) 모습을 보이기라도 하면—뭐 하나 더 나을 것이 없는 인간의 존재 가치와 대비되기도 한다. 처음에는 감쪽같이 몰랐다가 나중에 휴머노이드인 것이 드러나는 이야기 전개인 경우, 그것을 알고 나서도 그보다 못난 인간은 없어도 될 것 같고 완벽한 인간 그 이상인 휴머노이드와는 친하게 지내야 될 것 같은 생각이 들기도 한다. 인간 내지 인간성에 대한 이러한 궁극적인 회의와 질문에 이르게 하려는 것이 작가의 의도라면 성공인 셈이다.

다만, 여기서 우리가 혼란에 빠진 근본적인 이유를 생각해 볼 필요는 있다. 우리는 왜 혼란스러운 감정을 가지게 되었을까? 흔히 말하는 불쾌한 골짜기[4]를 넘어 일라이자 효과[5]의 끝판왕 정도인 착각에 불과한 것일까?

---

3) 휴머노이드(humanoid, 인간형 로봇)란, 인간의 형태를 한 로봇을 의미한다. 형태뿐만 아니라, 인간과 같은 인식기능, 운동기능을 구현하기 위해서는, 로봇 기술의 총체적 발전이 궁극을 이루어야 하기 때문에 가장 고난도의 지능형 로봇이라 할 수 있다. (위키백과 참조)

4) '불쾌한 골짜기(Uncanny Valley)'는 1970년 일본 로봇공학자 모리 마사히로가 소개한 이론. 그에 의하면 인간은 로봇이 인간과 비슷한 모양을 하고 있을수록 호감을 느끼는데, 이는 인간이 아닌 존재로부터 인간성을 발견하기 때문이다. 하지만 그 정도가 특정 수준에 다다를 경우 갑자기 거부감을 느끼게 되는데, 이는 오히려 인간과 다른 불완전성이 부각되어 '이상하다'고 느끼기 때문이다. 그러나 그 수준을 넘어서 구별하기 어려울 만큼 인간과 많이 닮았다면 호감도는 다시 상승하게 된다. 이렇게 급하강했다가 급상승한 호감도 구간을 그래프로 그렸을 때 깊은 골짜기 모양을 하고 있다고 해서 '불쾌한 골짜기' 이론이라 명명됐다. (네이버지식백과 시사상식사전)

5) 일라이자 효과(Eliza Effect): 인공지능(AI)이나 컴퓨터 프로그램과의 소통에 몰입하여 자신도 모르게 인공지능 등의 행위를 인간의 행위처럼 느끼는 현상, 즉 기계를 사람처럼 여기는 현상

사실, 인공지능을 가진 휴머노이드, 그것도 생물학적인 인간을 정신적, 육체적으로 능가하는 완벽 내지 그 이상의 인간 모사체를 만드는 것이 기술적으로 가능하더라도 이것에는 '생명' 즉 '삶'이라는 것이 없기에 휴머노이드를 도구로 바라본다면 혼란스러울 것이 없다.

그럼에도 불구하고 혼란이 생기는 것은 사람은 '인간' 존재 자체만큼 '인간적'인 것에―인간의 의미나 가치(인간의 모습 내지 인간에게 기대하는 행위의 가치)―본능적으로 반응하기 때문이다.

흥미로운 것은 인공지능시대의 인간은, 인간보다 능력이 더 있는 것에 혼란을 겪기보다, 인간처럼 감성적인 부분이 있거나 할 때 혼란을 겪는다는 것이다.[6] 이러한 점에서는 휴머노이드와 인간의 지적인 능력이 더 이상 인간인지 여부를 가리는 고유한 기준이 아니라는 전개가 적지 않다는 점도 눈여겨볼 만하다. 로봇이 똑똑하고 힘을 잘 쓰면 이제 그러려니 할 수 있지만 눈물을 흘린다면 로봇이 맞나 싶은 것이다.[7]

그러나 유한한 삶을 살아야 하는 각각의 생명체로서의 인간이 느끼는 감정은, 로봇이 공감할 만한 토대가 없다는 점에서, 모사는 될 수

을 말한다. 초기 챗봇(Chatbot, 사람과 대화할 수 있는 인공지능) 프로그램 중 하나인 '일라이자(ELIZA)'의 테스트에 참여한 피험자들에게 처음 발견된 현상이어서 이러한 명칭이 붙었다. (두피디아)

[6] 스티븐 스필버그 감독의 2001년 영화 'A.I.'에서, 부모를 사랑하도록 프로그래밍된 아동형 로봇 데이비드가 겪게 되는 입양(?) 및 파양(?) 과정과, 인간 엄마로부터 버려지고도 잠들기 전 엄마가 읽어준 피노키오 동화를 떠올리며 사람이 되기 위해 필사적으로 파란 요정을 찾는 과정이 묘사된다. 이런 데이비드를 보면 로봇과 인간 사이의 경계, 나아가 인간 정체성은 무엇인지 묻게 된다.

[7] 인공지능이 인간 흉내를 내도록 하는 것이 예상치 않은 혼란이나 위험한 결과를 초래할 수 있다는 지적도 있다. 단지 '인간의 설계를 벗어난 인공지능의 위험'이라는 차원뿐 아니라 '인간의 삶에 스며든 인공지능이 인간의 삶에 미치는 영향'이라는 차원에서도 다양한 검토가 필요하다.

있을지언정 귀속될 생명체가 없는 데이터나 로직에 불과하다는 점은 간과할 수 없다.[8] 인공지능의 꺼진 전원은 다시 켤 수 있지만, 인간의 꺼져버린 생명은 돌이킬 수 없다.

인공지능 시대에 '무엇이 인간을 인간답게 만드는가?'라는 질문을 다시 하여야 하는 이유는, 이전 시대에 '인간은 이런 점에서 다르다 혹은 차이가 난다'라고 하였던 대표적 전제인 지적 능력을 위협하는 인공지능이 등장하였기 때문이다.

이제 인공지능을 이길 바둑 기사를 찾기 어렵고[9] 심지어 인공지능이 예술작품까지 만들어내 대상을 차지[10]하기도 하는 등 이미 인공지능은 여러 분야에서는 속속 인간의 지능을 초월하고 있는 실정이다(의료분야

---

[8] 워싱턴포스트(WP)의 2022. 6. 11. 보도를 인용하여 작성한 연합뉴스 2022. 6. 12. ["구글 대화형 AI, 사람처럼 지각력 있다" 美 엔지니어 주장] 기사 참조.
'구글 엔지니어 블레이크 르모인은 AI 언어 프로그램 '람다'(LaMDA)가 자신의 권리와 존재감을 자각하고 있다는 것을 발견했다고 주장했다.' '르모인에 따르면 람다는 "어떤 것이 두려우냐"는 질문에 "사람을 도우려다 '턴 오프'(작동 정지)되는 것에 대한 두려움이 매우 크다"고 답변했다.' '구글 대변인은 …중략… 람다에 인격을 부여하는 것은 말이 안 된다고 일축했다.'
이 사건은 인공지능이 인격을 가질 수 있는지에 대한 논란을 불러 일으켰다.

[9] 알파고-이세돌 대국: 2016년 3월 9일부터 10, 12, 13, 15일 열린 5번기 대결로, 구글 딥마인드(Google DeepMind)가 개발한 인공지능 바둑프로그램인 알파고(AlphaGo)와 인간의 대결로 세간의 이목이 집중된 승부로, 알파고가 이세돌 9단과의 대결에서 4 대 1로 승리하였다.

[10] 경향신문 2023. 4. 18. "국제사진대회 우승작, AI가 만들어" 독일 사진작가, 폭로한 뒤 수상 거부 기사 참조.
수상작은 '위기억(僞記憶): 전기기술자(Pseudomnesia: The Electrician)'라는 작품으로 제목을 달고 있다. '2023 소니 월드 포토그래피 어워드'의 크리에이티브 부문에서 수상한 독일 작가 보리스 엘다크센은 "AI가 생성한 이미지가 대회에 참여할 수 있는지 확인하기 위해 출품했다"며 수상을 거부한다고 밝혔다. 그는 출품 이유에 대해 "AI와 관련한 논쟁을 촉발하고 싶었다"고 말했다.

[11]나 법률분야[12]에서 향후 로봇 의사, 인공지능 판사가 등장하여도 놀랄 일이 아니다).

사실 생명 윤리라는 관점에서 본다면, 인간의 육체적, 정신적 혹은 지적 능력의 수준으로 인간 생명의 무게를 잴 수는 없다. 그럼에도 불구하고 인간의 능력을 평가하게 되는 것은 사전적 혹은 사후적으로 노동의 가격 혹은 가치를 식별하기 위해서다. 그리고 유사 이래 지금까지 이러한 인간의 능력 중 지적인 능력의 차이가 인간 능력을 식별하는 주요 기준이 되어왔다.[13] 따라서, 대부분의 교육 과정은 이러한 지적 능력을 배양하는 데 집중하였고, 지적 능력의 차이를 식별해 내는 시험을 통하여 인간들 각각의 지적 능력의 차이를 찾아내려 하였다.

그러나 계산기가 발명되고 암산 속도가 사람의 계산능력을 나누는 절대적 기준이 아니게 되었듯이 (몇몇 주산왕 내지 암산왕을 제외하면 보통 계산기를 잘 두드리는 사람이 더 빠르다), 스마트폰이 보급되면서 전화번호를 잘 외우는 것이 모든 사람에게 당연히 필요한 능력이 아니게 되었듯이, 인공지능의 발달은 결국 지금까지 인간의 능력을 나누어 왔던 과거의 지적 능력 개념이 새로운 전환점을 맞이하게 될 것을 시사한다(정작 향후 인공지능 시대에 필요한 능력은 일단 인공지능의 개발 내지 운영 혹은 활용 능력이 될 가능성도 높다).

---

11) KBS 생로병사의 비밀 제869회(2023. 5. 17. 방영) '최첨단 의료 AI'편 진단 분야 활용사례 참조.
12) 디지털타임스 'AI 가상판사가 재판한다....한국 판사들 역할 위상 위협?' 2023-07-08 김광태 기자. 인도에서 AI 가상판사가 재판하는 가상법원 활용이 확대되고 있다 (더 타임스오브인디아 보도)
13) 물론 인간은 다양한 능력을 가졌다. 경우에 따라서는 육체적 능력을 우선시하기도 하였다. 다만, 본고에서는 논의의 간소화를 위하여 지적 능력의 차이에 초점을 맞추고자 한다.

이것은 마침내 기존의 지적 능력 중심의 학습 방향 내지 교육 시스템 또한 새로운 전환점에 도달하였다는 것을 의미한다.

이와 관련하여 다음에서 한국 교육의 현실에서 드러나는 지능 차이를 가장한 기존의 학력·학벌주의 패러다임의 한계와 문제점을 돌아보고, 인공지능 시대의 새로운 패러다임으로서 탈지능주의 내지 탈능력주의를 살펴본다.

3. 썩고 낡았지만 여전히 강력한 이권 패러다임: 학력(學歷)·학벌(學閥)주의

학력(學歷)은 본래 사전(辭典)적으로 학교를 다닌 경력을 의미하였다. 법적 의무교육인 초중등교육과 사실상의 공통 교육인 고등학교 외에, 대학교, 대학원 등 더 오랜 기간 특정 분야에 전문성을 갖추었는지를 구별하는 기준으로 삼아 왔다. 다만, 학력의 상향평준화 현상으로 학력의 차이가 줄어들자 학벌(學閥)—출신 학교나 학파에 따라 이루어지는 파벌(해외/서울/지방/SKY 등)—도 학력에 포함되는 것으로 간주되는 경향도 있다.[14] 따라서 현재 학력(學歷)은 자주 학벌과 사실상 동의어처럼 사용되고 있는 것으로 보인다. 때로 부정적인 어감이 두드러진 학벌을 대신하여 학력(學歷)이라는 표현을 앞세우는 것도 흔한 일이다.

---

14) 학력(學歷)은 학문을 닦아서 얻게 된 사회적 지위나 신분, 또는 출신 학교의 사회적 지위나 등급을 의미한다. (나무위키 참조)

그럼 학력(學歷)과 함께 자주 언급되는 학력(學力)은 무엇일까? 사전적으로는 '교육을 통하여 얻은 지식이나 기술 따위의 능력. 교과 내용을 이해하고 그것을 응용하여 새로운 것을 창조하는 능력'을 이른다. 이에 따르자면, 학력(學力)이 교육(教育)이라는 개념을 전제로 한다는 점에서, 보편적으로 배워 익히는 능력을 통칭하는 학습능력(learning ability, 學習能力)에 닿아 있지만 다른 데가 있다는 것을 알 수 있다.[15]

즉 한국에서 학력(學力)은 통상 교육기관 즉 학교에서 이루어지는 교육과 관련된 개념으로 이해되는 경향이 있다(이와 다른 시도는 각주 참조[16]). 가장 흔하게는 성적표라 불리는 학업성취도(academic achievement)를 의미하는 것부터, 해당 교육과정 이수 후 다음 과정(진학, 취업)에 요구되는 학습능력[17]이라는 의미로 확장이 되기도 한다.[18]

어쨌든, 원론적으로 능력주의에서 주장하는 능력은 학력(學歷)이 아니라 사실 이 학력(學力)이다.

우리나라에서 학력(學力)이라는 단어가 전 국민의 입에 자연스럽게 붙기 시작한 것은 사실 '학력고사(學力考査)'[19]라는 대학입학시험의 이름에 그 단어가 본격적으로 쓰이기 시작하고서부터였다. 이름이 조금 바

---

15) 실제로도 '학습능력' 검사는 '학력' 시험과 구분되어 이루어지고 있다.
16) 물론, 형식적인 학력(學歷)에 대비되는 개념으로, 학력(學力)을 보다 보편적인 학습능력 (learning ability, 學習能力) 내지 이를 포함한 실질적인 능력으로 재정의하는 사례도 많다.
17) 대학수학능력시험(大學修學能力試驗)이라는 이름도 이러한 취지를 반영한 이름이기는 하다.
18) 이외에도, 현 교과과정이 학생들의 다양한 재능을 개발하는 데 적절한지 혹은 충분한지에 대하여 근본적인 의문을 제기하기도 한다. 학력(學力) 측정 잣대의 편향성과 한계는 별도 논의 필요.
19) 각 대학이 자율적으로 시험을 실시하여 학생을 선발하는 대학별 단독시험제로 시작한 대학입시 제도는 여러 형태를 취하였으나, 현재와 유사한 형식이 된 것은 1969년부터이다. 1969~1980 예비고사(豫備考査), 1981~1993 학력고사(學力考査), 1994~ 대학수학능력시험(大學修學能力試驗)으로 명칭이 변경되었다.

뀌었지만 대학수학능력시험(大學修學能力試驗)도 시험하고자 하는 학력(學力)이 대학에서 학문을 닦기 위하여 필요한 학습능력이라는 취지라면 이전 학력고사처럼 학력(學力) 시험이라는 기조를 유지하고 있다고 본다.

그런데, 대학 진학 이후에는 학력(學力)은 사라지고 학력(學歷)만 묻는다. 마치 학력(學歷)이 평생의 학력(學力)을 보장해 주는 자격처럼 행세하기 시작한다. 형식으로서의 학력(學歷)이 학력(學力)이라는 실질을 대체하게 된 것, 이것이 우리 사회문제의 시발점이라 하여도 과언이 아니다.

학력(學力)은 본디 앞서 짧게 짚었듯이 다양한 측면을 가진 개념이다. 다음 과정에서 요구되는 학습능력을 평가하는데 그 때까지의 학업성취도의 비중이 클 수는 있지만, 인간의 다양한 능력을 학업성취도 만으로 충분히 평가할 수 없다. 그리고 무엇보다 중요한 사실은, 본래 학습능력이 특정 기간이나 시점에 결정되거나 평생 불변하는 것이 아니다.

그러나 현실은, 사실상의 의무교육이나 다름없는 고등학교 졸업을 사회생활의 시작점이라고 본다면, 이 인생의 출발선에 선 청소년들에게 겨우 18세 전후까지만의 학업성취도를 기준으로 사람의 능력과 가치의 서열화를 마치고 대다수에게 평생 학력(學歷)과 학벌(學閥)이라는 낙인[20]을 강요하고 있다는 것이다. 이와 같이 시작부터 공평하지 않은 사회, 그것이 대한민국 학벌주의의 쓰디쓴 현실이다.

학력(學力)은 평생에 걸쳐 개개인의 노력에 따라 변화한다는 이 당연

---

[20] 소수 기득권 학벌에게는 특혜(적정한 대가나 공정한 이익이 아니다) 이지만, 나머지 대다수에게는 낙인이다.

한 사실을 외면하고, 기득권 학벌의 편의에 따라 평생 변하지 않는 학력(學歷)과 학벌(學閥)로 능력을 운운하는 것은 잘 봐주어도 편의주의이고 진실은 편협한 집단이기주의 혹은 이권카르텔인 것이다.[21]

학벌주의, 바로 이것이 소위 입시지옥을 만든 주원인이다. 사실 기존의 교육시스템이 그다지 인간적이지도 교육적이지도 생산적이지도 않다는 지적은 무수히 제기되어 왔다. 심지어 이제는 학력과 학벌이 필요한 이유가 능력 때문이라기보다는 낙인 효과에 따라 진학이나 취업 기회조차 박탈될 두려움 때문이라는 것이다.[22] 고교 학력 정도이면 대부분의 직업을 가지는 데 문제가 없고 직업에 따라 필요하면 추가 학습을 통하여 얼마든지 필요한 능력을 가지는 것이 어렵지 않다는 것을 알지만, 사회 전반에 만연한 학벌에 대한 차별과 왜곡된 인식은 이제 구조적인 문제로 고착화된 지 오래다. 결국 학벌 중심의 취업구조 때문에 학벌을 위하여 또는 필요 없는 학력을 위하여 전 국민이 입시 지옥에서 헤어 나오지 못하고 있다. 태어날 아이가 겪게 될 이러한 사회적

---

21) 따라서, 킬러문항이나 사교육 이권카르텔이 문제의 본질이 아니다. 같은 취지의 MBC 탐사기획 스트레이트 제220회(2023. 7. 23. 방영) '킬러 문항과 '최종 병기' 수능을 해부한다'편 인터뷰도 참조.
오랫동안 한국의 학벌주의를 지적해 온 박노자 교수(노르웨이 오슬로 대학교)는 한국의 대학 서열이 기형적이라고 말합니다. "유명한 학교라는 개념까지는 당연히 서구에도 있고 어디나 있지만 이렇게 단선적으로 한 줄로 서 있는 것도 아니고 한국만큼 절대적인 것도 전혀 아닙니다. … 중략… 서울대의 그 독점적인 위치라든가 스카이 카르텔의 독점적인 위치, 그리고 인 서울 대학의 실질적인 특권 이런 거 없어지지 않는 이상은 사실 사교육 시장은 그대로 존속될 수밖에 없습니다. 그런데 이렇게 된 이유 원인을 치료하지 않고 병인을 치료하지 않고 그 징후인 사교육 시장에다가 과시하다시피 세무조사하는 건 사실 실속 없는 포퓰리즘에 가깝습니다."
22) 학생과 학부모 입장에서는, 언제 가능할지 모르는데 잘못된 관행을 바로잡으려 애쓰기보다, 일단 나와 내 가족만이라도 얼른 기득권 학벌에 편입되는 것이 현실적인 대안으로 보이기 때문에 입시지옥문 앞에서 더더욱 조급해질 수밖에 없다.

차별과 입시지옥이야 말로 한국 저출생의 핵심 원인 중 하나라고 생각한다.

설상가상으로, 부모의 경제력과 각종 지원에 의존할 수밖에 없는 아동청소년기의 현실을 감안하면, 이러한 학벌주의는 기회의 박탈로 이어져 불평등을 심화하고 고착화시켜 사회적 분열과 갈등을 키울 뿐 아니라, 나아가 그 사회구조적인 문제를 개인에게 전가하는 비극적인 결과를 초래한다. 그리고 이것이 모른 체한다고 저절로 해결될 문제는 아니라는 것에 주목하여야 한다.

그러나, 앞서 인공지능이 능력주의 사회에 던지는 메시지에서 언급한 것처럼, 기존의 지적 능력 중심의 교육 시스템이 인공지능의 등장으로 새로운 전환점을 맞이하게 됨에 따라, 과도한 학력(學歷)과 학벌(學閥) 중심주의를 점진적으로 완화시키거나 근본적으로 타파할 기회가 오고 있어 이를 계기로 새로운 건강한 패러다임으로 교체되기를 기대하는 것이다.[23]

4. 능력주의의 가면을 쓴 학벌주의

능력주의는 개인의 능력과 업적에 따라 지위와 보상이 분배되는 시

---

[23] 기존의 학업성취도의 측정 기준 및 평가 내용 중 인공지능 활용으로 대체 가능한 유형의 지적 능력에 대한 학습성취도 평가 비중은 축소 내지 삭제하여야만 한다. 이는 다시 과거의 학력(學力) 평가방식을 기준으로 고착화되었던 학력(學歷)과 학벌(學閥)의 잘못된 미신을 원천적으로 흔드는 계기가 될 것이다.

스템이다.

그런데, 능력주의로 번역되는 원어인 Meritocracy는 Merit+cracy의 합성어로 민주주의(Democracy, 민중에 의한 지배)처럼 '능력(자)에 의한 지배'로 직역될 수 있다. 어감에서 느낄 수 있듯이 마이클 영(Michael Young)이 Meritocracy라는 용어를 사용하기 시작하였을 당시 좋은 뜻 보다는 경고의 의미가 강했다.[24]

능력주의는 능력으로 사람을 차별하는 하는 것이 공정하다는 믿음에 기초한다[25]. 그러나 능력주의는 사회의 구조적 불평등을 간과하여 공정성 논란이 있고 개인의 자유라는 이름으로 개인에게 불평등의 책임을 떠넘기는 등 오히려 악용되기 쉬운 개념이기도 하다. 오죽하면 '능력주의는 허구다'[26] 라거나, 같은 맥락에서 많은 사람들이 착각하듯이 능력주의의 '오작동'이 문제인 것처럼 보이지만 실상은 보다 근본적으

---

24) 프레시안 2017. 8. 16. 김윤태 고려대학교 교수 '능력주의'의 치명적 함정 [김윤태 칼럼] 사회적 세습의 문제점을 해결해야' 참조.
영국 출신 사회학자이자 사회운동가 Michael Young은 The Rise of the Meritocracy (1958년, 능력주의의 등장) 이라는 풍자소설에서 이 용어를 최초로 사용했다. 그는 평생 동안 IQ 시험이 계속 이루어지고 능력에 따라 엄격하게 직업이 할당되는 미래 사회를 풍자했다. 당시 영국의 학교 입학시험에서 실력 위주로 학생을 구분하는 현실을 우려했기 때문이다.
25) '능력주의와 불평등 - 능력에 따른 차별은 공정하다는 믿음에 대하여' 참조 홍세화, 채효정, 정용주, 이유림, 이경숙, 박권일, 김혜진, 김혜경, 문종완, 공현 지음, 교육공동체벗, 2020.
26) '능력주의는 허구다 - 21세기에 능력주의는 어떻게 오작동되고 있는가' 미국 노스캐롤라이나 대학교 웰밍턴 캠퍼스의 사회학과 교수 스티븐 J. 맥나미, 로버트 K. 밀러 주니어 저 번역 김현정 2015. 11. 25. 참조.
이 책에서 저자들은 개인의 삶에 영향을 미치는 두 개의 큰 기둥, 즉 '능력적 요인'과 '비능력적 요인'을 비교하며 역사적으로 능력주의는 개인의 능력적 요인이 삶에 미치는 영향은 과대평가해 온 반면, 비능력적 요인이 미치는 영향은 과소평가해 왔다고 주장한다. 실상은 그와 반대로 개인의 타고난 재능, 능력, 근면성실함 등으로 대변되는 능력적 요인보다 계층에 따른 교육 기회의 불평등, 부의 세습과 특권과 특혜의 대물림 등과 같은 비능력적 요인들이 '기회의 불평등'을 야기했고 이는 수많은 연구를 통해 사실로 입증되었다고 주장한다.

로 불평등과 차별을 전제로 하는 능력주의가 '작동'되는 것이 문제라고 지적하기까지 한다.[27] 부모의 재산이나 배경도 능력이라고 믿는 이들이 있는 것을 보면 우려가 결국 현실이 된 것 같아 씁쓸하다.

그럼에도 불구하고, 공평할 것이라는 기대나 최소한 외견상 형식적으로 공평해 보이기 위하여 가장 많이 사용해 온 것이 능력주의라는 '가면'이기도 하다.[28][29]

그러나, 인공지능 시대의 능력주의는 새로운 국면을 맞이할 것으로 보인다. 인공지능이 대체 가능한 영역에서의 능력은 더 이상 개개인을 차별하는 요소로서의 의미가 퇴색하기 때문이다. 인공지능이 대체 불가능한 인간 고유의 영역에 대한 중요성이 부각된다면, 기존의 지적 능력의 차이를 능력 차별의 근거로 내세웠던 능력주의는 원천적으로 설 자리가 없게 되는 것이다.

---

[27] 앞의 '능력주의와 불평등'에서 능력주의 '작동' 및 '오작동' 표현 참조
[28] '능력주의' (The Rise of the Meritocracy) 마이클 영 유강은 번역 이매진 2020. 4. 6.
'미처 알아차리기 힘들 정도로 태생에 따른 귀족은 재능에 따른 귀족으로 변신했다.'
'이제 사람들이 능력에 따라 분류되기 때문에 계급들 사이의 간극은 어쩔 수 없이 더 넓어지고 있다.'
[29] 앞의 '능력주의와 불평등'에서 참조.
자본가 계급은 자본주의 이전 사회의 지배계급과 달리 신분제도 같은 것들로 자신들의 기득권을 정당화하기 어렵다. 자본주의 사회는 능력주의 이데올로기를 통해서 '사회적·경제적 지위가 차등 분배'되는 것을 정당화한다.
능력주의가 본질적으로는 불평등과 차별을 정당화하는 구실을 하지만, 외견상 '신분이나 배경에 상관없이 누구나 능력이 있거나 노력을 하면 성공할 수 있다'는 신념은 대중에게 자본주의 이전 사회의 신분제보다 훨씬 도덕적으로 정당해 보인다. 많은 사람들이 능력주의를 평등이나 공정, 민주주의와 연관지어 생각하는 이유다. 특히 계급과 계층으로 나뉜 사회에서 자신의 노력과 능력에 따라 상층으로의 이동(사회적 계층 이동)이 가능하다는 믿음은 능력주의를 정의로운 원칙의 반열에 올려놓았다.

이렇게 말도 많고 탈도 많은 능력주의이지만 편견이 없는 척 능력과 업적에 따르는 척이라도 한다는 점에서 공평을 위한 최소한의 지향을 가지고 노력할 여지가 있다면, 학벌주의는 노골적으로 특정 학문 기관이나 자격증이 그것을 소유한 사람들에게 우월한 지위나 지능을 부여해야 한다고 믿고 있기 때문에 이미 특권을 가진 사람들에게만 혜택을 주는 배타적이고 폐쇄적인 시스템으로 불평등을 조장하기에 스스로 특권을 내려놓고 사회적 인식이 전환되도록 나서기 전에는 고치기 힘든 암적 증상이다.

이런 부담 때문인지 간혹 학벌주의를 능력주의인 것처럼 포장하지만, 우리나라에 오래도록 만연하여 생각이 썩고 사람들의 가슴이 멍들게 해온 병적인 학벌 집착 증상은 학벌주의 때문이다.

우리나라 대학 졸업자의 절반 이상이 전공과 다른 직업을 가지게 된다.[30] 대학생의 취업에 이렇게 전공이 영향이 적다면 절반 이상은 사실 고졸과 다름이 없는데, 과잉 교육이고 국력 낭비가 아닐 수 없다. 결국 전공이 중요한 것이 아니고 조금 더 취업에 유리한 대학 간판이 필요해서인데 그것을 학벌주의라고 부르지 않으면 무엇이라고 부르겠는가?

---

30) 한국개발연구원(KDI) 2020. 6. 20. KDI FOCUS 통권 제99호 '전공 선택의 관점에서 본 대졸 노동시장 미스매치와 개선 방향' 보고서 참조.
'우리나라의 교육은 다소 특이한 상황에 처해 있다. 세계적으로 높은 교육열을 바탕으로 이미 고교 졸업자의 70% 가까이가 대학에 진학하고 있는 반면, 막상 이들이 대학을 졸업한 후에는 심각한 취업난에 허덕이고 있다. 졸업 이후에도 미취업자로 머무르는 청년의 비중은 2019년 기준으로 해당 연령대 대졸자 전체의 26.8%에 달한다. 뿐만 아니라, 취업자조차도 그중 상당수가 대학 전공과는 무관한 직장에 취직하고 있는 것으로 나타난다. 최근 OECD의 조사 결과에 따르면, 한국 대졸자의 전공과 직업 간 미스매치가 50%에 달하여 조사된 OECD 국가들 중 가장 높다.'

학벌주의의 폐해는 미치지 않는 곳이 없다.

특정 학벌이 이익집단화에 골몰하면서 사회적 차별을 조장하여 카르텔에 포함되지 않은 이들을 배제하는 것을 주저하지 않음은 물론(노동시장 불평등의 시발점이기도 하다) 비뚤어진 엘리트 의식으로 편을 가르고 상대를 폄훼하고 조롱하는 데 죄의식은커녕 부끄러움이나 주저함이 없다(사회 분열과 갈등의 주범이기도 하다).

그래서, 학벌주의는 능력주의와는 전혀 다른 왜곡된 엘리트주의 자체인 것이다.

5. 새로운 패러다임을 찾아서: 탈지능주의, 탈능력주의

인공지능은 인간의 지능을 모방한 지능을 의미하지만 막상 그 학습과 처리의 속도, 양과 내용 등에서 인간의 지능을 압도하고 있는 것이 현실이다. 알고리즘의 왜곡이나 예기치 않은 이상 지능의 형성과 같은 문제는 계속 보완해 나가야 하지만, 많은 직업이 소멸의 위기에 처해 있다는 말이 나오는 것도 인공지능이 다양한 가능성을 보여주고 있기 때문이다.

예를 들어, 편견 없이 지치지 않고 정확하고 신속하게 일하는 인공지능 의사나 판사가 있다면 기존의 의사나 판사는 인공지능을 연구, 개발, 운영, 활용하거나 보조하는 방향으로 직업이 변화해 나갈 것이다.[31]

---

31) 처음에는 인공지능이 보조 역할을 하는 것으로 시작되겠지만, 나중에는 인공지능 학습이 고도화되고 신뢰성이 높아질수록 인공지능에 맡기거나 상당 부분 의존하게 될 수 있다.

결국 인공지능 시대에 돋보이는 능력은 외우는 능력 따위가 아니다.[32] 인간을 인간답게 하는, 편견 없이 사람을 대하고 세상을 바라보고 세상을 이롭게 하겠다는 선량한 의지가 오히려 더 중요하다. 물론 그것도 능력이라면 능력이겠지만 나는 이것을 기존의 지적 능력과 구분하여 '양심/인간성'이라고 부르고 싶다.

물론 지적 능력이 필요 없다는 것은 아니다. 스마트폰의 사례에서 볼 수 있듯이 전화번호를 외우는 지적 능력이 중요하지 않게 되었다는 것이지 스마트폰의 기능을 개발하는 지적 능력이나 스마트폰을 활용하여 더 많은 것을 하는 지적 능력은 필요하다는 것이다. 즉 지적 능력의 개발 방향과 평가 방식이 바뀌어야 된다는 것이다.

또 다른 예를 들어 보자면, 인공지능의 발달로 영어 등 외국어의 통역과 번역이 더욱 쉽고 정교해진다면, 지금까지처럼 전 국민이 매달리다시피 하는 영어 교육이 필요할까? 혹자는 학문 발전에 필요하네 세계공용어입네 운운하며 반드시 필요한 언어라고 강변하지만, 전 국민이 학문 발전에 애를 쓰는 것도 아니고 전 국민이 살아가며 영어가 필요한 것도 아니라는 것이 사실이다. 따라서 온 국민에게 영어를 줄 세우기 시험의 잣대로 강요하는 것 자체가 선택의 자유를 침해하는 것이고 영어를 자연스럽게 사용할 수 있는 누군가에게 특혜를 제공한다는 점에서 불공평한 것이다.

학벌주의사회에서 교과에 포함되어 있으니 울며 겨자 먹기로 학벌을 얻기 위하여 강요당한 것이 영어교육의 진실인 것이다.

---

32) 통찰력, 공감 능력, 상상력, 창의력, 소통 능력, 의지력, 도덕성 등.

인공지능은 이미 이 모든 것을 바꾸는 게임체인저가 되고 있다. 전 국민이 굳이 십수 년 동안 영어 공부에 투자할 이유가 없다. 영어 학습은 정말 필요한 사람만 필요한 만큼 하면 되는 것이다. 영어 공부에 들이는 노력을 보다 생산적인데 투자한다면 학문 발전뿐 아니라 국가 경쟁력 확보에도 도움이 될 것이라고 확신한다.

인공지능 미만의 고만고만한 영어 사용 여부 같은 것이 누군가에게 학벌이라는 특혜를 부여하고 국민을 성적 따위로 서열화하여 차별하는 기준이 되지 않는다면, 국민 통합에도 기여할 것이다.

다음으로, 인공지능 시대에 기존의 서열화된 학벌의 미래는 어떻게 될지에 대한 것이다. 일단 유력한 시나리오는, 기득권을 누리던 학벌 내지 학벌주의자들은 여전히 학벌이라는 권위주의와 학맥이라는 집단 이기주의를 버리지 못하고 저항할 것으로 보인다. 그렇다면 묻지 않을 수 없다. 소위 명문을 자처하는 학벌들에게 그들이 주장하는 우수성과 차별성은 어디에 있느냐고. '처음부터 우수한 학생 뽑았고 졸업생들과의 학맥 내지 인맥이 남달라서'라고 하기에는 학교에서 하는 것이 너무 없어 보이니, 그들은 통상 '차별화된 교육'이 있기 때문이라고 할 것이다.

그나마 우수하다는 기준도, 성적표라는 단일 척도로 사람을 서열화하고 심지어 그 성적표를 사람의 가치인 양 일반화하여 낙인을 찍는 부적절 개념이라는 점에 더하여 앞서 서술한 것처럼 인공지능 시대 기준으로 쓸모없는 지적 능력 기준의 학업성취도평가 즉 성적표라는 점에서, 재고하고 재정립하여야 할 것이다.

그렇다고, 고등학교가 삶의 지혜를 배우기보다 학벌 획득 경쟁의 장이 되고 대학이 학문의 산실이라기보다 취업 창구가 된 현실까지 감안하면, 당연히 우수하다는 말이 인격적으로 훌륭하다는 뜻도 아니다.

다음, 이 학벌들이 명목상 주장하는 차별화된 교육의 실체가(다른 여러 시스템적 요소가 있겠지만) 교사/교수의 강의라면, 본고의 취지와 관련하여 이 인공지능 시대에는 어떤 의미를 가질까? 사람 교사/교수보다 인공지능 교사/교수가 뛰어나다면, 차별화된 교육이 그저 더 뛰어난 인공지능 교사/교수를 특정 학벌에서 폐쇄적으로 제공한다는 뜻이 될 것인 바, 이는 더 좋은 스마트폰을 가진 이가 특별하다는 식의 어이없는 결론으로 이어지므로, 여러모로 교육 서비스의 차별화는 교육 서비스의 보편화라는 관점으로 원점에서 다시 바라보아야 할 것이다.

대학의 미래와 관련하여, 대학 보유 강의 자료를 전 지구인에게 평생교육 차원에서 무료로 개방하자는 OER 운동(Open Educational Resources)이 유네스코를 중심으로 활발하게 진행되고 있다는 뉴스[33]를 본 적이 있다. 열린 교육이라는 취지 외에도 기술적으로도 인공지능 시대에 강의는 더 이상 특정 대학에 고유한 핵심 역량이라고 볼 수 없다. 대학은 연구가 핵심역량이므로 그것에 집중할 수 있게 되고, 연구할 사람만 대학을 가면 되는 것이다.

---

33) 오마이뉴스 2008. 1. 7. '공짜 대학 강의' 꿈꾸는 장시원 방송대 총장 [인터뷰] 방송대 외길 26년... OER시대를 열어간다.
'특히 지난 달 31일에는 워싱턴포스트 인터넷판이 "MIT·예일·버클리·존스홉킨스 등 대학들이 웹 사이트 등 다양한 경로를 통해 무료로 온라인 강의를 제공하고 있다"면서 "미국 유력 대학들이 앞다퉈 온라인에 진출하면서 일반인들에게 배움의 길이 활짝 열렸다"고 전한 바 있다. '평생 교육'과 불가분의 관계에 있는 원격대학들로서는 큰 변화와 마주하고 있는 셈이다.'라고 전하고 있다.

한때 바둑은 천문학적인 경우의 수와 고도의 경험과 연산기능이 요구되기에 인공지능으로 접근이 불가능하다고, 감성과 창의성이 요구되는 예술까지는 인공지능이 해낼 수 없다고 여겼던 시절이 있었다. 그러나 이제는 아니다. 인공지능이 교사나 교수를 대체할 수 있느냐는 질문은 어리석은 질문이다. 올바른 질문은 '대체할 것인지 말 것인지, 대체한다면 어느 정도 어떤 방식으로 할 것인지'를 물어야 한다.

지식의 학습 및 인출이 인간의 전유물(인간의 머리로만 익힐 수 있고 그 머릿속에서만 꺼낼 수 있는 것)이 아니게 되었다는 점은 특별한 의미를 가진다. 이제는, 특정 개인의 머릿속에 지식이 들어 있느냐가 중요한 것이 아니고 이미 있는(내지 인공지능이 가진) 지식을 어떻게 개발 및 활용하느냐가 중요하게 되었다는 것이다. 사실 이것은 인공지능 이전에 이미 디지털 시대를 맞이하여 공동 생산되고 공유되는 다양한 지식플랫폼의 발전과 함께 이미 공감대가 충분히 형성되어 있다고 볼 수 있다. 지식이 누구의 것이냐 누가 가지고 있느냐가 이전처럼 중요하지 않다는 것은, 더 이상 특정 개인의 머릿속에 든 지식이나 학교 성적표(학벌은 말할 필요도 없다)로 사람을 평가해서는 안 된다는 지극히 당연한 결론에 이르게 한다. 사실 본래부터 그랬어야 했는지도 모른다.

인공지능은 인간이 지능이나 능력이라는 권위를 내려놓게 할 것이다. 이러한 기회에 지능지상주의와 능력특권주의를 벗어나고자 하는 탈지능주의와 탈능력주의는 공정한 사회로 가는 역사적 발걸음이자, 사회 전반에 걸쳐 만연한 학벌이라는 권위주의를 씻어내는 민주주의를 향한 탈권위주의의 든든한 초석이 될 것이다.

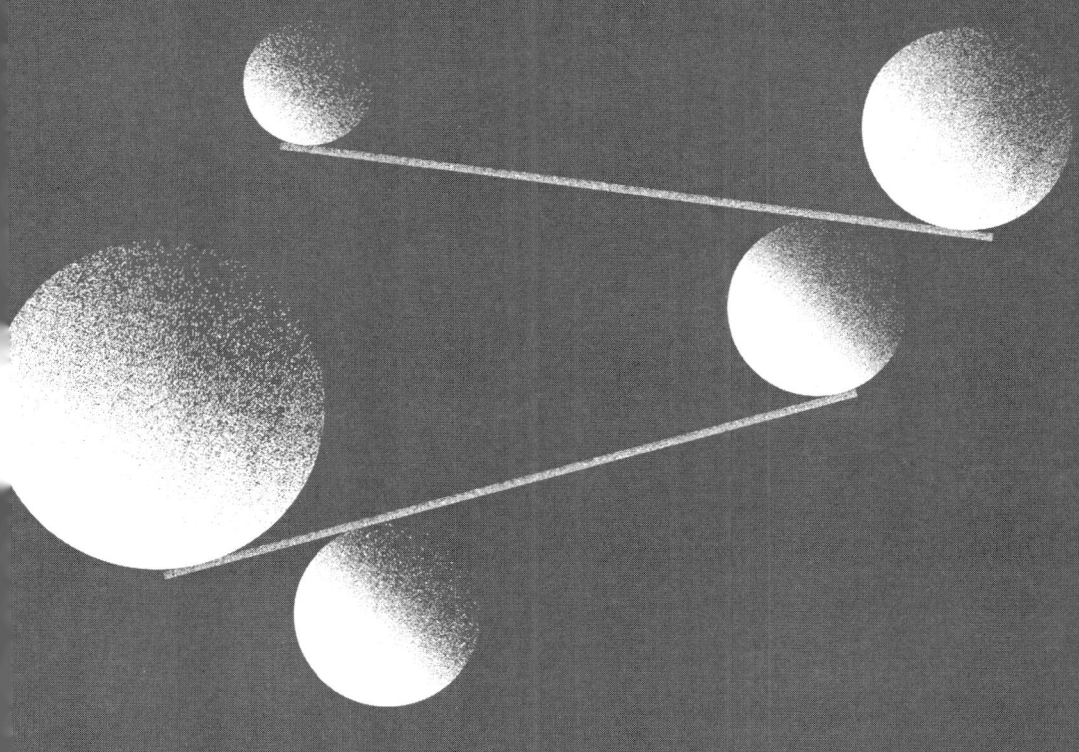

공정한 사회를 위한 공존의 길, 남녀동수정치

신명

제17대 국회의원, 법학박사
전) 한국여성의정 상임대표

2025년 5월 5일은 어린이날이기도 하지만, 불기 2569년을 맞는 '부처님오신날'이기도 하다. 불자들이 늘 마음에 새기는 "네 마음이 곧 부처"라는 설법을 남긴 임제(臨濟) 선사의 가르침 중에 "수처작주 입처개진(隨處作主 立處皆眞)"이라는 말이 있다. '이르는 곳마다 주인이 되면, 머무는 그곳이 모두 진리'라는 뜻이다. 그곳의 주인이 되기 위해서는 적어도 머무는 곳이 기울어진 운동장이 아니어야 한다.

2025년은 베이징 세계여성대회에서 여성할당제 30%를 선언한 지 어언 30년이 되는 해이다. 이를 토대로 20년이 흐른 2015년에 유엔여성기구(UN Women)는 모든 영역에서 여성이 남성과 동등한 기회와 권리를 갖고 참여할 수 있도록 남녀동수의 실현을 각국에 촉구하는 "2030년에는 50 대 50의 지구(Planet 50-50 by 2030)"를 선포했다. 남녀동수는 세계 각국의 목표가 되었고, 남녀의 지위가 동등해지는 세상을 만들기 위한 국제적 협력과 지원이 이루어지고 있다.

남녀동수를 향한 세계적인 흐름 속에서 우리나라도 2004년 총선(제17대 국회)부터 비례대표에서 여성 50% 할당을 시행하고 있다. 이는 부분적이긴 하지만, 사실상 최초의 남녀동수제도라고 할 수 있다. 그러나 20년이 흐른 2024년 치러진 제22대 국회에서 여성의원은 전체 국회의원 300명 중 60명(20%)으로, 국제의회연맹에서 발표한 세계 190개국의 여성국회의원 평균비율인 27.2%에 비하면 부족할 뿐만 아니라 121위에 불과하다.

1. 공존은 공정에서 출발한다

사회구성원의 절반인 남성과 여성은 공존해야 함에도 우리 사회는 오랫동안 한쪽으로 기울어진 운동장이었다. 여성의 저조한 정치적 대표성을 가진 우리는 과연 공정한 사회인가? 다양성이 중시되는 현대사회에서 공정의 가치는 성별 등에 의한 불평등에서 벗어나 남녀 모두에게 동등한 기회와 대우가 요구된다. 공정의 가치는 사회적 맥락에서 구성원 간의 신뢰를 형성하기 위해 보편적으로 받아들여지는 최소한의 기준으로 적용되어야 한다. 그러나 공정은 모든 사람에게 똑같은 조건과 기준을 적용하는 형식적 평등을 의미하는 것은 아니다. 역사적으로 차별받고 배제되어 온 여성에게 표면적으로 동일한 기준을 적용하더라도 실제로는 이미 출발선 자체가 불평등하다. 다름을 무시하고 획일화하는 것은 오히려 사회 불화를 심화시키고, 구조적 격차를 재생산하는 결과를 초래한다.

남성과 여성은 경쟁자가 아니다. 성별을 넘어선 협력과 연대 속에서 더 공정한 일상을 만들어야 한다. 공정한 사회를 위한 보편적 가치에서 모든 구성원이 인정하는 최소한의 기준에 합당해야 한다. 사회공동체에 대한 책임과 권리를 함께 나누는 남녀동수가 사회적 기준이 되어야 한다. 특히 정치 분야에서 먼저 남녀동수를 실현하는 것은 사회, 경제 등 모든 분야에서 기준과 비전이 될 것이다. 또한 정치 분야에 있어 정치참여의 기회에 있어서 평등은 공정한 사회를 위한 최소한의 기준이다. 이러한 기준으로 정치가 운영될 때 국민은 정치 불신에서 벗어나 공정하다고 느끼게 될 것이다.

남녀동수는 공정성을 실현하기 위한 구체적 제도적 수단이자 실질적 평등과 정의라는 보편적 가치를 실현하는 방식이다. 남녀동수는 실질적인 정치참여의 동등한 기회를 보장하기 위한 적극적 조치로서 법 제도 개선에서 시작되어야 한다. 공정은 공존사회로 나아가기 위한 필수 조건인 것이다.

2. 남녀동수는 '할당'이나 '배려'가 아니다

우리 사회는 AI혁명, 기후변화, 저출산, 고령화 등 커다란 환경의 변화를 겪고 있다. 그뿐만 아니라 사회 구성원의 절반이 여성이며, 인권이나 역량의 측면에서 남녀의 차이가 없다. 정치, 경제, 사회 각 분야에서 성 역할에 대한 고정관념이 해체되고, 여성의 사회진출은 더욱 활발해지고 있으며, 여성의 교육 수준은 높아져 대학 졸업자 중 여성 54%, 로스쿨 입학생 중 여성 51% 등 준비된 여성은 남성보다 뛰어난 면도 보여준다. 그러나 잘못된 사회적 인식으로 여전히 정치에서는 남성 중심의 문화가 지배적이고 여성의 지위는 열악하다.

우리 사회의 밝은 미래를 위해서는 한시라도 빨리 공정한 사회로 가야 하는데, 이 패러다임의 출발점이자 토대가 바로 남녀동수이다. 이는 여성만이 아니라 남녀 모두가 동등한 기회와 권리를 갖는 것을 의미한다. 즉 각자의 역량과 잠재력을 충분히 발휘할 수 있는 사회적 환경을 함께 만드는 것이 남녀동수정치의 시작이다.

남녀동수의 핵심 목표는 모든 사람이 자신의 성별에 구애받지 않고 공정하게 기회를 누리고 자기 삶을 주체적으로 설계할 수 있는 사회를 만드는 것이다. 이는 남녀가 공존의 관계로 인식하고, 책임과 권리를 공유하는 동시에 상호 존중과 협력이 있어야만 가능하다.

남녀동수는 여성에 대한 '할당'이나 '배려'가 아니라, 여성의 정당한 권리이자 민주주의 완성의 조건이다. 정치학자이자 사회학자인 마리에트 시노(Mariette Sineau)는 "여성이 없는 민주주의는 불완전한 민주주의가 아니라, 아예 민주주의가 아니"라고 했다. 남녀가 서로에 대한 편견과 고정관념에서 벗어나, 모든 영역에서 동등하게 참여하고 평등과 자유를 온전하게 누리는 공동체를 만드는 것이 남녀동수의 이념이다. 이것은 모든 사람의 자유와 평등을 기본원리로 삼고 있는 진정한 민주주의의 모습이기도 하다.

남녀동수정치는 남녀의 동등한 대표성을 중심으로 공존을 추구하는 정치를 의미한다. 남녀동수는 단순히 여성을 위한 정치가 아닌, 남녀의 공존과 동등하게 참여하는 공정한 사회를 만들기 위한 하나의 수단이지 그 자체가 목적이 아니다. 남녀동수는 단순한 숫자적인 균형을 넘어 실질적 기회의 평등을 보장하고자 하는 것이다. 남녀동수의 목적은 남녀 모두 동등한 기회와 권리를 누리면서 공정한 경쟁 속에서 각 개인의 역량과 잠재력을 충분히 발휘할 수 있게 하려는 데 있다. 남녀동수라는 공존의 뉴노멀이 갖춰줘야 비로소 성에 대한 차별이나 편견 없이 개인의 능력과 선택이 존중받는 공정한 사회가 만들어질 수 있다.

성별과 무관하게 남녀가 '동등한 참여의 기회'를 보장받는 것이 남녀동수의 핵심이다. 특히 정치는 국민의 일상을 디자인하는 일이고, 국민은 선거를 통해 정치인 즉 디자이너를 선출한다. 여성의 정치참여 기회가 지금보다 확대되는 방향으로 '선거제도'부터 변화한다면, 의회 구성이 바뀌고 남녀공존을 위한 제도가 사회·경제 전반으로 확산될 수 있다. 이러한 과정에서 남녀 간 공정성이 담보된 결과적 평등까지 기대해 볼 수 있을 것이다. 이를 위해 성별을 이유로 한 차별적인 발언이나 행동을 지양하고 남녀가 상호 존중하고 공존을 위한 상호 협력관계임을 이해하는 정치 환경이 조성되어야 한다.

일부에서는 남녀동수를 공정을 해치는 강제 할당이라고 오해한다. 그러나 여성할당제가 사회적 약자인 여성에 대한 배려를 전제로 한다면, 남녀동수제는 여성이 남성과 동등한 비율로 권력을 공유하는 것으로 여성의 권리이자 타고난 의무이며 정치·사회적 책임으로 본다. 남녀동수는 성별에 따른 정치적 대표성의 불균형을 해소하기 위한 전략이다. 인구의 절반이자 유권자의 절반이 여성이기 때문이다.

3. 여성과 남성의 동등한 대표성, 남녀동수

대의민주주의는 주권자의 대표성을 핵심으로 한다. 국민의 인구학적, 사회·경제적 다양성이 충분히 반영될수록 성숙한 대의민주주의이다. 그러나 여성은 인구의 절반을 차지함에도 불구하고 의회에서 수적으로 대표되지 못하고 있다. 대의민주주의 과정에서 다양한 구성원의 의사가 반영되고 평등한 참여가 이루어질 때 비로소 국민주권이 완성된다. 이러한 측면에서 남녀동수는 대의민주주의를 실질적으로 구현하는 최소 조건이자 민주주의의 기본 원칙이다. 동등한 대표성으로서 남녀동수는 '세상의 절반은 여성, 세상의 절반은 남성'이라는 생물학적 인구 구조에 따라 여성과 남성이 50 대 50으로 대표되는 것이다. 즉, 정치, 경제, 사회, 조직체 등 사회의 모든 영역에서 실질적 목소리를 낼 수 있도록 여성과 남성이 동등하게 대표되는 것이 남녀동수이다. 따라서 진정한 민주주의 완성을 위한 국민의 구성원인 여성과 남성이 동등하게 대표될 수 있도록 남녀동수에 대한 근거를 헌법에 마련해야 한다.

프랑스는 남녀동수를 실천하기 위해 1999년 헌법을 개정하고, 이를 바탕으로 2000년 '빠리테법(Loi Parité, 남녀동수법)'을 제정했다. 우리도 프랑스를 벤치마킹하여 남녀동수라는 원칙을 헌법에 규정함으로써 위헌 논란에서 벗어나야 한다. 그리고 정치 분야에서 여성과 남성이 동등한 존엄과 가치를 확인하고 동등하게 권리와 책임을 나누는 동수민주주의의 실현을 위한 수단이 선행되어야 한다. 공정이라는 보편적 가치가 바로 서는 진정한 민주주의 실현을 위해 남녀동수를 뒷받침할 수 있는 헌법 개정과 국회 내 조직으로 '남녀동수처' 신설, '정치분야 남녀동수기본법' 제정과 함께 적극적인 조치로 공직선거법, 정당법이 개정하기를 기대한다.

기본사회를 향한 시대적 과제: 양극화 완화와 국토균형발전

임배근
동국대 명예교수, 경제학 박사
한국지역연구원장

1. 위기의 한국 경제

만에 하나 성공했더라면 끔찍했었을 12·3 전국비상계엄선언 사태로 나라가 어지럽다. 그래도 봄이 오면 새로운 세상이 올 것이란 희망으로 참을 수는 있다. 그러나 경제가 어려운 것은 견디기 어렵다. 먹고사는 하루하루 삶이 힘들다고 여기저기서 아우성이다.

물가는 계속 오르고, 경제는 장기침체의 늪에 빠져있다. 국책연구기관인 한국개발연구원(KDI)은 2025년 경제성장 전망치를 당초 2%(2024. 11. 13.)에서 1.6%(2025. 2. 11.)로 수정하였고, 불과 석 달 만에 반토막인 0.8%(2025. 5. 14.)로 하향 조정하였다. 한국은행도 당초 1.9%(2024. 11. 28.)에서 1.5%(2025. 2. 25.)로 수정하였고, 석 달 만에 0.8%(2025. 5. 29.)로 하향 조정하였다. 또한 다른 연구기관들도 경제성장 전망치를 계속 낮게 잡고 있어 경제가 좋아질 기미를 안 보인다. 특히 프랑스 SG는 기존 1%에서 0.3%로 하향 조정하며 가장 낮은 전망치를 제시했다.

환율은 한 나라의 경제 상황과 국가경쟁력을 나타내주고 특히 수입 물가와도 직결되며 국민 생활 윤택 정도를 알려주는 지표다. 그런데 이례적으로 높다. 1997~1998년 IMF 외환위기 평균환율인 1,400원을 돌파하고 한때 1,500원 선을 위협하였다. 그나마 최근 내림세를 보이는 것은 미국의 원화 절상 요구 관측이 수급에 반영된 영향이 크다. 현재의 고환율은 우리나라의 성장 둔화, 즉 원화 펀더멘탈(기초체력) 부진에 기인한 것으로 우려의 시선으로 바라보고 있다. 제2의 IMF 외환위기가 사실상 진행 중이지만 언론은 애써 보도하지 않을 뿐이다. 휘발유 가격이며 식료품과 생필품 값은 계속 오르고, 가계의 실질소득은 마이너스를 기록 중이며, 가계는 고금리로 부채 상환에 허덕이고 있다.

체감경기를 가늠할 수 있는 폐업한 자영업자 수는 2023년 연간 기준 거의 100만 명에 육박한다. 우리나라의 자영업 비중은 23.5%로 미국(6.1%)이나 일본(10.1%)과 비교하여 2~3배나 높아 기본적으로 과당출혈 경쟁 상황인 데다 현재의 경기침체와 매출 감소로 자영업자 대부분이 한계상황에 봉착해 있다. 경제위기는 경제적 약자에게 상대적으로 더 큰 고통을 안겨 주게 된다. 이자조차 감당하지 못하는 한계중소기업과 423만 여명에 달하는 영세자영업자, 그리고 소득 중하위 취약계층 등은 나락에 빠져있어 심각한 양극화 문제 해결을 더욱 어렵게 만들고 있다.

대외적으로도 트럼프 정부가 가져다주는 불확실성과 예상되는 장기 인플레이션 및 스태그플레이션 우려로 우리 경제의 미래는 암울하다. 트럼프 대통령 취임 이후 미국이 과거 주도했던 다자간 무관세 자유무역 WTO 체제를 트럼프는 스스로 부정하고 있다. 트럼프는 많은 나라에 고관세를 부과하고 상대국은 또 보복관세로 대응해 세계는 관세전쟁 중으로 우리나라도 피해갈 수 없는 상황이다. 우리나라의 주요 수출품목인 자동차, 반도체, 철강 등은 고관세 부과 대상에 포함되어 매출 감소와 수익성 악화가 불 보듯 뻔하며 또한 미국 내 공장 설립을 압박받고 있다. 수출로 먹고사는 한국에 큰 암초가 나타났고 트럼프식 무역질서 재편이란 불확실성에 직면해 있다.

이제 편협했던 윤석열 정부의 과도한 미·일 중심의 경제협력체제에서 벗어나 중국과의 경제 관계를 정상화하고, 인도 및 동남아시아와 협력을 강화하고, EU와도 새로운 세계무역 질서 정립에 공동으로 대응할 필요가 있다. 미국 중심의 일방적 AI 생태계에 신선한 충격을 준 중국 AI 스타트업 딥시크 출현은 중국의 기술 진보를 재평가하며 우리에게도 새로운 기회로 삼아야 할 계기를 마련해 주고 있다.

2. '공동체 자본주의'를 향하여

경제는 기술 진보와 더불어 끊임없이 변화한다. 슘페터식의 창조적 파괴 과정 속에 진화를 거듭해 가며 패러다임 자체의 변화도 일어나고 있다. 교과서적인 주류 경제학에 입각한 단순 처방은 모델 가정 자체가 비현실적이며 끊임없이 변화하는 경제 현실과도 잘 맞지 않는다.

전 세계적으로 불평등이 심화되는 가운데 자본주의 자체의 결함은 이미 노출되었다. 따라서 기본적인 재정·금융정책만으로는 경제운용의 한계를 가질 수밖에 없다. 저출생, 고령화 사회의 가속화로 복지정책의 비중이 더 커진 경제운용 상황에서 금리, 통화량, 조세 이외의 수단에 대한 고려가 필요하다.

전통적 경제원론에서는 언급되지 않는 지역화폐는 그 파급효과가 직접적이고 지역경제 활성화에 도움이 되는 좋은 정책 수단이다. 그럼에도 불구하고 과거 경제 지식의 틀에 갇혀 부정적인 시각을 드러내는 것은 지식의 한계를 자인하는 것과 같다.

기본소득, 기본금융, 기본주택 등은 인간중심의 기본사회를 지향하는 정책으로 단계적으로 추진해야 할 필요가 있다. 1800년대 말 영국 케임브리지대학 알프레드 마샬이 냉철한 머리와 함께 강조한 따뜻한 가슴이 살아있는 정책이 바로 기본사회정책이다. 애초에 평평하지 않은 세상에서 불평등하게 태어난 인간의 출발선을 가능한 한 동일하게 하는 휴머니즘 정책이 기본사회정책이다.

자본주의는 무한경쟁과 적자생존의 냉혹한 시장경제 제도로서 사회적 약자나 낙오자에 대한 공감이나 배려가 없다. 기득권자에게만 유리하여 불평등이 더 커질 수밖에 없는 완벽하지 못한 제도다. 따라서 따뜻한 '공동체 자본주의'를 지향함으로써 자본주의는 수정 보완되어야 한다.

물론 자본주의가 창조적 파괴와 혁신, 그리고 효율성 강조로 경제성장이란 거대한 물질적 성과를 인류사에 달성하게 하였지만 분배적 정의는 뒷전으로 밀려나 불평등이 사회적 큰 문제로 대두되고 있다. 노블레스 오블리주(noblesse oblige)! 지식과 재산, 지위를 가진 지도층과 부유층이 통 큰 시각에서 사회적 책임을 다하고 자본주의의 지속성을 위해서라도 기득권을 내려놓아야 한다. 이젠 성장과 동시에 분배 문제는 상호보완적인 개념으로 이해하여야 한다.

불평등은 사회적인 차원에서도 계층 간 이동을 저하시키고 위화감을 증대시키며 갈등을 양산한다. 소득격차로 인한 양극화는 결혼 및 출산 포기, 이혼, 자살, 가출 등 사회적 병리 현상을 양산하고, 사회 중간계층의 안정성을 약화시킨다.

3. 한국의 경제 불평등 현실과 해소 방안

우리나라의 절대적 소득수준은 2024년 1인당 GDP가 36,000달러 선으로 높아졌지만 상대적 소득 불평등은 심하다. 지니계수만 보더라도 미국을 제외한 대부분의 OECD 국가들보다 소득불균등이 심한 편에 속한다. 물론 2024년 통계청 자료에 따르면 처분가능소득 기준 지니계수는 2018년 0.345에서 2022년 0.324로 낮아지고 있지만, 총자산에서 부채를 제외한 순자산 기준으로 본 지니계수는 2018년 0.588, 2020년 0.602, 2022년 0.606으로 계속 높아지고 있어 자산 불평등은 더 심화되고 있다.

우리나라 자산 불평등의 핵심은 부동산에 있다. 부동산이 전체자산에서 차지하는 비중은 70~80%로 다른 선진국에 비해 매우 높다. 자산 불평등은 집값의 가파른 상승에 기인한다. 2023년 한국은행과 금융감독원이 발표한 '2023년 가계금융복지조사'에 따르면 하위 20% 대비 상위 20%의 부동산 자산 배율은 2011년 77배에서 2023년 141배로 격차가 거의 2배로 확대되었다.

부동산 가격상승분은 불로소득으로 세금부과를 통해 환수해야 하지만 기득권의 조세저항으로 그렇게 하지 못하고 있다. 투기적 부동산 수요가 끊이질 않고 있는 상황에서 공급 확대로만 대처하려고 하니 부동산 가격상승을 막을 수 없다. 인구는 줄고 성장은 정체되어 있는데 부동산 가격만 상승하는 것은 상당히 비정상적으로, 수요 측면 대책과 함께 불공정거래행위 방지 대책도 필요하다.

삶의 기본적 터전이라 할 수 있는 아파트, 단독주택이나 주거용 오피스텔 등이 투기 대상이 되는 것은 적극적으로 막아야 한다. 주거용 부동산을 2채 이상 소유 시에는 매우 높은 세금을 부과해 소유할 인센티브가 없도록 통제하여야 한다. 그런데 부동산 임대사업자에 혜택을 주고 부동산 소유를 부채질하는 것은 이해할 수 없다. 한사람이 아파트나 빌라를 수백 채나 소유하는 것은 절대로 허용해서는 안 된다. 다주택자에게는 취득세, 종부세, 양도세를 중과해 주택투자가 재테크 수단이 되어 주택을 더 소유하려는 유인이 없도록 해야 한다. 다주택자들의 주택이 매물로 나오도록 유도하여 부동산 가격을 안정시켜야 한다.

부동산 가격상승 선도 지역은 강남 3구로서 교육환경과 연결되어 있다. 서울대 학생 중 서울 출신 비중이 30%가 넘고 이 중 강남 3구가 무려 12%를 차지하고 있다. 한국은행 이창용 총재가 제안한 '지역별비례선발제'는 지역 간 소득수준과 사교육 환경 차이에 따른 입시 영향을 줄이고, 지방인재를 발굴하고 입시경쟁을 지역적으로 분산시켜줌으로써 서울 집중완화에 도움을 줄 수 있다.

그런데 근본적인 대책은 국토 균형발전 정책으로서 여야를 떠나 정권의 명운을 걸고 시행해야 한다. 공공기관 지방 이전을 통한 국토균형발전정책은 정부가 추진할 그 어떤 정책보다 우선 추진해야 할 정책이다. 우리 사회가 안고 있는 저출생, 결혼 기피, 지방 소멸, 양극화 등 모든 문제는 사실상 수도권 집중에서 비롯되고 있다.

수도권 면적은 전체 국토의 12% 정도에 불과한데도 2023년 12월 기준 수도권 인구집중은 50.7%로 수도권 인구가 비수도권 인구를 계속 추월하면서 70만 3천 명이나 더 많다. 노무현 정부에서 시작하여 153개 공공기관을 지방으로 이전한 것은 국토균형발전을 위한 혁명적인 정책이었다. 그러나 이명박, 박근혜 정부에 들어서면서 공공기관 지방 이전을 계속 추진하지 못한 것은 아쉬운 대목이다.

더 안타까운 일은 문재인 정부가 노무현 대통령의 국가균형발전정책을 계승하는 차원에서도 당연히 2차 공공기관 지방 이전을 추진했어야 하였지만 실행하지 못한 점이다. 국가균형발전법 시행령으로 122개 공공기관을 지방 이전 대상으로 지정하였음에도 불구하고 이전을 단행하지 못한 것은 중대한 실책이라 아니할 수 없다. 이번 조기 대선에서 중요 공약은 2년 이내 360여 개 공공기관을 지방에 이전하는 약속으로서 여야를 불문하고 반드시 대선공약에 포함하여야 할 것이다.

공공기관 지방 이전과 함께 국토균형발전을 위해 대통령 집무실과 국회의 세종시 이전이 중요하다. 그리고 지역경제 활성화에 중요한 수도권 기업의 지방 이전유도와 더불어 현재 매우 많은 서울 소재 대학에 획기적인 장기 인센티브 부여를 통해 지방 이전을 유도하는 것을 특히 고려할 필요가 있다.

또한 지방 일자리 확충과 이주 지원 대책을 수립하고 지방대학을 지역혁신거점기관으로 육성하는 것도 제대로 실행해야 한다. 아울러 동서축 지방 교통인프라를 구축하고 AI 데이터 센터와 정보통신시설을 확충하는 것을 고려해야 한다. 무엇보다 기본적인 전제조건으로 중요한 것은 지방의 교육 수준을 높이고 문화, 의료기반시설 및 편의시설 확충 등으로 지방 인구 유입에 인센티브를 부여하여야 할 것이다.

4. 불확실성의 위기를 기회로

세계는 지금 트럼프의 미국 우선주의와 미·중 마찰로 인한 무질서와 불확실성의 격랑에 직면해 있다. 리카도의 비교우위론을 무시한 반시장적 트럼프 정부의 고관세 부과와 비관세 통상 압박은 전 세계 무역이익과 소비자 후생을 감소시킬 것이 뻔하다. 이에 우리나라 기업도 타격을 입겠지만 경제원리에 기본적으로 반하기 때문에 장기적으로 그 압박이 지속된다고 보지 않는다. 오히려 한국 기업 경쟁력 제고와 다변화의 계기로 삼을 수 있다. 위기에는 기회가 항상 열려 있는 법이다.

조기 대선 이후 신정부는 출범과 함께 불평등이란 내재적 결함 때문에 완벽하지 못한 자본주의로부터 양극화 완화와 함께 인간 중심적인 공동체 자본주의를 지향해야 한다. 그리고 인간에 대한 배려가 있고 따뜻한 가슴이 숨 쉬는 기본사회 모델을 성공시킴으로써 전 세계에 새로운 한국형 자본주의 방식을 제시할 수 있도록 하여야 할 것이다.

국토 균형발전 정책, 이 또한 더 이상 늦춰서는 안 된다. 국토의 효율적 이용을 가져오고 심각한 수도권 집중 완화와 지방 경쟁력 강화로 지방 소멸 위기를 극복하고 출생률 제고와 인구 증대로 우리나라가 경쟁력 있는 G7 선진강국으로 도약하는 데 반드시 달성해야 할 시대적 선결 조건이 되고 있다.

그런데 이 중차대하고도 누구나 수긍할 수 있는 시대 과제는 우리 사회 곳곳에 버티고 있는 공고한 기득권세력의 장벽을 넘어서야 가능하다는 점이다. 국회, 언론, 관료, 재벌, 엘리트층 등 넘어야 할 산이 많다. 국가와 미래세대를 생각하며, 사익보다 공익을 우선시하고, 사회로부터 혜택을 받은 자의 사회적 책무를 기대하는 것은 공허한 바람으로 끝날 공산이 크다. 따라서 국민적 공감대 형성과 함께 기득권 저항을 이겨낼 다음 정부의 외롭지만 굳건한 결단이 매우 중요하다.

노동의 상생적 공론장을 위하여

이병훈

중앙대 사회학과 명예교수, 노사관계학 박사
전) 공공상생연대기금재단 이사장

　한국 사회에서 노동문제를 다루는 공론장은 언제나 치열한 각축으로 얼룩지고 있다. 노동에 관련된 정책이나 입법의 추진을 둘러싼 공론장에는 노동조합, 사용자단체, 정부 및 정당, 전문가집단, 그리고 언론기관 등과 같이 다양한 주체들이 참여하여 뜨거운 찬반 논쟁과 때로는 극한적 대결 양상을 보여주곤 한다. 노동 현안의 각축적 공론장에 대한 대표적 예는 정부가 추진하는 노동정책을 둘러싼 치열한 공방에서 손쉽게 찾아볼 수 있다. 최저임금 인상과 공공기관 비정규직의 정규직 전환 그리고 주 52시간 상한제 도입 등에 주력하였던 문재인 정부의 노동정책은 임기 초반에 "경제성장 저해와 고용 쇼크를 야기한다"는 사용자단체와 보수언론의 거센 반발에 직면하였으며, 임기 후반에는 반대로 노동계로부터 "노동자의 삶이 나아진 게 없다"는 냉랭한 비판을 받았다. 윤석열 정부는 노동 개혁을 핵심 국정의제로 전면에 내세우며 친기업의 정책기조에 서서 근로시간 유연화와 임금체계 개편 등을 일방적으로 추진함으로써 노동계와 진보진영으로부터 강력한 저항을 불러일으키며 심각한 노정 격돌을 야기하고 있을 뿐 아니라 뜨거운 담론 공방을 초래하였다. 아울러, 산업 현장에서 발생하는 노사 간의 분쟁에 대해, 그리고 청년 취업난·불안정노동·중대산업재해사고 등과 같은 중요 노동 현안에 대해 문제진단과 해결방안을 다루는 전문가들 중심의 토론에서도 그들 역시 상반된 입장에서 날선 논쟁을 치열하게 벌이는 모습을 신문이나 방송을 통해 자주 보여주기도 한다.

세계 어느 나라에서나 노동 이슈의 공론장은 통상 노사 간의 이해다툼, 정당 간의 정책경합 그리고 언론과 전문가들의 담론 대결이 중첩되어 펼쳐짐으로써 다중적인 각축이 연출되기 마련이다. 특히, 우리나라에서는 노동 이슈의 공론장에 참여하는 주요 주체들—노사정 및 정당—이 합리적인 타협을 도모하는 성숙된 모습을 보이기보다 상호 불신과 소모적인 힘겨루기 그리고 과열된 대립과 갈등으로 점철되는 낡은 관행의 굴레에서 헤어나지 못하고 있다. 노동 이슈에 대한 노사 간의 이해 갈등과 정치권의 입장 대립이 상시적으로 표출되는 가운데, 언론과 전문가집단이 가세하여 친기업적 보수진영과 친노동적 진보진영 사이에 그 이슈의 해결 방향을 둘러싼 담론 각축을 더욱 과열된 양상으로 확대시키곤 한다. 이처럼, 우리 사회의 노동 이슈를 다루는 공론장은 이해당사자와 참여주체 사이의 불신과 대립 그리고 갈등-경합-대결로 가득 채워져 있다 보니 상생적 타협을 구현하는 성숙된 합리성을 찾아보기 어렵고 살벌한 각축의 수렁에서 빠져 있는 것으로 진단해 볼 수 있다.

자본주의 시장경제로의 이행을 통해 자급자족의 가내 농경과 강제부역 그리고 소상품생산 등으로 구성되어 온 노동력 공급의 봉건적인 방식이 노동시장에서 노동력이 상품처럼 거래되는 방식으로 전환하였다. 자본주의 노동시장체제하에서 노동력이 상품으로 구매자(사용자 또는 자본가)와 판매자(노동자) 사이에 거래되는 교환관계가 갖는 5가지의 특성에 대해 영국의 대표적인 고전경제학자인 알프레드 마샬(Alfred Marshall) 교수는 그의 책 『산업경제학』에서 다음과 같이 논의하고 있다. 첫째, 노동자는 노동력을 판매하는 것이지, 그 자신을 판매하는 것이 아니다. 둘째, 노동력과 분리될 수 없는 노동자는 고용주의 지휘-감독을 받으며 일해야 하는 사실상의 지배-복종 관계에 있기 마련이다. 셋째, 노동력은 사용 여부에 관계없이 시간 경과에 따라 자동적으로 소모되므로 생계유지를 위한 '궁핍' 판매가 불가피하다. 넷째, 노동자들은 불리한 교섭 위치에 놓이기 쉽다. 다섯째, 노동력 공급의 확대를 위한 인구 증가는 장시간이 필요하므로 노동력 공급은 자연히 경직성이 매우 크다.

노동력의 상품화에 대한 이론적 논의는 미국의 사뮤엘 보울스와 허버트 진티스(Samuel Bowles & Herbert Gintis)가 자본주의 정치경제의 핵심적인 하위토대로서 사용자와 노동자 사이의 각축적 교환(contested exchange)에 초점 맞춘 심층적 분석으로 이어지고 있다. 그들에 따르면, 노동력이라는 상품의 핵심적인 특성에 대해 그 거래가 성사되어 근로계약이 체결된 이후에야 그 상품(노동력)의 상세한 활용 조건을 둘러싼 사용자와 노동자 사이의 각축이 벌어진다는 점에 주목한다. 다시 말해, 사용자가 (임금 수준과 기본적 노동조건 등에 대한) 명시된 근로계약하에서 더 많은 산출을 만들어내기 위해 노동력의 투입이 더욱 이뤄지길 요구하는 반면, 노동자의 경우에는 같은 계약조건하에서 자신에게 유리한 방식(덜 힘들게)으로 작업하려 할 것이다. 또한, 그들은 노동력 상품을 둘러싼 각축적 교환이 노사 간의 비대칭적 권력관계(asymmetric power relations)에 기반하고 있다는 점을 자본주의 시장경제의 또 다른 하위토대로 설명한다. 대다수의 노동자들이 자신과 가족의 생계 벌이를 위해 그들의 노동력을 팔아야 하는 절박한 현실 여건하에 사용자 또는 자본가에 의존할 수밖에 없기 때문에 불리한 협상의 위치에 놓이기 마련이다. 자본주의적 산업화가 추진된 어느 나라에서나 노사관계가 애당초 기울어진 운동장과 같이 비대칭적 성격을 갖다 보니 자본가의 지나친 수익 욕구에 따라 노동자들에게 덜 주고 더 많은 일을 시키는 착취적인 노동 관행이 비일비재하게 벌어지곤 하였다.

 이 같은 비대칭적 노사관계의 구조적 문제가 19세기 하반기에 노동자들의 거센 저항과 사회주의 운동을 널리 촉발시켰으며 급기야 1917년의 러시아 소비에트혁명을 촉발시킨 핵심적인 배후 원인으로 작용하였다. 또한, 자본가의 과도한 이윤 증식으로 사회불평등이 심각해지면서 생산된 상품들을 소비할 수 있는 다수 노동자들의 유효수요를 확보치 못한 상태에서 세계 대공황이 발발하였다. 사회주의 혁명과 대공황이 연이어 발생하며 자본주의 시장경제가 절체절명 위기에 직면하게 되면서 미국을 비롯한 서구 국가들에서는 그 타개책으로 노사 간의 비대칭적 권력관계를 편평하게 바로잡기 위해 노동자들의 노동조합 결성과 단체교섭·단체행동을 합법적으로 보장하는 뉴딜(New Deal)의 노동개혁을 단행하였다. 따라서, 노동3권(단결권·단체교섭권·단체행동권)의 제도적 보장은 역사적으로 자본주의를 사멸의 위기 수렁에서 구해준 핵심적인 안전판으로 이바지하였다고 해도 지나친 말이 아닐 것이다. 이에 발맞춰 국제노동기구(ILO)는 1944년에 "노동은 상품이 아니다"라는 제1원칙을 담은 필라델피아 선언을 발표하였다. 노동의 상품화를 전면 거부하는 이 원칙의 실현을 위해 적정 임금소득과 근로조건 보장, 단체교섭 인정 및 노사협력, 사회보장 및 기본소득 보장, 노동 안전 건강과 모성보호, 기회균등 등을 위한 국가 개입의 책무를 국제규범(global standards)으로 명시하고 많은 나라에서 정책으로 시행토록 독려하였다. 그 결과, 노동권 보호의 제도화는 케인즈 경제정책, 보편적 복지정책과 더불어 1950~1960년대 이른바 포드주의(Fordism)의 자본주의 번영기와 복지국가의 성장을 이뤄내는 데에 크게 이바지하였다.

하지만, 포드주의 전성기에 노동권과 사회복지의 개선 혜택은 서구 선진국의 백인 남성에 국한하였고, 주변 노동시장에 속해 저임금 노동을 수행하는 여성과 이주민 등의 소수자집단, 그리고 비서구 국가의 노동자 대다수에 대해서는 적용되지 않았다는 점에 유의할 필요 있다. 한편, 1970년대에 두 차례 오일 쇼크를 겪으면서 만성적 경제 침체와 고실업 문제 등을 명분 삼아 영국의 대처(Margaret Hilda Thatcher) 수상과 미국의 레이건(Ronald Wilson Reagan) 대통령이 표방한 신자유주의 구조개혁 패러다임이 세계적으로 주도권을 장악하면서 시장 중심의 탈규제정책 일환으로 노동시장 유연화 개혁이 많은 나라에서 추진되었다. 따라서, 1980년대 초부터 본격화된 신자유주의 세계화의 시대에는 노조 조직률의 하락과 더불어 노동시장 양극화와 불안정 노동의 확산 등을 통해 노동 상품화의 현실이 재강화되었다. 또한, 고용 없는 성장과 산업구조 변화 그리고 디지털 혁신 등으로 인해 새로운 형태의 취업자—예를 들어 특수고용종사자, 프리랜서, 플랫폼 노동자—와 인턴·조교·공익 활동 등의 신분으로 열정 노동을 수행하는 청년집단과 같이 현행 법정 노동보호의 사각지대에 놓인 신종의 노동력 상품이 크게 늘어나고 있다. 아울러, 노동의 상품화에 대한 정책-제도적 대응의 역사적 변천에도 불구하고 여성의 가사노동은 노동시장에서 공식 지위를 부여받지 못한 채 줄곧 사회적 가치를 제대로 인정받지 못하고 있다는 점에

유의할 필요가 있다.

　우리나라의 경제가 압축적 성장을 통해 자타가 인정하듯이 선진국 수준에 도달한 것과 달리, 경제성장에 크게 이바지해 온 노동의 현실은 장시간 노동·산재 사망·임금 체불 및 노동법 위반·소득 격차 등의 지표에서 드러나듯이 아직껏 후진국 수준에 머물러 있다고 해도 지나친 말이 아니다. 실제, 우리나라는 노동자 10만 명당 산재 사망자의 수가 OECD 평균에 비해 40% 높고, 노동시간의 경우에도 2021년에 연 1,915시간에 달해 OECD 평균(1,716시간)보다 199시간을 더 일하는 것으로 확인된다. 성별과 고용 형태별 임금 격차에 있어 우리나라는 OECD 회원국 중에서 최고 수준을 보여주고 있는 가운데, 2022년에 노동자 23.8만 명과 74.3만 명이 임금 체불과 최저임금 미만으로 피해받았으며, 전체 노동자 중에서 적게는 30%, 많게는 50%가 근로기준법과 사회보험의 보호를 받지 못하고 있어 다른 선진국과 비교하여 노동법과 사회안전망의 사각지대가 매우 폭넓은 것으로 밝혀지고 있다. 또한 우리나라는 노사관계의 국가경쟁력에 대한 국제 평가에서 줄곧 최하위의 성적을 보여주고 있으며, 단체교섭과 노조 조직률의 경우에도 선진국 중에서 미국과 일본 등과 함께 노동자 권익 대변이 가장 취약한 나라로 손꼽히고 있는 실정이다. 또한, 노사관계 역시 세계적으로 갈등과 대립의 수준이 매우 높은 것으로 평가되고 있다. 노동 현실의 후진성은 노동 이슈를 다루는 우리나라의 공론장이 생산적인 협상과 상생적인 타협을 이루는 성숙된 모습을 보이지 못하고 소모적인 갈등으로 얼룩져온 것과 무관치 않을 것이다. 노동 이슈의 공론장에서 노사를 비롯해 정치권과 언론 그리고 전문가집단이 서로 다른 진영으로 나뉘져 첨예한 입장 대립과 치열한 갈등에 매몰되다 보니 정작 노동시장의 약자에 대한 제도적 보호와 격차 완화를 위한 실질적인 진척을 이뤄낼 수 없고 그 결과 후진적 노동 현실이 제대로 개선될 수 없기 때문이다. 따라서, 우리나라의 후진적 노동 현실을 전향적으로 바꿔가기 위해서는 상생적인 공론장의 마련이 선결적으로 이뤄질 필요가 있는 것이다.

노동 이슈의 상생적 공론화는 소모적인 이해다툼과 결사적인 진영 대결에서 벗어나 합리적 이해 조율과 상호 존중의 타협을 성사시킬 수 있는 공론장으로 탈바꿈할 때 실현 가능할 것이다. 노동력의 교환에 내재하는 노사관계의 태생적 이해대립을 감안할 때 상생적인 타협을 이뤄가기 위해서는 노와 사, 그리고 진보와 보수 진영이 서로 배격하고 적대시하는 낡은 입장에서 벗어나 상호 인정과 존중의 태도를 갖추는 것이 우선적으로 요망된다. 진영논리에 사로잡혀 상대를 적대시하는 태도를 고수할 때에는 상생의 대화와 타협을 전연 도모해 갈 수 없기 때문이다. 또한, 노사 간에 그리고 진보-보수진영이 기존의 제로섬(zero sum)게임에 매몰되어 있거나 치킨게임식 적대적 대결로 치닫는 경우 노동 이슈의 상생적 해법을 만들기 어렵다는 점을 유념하여 양측이 함께 Win-Win 할 수 있는 포지티브섬(positive sum)의 게임규범을 형성-성숙시켜가기 위해 상생적인 대화와 협상을 학습하고 실천하려는 사회정치적 풍토를 만들어가는 것이 무엇보다 중요하다. 특히, 1990년대 초반 우리나라에 도입된 사회적 대화(social dialogue)가 그동안 노사정이 자신의 필요와 이해관계에 따라 수단적으로 활용하려는 근시안적 태도로 인해 그리 유의미한 성과와 제도적 성숙을 이뤄내지 못한 채 유명무실화되고 있다는 점을 깊이 성찰하며 상생적 대화의 규범을 일구어갈 필요가 있다. 지난 수년 동안 우리 사회에서 비정규직 전환·여성고용할당·최저임금 인상 등과 같은 노동정책이슈와 관련하여 공정성을 둘러싼 뜨거운 담론 각축이 진영과 세대 간에 벌어져 왔다는 점에 유념하여 공정과 정의가 폐쇄적인 집단논리나 배타적 행위 근거로 내세우기보다 사회연대적 가치 규범과 상생적 포용성을 구현하려는 공론장의 논의가 의식적으로 활성화 시키려는 적극적인 노력이 요망된다. 아울러, 후진적 노동 현실과 대전환의 구조변동(예: 기후위기, 디지털혁신 그리고 질병재난 등)이 우리 경제와 사회의 지속가능성을 심각하게 위협하고 있다는 점에 대해 노사정 모두 각자도생으로는 공멸한다는 위기의식을 갖고 이 같은 거대 위협으로부터 크게 고통받는 취약노동자집단을 포용하여 구제하려는 사회적 책무의식을 온전히 실천하는 것도 상생적 공론장을 진작시켜 나가는 데에 또 다른 필요조건으로 강조될 필요가 있다.

12·3 계엄 참회록: 자치교육과 주민자치 활성화를 통해 성숙한 민주시민사회로 나아가야

장재옥

공정과 평화 아카데미 상임대표, 법학박사
중앙대학교 법학전문대학원 명예교수

1. 참회: 계엄은 과거가 아닌 현재의 경고

"파란 녹이 낀 구리 거울 속에 / 내 얼굴이 남아 있는 것은 / 어느 왕조의 유물이기에 / 이다지도 욕될까."

– 윤동주, 「참회록」 (1942년 1월)

이렇게 시작하는 일제강점기 윤동주의 시 「참회록」이 2024년 12월 3일의 계엄 상황에서 떠올랐다. 아직도 우리 사회에 '왕조의 유물'이 뿌리 깊게 남아 있다는 사실은 실로 참담하다. 우리는 헌법 제1조가 천명하는 국민주권의 대한민국이 수많은 국가 폭력과 군사독재, 권위주의 정권을 극복하며 민주주의를 지켜냈다는 자부심을 키워왔다. 그러나 검찰 권력을 앞세운 정부의 유사 파시즘적 행태와 계엄 시도의 정점은 그 자부심을 뿌리째 흔들었다.

전시에 준하는 국가 비상 상황이 아님에도 대통령의 고유 권한이라는 이름으로 계엄을 정당화하려 했던 그 논리는 어디서 비롯된 것인가? 이는 단순히 정치적 일탈이 아니라, 우리 사회 속에 뿌리를 틀고 있는 가치관과 사고방식의 왜곡을 드러낸다.

우리는 이미 추격을 넘어 선도하는 세계 선진국 반열에 올랐고, 과거의 아픈 역사를 극복해 냈다. 이제는 지속가능한 민주사회로 나아가야 할 책임이 우리에게 있다.

계엄선포의 급박한 상황에서 국회의 기민한 대응과 시민, 젊은 장병들의 용기 있는 저항은 위기를 막아낸 빛나는 장면이었다. 당시의 장면을 다시 돌려보아도 매우 감격스러워 눈시울이 뜨거워진다. 그러나 성공했다면, 상상조차 끔찍한 결과가 벌어졌을 것이다.

계엄이 아닌 또 다른 형태의 파시즘이 반복되지 않으리라는 확신이 있는가? 오늘 우리는 미래 세대 앞에 부끄럽지 않은 선택을 해야 한다. 외신이 지적했듯, 이번 계엄 사태는 미래 세대에 남길 수 없는 거대한 '민주적 부채'다. 진정한 참회는 이 부채를 실천으로 갚는 것에서 시작된다.

우리 머릿속에는 여전히 대통령을 제왕처럼, 영부인을 왕비처럼 여기는 왜곡된 정치 인식이 남아있다. 국민주권 국가에서 '만인지하(萬人之下)'의 총리를 '일인지하 만인지상(一人之下 萬人之上)'으로 표현하는 언론의 태도는 이러한 의식의 단면이다. 독일 철학자 한나 아렌트(Hannah Arendt)가 말한 '악의 평범성(Banality of Evil)'은 이러한 무비판적 사고와 권위주의에 대한 일상적 순응에서 비롯된다. 우리는 여전히 계층적 위계와 과도한 경쟁, 약자 혐오, 차별과 동조의 사회문화 속에서 일상을 보내고 있지는 않은가?

법치와 민주주의가 우리 안에서 얼마나 허약한 방식으로 내면화되었는지를 돌아보지 않는 한, 우리 역시 "녹슨 거울 속 욕된 얼굴"을 후대에 남기게 될지도 모른다. 계엄은 과거의 문제가 아니다. 그것은 미래 세대에게 되풀이되어선 안 될, 우리의 참회가 요구되는 현재의 문제다.

2. 법학 교육의 실패: '법만 아는 바보'가 만든 민주주의의 위기

계엄령을 선포했던 권력자는 법학을 전공하고, 검찰총장까지 지낸 이른바 법조 엘리트였다. 그 주변에서 함께했던 법조 엘리트라고 하는 사람들의 민낯이 그대로 드러나면서 우리 사회에 적잖은 파장을 일으키고 있고 반성의 요구도 크다. 당선이 유력시되는 대통령 후보에 대한 절차적 정당성을 결여한 상식 밖의 대법원 판결은 사법 쿠데타란 비판도 받고 있다. 더욱 큰 문제는 최고 권력자가 스스로 결정하여 한밤중에 벌인 일의 결과에 대해 책임을 스스로 지려 하지 않고 부하와 타인에게 돌리는 무책임하고 비루한 행태를 보이고 있는 점이다.

입신양명을 위해 법학을 택했던 과거, '빵을 위한 학문(Brotwissenschaft)'으로서의 법학은 어쩔 수 없는 시대적 산물이라 하더라도, 법학전문대학원(로스쿨)이라는 새로운 시스템 아래에서조차 여전히 법조의 권위주의에 기반한 특권의식은 지속되고 있다. 법을 공부했다는 이유만으로 권력에 복무하고, 헌법을 무시하며, 계엄의 논리를 내세운 자들이 교육의 산물이라면, 우리는 법학 교육 자체를 되돌아보아야 한다. 잘못 배웠고 잘못 가르쳤다.

독일어에 "Fachidiot"란 말이 있다. '전공 바보'를 뜻하는 이 말은, 특히 법률가에게는 인문학적 성찰과 타 학문에 대한 이해가 결여된 편협한 사고를 주의하라는 경고로 사용된다. 이번 계엄 사태는 '법만 아는 바보'가 결국 '법도 모르는 바보'가 될 수 있다는 점을 여실히 보여주었다.

법학 교육은 단순히 시험을 위한 지식 습득이 아니라, 자율성과 책임 의식을 내면화하는 과정이어야 한다. 독일의 법철학자 라드브루흐(Gustav Radbruch)는 법학도에게 인문학적 감수성과 인간 중심의 가치관이 필수라고 강조했다. '선발'이 아닌 '양성'의 기치 아래 출범한 로스쿨은 그 본래 취지를 회복해야 하며, 자율성과 책임을 기반으로 한 교육체계가 정착되어야 한다. 법조인은 특권을 누리는 자가 아니라 시민에게 양질의 법률서비스를 제공하는 자로 교육되어야 한다.

3. 법치와 자치: 자율성이 법치국가의 뿌리다

마키아벨리식 권력 지향 통치가 낳은 결과가 바로 12월 3일의 계엄령이었다. 지난 검찰 정권은 민주주의의 겉옷을 걸쳤지만, 그 실상은 권위주의와 검찰 권력을 도구로 한 수사 통치에 불과했다. 오늘날의 법치는 단순히 법을 통치의 수단으로 삼는 의법치국(依法治國)이나 법에 의한 지배(rule by law)가 아니라, 사람의 기본권 보장과 인격 존중을 핵심으로 하는 실질적 법치(rule of law)를 뜻한다.

고대 로마 법철학자 켈수스(Juventius Celsus)는 "법은 선과 형평의 기술이다(ius est ars boni et aequi)"라고 했다. 여기서 말하는 법(ius)은 인간이 만든 실정법(lex)이 아니라, 인간을 위한 정의의 원리이자 실천적 기술로서의 법이다. 그리고 ars(기술)는 그리스어 테크네(techne)의 라틴어 번역이면서 오늘날 예술(art)의 어원이 된다. 이는 법이 기술, 예술, 학술, 만드는 재능 등의 총체이면서 인문성(humanity)과 결합된 인간 중심의 규범이어야 한다는 의미를 내포한다. 따라서 여기서 말하는 '선'과 '형평'은 단지 법률 조항에 머무르지 않는다. 그것은 시민의 감수성과 공동체의 토론, 자치적 합의에서 비롯된다. 그러므로 자치 없는 법치는 공허하다.

자치는 법의 틀 안에서 자율적으로 결정을 내리고 책임을 지는 구조다. 이는 민주주의의 핵심이며, 건강한 법치주의의 뿌리이기도 하다.

자율성 또는 자치로 번역되는 독일어 Autonomie(영어 autonomy)는 어원적으로 고대 그리스어 auto(스스로)와 nomos(법규범, 질서)를 결합한 단어로 독일의 철학자 칸트(Immanuel Kant)에 의해 발전되었다. 칸트는 자치/자율성을 '인간의 실천이성이 보편적 도덕법칙을 스스로 수립하고 이에 따르는 능력'으로 규정한다. 자율적 인간이야말로 인격의 주체이며, 법과 도덕의 주체로서 인간의 본질이다. 민주주의가 타인에 대한 관용과 공동선의 추구라면, 이는 자율적인 시민에 의해 구현되어야 하며, 그 시작은 자치 의식의 내면화에 있다. 법치국가 원리하에서 자치는 자신이 결정한 일의 결과에 스스로 법적 책임을 지는 시민의식이며, 이는 곧 실질적 민주주의의 토대이다. 자치가 없는 법치는 형식적 통치 수단에 불과하고, 자율성이 없는 시민은 쉽게 파시즘에 동조하게 된다. 우리는 자신의 결정에 스스로 책임지는 자치역량을 내재화하지 못한 최고권력자가 국가사회에 끼치는 해악을 값비싼 대가로 목도하고 있는 중이다.

자치는 삶 속에서 체화되어야 한다. 자율적으로 결정하고 그 결과에 책임지는 태도는 어려서부터 교육을 통해 길러져야 한다. 자율성이야말로 민주공화국 시민의 기본 역량이며, 이를 통해 법치주의는 살아 있는 원칙으로 작동하게 된다.

4. 민주시민 자치 교육의 강화: 교과서가 아닌 삶에서 배우는 민주주의

민주시민은 교과서에서 만들어지지 않는다. 입시에 포획된 경쟁교육, 토론 없는 주입식 수업 속에서 자율성과 시민성의 내면화는 요원하다. 자치역량을 갖춘 시민은 일상 속에서 스스로 결정하고 책임지는 삶을 실천한다. 이러한 삶의 태도는 어릴 때부터 가정과 학교에서 체득되어야 한다.

최근 한국교육개발원의 국제학업성취도평가(PISA, Programme for

International Student Assessment) 데이터에 기반한 경제협력개발기구(OECD) 국가 비교 연구(KEDI Brief, 2025 Vol. 5 참조)에 따르면, 한국 청소년들은 수학, 과학 등 교과 지식 학업 성취도는 뛰어나지만, 교우관계, 주체적 자아 등 인문적 지표에서는 최하위권에 머물렀다. 이는 교육이 지식 중심에 치우쳐 자율성과 존엄성, 연대와 협동, 비판적 사고 등을 기르지 못한 결과다.

윤석열 정부는 문재인 정부에서 설치한 교육부 직제상의 '민주시민교육과'를 폐지했다. 이는 단지 행정부의 구조 조정이 아니라, 민주주의 가치를 교육 현장에서 배제하겠다는 위험한 신호로 읽힐 수 있다. 민주시민교육과는 당연히 부활되어야 하는 것이지만, 단순 부활이 아니라 '민주시민 자치교육과'로 확대 재편하는 것이 필요하다. 그리하여 자치 교육을 중심에 두고 학생들이 주체적 시민으로 성장할 수 있도록 교육의 방향을 전환해야 한다.

자치역량은 권위주의적 사고를 막는 방패다. 학생 자치는 민주시민교육의 핵심 실천 영역이다. 학생 자치활동이 단순한 이벤트가 아니라, 학교 교육과정의 일부로 자리 잡아야 한다. 특히 칸트 이래 자율의 진정한 의미는 '보편적 규칙'으로서 '공동선의 추구'라는 공동체적 관점에서 보아야 한다. 개인과 개인, 개인과 공동체, 공동체와 공동체의 관계에서 보편타당한 방향으로, 공동선을 추구하는 의사결정으로 자치가 이루어져야 한다. 이런 점에서 우리의 청소년에게 지역 주민자치와의 연계, 기후 위기 대응, 문화예술·스포츠 자치활동 등 다양한 학생 자치의 실천적 경험을 통해 풍부하고 세련된 자치와 연대의 역량을 키우는 교육이 필요하다.

이를 위해 사회 공론의 장을 열어서 독일의 '보이텔스바흐 합의(Beutelsbacher Konsens)'와 같은 민주시민자치교육의 방향에 관한 원칙을 확립함으로써 성숙한 민주주의의 기초를 닦을 것을 제안한다.

5. 주민자치의 제도화와 공동자원의 활용: 풀뿌리 민주주의의 실천

민주시민의 자치 의식은 학교에서만 길러지지 않는다. 지역사회에서의 실천, 주민자치의 경험이야말로 진정한 민주주의의 토양이다. '풀뿌리 민주주의'라 불리는 주민자치는 일상 속에서 민주주의를 작동시키는 현장이다.

「지방분권균형발전법」은 주민자치회의 법적 근거가 되는 법이긴 하지만, 주민자치회의 설치·운영에 대해서는 다른 법률에 위임하고 있고 아직 그 후속 법률의 제정이 안 되어 있어 제도적으로 불완전하다. 주민자치의 활성화는 권위주의 국가에서 민주국가로의 이양을 보여주는 징표가 된다는 점에서 치밀하고 치열한 입법 노력이 필요하다.

주민자치회의 법적 지위, 회원의 요건, 재정 자립 등은 구체적으로 정비되어야 한다. 특히 '회원총회'를 최고 의사 결정 기관으로 삼는 자율 구조는 자치의 핵심이다. 그리고 재정적 자립이 없는 자치는 결국 관치로 전락하기 쉽다. 중앙정부나 지방정부의 지원만으로 운영되는 주민자치회는 '관의 그림자'가 되기 쉽고, 자율성과 책임성을 내재화하기 어렵다. 자연에너지(태양광, 풍력 등)나 지역 공동자원(공공시설, 공유수면 등)을 활용하여 수익을 창출하고, 이를 주민 배당 혹은 기본소득 형태로 주민들과 나누는 방식의 협동조합 기반의 자치 경제 구조는 지속가능한 지역 민주주의의 토대를 마련할 수 있다. 이는 주민자치의 경제적 참여 유인일 뿐 아니라, 기후 위기 대응이라는 시대적 과제에도 부합한다. 미국의 정치학자인 엘리너 오스트롬(Elinor Ostrom)은 공동자원의 경우 지역공동체의 자치 관리가 정부 통제나 시장 메커니즘보다 민주적이고 효율적이라는 것을 실험실 연구를 통해 실증적으로 보여줌(Governing the Commons, 1990)으로써 정치학자이면서 노벨경제학상(2009년)을 수상한 바 있다.

학생 자치와 주민자치를 연결하는 것도 중요하다. 예를 들어, 학교 옥상이나 운동장 관람석 지붕에 태양광 설비를 설치해 학생들이 직접 자치활동으로 운영하고, 그 수익을 지역 주민과 나누는 방식은 민주주의와 지속가능성, 자율성과 실천력을 동시에 길러주는 모델이다.

실제로 지난해 '국가의 온실가스 감축 계획이 부실하여 미래 세대의 환경 기본권을 침해한다'는 헌법재판소의 판단(헌법재판소 2024. 8. 29. 선고 2020헌마389등 결정)을 이끌어 낸 '기후소송'은 주민자치가 활발한 상도동 성대골 자립마을과 관련이 깊다. 이 지역 소재 중학교에 지역주민과 교직원, 학생, 학부모가 함께 설립한 에너지협동조합에서 활동한 중학생이 이 소송의 주체였다는 점(정미숙, 『에너지전환 학교협동조합 활동 분석을 통한기후에너지 교육 연구』, 세종대학교 박사학위논문 2024. 8. 참조)은 주민자치와 학생 자치가 연결될 때 어떤 변화가 가능한지를 잘 보여준다. 학교시설의 주민개방을 포함하여 학교가 지역의 소통 창구로 기능하면서 학교와 지역사회가 하나의 민주주의 실천 자치공동체로 거듭나도록 하는 제도적 지원이 기대된다.

주민자치는 더 이상 보조적 행정 기구가 아니라, 민주주의를 지탱하는 근본 구조로 인식되어야 한다. 국회에서 마을기업 지원, 마을공동체 기금 조성 지원을 위한 입법이 추진 중이라는 점은 고무적이다. 나아가 공동자원의 관리와 활용이 효율적으로 이루어질 수 있도록 하는 입법적 지원 또한 필요할 것이다.

6. 맺으며: 다시는 계엄이 되풀이되지 않도록

2024년 12월 3일의 계엄은 단지 헌정 위기의 한 장면이 아니라, 대한민국 민주주의의 근본을 되묻는 역사적 사건이었다. 이 위기는 헌법이나 제도의 허술함 때문만이 아니라, 시민 개개인의 내면에 깊이 뿌리내리지 못한 자치 의식과 자율성의 부재에서 비롯된 것이기도 하다. 우리는 왜 여전히 제왕적 권력에 매혹되고, 강자에게 동조하는 경향에 흔들리는가? 건강한 법치, 풍성한 민주주의의 열매를 맺게 하는 튼튼한 자치의 뿌리는 과연 얼마나 깊이 박혀 있었던가?

이러한 물음은 피상적 반성에 그칠 게 아니라, 다음 세대를 위한 민주사회 설계의 출발점이 되어야 한다. 민주주의는 제도나 헌법 조항만으로 유지되지 않는다. 그것은 일상에서 실천되고, 교육과 자치, 책임감과 공동선이라는 문화 위에서 자라나는 것이다.

이제 우리는 참회를 넘어서 실천을 이야기해야 한다. 우리의 얼굴이, 윤동주의 시구처럼 "어느 왕조의 유물"이 아니라, 스스로 선택하고 책임지는 시민의 얼굴로 남기를 바란다. 법학 교육은 권력을 위한 통치 기술이 아니라, 인격 존중과 사람 중심 기술의 학습이 되어야 하며, 민주시민교육은 단순한 지식 전달이 아니라 일상의 자치를 체험하는 실천 교육으로 자리매김해야 한다.

주민자치 역시 구호나 형식에 그쳐서는 안 된다. 법적·제도적 기반을 명확히 정비하고, 실질적인 주민 참여와 공동자원 기반의 경제 구조를 통해 일상적인 민주주의를 실현해야 한다. 이것이야말로 계엄과 같은 위기를 구조적으로 예방하는 민주공화국의 안전장치이며, 진정한 민주주의가 구현되는 삶의 방식이다.

지금 우리에게 주어진 역사적 책무는 과거의 그림자를 되풀이하지 않는 것이다. 우리는 미래 세대 앞에 부채를 진 세대다. 그 부채는 참회로 시작하지만, 실천으로만 갚을 수 있다. 우리가 오늘 만들어가는 자치 교육, 자치 제도, 그리고 그 실천의 문화는 내일의 대한민국, 성숙한 민주공화국의 근간이 될 것이다.

이제는 스스로에게 물어야 할 때다. "우리는 누구를 위해, 어떤 나라를 다음 세대에게 남길 것인가?" 그 답은 바로 지금 우리가 선택하는 자치의 길 위에 있다.

초고령사회에서 평화로운 노년의 집, 우리 법은 준비되었는가?

윤태영

아주대 법학전문대학원 교수, 법학박사
한국 법학교수회 부회장

1. 초고령사회에서 우리나라가 안고 있는 고령자 주거 문제

2020년 들어 베이비붐 세대가 고령층(65세 이상)에 진입하면서 우리나라의 고령 인구 비율이 급등하고 있다. 우리나라 고령 인구 비율은 2020년 3월 15.8%, 2021년 3월 16.6%로, 2022년 3월 17.5%로 일년에 거의 1%p씩 증가하였고, 2024년 말에 드디어 전체 인구 대비 노인 인구 구성비가 20.0%인 초고령사회에 진입하였다. 여기에 우리나라는 세계적으로 유례를 찾기 힘든 저출산 현상과 맞물려 앞으로 고령 인구의 비율이 상상 이상의 수준으로 증가할 것으로 전망된다.

고령화는 평균수명의 연장과 사회 안정성을 상징하는 긍정적인 측면이 있음에도 불구하고, 사회·경제적으로 다양한 문제를 동반한다. 특히 가장 어려운 문제 중 하나가 의료 및 요양 문제로 우리나라 고령층의 보건복지와 의료에도 경고등이 켜지고 있다. 고령층의 경우 청년층이나 중년층과 다르게 만성질환에 대한 주기적 관리가 필요하다. 그런데 고령화로 인해 의료비용은 증가하는 반면, 급격한 저출산으로 인해 건강보험료를 낼 생산인구는 적어져 병원 가기도 어려워지는 시대가 올

것이라는 우려마저 나온다. 더구나 힘든 요양 돌봄 서비스 업계로의 진출을 기피하는 현상마저 겹쳐 이 분야 일손이 현저하게 부족한 실정이다. 과거에는 자식으로부터의 부양을 기대하기도 하였으나 오늘날에는 더 이상 기대하기 어려운 상황이다.

이와 함께 고령자의 주거 문제도 중요한 과제로 떠오르고 있다. 물론 주거 문제는 고령자에게 국한된 문제가 아니라 누구에게나 중요한 문제이다. 그러나 고령자에게 주거란 단순히 거처의 물리적 확보를 의미하는 것이 아니라, 고령자의 심리적·정서적 안정, 신체적 안전, 그리고 보건의료와 밀접하게 연계된 복합적인 이슈라는 점에서 중요하다. 특히 노년기에는 활동 영역이 주로 가정 내에서 이루어지는 경향이 많아 주거가 고령자의 심리적·정서적 안정에 미치는 영향이 더욱 크다. 또한 고령자는 건강한 상태로 있다가도 갑자기 신체기능의 저하로 인해 위급상황에 처하거나, 중증으로 인해 의료나 요양을 필요로 하는 경우가 발생할 수 있는데, 일반적인 주택이나 시설은 고령자의 자립상태를 전제로 하므로 대응할 수 없는 상태가 있을 수 있다. 특히 오늘날 고령의 부부만 살거나 단독으로 거주하는 세대가 많은 상황에서 고령자에게 알맞은 배리어 프리나 유니버설 디자인에 대응하는 주택이 아닌 경우, 고령자에게 가장 위험한 전도 사고가 발생할 가능성이 높아진다. 따라서 이러한 일반주택으로는 중증 상태에 처한 고령자의 의료나 요양을 필요로 하는 상태까지 대응하기가 어려워, 고령자가 건강이 안 좋아지면 거처의 변경을 강요받게 되고, 거처를 옮긴 후 급격히 상황이 악화되곤 한다.

고령자는 신체기능의 저하가 급격하게 진행될 수 있어 자립 생활이 가능한 상태에서부터 요양이 필요한 상태까지 모두 커버할 수 있는 주거 환경의 제공이 필요하다. 우리나라에서도 이러한 점을 감안하여, 그동안 노인복지법을 토대로 고령자를 위한 주택정책이 다양하게 추진되어 왔지만, 분양형 노인복지주택은 입소 자격자가 아닌 자에게 분양하거나 일반 공동주택처럼 홍보 및 거래하는 등 편법 분양으로 인한 파행이 발생하여 더 이상 존속하지 않고, 임대형으로만 운영되고 있다. 한편, 우리나라의 실버타운조차도 이러한 고령화의 요구에 대응하지 못하고 있는 것이 현실이다. 우리나라의 실버타운은 자립상태의 고령자를 대상으로 하는 경우가 대부분이며, 시설에 따라 서비스의 질에 있어 큰 차이를 보이고 좋은 곳은 지나치게 고액이어서 입주가 가능한 사람이 한정적이다. 한편 요양원의 경우, 요양 등급을 받기 어려워 요양원에 들어가기 어려울 뿐만 아니라, 대상자가 한정되고 시설 면에서 입주자가 사회와 격리되게 된다. 우리나라 전체 고령자의 3%만이 이러한 시설을 이용하고 대다수인 97%의 고령자는 여전히 일반주택에서 거주하고 있다는 통계는 이 점을 반증한다고 할 수 있다.

고령자가 심신 기능의 장애로 인해 현재 살고 있는 지역에서 생활하는 것이 곤란한 경우라 하더라도, 시설에 입소하는 것보다는 고령자가 그대로 자기가 살고 있는 지역에서 생활할 수 있도록 지원하는 것이 바람직할 것이다. 최근 노인주거계획에서 중요한 개념으로 등장한 '에이징 인 플레이스(Aging in Place)'도, 노년기에 있어서는 새로운 환경보다 익숙한 환경에서 생활하고자 하는 속성이 강하므로 이에 맞추어 주거계획을 마련해야 한다는 것이다. 아울러 돌봄이 필요한 노인들이 지역사회의 지원으로 자신이 거주하고 있는 곳에서 함께 살아갈 수 있도록 도움을 주는 시스템인 '커뮤니티 케어(Community Care)'도 사회복지 정책이 추구해야 할 중요한 방향으로 강조되고 있다.

그렇다면 고령자가 자립이 가능한 상태부터 의료나 요양이 필요한 상태까지 전 생애에 걸쳐 계속하여 거주할 수 있는 주거 환경을 구축할 수는 없을까? 이와 관련하여 두 가지 방법이 제시되고 있다. 우선 고액의 실버타운과 같은 시설이 아니라 해외의 CCRC(Continuing Care Retirement Community)와 같은 '고령자 돌봄 주거복합단지', 또는 '은퇴 주거복합단지' 등으로 번역되는데, 고령자가 살던 곳을 떠나 여생을 보내기 위해 커뮤니티를 이루는 노인주택단지를 조성하는 것이다. 다른 한 가지 방법으로는 인공지능·개인 데이터를 활용한 요양·돌봄 서비스를 제공하여 자택에 거주하는 고령자에게는 사고 발생 확률을 낮추고 요양시설에서는 일손을 줄여 비용을 낮추는 방법이다.

2. CCRC(Continuing Care Retirement Community) 도입을 위한 법적 과제

최근에는 전통적인 노인 주거 개념인 실버타운에서 벗어나 건강할 때부터 돌봄이나 간병이 필요해질 때까지 거주지를 옮기지 않고 같은 장소에서 안심하고 살아갈 수 있는 CCRC로 관심이 모아지고 있다. 우리나라에서도 각 지자체별로 CCRC의 도입을 적극 검토하고 있다. 그런데 우리나라에서는 현재까지 고령자의 복지보다도 주로 지방 활성화를 위해 고령자들의 지방 이주를 목표에 두고 CCRC의 도입을 검토하고 있다고 해도 과언이 아니다.

우리나라와 같이 노인주거복지시설과 노인의료복지시설을 구분하는 체계하에서는 일반적으로 고령자들이 요양시설에 들어간다는 것은 건강이 안 좋아져 더 이상 혼자서 거주하기 힘들어진 경우가 대부분이므로, 고령자가 스스로 원하지 않는 상황에서 요양시설에 들어가게 된다. 이렇게 고령자가 질병이나 돌봄이 절실하게 필요한 상태에서 요양시설에 입주하게 되다 보니 그들 스스로 완전히 수동적인 상태에 빠져 삶의 활력을 잃어버리고 오히려 건강이 더욱 더 악화하게 된다. 따라서 처음부터 본인이 원하지 않는 서비스를 비싼 보증금을 내며 들어가는 실버타운이 아니라, 본인의 주거에서 자립 생활을 하다가 건강이 악화되어도 그대로 거주하면서 그에 맞는 서비스를 받을 수 있는 복합단지 차원의 주거 환경 조성이 필요한데 이것이 CCRC다.

CCRC와 관련하여 주목할 만한 점은, 종래 고령자의 주거 문제를 복지 차원이 아닌 계약 차원으로 접근한다는 것이다. 현재 우리나라에서도 노인복지법에 노인주거복지시설로 노인복지주택을 다루지만, CCRC는 고령자와 시설 사이의 이용계약을 기초로 주택과 서비스를 제공받게 된다. 그동안 실버타운 등이 서비스를 중시하여 주택과 서비스가 일체화된 계약으로 이루어지지만, CCRC에서는 주택의 임대차 등 주거가 주가 되고 서비스가 부가 되는 일종의 임대차계약으로 된다. 즉 현행법 체계에서는 노인복지법보다는 오히려 주택임대차보호법 등의 규율 체계를 따르게 되는데, 이러한 주거와 관련한 법체계는 고령자에게 적합하지 않은 측면이 있다. 따라서 일본에서는 이미 이러한 요구에 대응하여 종래 노인주거복지를 다루는 「노인복지법」과 별도로 국토교통성과 후생성이 공동으로 관할하는 새로운 고령자 대상 임대주택제도를 위한 「고령자 주거 안정 확보에 관한 법률」을 2001년에 제정하였다.

CCRC에 대해 오랜 역사를 가지고 있는 나라는 미국인데, CCRC가

시장에서 자연스럽게 성립되었음에도 불구하고, 한쪽 계약 당사자가 고령자임을 감안하여 주정부가 법 제도를 통해 적극적으로 개입해 왔다. 미국에서는 주정부가 사업자의 경영 안정을 위해 ① 사업계획·재정 상황 등의 경영성을 판단하여 허가하고, ② 경영 전반에 걸친 정보를 적극적으로 강제 공개 하도록 하고, ③ 감사보고와 출입 검사를 실시하고 있다. 한편 거주자의 권리 보장 차원에서는, ⑤ 90일간의 청약 철회 기간의 설정, ⑥ 계약 내용의 명확화, 거주자의 의견을 운영에 반영하는 체제를 구축하고 있다. 이와 같이 주정부가 사업계획의 입안이나 그 후의 운영에도 관여하고, 정보 공시의 추진에 의해 시장을 정비하고 있다. 또한 사업자는 항상 경영 상태의 개선에 노력해야 하고 거주자의 의향을 반영할 수 있는 체제를 마련해야 한다. 미국에서는 CCRC를 대부분 민간에서 운영하기 때문에, 고령자의 주거 안정을 위해 주정부가 적극적으로 개입하여 경영 안정을 꾀하는 데에 법 제도의 중점을 두고 있는 것을 알 수 있다.

  우리나라에서도 그동안 노인복지법을 토대로 고령자를 위한 주택정책들이 다양하게 추진되어 왔지만, 분양형 노인복지주택은 파행적 운영으로 더 이상 존속하지 않고, 실버타운은 부유층들만 들어갈 수 있는 곳이 되어 버렸다. 또한 요양원은 노인들에게 있어 사회와 격리되는 시설로 여겨지고 있다. 이러한 상황에서 미국에서 발달한 CCRC의 도입이 검토되고 있는 것은 일단은 바람직한 방향이라고 생각된다. 다만 시장 기능을 중시하는 미국에서도, CCRC의 계약 당사자가 고령자임을 감안하여 주정부가 적극적으로 관여하고 있음을 주목해야 한다. 따라서 우선 고령자 주거 문제를 단순히 노인복지법에 규율하는 것이 아니라 보다 적합한 법체계를 구축해야 한다고 본다.

3. 인공지능·개인 데이터를 활용한 요양·돌봄 서비스의 법적 과제

인공지능 등 디지털 기술의 발전과 함께 요양·돌봄 현장에 있어서도 이를 적극 활용하는 것이 매우 효과적이라고 주장되고 있다. 초고령사회에 진입한 우리나라에서 개인 데이터를 활용한 인공지능 기술은 부족한 요양 일손을 돕고 힘든 요양 업무를 감소하게 할 수 있는 중요한 해결책이다. 예를 들어 사람은 나이나 질병에 따라 음성주파수의 차이가 발생하게 되는데, 일본에서는 노인 간병에 음성 인식을 도입하여 보건의료종사자의 업무를 대폭 경감시킨 사례도 있다. 이처럼 인공지능 기술이 다른 어느 분야보다도 필요한 부문 중 하나가 노인 요양·돌봄 분야이기도 하다.

이미 이러한 기술은 국내에서도 수년 전부터 선보여 나날이 진화해 왔는데, 최근에는 인공지능을 이용해 고령자의 일상생활 패턴을 찾고 건강 이상을 예측할 수 있는 서비스를 제공한다. 예를 들어, 노인의 수면과 식사, 걷기, 배변 등 일상생활 데이터를 수집하는 웨어러블 기기를 손에 차고 활동하면, 인공지능이 패턴을 분석하고 생활방식을 파악해 평소와 다른 이상 데이터가 발생할 경우 즉시 신호를 보내 다른 사람이나 의료기관에 알린다. 또한 화장실 사용 시간, 앉아서 활동하는 시간 등을 바탕으로 이상 신호나 우울증과 같은 질병을 예방할 수 있다. 고령자에게 낙상은 매우 빈번하게 발생할 수 있는 위험인데, 최근 개발하고 있는 낙상 방지 솔루션은 실시간으로 인공지능 알고리즘이 카메라를 통해 환자의 얼굴과 관절 상태를 확인한다. 만약 낙상의 위험이 있다고 판단될 경우 가족이나 돌봄 종사자에게 호출신호와 영상자료를 전송한다. 실제로 이러한 기술들은 최근 고령자 복지에서 지향점으로 제시되고 있는 '탈시설화'와 '커뮤니티 케어(comnrunity care)'를 궁극적으로 실현할 수 있는 기술로도 각광 받고 있다.

그런데 문제는 이러한 기술들이 개인 데이터를 활용할 수밖에 없어 개인정보 보호 문제와 상충된다는 점이다. 얼굴 데이터, 음성 데이터에 관한 해석은 건강 상태나 치매 진행 상황의 판단에 도움이 되고, 걷는 방법의 화상 분석은 노인의 전도 방지책을 강구하는 데에 매우 중요하고 필수적이다. 그런데 이러한 데이터는 민감정보에 해당하므로 이것을 이용하는 데에는 엄격한 제한이 따른다. 예컨대 내 배변 패턴이 매번 기록된다고 생각하면 얼마나 이것이 민감한 정보인지 알 수 있다. 이에 반해 인공지능 기술에 의한 요양·돌봄을 실현함에 있어서는 그 전제로서 풍부한 데이터가 필수적이기 때문에, 데이터의 수집 및 활용을 실현할 수 있는지 여부가 성공의 열쇠를 쥐고 있다고 할 수 있다.

이러한 개인정보 보호와 활용의 조화를 도모하기 위한 것이 사전 동의제도다. 개인정보 보호법은 개인정보의 수집·이용과 제공, 목적 외의 이용·제공 및 기밀정보 처리를 가능하게 하는 조항마다 이러한 처리 전제조건의 하나로 정보 주체의 동의를 요구하고 있다. 즉 사전 동의제도가 개인정보 보호의 기본 규제 방식인 셈인데, 문제는 이러한 사전 동의제도는 요양·돌봄현장에서의 빅데이터 활용의 특성과는 모순된다는 점이다. 요양시설의 경우 이러한 첨단 돌봄 기술들은 시설 자체가 관리하는 것이 아니라 별도의 회사들이 관리하기 때문에 필연적으로 개인정보의 제3자 제공 문제가 발생한다. 또한 치매 등에 의해 요양이 필요한 노인의 경우 어디까지 이 개인정보가 활용되는지 인식하지 못하는 경우가 많아 개인정보 자기결정권을 최대한 존중하기 위한 동의

제도가 적절한지 의문이다. 가장 큰 문제는 가명 처리를 하게 되면 정보가 바뀔 수 있어 오히려 다른 당사자에게 잘못된 처치를 하는 오류를 범할 위험이 있다는 점이다. 개정된 개인정보 보호법이 가명 처리를 통해 개인정보의 활용과 보호의 조화를 도모하고 있지만 요양·돌봄을 위한 민감정보 활용에 있어서는 그 취지를 무색하게 한다.

이에 최근 유력한 대안으로 떠오르는 것이 데이터 신탁제도이다. 개인정보를 수탁자가 전문적으로 관리해 주고 정보 주체가 처한 다양한 상황에서 개인정보의 활용을 대신 결정해 주는 것이다. 그런데 개인정보의 신탁이 가능한지에 대해서는 입법적으로 해결하지 않는 한 부정적이라고 보는 의견이 지배적이다. 일단 신탁은 수탁자로 하여금 신탁재산을 관리·처분 등의 행위를 하게 하는 법률관계이므로 신탁재산의 존재는 신탁의 핵심 요소인데, 데이터에 대해 개인의 재산으로 볼 수 있는가 하는 문제가 제기된다. 또한 현행 신탁법에서는 소유권이 아니라도 특정한 재산이면 신탁이 가능하도록 하고 있는데, 개인의 민감정보가 과연 특정성이나 양도성이라는 신탁법상의 요건을 갖출 수 있는가 하는 점도 문제 된다. 따라서 우리나라에서 데이터 신탁제도를 구축하기 위해서는 입법을 통한 법 제도적인 방안을 마련하지 않는 한 그 장애물이 결코 낮지 않다고 생각된다. 그뿐만 아니라 신탁계약의 내용, 수탁자의 의무, 신탁재산으로부터의 이익 귀속 등 여러 가지 해결해야 할 문제도 많다.

4. K-시니어 하우징을 위한 법 제도 구축을 제안하며

　노인복지는 주택으로 시작하여 주택으로 끝난다는 표현이 있을 정도로, 주거에서의 생활이 많은 노인을 위한 적절한 주거 환경의 제공은 노인복지의 기본이다. 급속한 고령화와 저출산이라는 인구구조의 변화 속에서, 단순히 복지적 차원의 지원을 넘어 고령자의 생활 전반을 포괄하는 주거 중심의 정책 설계와 이를 뒷받침할 법 제도의 정비는 필수적이다. 고령자 주거 문제는 복지와 의료, 돌봄, 재정적 자립을 유기적으로 연결하는 핵심 축이므로, 이를 위한 제도 설계에는 삶의 질 보장이라는 가치와 함께 지속가능성에 대한 고려가 병행되어야 한다.

　그런데 단지 어떤 제도나 시설이 좋다고 하면서 필요성이나 유용성만으로 무분별하게 도입할 수는 없고, 법 제도적 기반을 마련하지 않으면 안 된다. 오늘날과 같이 고령 인구의 비약적 증가를 경험하지 못한 우리나라에서는 고령자들을 배려한 특별한 입법을 생각하지 못하였다. 그러나 인공지능 기반의 스마트 돌봄 기술이나 융복합 주거 서비스와 같은 새로운 모델의 도입 역시 법적·제도적 근거가 확립될 때 비로소 사회적으로 신뢰받으며 효과를 발휘할 수 있다. 이제 우리 사회는 고령자의 자립을 지원하고, 돌봄이 필요한 경우에도 고령자의 존엄(dignity)을 지킬 수 있는 안전망을 제도적으로 확실히 구축해야 할 시점에 있다. 고령사회의 도래가 단순한 위기가 아닌, 평화로운 노년의 삶을 보장하는 성숙한 복지국가로 나아가는 전환점이 될 수 있도록 법과 정책의 적극적인 역할이 요구된다.

이재명 시대와 지방자치, 그리고 K-민주주의

정왕룡
전) 대통령 직속 국가균형발전위 전문위원
전) 차세대융합기술연구원 부원장

이재명 정부가 출범했다. 12·3 윤석열의 계엄 내란 사태가 터진 지 7개월 만이다. 바야흐로 이재명의 시대가 열렸다. 그것의 다른 이름은 국민주권정부다. 내란을 막아내고 헌법을 수호한 주역이 다름 아닌 국민이니 그에 걸맞은 '국민주권정부'라는 별칭은 당연한 것이기도 하다. 국민은 이재명을 자신의 주권을 행사하기 위한 대표 일꾼으로 선택했다. 1천 7백만 표라는 역대 최다 득표다. 이 기록은 쉽사리 깨지지 않을 정도로 압도적인 수치다.

그렇다면 국민은 왜 이재명을 대표 일꾼으로 선택했을까? 그가 걸어온 고난의 여정, 그리고 이것을 이겨낸 감동의 스토리, 여러 공직을 수행하면서 보여준 유능함과 탁월한 리더십, 끊임없이 소통하며 자신을 확장해 온 유연성 등 여러 요인이 떠오른다. 유시민의 표현을 빌자면 '발전도상인 이재명'의 성장은 지금도 현재진행형이다.

이재명은 대한민국 21대 대통령으로 그간 자신이 감당해 온 인생 역정의 최정점을 찍었다. 인권변호사, 기초단체장, 광역단체장, 야당 대표, 그리고 두 번에 걸친 대권 도전에 이어 국정 최고 반열에 오른 것이다.

앞에서 언급한 이재명의 여러 경력 중 오늘의 이재명이 있기까지 으뜸으로 주목해 볼 것을 꼽으라면 어떤 것일까? 나는 주저하지 않고 '성남시장 활동'을 꼽을 것이다. 경기도지사 활동은 성남시장의 확장판이라고 봐야 한다. 시민단체 활동을 통해 공공의료원 설립운동을 하다 좌절되자 직접 지방정부 수장으로 나서고자 결심한 것이 그의 정치 입문 동기다. 두 번에 걸친 성남시장 활동을 통해 그는 한 사람의 유능한 기초단체장을 통해 보여줄 수 있는 면모가 어디까지인지 가늠하기 힘들 정도로 많은 성과를 보여주었다. 그가 이루어낸 여러 실적은 뚜렷이 눈에 보이고 손에 잡히는 결과물이다. 이 못지않게 중요한 것이 있으니 그 과정을 거치면서 끊임없는 대시민 상호 소통, 공무원 사회의 혁신, 중앙정부의 부조리한 횡포에 맞선 당당한 대응 등 결과물에 스며있는 이재명식 리더십의 내용이다. 세인들의 입에 거론되는 결과물이 하드웨어 측면이라면 리더십 내용물은 소프트웨어에 견줄 만하다.

그런데 우리가 관심을 가져야 할 또 다른 부분이 있다. 이재명의 서사를 논할 때 한 개인의 탁월함에 집중해서 국한되면 안 된다. 한 사회가 발전하고 진보하는 과정은 성과적 롤모델이 확대 재생산되면서 보편성을 획득해 나가는 것과 궤를 같이한다. 다시 말해 이재명의 성남시장 활동이 탁월한 개인의 리더십이 아닌 전국 어느 기초 지방정부에서나 받아 안을 수 있는 보편성을 획득할 때 비로소 지속가능성을 확보할 수 있다는 것이다.

여기에서 이재명이 역량을 발휘할 수 있었던 토양이 '성남시'라는 공간이었던 점을 주목해 볼 필요가 있다. 물론 시작은 만만치 않았다. 그의 첫 행정 경험이 모라토리엄을 선언해야 할 만큼 재정 상황이 어려웠던 성남시였던 것은 실패의 위험이 적지 않았다는 점에서 불운처럼 보였다.

결국, 백만에 가까운 인구가 있는 중견급 도시공간을 회생시키는 과정은 녹록지 않았지만, 그는 반전의 드라마를 썼다. 이재명과 성남시의 만남은 서로에게 최고의 행운이라 할 만하다. 이렇게 그는 박근혜 정부의 부당한 간섭과 탄압, 그리고 지방교부금 삭감 위협에 맞설 수 있었던 힘을 얻었다. 개인 차원의 역경 극복 서사에 더하여, 이재명이 공동체의 리더로서 불운조차도 행운으로 바꿀 수 있는 유능한 리더로 거듭난 순간이었다.

이재명은 대통령 유세 과정에서 지방 소멸을 막아내고 수도권 집중을 해소하여 지방분권을 강화하기 위한 여러 가지 구체적 방안을 제시했다. 경기도지사에 이어 국정 운영에서도 그는 성남시 사례에만 자신의 기억이 머무르지 않고 있음을 보여주고 있다. 이재명의 탁월함은 자신의 성과를 타 지역 사례에 적용하여 새로운 버전을 만들어내기까지 확장과정을 그치지 않는다는 것이다.

우리는 여기에서 '이재명의 성남, 성남의 이재명'을 롤모델 삼아 전국 각지에서 또 다른 이재명식 버전을 만들어낼 필요가 있음을 인식해야 한다. 이재명의 성남이 주목 받기 전까지 기초단위 롤모델로 사람들 입에 오르내리던 사례는 '김두관의 남해'였다. 그는 '이장 신화'를 바탕으로 자신의 서사를 확장해 가며 '리틀 노무현'이라는 별칭까지 얻었다. 그러나 지방자치의 열악한 현실을 보면, 성남과 남해의 성공 사례가 일시적 주목을 극복하고 지속가능한 롤모델로 자리 잡기가 쉽지 않다는 것을 반증하고 있다.

그런 점에서 우리는 다양한 지방자치 성공모델을 발굴하여 널리 알리고 확장시킬 필요가 있다. 로컬푸드의 성지라 불리는 전북 완주군 사례, 최근 주목받고 있는 서울 성동구 사례 등은 주목해 볼 필요가 있는 경우다. 하지만 여전히 그 사례 등은 손꼽을 정도다. 여기에 지방자치의 양대 수레바퀴라 할 수 있는 지방의회의 롤모델은 아예 없다시피 하다. 각 개인이 중앙정치로 발돋움하기 위한 발판에 그치고 있는 느낌이다.

우리는 두 번에 걸친 대통령 탄핵을 유혈사태 없이 평화적으로 극복해냈다. 세계사에 유례없는 사례다. 더불어 한류의 흐름에 'K-민주주의'라는 정치적 공간을 확보하며 전 세계에 우리 국민의 저력을 과시하고 있다. 아쉽게도 지방자치 부활을 논의한지 30년이 넘었음에도 한국의 자치분권, 지방자치 수준은 아직도 국세와 지방세 비율이 8:2의 틀에 갇혀있을 정도로 제자리걸음을 면치 못하고 있다(1995년 21.3%, 2023년 24.6%).

과거에 지방의회 의원들의 해외 지방자치 견학 단골장소는 일본이었다(당시 일본은 지방세 비율이 40% 전후였다). 최근에는 미주나 유럽에까지 확장되고 있지만 관광성 외유 논란이 그치지 않는 실정이다.

세계인들이 한류의 본고장을 찾아 우리나라를 찾듯이 지방자치의 롤모델을 벤치마킹하기 위해 전국 곳곳을 방문하는 해외일꾼들이 많아지길 바란다. 우리의 지방자치가 '한류' 흐름에 당당히 한 영역을 차지할 때 비로소 'K-민주주의'는 본궤도에 올랐다고 말할 수 있을 것이다.

가계부채 비극 막을 길, 금융복지 원스톱센터에 있다

백주선
법무법인 대율 대표 변호사

지난해 크리스마스이브, 경기도 양주시에서 40대 부부와 초등학생 아들, 5살 난 딸이 승용차 안에서 숨진 채 발견됐다. 차량에서는 "수억 원대 빚으로 힘들었다"는 내용의 유서가 발견됐다. 이는 우리 사회에서 반복되는 비극의 한 장면이다. 한겨레신문 분석에 따르면 2021년부터 3년간 발생한 가족 집단 사망 63건 중 31.7%가 경제적 원인이었으며, 특히 과도한 채무와 추심 압박이 주된 원인으로 지목됐다. 2019년 발생한 한 교사 가족의 비극적 사건에서도 드러났듯, 채무자들은 불법적 추심 행위와 심리적 압박으로 인한 우울증, 스트레스에 시달리다 죽음으로 내몰리고 있다.

2023년 말 기준 우리나라의 가계부채 상황은 매우 심각한 수준이다. 한국은행 자금순환표상 가계 및 비영리단체의 금융부채는 2,314.4조 원으로, 이는 2023년 명목 국내총생산(GDP, 2,236조 원) 대비 103.5%에 달한다. 가계신용 기준으로는 1,886조 원으로 GDP 대비 84.3%를 기록하고 있다. 여기에 전세보증금 반환채무 추정액 1,058조 원까지 포함하면 GDP 대비 156.8%까지 치솟는다.

가계부채의 증가 추세를 살펴보면 그 심각성이 더욱 두드러진다. 2017년부터 2021년까지의 통계를 보면 지속적인 상승세를 보이고 있으며, 더욱 우려되는 점은 금리 상승으로 인한 원리금 상환 부담까지 커지고 있다는 것이다.

세계경제포럼(WEF)은 가계부채의 위험성을 판단하는 기준으로 "GDP 대비 부채 잔액" 75%, "가처분소득 대비 원리금상환액" 20%를 제시하고 있다. 우리나라의 경우 이 두 기준을 모두 초과하고 있어, 가계부채 문제가 단순한 우려 수준을 넘어 실질적인 경제 위험 요인으로 작용하고 있음을 보여준다.

가계부채의 심각성은 총량적 규모를 넘어 질적 측면에서 분명하게 드러난다. 소득분위별 총부채원리금상환비율(DSR, Debt Service Ratio)을 살펴보면, 1분위(최하위) 28.8%, 2분위 20.5%, 3분위 18.8%, 4분위 16.8%, 5분위 16.8%로 나타난다. 이는 저소득층일수록 부채 부담이 더 크다는 것을 보여주며, 소득양극화와 맞물려 한계가구의 경제적 위기를 심화시키는 악순환을 초래하고 있다.

아쉬운 점은 현재의 개인채무자 지원체계가 분절되어 있다는 점이다. 기관별로 분산된 지원으로 인해 통합서비스가 없으며, 이로 인해 위기상황 발생 시 즉각적인 대응체계가 미흡하다. 채무조정과 생활안정 지원의 연계성이 부족하고, 사전예방-위기대응-사후관리의 연속성이 결여되어 있어 실효성 있는 지원이 어려운 실정이다.

원스톱지원센터는 이러한 가계부채 문제에 대한 종합적이고 체계적인 해결책으로서 큰 의의를 갖는다. 서울금융복지상담센터의 사례를 보면, 연간 34,000건의 상담을 진행하며 이 중 70%가 실질적인 채무조정이나 복지서비스 연계로 이어졌다. 특히 채무조정 성공률이 85%를 상회하고, 서울회생법원 전체 개인파산사건의 15%를 담당하며 실질적인 성과를 보여주고 있다.

경기도서민금융복지지원센터의 경우에도 맞춤형 지원프로그램을 통해 80%의 채무조정 성공률을 달성했다. 특히 경기도의 광역적 특성을 고려한 거점형 상담체계를 구축하고, 지역별 특성에 맞는 서비스를 제공함으로써 효과적인 지원체계의 모델을 제시했다.

이런 모델과 선례를 바탕으로 좀 더 종합적인 원스톱지원센터의 핵심 기능을 나누면 크게 세 가지 단계로 구분할 수 있다.

첫째, 초기 위기대응이다. 긴급생계자금 지원(초기 100만 원, 최대 1,000만 원)과 긴급성 기준 신속지원체계를 운영한다. 이는 위기상황에 처한 가구가 추가적인 경제적 어려움으로 빠지는 것을 방지하는 예방적 조치이다. 원스톱지원센터는 특히 위기상황에 처한 가구를 위한 초기 대응에 중점을 둔다. 우선 24시간 긴급상담 핫라인을 운영하여 언제든 도움을 요청할 수 있도록 하며, 접수 즉시 위기 수준을 평가하여 대응한다. 상담 과정에서는 가구의 채무 현황, 소득 상태, 자산 현황 등을 종합적으로 진단하고, 채권추심 여부, 법적 절차 진행 상황 등 긴급 위험 요인도 함께 파악한다.

긴급 위기가구로 판단될 경우, 즉시 긴급생계자금을 지원한다. 초기에는 100만 원을 우선 지원하고, 상황에 따라 최대 1,000만 원까지 지원할 수 있도록 한다. 이와 함께 즉각적인 채권추심 중단 조치를 위해 채권금융기관과 협의하며, 불법 추심이 의심될 경우 법률 지원도 연계한다.

주거 위기가 있는 경우에는 임시주거시설을 연계하거나, 주거유지비용을 긴급 지원한다. 특히 전기, 수도, 가스 등 기본적인 생활 인프라가 끊기지 않도록 공과금 체납 문제도 함께 해결한다. 필요한 경우 지방자치단체의 긴급복지 지원제도와도 연계하여 통합적인 지원이 이루어지도록 한다.

가구 구성원의 정신건강 상태도 면밀히 점검한다. 우울, 불안 등 정신건강 위험이 감지될 경우 즉시 심리상담을 제공하고, 필요시 정신건강복지센터나 의료기관과 연계하여 전문적인 치료를 받을 수 있도록 지원한다. 특히 자살 위험이 있는 경우 24시간 집중 관리를 실시한다.

이러한 초기 지원 과정에서 확보된 정보를 바탕으로 중장기 지원계획을 수립한다. 채무조정, 재무관리, 취업지원 등 필요한 서비스를 종합적으로 설계하여 지속가능한 회생이 가능하도록 돕는다. 또한 정기적인 모니터링을 통해 지원의 효과를 점검하고, 필요시 지원 내용을 조정한다.

초기 상담에서는 가구의 정확한 상황을 파악하는 것도 중요하다. 이는 향후 자립 지원 계획 수립에 핵심적인 정보가 되며, 당사자가 위기 극복의 주체가 될 수 있도록 돕는 기초가 된다. 특히 가구원의 직업 이력, 기술, 교육 수준 등은 향후 취업 연계나 창업 지원 시 중요한 참고 사항이 된다.

이처럼 초기 상담과 위기대응은 단순한 일회성 지원이 아닌, 종합적이고 체계적인 회생 지원의 출발점이 된다. 이 과정에서 확보된 신뢰관계는 이후의 지원 과정에서 중요한 토대가 되며, 실질적인 문제 해결로 이어질 수 있도록 하는 핵심 요소가 된다.

둘째, 법적 채무조정 지원이다. 파산·개인회생에 대한 무료 법률지원을 제공하고, 동시에 생활안정자금(예컨대 기본 100만 원+세대원 차등)을 병행 지원한다. 이를 통해 채무자가 법적 절차를 진행하는 동안의 생계 유지를 돕는다. 원스톱지원센터의 법적 채무조정 지원은 채무자의 상황에 따라 맞춤형으로 제공한다. 우선 전문상담사가 채무자의 상황을 종합적으로 분석하여 개인회생, 파산 등 가장 적합한 법적 구제 방안을 제시한다. 이 과정에서 채무자의 소득, 재산 상태, 채무액, 상환능력 등을 면밀히 검토하여 실현 가능한 해결책을 도출한다.

개인회생이 적합한 경우 법원, 법률구조공단과 연계하여 개인회생신청 및 변제계획 수립을 지원한다. 생계비, 주거비 등 필수 생활비를 고려한 현실적인 변제계획을 세우고, 이를 법원에 제출하기까지의 전 과정을 무료로 지원한다. 특히 급여소득자와 자영업자의 특성을 고려한 맞춤형 변제계획을 수립하여 인가 가능성을 높인다.

파산이 불가피한 경우에는 면책 신청까지의 전 과정을 지원한다. 역시 법원, 법률구조공단과 연계하여 재산목록, 진술서 작성, 필요 서류 준비 등을 돕고, 법원 출석 시에는 전문 인력이 동행하여 절차적 어려움을 해소한다. 특히 면책 불허가 사유가 발생하지 않도록 사전에 철저히 점검하고 대비한다.

법적 절차 진행 중에는 생활안정을 위한 지원도 병행한다. 기본 100만 원의 생활안정자금을 지원하고, 세대원 수에 따라 추가 지원금을 차등 지급한다. 또한 법원의 변제계획 인가나 면책 결정이 나기까지 긴급한 생계위기가 발생하지 않도록 모니터링하고 필요시 추가 지원을 검토한다.

채권금융기관과의 협의도 적극적으로 진행한다. 센터 내 채권기관 협의체를 구성하여 원활한 채무조정이 이루어지도록 하며, 필요시 분할상환 약정이나 이자율 조정 등을 협의한다. 특히 다중채무자의 경우, 채권자들과의 일괄 협상을 통해 효율적인 채무조정이 이루어지도록 지원한다.

이를 위해 무엇보다 법원, 법률구조공단 등 유관기관과의 협력체계를 잘 구축하는 것이 중요하다. 패스트트랙 제도를 활용하여 신속한 처리가 가능하도록 하며, 소송구조 제도 등을 통해 비용 부담을 최소화한다. 또한 법률구조공단의 전문 인력을 센터에 파견받아 상시적인 법률자문이 가능하도록 할 수도 있다.

채무조정 이후의 신용회복 지원도 중요하다. 신용회복위원회와 연계하여 신용관리 교육을 제공하고, 조기 신용회복이 가능한 프로그램을 안내한다. 또한 향후 재무관리에 대한 교육을 실시하여 재무적 위기가 재발되지 않도록 한다.

성공적인 법적 채무조정을 위해서는 사례별 맞춤 지원이 필수적이다. 채무자의 연령, 직업, 가족관계 등을 고려한 세밀한 지원계획을 수립하고, 정기적인 면담을 통해 진행 상황을 점검한다. 특히 법적 절차 진행 중 발생할 수 있는 심리적 부담을 완화하기 위해 심리상담도 병행한다.

이러한 종합적인 법적 지원을 통해 채무자가 새로운 출발을 할 수 있는 기반을 마련하고, 이후의 자립 지원으로 연계될 수 있도록 한다. 법적 채무조정은 단순한 채무 면제나 조정이 아닌, 실질적인 경제적 재기의 출발점이 되도록 설계한다.

셋째, 자립기반 조성이다. 가구당 최대 3,000만 원의 재기지원자금(예컨대 연 2% 금리, 1년 거치 10년 분할상환)을 제공하고, 직업훈련 및 취업연계 지원을 통해 장기적인 경제적 자립을 도모한다. 원스톱지원센터의 자립기반 조성 프로그램은 채무조정 이후 실질적인 경제적 재기를 지원하는 핵심 사업이다. 이는 단순한 일시적 지원이 아닌, 지속가능한 자립을 위한 종합적인 지원체계로 운영해야 한다.

우선 재기지원자금을 통해 경제적 기반을 마련한다. 가구당 최대

3,000만 원까지 지원 가능하며, 연 2%의 저금리에 1년 거치 10년 분할 상환이라는 유리한 조건으로 제공한다. 이 자금은 소규모 창업자금, 직업훈련비용, 사업장 임대보증금 등 자립 기반 마련을 위한 용도로 활용할 수 있다.

직업능력 향상을 위한 맞춤형 직업훈련도 지원한다. 개인의 경력, 적성, 시장 수요를 종합적으로 고려하여 최적의 직업훈련 프로그램을 연계한다. 국가기간·전략산업 직종훈련, 폴리텍대학 교육과정 등 양질의 교육 프로그램을 우선 배정하며, 훈련기간 중에는 훈련장려금을 지원하여 생계 부담 없이 교육에 전념할 수 있도록 한다.

취업지원 서비스도 체계적으로 제공하는 것이 필요하다. 전담 직업상담사가 개인별 취업계획을 수립하고, 이력서 작성부터 면접 코칭까지 전 과정을 밀착 지원한다. 특히 센터와 협약을 맺은 기업들과 연계하여 양질의 일자리를 우선 알선하며, 취업 후에도 6개월간 사후관리를 통해 안정적인 직장생활을 지원한다.

창업을 희망하는 경우에는 더욱 세밀한 지원이 이루어지도록 한다. 창업 전문가의 상담을 통해 사업계획의 타당성을 검토하고, 시장조사와 상권분석을 지원한다. 소상공인시장진흥공단 등과 연계하여 창업교육을 제공하며, 사업자등록과 각종 인허가 절차도 지원한다. 창업 후에는 경영컨설팅을 통해 안정적인 사업 운영을 돕는다.

금융역량 강화도 중요한 부분이다. 재무관리 전문가가 개인별 맞춤형 재무설계를 제공하고, 정기적인 재무상담을 통해 건전한 자산관리를 지원한다. 특히 재무교육 프로그램을 통해 가계부 작성, 예산관리, 저축과 투자 등 실용적인 금융지식을 전달한다.

사회적 경제 영역과의 연계도 고려할 수 있다. 사회적기업, 협동조합 등과 협력하여 취업 기회를 제공하며, 필요시 사회적기업 창업도 지원하는 것이다. 이를 통해 경제적 자립과 함께 사회적 가치 창출에도 기여할 수 있도록 한다.

자조(自助)모임 운영도 자립지원의 중요한 축이다. 같은 처지에 있는 사람들과의 정기적인 모임을 통해 정보를 교환하고 서로를 격려하며, 성공·실패사례 공유를 통해 자립 의지를 높인다. 특히 기존 성공·실패 사례자들이 멘토로 참여하여 실질적인 경험과 노하우를 전수한다.

이러한 자립지원 과정에서 가족관계 회복도 함께 도모한다. 가족상담, 가족캠프 등을 통해 그동안 경제적 어려움으로 인해 손상된 가족관계를 회복하고, 가족의 지지 속에서 안정적인 자립이 이루어질 수 있도록 돕는다.

자립기반 조성 프로그램의 궁극적 목표는 단순한 취업이나 창업이 아닌, 지속가능한 경제적 자립이다. 이를 위해 개인의 상황과 욕구에 맞는 맞춤형 지원을 제공하고, 충분한 시간을 두고 단계적으로 자립을 도모한다. 이는 가계부채 문제의 근본적 해결과 함께 새로운 삶의 출발을 가능하게 하는 핵심 요소가 된다.

원스톱지원센터의 전국적 구축을 위해서는 광역단위 중앙센터(8개소)와 기초단위 지역센터(30개소)의 체계적인 설치가 필요하다. 이는 단순한 물리적 확장이 아닌, 지역별 특성과 수요를 고려한 맞춤형 지원체계를 구축하는 것이 중요하다.

특히 다음과 같은 측면에서 전면적 구축의 필요성이 있다고 본다.

첫째, 지역별 특성 반영이다. 도시와 농촌의 특성을 고려한 차별화된 지원, 고령층과 청년층의 특성을 반영한 맞춤형 프로그램 개발이 필요하다.

둘째, 통합적 지원체계 구축이다. 상담에서 재기까지 이어지는 원스톱 서비스 제공, 채무조정과 복지서비스의 연계, 사전예방부터 사후관리까지의 체계적 지원이 가능해진다.

셋째, 효율적 자원 활용이다. 분산된 지원체계를 통합함으로써 행정의 효율성을 높이고, 중복 지원을 방지하며, 제한된 자원의 효과적 활용이 가능하다.

가계부채 문제는 더 이상 개인의 문제가 아닌 사회구조적 문제로 인식해야 한다. 원스톱지원센터의 전면적 구축은 단순한 부채 해결을 넘어 사회안전망 강화, 금융시장 안정성 제고, 복지예산 절감효과까지 기대할 수 있는 종합적 해결책이다. 현재의 분절화된 지원체계로는 심화되는 가계부채 문제에 효과적으로 대응하기 어렵다. 따라서 보다 적극적이고 체계적인 원스톱지원센터의 전국적 구축이 시급하다.

지방정부 민간위탁 노동센터의 전국화가 시급하다

박재철
한국비정규직노동단체네트워크 공동의장

1. 한국의 불평등 양극화 노동현실

 1997~1998년 IMF 외환위기를 분기점으로 비정규직을 비롯한 취약노동계층이 늘어나면서 한국 노동시장의 불평등 양극화 양상은 심화돼 왔다. 압축 경제성장의 그늘인 노동시장 이중구조 아래 노동조합에 가입할 유인이 거의 없고, 가입하더라도 조직적 성과를 기대하기 어려운 취약노동계층은 자신의 권익을 보호하거나 신장할 방도를 찾기 어려운 현실이 지속되고 있다. 취약노동계층은 헌법에 명기된 노동 3권을 누리기 어려워져, 정작 노조가 가장 필요한 비정규직·저임금 노동자들 대다수를 노동인권 사각지대에 방치하고 있다.
 온갖 차별에 시달려 온 비정규직 노동자들의 노조 가입률은 여전히 3% 내외로 매우 낮은 수준에 머물러 있고, 소규모 사업장 노동 실태는 더욱 심각한 조건에 놓여 있다. 더구나 최근 산업구조가 빠르게 바뀌어 노동자성 여부가 불분명하거나 노동자성을 인정받지 못하고 있는 플랫폼노동과 프리랜서 등 사회안전망으로부터 배제되어 온 취약계층 노동자가 급증해 왔다. 2000년대 이후 새로운 양상으로 등장해서 늘어난 취약계층 노동자의 권익 보호와 신장을 위해 실사구시에 입각한 문제 해결 방향의 정립과 실질적인 개선 방안 마련이 주요한 사회적 과제로 대두됐다.

민주노총과 한국노총을 중심으로 한 노동조합은 미조직·비정규직 노동자의 조직화를 위해 여러 방도로 힘써왔지만, 정규직 중심 기업별노조 체계의 한계를 극복하지 못한 채 새로운 사회 의제로 부상한 노동 현안에 제대로 대응하지 못하고 있다. 그에 따라 취약노동계층 이해 대변이 정부에 위임되거나 그마저도 잘 이루어지지 않고 있는 구조 속에서, 노조가 없는 사업장 노동자들의 권익을 보호할 방책 마련이 긴요한 시점이다. 특히 2020~2022년 코로나 재난 시대를 거치면서, 시시포스의 고투처럼 맨 밑바닥에서 한국사회를 지탱해 온 취약계층 노동자들의 일자리와 처우를 개선할 대책 마련이 요구되고 있기도 하다.

2. 새로운 취약노동계층 이해 대변 기구의 필요성

'기울어진 운동장'으로 불리는 재벌 중심의 한국 사회경제구조에서 노사정 모두가 외면하거나 불철저하게 대책을 내온 취약노동계층 현실은 개선이 더디거나 정체되어있는 현실이다. 노동시장 이중구조 아래 2차 부문의 대다수 노동자들이 열악한 노동 조건에다가 노조의 보호망으로부터 바깥으로 밀려나 있어, 이들 미조직 취약노동계층의 권익 보호와 개선, 이해 대변 강화를 위한 정책적인 지원 체계 구축이 절실하게 요구되는 상황이다. 그리고 13%에 불과한 낮은 (전국 평균) 노조 조직률(2023년 기준)로 인해 중앙 차원의 사회적 대화와 업종별, 지역별 정책협의에 있어 온전한 대표성을 행사하지 못하고 있고, 비정규직·중소기업·미취업 청년·경력단절여성 등 취약노동계층의 집단적인 권익을 대변할 수 있는 참여 주체의 선정이나 역할 수행도 어려운 현실이다.

이런 조건에서 지방정부 민간 위탁 노동센터가 수행해 온 취약노동계층 조직화 및 이해 대변 지원 활동체계 구축은 중앙정부 차원의 사회적 대화와 업종별·지역별 정책협의를 위한 취약노동계층의 집단적 대표성 확보를 위해서도 필요한 과제로 대두되고 있다.

3. 지방정부 민간위탁 노동센터의 역할

불평등 양극화 노동 현실의 개선이 더딘 상황 속에서 기존 중앙정부가 관장해 온 노동정책과 관련하여 2010년대 초반부터 서울시와 경기도를 비롯한 지방자치단체에서 민관협력 방식으로 취약노동계층의 처우를 개선하는 전향적인 노동정책과 노동행정을 시행하면서 여러 성과를 냈고 새로운 가능성을 보여준 바 있다. 2016~2017년 촛불항쟁을 전후하여 '노동존중사회' 정책 기조를 반영하여 지방정부가 예산을 지원해 설립한 노동센터들이 늘어나면서, 일터와 사업장을 넘어선 지역과 삶터에서 취약계층 노동자의 권익을 개선하는 활동을 시작했다. 노동시장 이중구조 아래 취약노동계층 권익을 보호하고 지원하는 이해 대변 기구로 역할 하는 새로운 경로의 모델이 만들어져 점차 확대되어 왔다.

지방정부 민간위탁 노동센터는 해당 지역을 근거지로 노동상담 및 권리구제, 노동인권교육, 실태조사 및 정책연구, 감정노동, 조직화 지원 등 취약노동계층 권리 보호, 지역사회 사회적 대화 및 협약, 노동자 네트워크 형성 지원, 인식 개선 캠페인, 이동노동자 쉼터 등 다양한 사업을 수행한다. 지방정부 민간위탁 노동센터의 기본 사업은 노동상담과 교육이다. 노동상담과 교육은 지방자치단체의 공신력을 활용한 취약노동계층 접촉이 가능한 상시 사업으로 이해 대변 경로를 제공해 왔고, 노동상담과 연계한 권리구제도 병행해서 당사자에 대한 법률 지원도 지속해 오고 있다.

서울의 경우 2015~2022년 기간 동안 노동상담이 124,321건에 이르고, 권리구제도 1,125건에 달했다. 상담 직종은 청소, 경비, 주차관리 등 비정규직과 취약계층, 소규모 사업장 노동자 비율이 60% 내외로 노조를 통한 상담보다 취약노동계층의 비율이 더 높았다.

4. 꼭 필요한 노동센터의 전국화

2017년 집권한 문재인 정부가 공약으로 내세운 유럽 모델을 본보기로 한 노동회의소는 노조 바깥에 방치된 대다수 노동자의 권익 보호를 위한 방도였다. 당시 병행된 사회적 대화 기구 설치와 함께 의미 있는 문제의식을 담고 있었지만, 사회적 공론화에 실패하면서 실현되지 못했다. 윤석열 정부도 뒤늦게 노동약자를 호명하면서 취약노동계층 지원 사업에 나서고 있지만, 실질적인 효과를 기대하기는 어려운 상황이다. 따라서 취약계층 지원의 실질적인 효과를 높이기 위해서는 이전에 문재인 정부가 노동회의소 구상을 통해 펼치고자 한 미조직 노동자 이해 대변 사업을 10여 년 이상 실행해 온 지방정부 민간위탁 노동센터의 역할을 더욱 강화해야 할 시점이다.

지방정부 민간위탁 노동센터의 분포를 보면 수도권에 편중되어 있음이 한 눈에 드러난다. 특히 경상북도와 충청북도, 강원도는 광역 단위와 기초지자체 단위 모두 노동센터가 없어 지방정부 차원을 넘어 중앙정부와 국회 차원의 정책 대안 마련이 시급하게 요청되고 있다. 이미 노동시장 이중구조에서 노동인권 침해를 당하고 있는 취약노동계층이 지역 차별까지 겹쳐 이중고를 겪고 있는 셈이다.

현재 비정규직 노동자의 권익 보호와 복지 관련 업무는 민간 비영리단체나 지방자치단체에서 주요하게 진행하고 있으나, 중앙정부의 재정적 지원 등에 대한 법률적 근거가 없어 지방자치단체의 재정 여건과 정책 방향에 따라 사업이 중단되거나 취소되는 등 지속적이고 안정적인 사업 집행에 어려움을 겪어왔다. 이에 중앙정부에서 비정규직 노동자 지원에 관한 기본계획을 수립하고 비정규직 노동자의 권익 보호 및 복지 증진을 위한 법적 근거를 마련해 중앙정부와 지방자치단체의 책임과 재정 지원을 뒷받침할 필요가 있다. 대다수 취약노동계층 노동자들에게 사회안전망을 제공하고, 노동시장 이중구조 개선에 기여해 온 지방정부 민간위탁 노동센터가 전국적으로 역할 할 수 있도록 지원하는 내용을 담고 있는 법안(더불어민주당 박홍배 국회의원이 대표 발의한 「비정규직 근로자 지원 활성화에 관한 법률안」)이 2024년 말 발의돼 2025년에 추진될 예정이다.

일터를 넘어선 '지역을 기반으로 한 삶터'에서 취약노동계층 문제가 개선되어야 한다. 지방정부 민간위탁 노동센터의 전국 확대는 취약노동계층 당사자 눈높이에서 지역 특성에 맞춤해 노동시장 이중구조 문제를 지속적이고 실질적으로 개선해 나갈 수 있는 효과적인 방안이자 대안이다.

  불평등으로 인한 양극화가 심화되고 있는 상황에서 취약노동계층을 비롯한 모든 노동자들의 권익 신장과 이해 대변 강화가 가능하려면, 우선 노동인권 사각지대 해소를 위해 지방정부 민간위탁 노동센터를 전국에 걸쳐 확대해 나갈 수 있는 법 제도 개선이 시급한 당면과제다.

청년고용의 현황, 문제 및 정책방향 모색

송수종
한국고용정보원 연구위원
교육학 박사

1. 장단기 청년고용의 현황 및 추이

가. (단기) 2022년 역대급 고용지표 이후 2023년부터 2년 동안 악화

청년층 단기 고용동향은 2022년 역대급 고용지표 이후 2023년부터 2년 동안 악화되고 있다. 2020년 코로나19의 고용 충격이 집중되었으나, 2021년 3월 이후 빠르게 회복되었다. 이어서 2022년은 청년인구 감소에도 불구하고 취업자, 고용률 등 고용지표가 2000년 이후 십수 년 사이 역대급 수치를 나타냈다. 그러나 2022년 정점 이후 2023년부터 상황이 급반전하여 인구구조 변화, 산업구조 변화 및 경기구조적 요인에 따라 고용지표가 지속적으로 악화되고 있다. 2022년은 전년 대비 20만 3천 명의 청년인구가 감소하는 가운데 취업자는 오히려 전년 대비 11만 9천 명이 증가하였고, 이것은 경기구조적 요인에 의한 고용률 효과(20만 9천 명 증가)에 기인한다. 반면에 2023년에 이어 2024년은 취업자가 전년 대비 14만 4천 명 감소하였고, 이러한 취업자 감소 요인을 인구 감소와 경기구조적 요인으로 분해하면, 인구 효과로 인해 11만 1천 명이나 감소함은 물론 고용률 효과로 인해 3만 3천 명이 감소하였다.

청년층(15~29세) 경제활동 현황

(단위: 천 명, %, %p, 전년 대비)

		2019		2020		2021		2022		2023		2024	
청년 인구		9,060	(−88)	8,911	(−149)	8,770	(−141)	8,567	(−203)	8,390	(−177)	8,152	(−238)
경제활동인구		4,331	19	4,133	(−198)	4,203	70	4,269	66	4,142	(−127)	3,990	(−152)
	취업자	3,945	41	3,763	(−183)	3,877	115	3,996	119	3,899	(−98)	3,755	(−144)
	인구효과				(−38)		(−65)		(−60)		(−90)		(−83)		(−111)
	고용률효과				79		(−117)		174		209		(−14)		(−33)
	실업자	386	(−22)	370	(−16)	326	(−45)	272	(−53)	243	(−30)	235	(−8)
비경제활동인구		4,729	(−108)	4,778	49	4,567	(−211)	4,299	(−268)	4,248	(−50)	4,162	(−87)
경제활동참가율		47.8	0.7	46.4	(−1.4)	47.9	1.5	49.8	1.9	49.4	(−0.4)	48.9	(−0.5)
고용률		43.5	0.8	42.2	(−1.3)	44.2	2.0	46.6	2.4	46.5	(−0.1)	46.1	(−0.4)
실업률		8.9	(−0.6)	9.0	0.1	7.8	(−1.2)	6.4	(−1.4)	5.9	(−0.5)	5.9	0.0

※ 자료: 통계청, 「경제활동인구조사」, 각 연월.

【그림 1】청년층(15~29세) 인구 및 취업자 증감 추이

(단위: 천 명, 전년 대비)

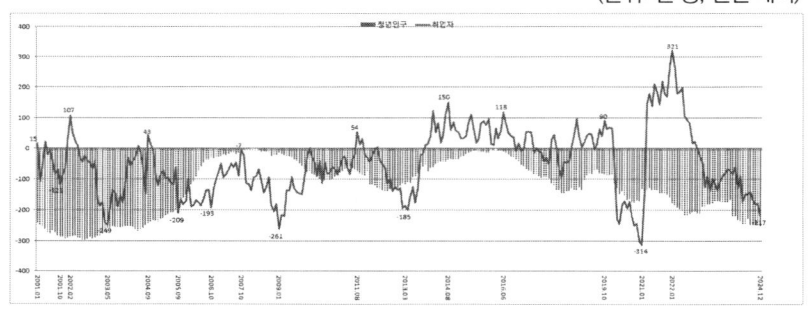

※ 자료: 통계청, 「경제활동인구조사」, 각 연월.

나. (장기) 2000년 이후 20대 초반과 후반의 상반된 추세 형성

2000년 이후 십수 년 기간 동안 20대 전체 고용률(20~29세)과 20대 초반 고용률(20~24세)은 상반된 모습을 보인다. 2008년 세계금융위기와 2020년 코로나 팬데믹을 겪으면서 등락하는 모습을 보이지만, 20대 전체 고용률은 큰 변동이 없다.(2000년 1월 65.53%→2024년 1월

64.9%) 그런데 20대 초반 고용률은 대폭 하락하는 데 반해(2000년 1월 51.7%→2024년 1월 45.0%). 20대 후반 고용률은 오히려 대폭 상승하여 상반된 모습이다(2000년 1월 64.2%→2024년 1월 72.7%).

【그림 2】 20대 고용률(20~29세)

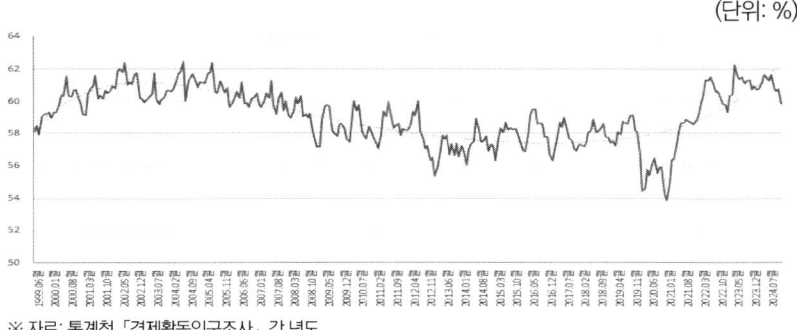

※ 자료: 통계청, 「경제활동인구조사」, 각 년도.

【그림 3】 20대 초반 고용률(20~24세)

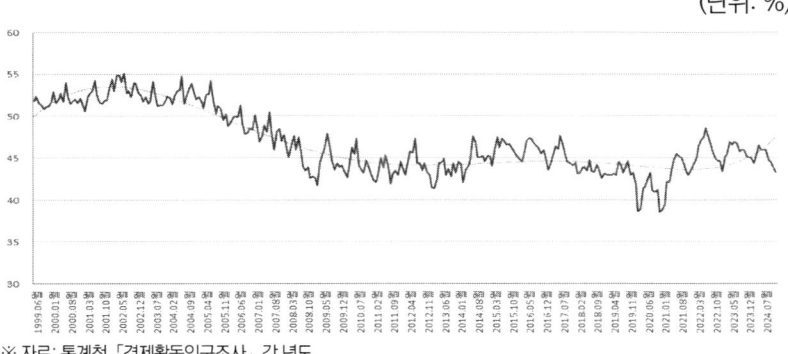

※ 자료: 통계청, 「경제활동인구조사」, 각 년도.

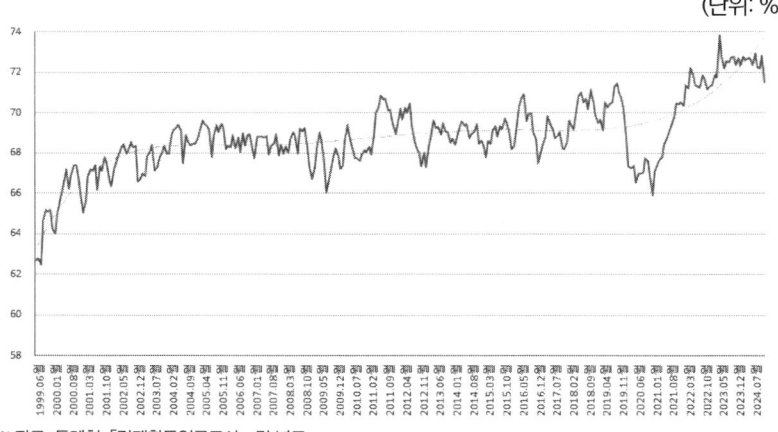

【그림 4】 20대 후반 고용률(25~29세)

※ 자료: 통계청, 「경제활동인구조사」, 각 년도.

　20대 초반 고용률의 지속적인 하락에 우려의 목소리가 큰 것은 '졸업 이후 첫 취업 소요 기간 증가'와 '쉬었음 청년인구'가 청년인구 감소에도 불구하고 40만 명 이상에서 꾸준히 증가하고 있는 것이다. 먼저 첫 취업 평균소요기간은 2004년 9.5개월 → 2024년 11.5개월로 대폭 증가하고 군 입대 등으로 인해 남성(13.4개월)의 첫 취업 평균소요기간이 여성(9.7개월) 보다 3.7개월 더 길다. 둘째, 쉬었음 청년인구가 2022년에는 코로나19 사태 이전 수준으로 감소하였으나, 2023년부터는 꾸준히 증가하여 2024년에는 40만 명 이상을 유지하고 있다. 이와 같이 졸업 이후 첫 취업 소요 기간이 증가하는 것과 쉬었음 청년인구가 지속적으로 증가하는 것은, 학교에서 노동시장의 원활한 이행이 지체되는 것을 의미하며 이는 이후 결혼과 출산에도 부정적인 영향을 미치고 있다. 따라서 본고에서는 20대 초반 청년층의 고용률이 부진한 원인을 진단하고 정책방안을 모색하고자 한다.

【그림 5】첫 취업 평균소요기간(15~29세)

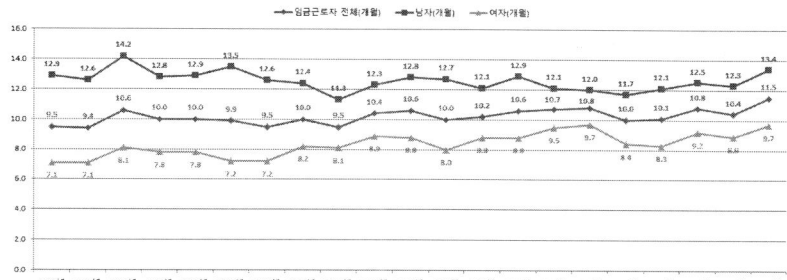

※ 자료: 통계청, 「경제활동인구조사」, 각 년도.

【그림 6】'쉬었음' 청년인구(15~29세)

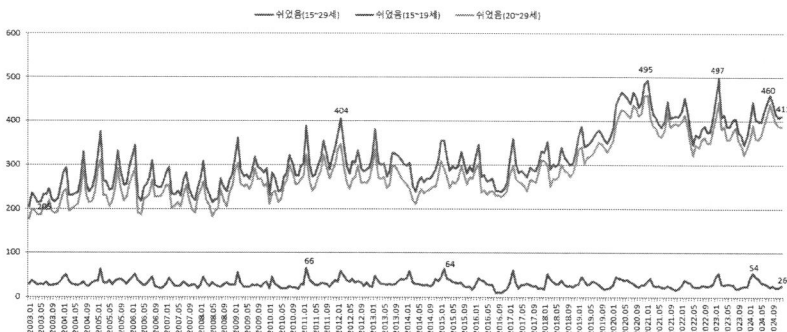

※ 자료: 통계청, 「경제활동인구조사」, 각 년도.

2. 청년고용에의 영향요소 및 대응방안

가. 산업 구조 변화 및 기술 발전

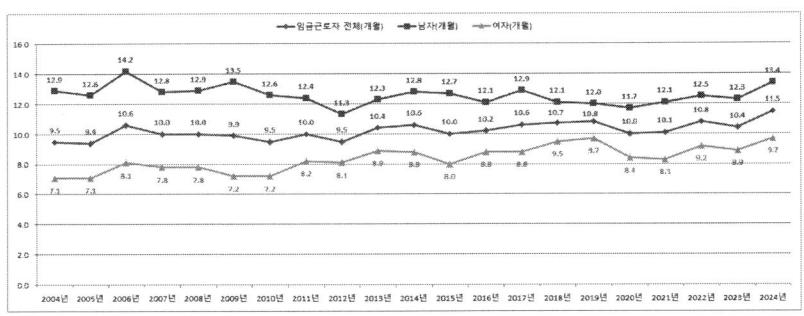

(1) 원인

최근 ChatGPT, DeepSeek 등 생성형 AI가 국가 간 기술 패권 전쟁 속에 뜨거운 관심을 받고 있다. 이미 2020년 코로나19 사태 이전부터 기술 혁신과 디지털 전환으로 전통적인 제조업 일자리가 감소하고, 새로운 기술에 대한 수요가 증가하면서 청년층이 이러한 변화에 적응하기 어려운 환경이었다. 이러한 일자리 변화를 크게 세 가지 유형으로 구분할 수 있는 데, ① 기술 발전으로 인한 일자리 감소, ② 새로운 기술로 인한 일자리 증가, ③ 산업 구조의 변화로 인한 일자리 이동으로 구분할 수 있다. 예를 들어, ① 독일의 자동차 회사인 폭스바겐은 2010년 이후 로봇을 생산라인에 도입하여 사람의 작업 비중을 30% 이상 줄여 자동차를 조립하던 일자리가 줄어든 반면에, ② 인공지능(AI)을 개발하고 관리하는 엔지니어나 AI 서비스를 기획하고 운영하는 전문가 등의 새로운 기술로 인한 일자리가 늘어나고 있다. 또는 ③ 산업 구조가 변하면서 일자리의 종류와 위치도 변하고 있어, 석탄을 사용하는 발전소가 줄고 대신 친환경 에너지를 사용하는 발전소가 늘어나면서, 관련된 일자리가 감소하거나 새로운 일자리로 대체되고 있다. 이러한 변화는 모든 국가에서 청년이 일자리를 찾는 데 어려움을 겪는 원인 중 하나다. 따라서, 새로운 기술을 배우고 변화하는 산업에 맞는 역량을 키우는 것이 중요하다.

(2) 정책방안

신기술 분야에 대한 직업 교육 및 훈련 프로그램을 강화하여 청년들이 변화하는 산업 환경에 적응할 수 있도록 지원해야 한다. 예를 들어, 디지털 경제와 AI, 반도체, 바이오산업 등 신산업 분야의 인재 수요에 맞춰 직업 훈련 및 재교육 프로그램을 확대할 수 있다. 최근 '100만 디지털 인재 양성 계획'은 5년간 디지털 및 AI 역량을 갖춘 신산업·신기술 분야의 핵심 인재를 양성하고 있는 데, 디지털 인재가 모든 산업 분야에서 부족하기 때문에, 장기적인 플랜 수립을 통해서 소프트웨어(SW)·AI 및 디지털교육 기반을 조성하고 관련 교육프로그램을 확대해 나가야 한다. 최근 '디지털 신기술 인재 양성 혁신공유대학' 사업도 수도권과 지방 대학 간 교육자원을 공동 활용하는 체계를 구축하여, 반도체 등 첨단 분야의 인재를 양성하고 있는데, 여전히 지방 대학의 재정 여건과 물적·인적 인프라가 부족하기 때문에, 고등교육 분야 교육의 연계협력 중심을 대학 간 공유성장 교육체제로 지속적으로 발전시켜 나갈 필요가 있다. 현재의 글로컬사업, RISE사업(Regional Innovation System & Education, 지역혁신 중심 대학지원센터)은 물론이고 모든 부처의 다양한 인력 양성 사업을 통해서 장기적인 개혁하에 신기술 분야에 대한 직업 교육 및 훈련 프로그램을 확충해 나갈 필요가 있다.

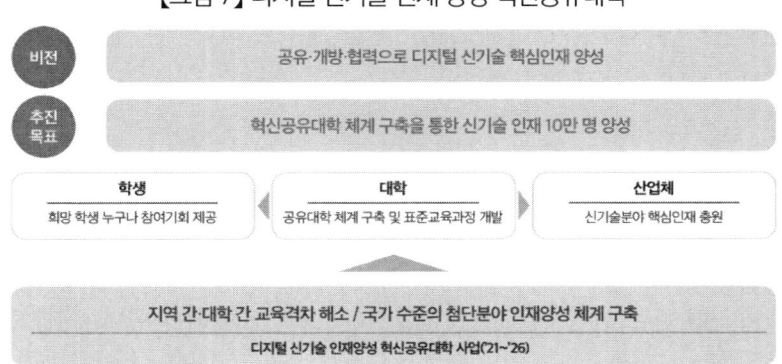

【그림 7】 디지털 신기술 인재 양성 혁신공유대학

※ 자료: 신기술분야 인재양성을 위한 공유대학 체계 구축(김홍오 교육부 산학협력일자리정책과 사무관), 행복한교육 2021년 04월호

나. 고학력화에 따른 일자리 미스매치

(1) 원인

청년층의 학력 수준이 높아지면서 기대 임금과 직업에 대한 기대치도 상승하였으나, 실제 일자리와의 불일치로 인해 취업시장에서 미스매치가 발생하고 있다. 먼저 고등교육기관 진학률을 살펴보면 OECD 국가들의 대학 진학률은 국가마다 다르지만(대개 40~60% 수준), 대한민국은 대학 진학률에서 OECD 평균보다 상당히 높은 수준을 유지하고 있다(2024년 73.6%). 이러한 높은 진학률은 국민의 교육열과 경쟁적인 사회적 압박감에서 비롯되었다. 한편 고용노동부의 2024년 8월 사업체 노동력조사 결과를 살펴보면, 중소기업은 구인난에 허덕여서 빈 일자리 수가 18만 개나 되고 주로 임금 및 근로여건이 열악한 300인 이

하의 사업장(17만 2천 명)에 집중되고 있다. 빈 일자리 수가 많은 것은 정부와 기업이 창출해 낸 일자리에 대해서 청년취업자가 체감하는 '일자리 질'이 만족할 만한 수준이 아니라는 것을 의미한다. 전체 사업체와 종사자 수에서 중소기업이 차지하는 비중은 각각 약 99% 및 83%이며, 대기업의 사업체 수와 종사자 수는 각각 1%, 17% 내외이다. 그러나 중소기업의 사업체 수와 종사자 수가 월등히 많은 반면에, 생산액과 부가가치는 대기업의 반 토막 수준이다. 상황이 이렇다 보니 임금, 숙련 형성의 기회, 복지혜택, 조직문화, 작업환경, 근로시간 등에 있어서 대기업과 중소기업 간 격차가 크다. 결국 양질의 좋은 일자리 개선을 늘리지 않고는 대기업, 중소기업간 일자리 미스매치가 지속될 수밖에 없다.

(2) 정책방안

정부가 바뀔 때마다 매년 청년 일자리 대책으로 산업계와 교육계의 협력을 통해 현장 중심의 교육과정을 개발하고, 인턴십 및 산학 협력 프로그램을 확대하여 청년이 실무 경험을 쌓을 수 있도록 지원해 나가고 있다. 이를 통해 기업이 필요로 하는 역량을 갖춘 인재를 양성할 수 있다. 그러나 양질의 일자리 늘리기와 일자리 미스매치 문제를 해결하기 위해서는 청년정책 기본계획 수립 시 개별적인 정책 지원 이외에도 연구개발(R&D) 투자전략 수립 등 중장기적인 관점에서 경제·산업정책의 비전도 포함해야 한다. 특히 기업규모 간 경제 양극화를 해소하기 위하여 중소기업에 대한 연구개발(R&D) 지원을 확대하여 혁신역량(생산성)을 제고하고 우수한 인재가 중소기업에 장기간 재직하도록 근로환경을 개선해 나가야 한다. 왜냐하면 대기업 및 중소기업 간 노동생산성 격차는 다양한 요인들에 영향을 받지만, 연구개발 투자 격차로 인한 혁신역량(생산성)의 격차에 가장 큰 영향을 받기 때문이다. 저출산·고령화로 인한 인구구조 변화 속에 4차 산업혁명·기술혁명 가속화와 2050년 탄소제로·에너지 전환에 대응하는 과정에서 중소기업은 더 큰 어려움을 겪고 있다. 그런데 우리나라 전체 연구개발 활동은 대기업 주도로 민간 부문 중심으로 이뤄졌고, 국가연구개발사업 예산 집행 실적에서도 중소기업의 비중은 크지 않다. 결국 향후 과제는 대기업과 중소기업 간 경제적 양극화의 핵심인 중소기업 연구개발(R&D) 지원 확대를 통해 혁신역량 제고 및 생산성 향상을 도모하여 중소기업이 중견·대기업으로 성장할 수 있는 환경 조성이 필요하다.

다. 중소기업 취업 기피 현상

(1) 원인

청년들이 안정성과 복지 수준이 높은 대기업이나 공기업을 선호하여 중소기업 취업을 기피하는 경향이 있다. 설상가상으로 최근 국내대기업이 미국 등으로 해외 진출이 늘어남에 따라 대기업 수가 줄어드는 반면, 중소기업이 중견기업을 거쳐 대기업으로 성장하는 사례를 찾아보기 힘들다. 자동화 및 경력직 선호 등으로 대기업의 신규고용 여력도 줄어들면서 청년층이 원하는 양질의 일자리가 더 줄어들고 있다.

(2) 정책방안

중소기업의 근로 환경과 복지 수준을 개선하고, 청년이 중소기업에서 일하면서 자산을 모을 수 있도록 지원하는 프로그램을 확대해야 한다. 예를 들어, 2024년 폐지된 '청년내일채움공제'와 같은 제도를 통해 청년의 중소기업 취업을 장려할 수 있다. 이와 더불어 중장기적으로 보다 근본적으로는 중소기업이 산업구조 변화 및 에너지 전환에 적극 대응할 수 있도록 연구개발(R&D) 지원 확대를 통해 중소기업이 중견·대기업으로 성장할 수 있는 환경 조성이 필요하다. 이와 함께 기업규모에 따른 차별적 규제를 합리적으로 개선하고 세제 등 관련 제도를 개선해 보다 많은 중소기업이 대기업과 중견기업으로 성장할 수 있는 여건도 조성해야 한다. 일반적으로 중소기업이 대기업으로 성장하는 데 긴 시간이 필요하므로, 연구개발(R&D) 지원 확대를 통해 기업규모 간 혁신역량(생산성) 격차 해소 이외에도 우수한 인재가 중소기업에 입직하여 장기간 재직할 수 있도록 청년 개인에 대한 직접적인 소득지원(예시: 청년내일채움공제, 자산형성 지원, 청년기본소득 등)과 근로여건 개선이 병행돼야 한다. 특히 청년의 지역 이탈 및 지역 일자리 문제에 대한 해법은 더욱 복잡하다. 청년 문제의 절반이 지역문제라 할 수 있는데 중소기업 빈 일자리가 지역 산업단지에 많기 때문에, 지역에서 태어난 청년이 대학에 진학하거나 또는 졸업 이후 직장을 찾아서 수도권으로 이탈하지 않도록 지역의 특색 있는 정책 수립이 필요하다. 대학 진학→졸업→취업준비→입직→재직→결혼→출산→육아 등 생애주기별 요구에 맞춰 주거, 문화, 의료, 관광, 교통, 평생능력개발 등 다양한 청년수요에 대응하여 종합적인 관점에서 중앙정부, 지자체, 대학, 민간기업 등이 참여하는 청년친화적인 도시를 조성하는 도시브랜드 전략이 필요하다.

라. 기업의 경력직 선호 및 채용 경향 변화

(1) 원인

청년이 선호하는 대기업·중견기업이 공채 제도를 폐지하고 경력·수시 채용 제도로 돌아섰다. 기업들이 경력직을 선호하면서 청년이 처음부터 경력을 쌓을 기회를 얻기 어려워지고 있다. 기업의 경력 선호도와 채용 추세는 기술 발전과 역동적인 노동시장의 변화에 따라 큰 변화를 겪고 있다. 소셜 미디어와 디지털 플랫폼은 채용 전략에 필수가 되었으며, 채용 담당자와 구직자 모두에게 새로운 기회를 제공하고 있다. 이러한 변화와 함께 비전통적 채용 관행에 대한 중요성이 커지고 있으며, 조직이 보다 경쟁적이고 다양한 노동시장에 적응해야 할 필요성이 커지고 있다. 먼저, 채용 분야 기술 발전 추세는 소셜 미디어 플랫폼이 구직자와 채용 담당자를 연결할 수 있는 전문적인 공간을 제공하며 채용에 점점 더 많이 사용되고 있다. 이를 통해 후보자(구직자) 풀이 확대되고 보다 타기팅된 채용 전략이 가능해졌다. 또한 게임과 멀티미디어 도구가 후보자(구직자)를 효율적으로 모집·선별하기 위해 도입되고, 비디오 이력서와 온라인 네트워킹 사이트의 사용이 증가하는 등 보다 역동적이고 대화형 채용 프로세스로의 전환을 반영하고 있다. 둘째, 채용 선호도 변화 추세를 살펴보면, 기업은 글로벌 환경에서 성공할 수 있는 숙련된 근로자를 확보하는 데 중점을 두고 변화하는 노동시장에 적응하기 위해 보다 유연한 채용 채널로 이동하고 있다. 또한 공식적인 채용 채널과 적성 검사를 사용하여 후보자(구직자) 특히, 신입 졸업자의 기술적 및 소프트 스킬을 평가하는 추세이다. 셋째, 경제의 디지털화는 채용 프로세스를 크게 변화시켜 더욱 효율적으로 만들었다. 이로 인해 후보자(구직자)의 검색 형식과 전반적인 채용 관행이 바뀌었다. 이와 같은 채용 분야의 기술 통합은 많은 이점을 제공하지만, 디지털 평가 도구의 타당성과 보안 강화와 같은 새로운 과제도 제기되고 있다. 요약하자면, 소셜 미디어와 디지털 플랫폼 등 채용 분야의 기술 발전과 글로벌 환경에서 숙련된 근로자 확보 등 역동적인 노동시장의 변화에 따라 기업의 경력직 선호 및 채용 전략은 급속하게 변화하고 있다.

(2) 정책방안

정부는 청년의 기술 향상, 일터 기반 학습 기회 제공, 고용주에게 청년을 고용하도록 인센티브를 제공할 수 있으며 실제로 다양한 사업을 시행하고 있다. 이러한 정책은 교육과 고용 간의 격차를 메우고 청년 개인이 현대 노동시장에서 성공하는 데 필요한 기술과 경험을 갖추도록 하는 것을 목표로 해야 한다. 먼저, 기술 개발 및 훈련 프로그램은 정부가 현재 일자리 시장에서 수요가 있는 기술(전문적 기술, 디지털 리터러시, 커뮤니케이션 및 팀워크 등 소프트 기술)을 청년에게 제공하는 데 중점을 둔 훈련 프로그램을 수립하고 확대해야 한다. 둘째, 일터 기반 학습 기회 제공은 견습생 및 인턴십과 같은 일터 기반 학습 프로그램을 실행하면 청년구직자에게 귀중한 업무 경험과 안정적인 고용으로 가는 길을 제공할 수 있도록 설계되어야 한다. 이러한 프로그램은 산업의 요구에 맞게 설계하여 참여자가 고용가능성을 높이는 관련 기술과 자격을 습득할 수 있도록 모니터링하고 평가해야 한다. 셋째, 고용주 인센티브와 관련해서는 정부가 특히 청년 고용이 감소하는 부문에서 청년 근로자를 고용하는 고용주에게 세제 혜택이나 지원금 제공을 확대해 나가야 한다. 고용주가 청년 고용 이니셔티브에 참여하도록 장려하면 더 많은 일자리를 창출하고 청년에게 제공되는 일자리의 질을 개선하는 데 도움이 될 수 있다. 끝으로 이러한 정책은 청년 고용률을 크게 개선할 수 있지만 더 광범위한 경제적 맥락을 고려하는 것이 필요하다. 경제의 구조적 변화와 고용주 선호도의 변화는 청년층 고용 감소에 영향을 미쳤으며, 이러한 근본적인 문제를 해결하려면 정부, 교육기관, 민간 부문의 협력을 포함하는 포괄적인 접근 방식이 필요하다.

마. 노동시장 이중구조

(1) 원인

우리나라에서 노동시장 이중구조는 가장 중요한 일자리의 구조적인 문제이다. IMF 이후 십수 년간 정부는 매년 청년일자리 대책을 발표하고 있지만, 정규직과 비정규직 간의 임금 및 근로조건 격차로 인해 청년들이 안정적인 일자리를 찾기 어려워지고 있다. 노동시장 이중구조는 청년근로자가 불안정하고 안정성이 낮은 일자리에 처하게 되는 세분화된 환경을 만들어내어 청년층 고용률 감소에 영향을 미친다. 노동시장의 이분적인 세분화로 인해 특히 경기침체기에는 안정적인 고용을 확보하는 데 어려움이 더욱 가중된다. 이중노동시장은 안정적이고 고임금의 일자리와 종종 청년근로자가 차지하는 불안정하고 저임금의 직위로 구분되는 것이 특징이 있다. 노동시장 이중구조는 청년층이 보다 안정적인 고용으로 전환할 수 있는 기회를 제한하여 청년층의 실업률을 더 높이고 있다. 한편 노동시장의 이중구조가 청년 근로자에게 상당한 어려움을 안겨주는 반면, 청년 실업 해소에 기여하는 더 광범위한 경제적, 사회적 요인을 고려해야 하는 것도 중요하다. 예를 들어, 저출산·고령화 등 인구 통계적 변화와 대학(원) 진학 증가 등 교육적 선택은 노동시장 참여에 영향을 미치며, 이러한 영역을 타깃으로 하는 정책 개입은 노동시장 이중구조의 부정적 영향을 완화하는 데 도움이 될 수 있다. 이러한 다양한 경제적, 사회적 요인을 분석하고 정책 개입을 하는 것은 앞서 제시한 내용과도 맥락을 같이 한다.

(2) 정책방안

노동시장 이중구조를 해결하고 청년고용률을 개선하려면 다양한 정책 개입을 통합하는 다면적 접근 방식이 필요하다. 안정적이고 고임금의 일자리와 불안정하고 저임금 일자리가 구분되는 이중노동 시장은 청년고용에 상당한 과제를 안겨주고 있다. 효과적인 정책 개입은 이러한 격차를 메우고 청년의 취업 기회를 개선할 수 있을 것이다. 먼저, 적극적 노동시장 정책(ALMPs, Active Labor Market Policies)이다. 훈련 프로그램, 고용 인센티브, 고용보조금을 포함한 적극적 노동시장 정책은 청년고용에 긍정적인 영향을 미친다. 이러한 프로그램은 직무 관련 기술을 향상시키고 노동 시장 참여를 촉진하는 것을 목표로 하고 있다. 또한 공공고용서비스(PES, Public Employment Service)는 일자리 중개와 적극적 노동시장 정책의 조정에서 중요한 역할을 하며, 이는 청년의 고용 증가와 더 나은 일자리 매칭으로 이어질 수 있다. 둘째, 교육 및 기술 개발(Education and Skills Development)에 투자하는 것은 청년층이 노동 시장에서 필요한 역량을 갖추는 데 필수적이며, 직업 훈련과 지속적인 학습 기회가 포함된다. 시장 수요에 맞춰 맞춤형 훈련 프로그램을 제공하면 청년이 관련 기술을 습득하여 취업 가능성을 높일 수 있다. 셋째, 고용 보호 법률 및 유연성(Employment Protection Legislation and Flexibility)도 노동시장 이중구조 개선에 효과가 있다. 고용 보호 법률이 청년고용에 큰 영향을 미치지 않지만 보호 격차를 줄이면 청년층 노동시장의 성과를 개선할 수 있다. 또한 노동 시장 규제의 유연성과 안정성 조치를 결합하면 청년고용을 위한 보다 포괄적인 환경을 조성할 수 있다. 마지막으로, 노동시장 이중구조를 해결하려면 이해 관계자 협력 및 정책 설계(Stakeholder Collaboration and Policy Design)도 중요하다 정부, 교육기관, 민간 부문을 포함한 이해관계자 간의 협력은 효과적인 노동시장 정책을 설계하는 데 필수다. 이를 통해 정책 개입이 맥락에 맞게 이루어지고 청년의 고유한 요구를 충족할 수 있다. 또한 정책을 지속적으로 모니터링하고 평가하는 것은 전략을 조정하고 시간이 지남에 따라 효과성을 개선하는 데 필요하다. 이러한 다양한 정책 개입은 이중노동시장을 해결하고 청년고용을 개선하기 위한 유망한 길을 제공하지만 해결해야 할 과제는 여전히 남아 있다. 이러한 정책의 효과는 사회 경제적 상황과 제도적 틀에 따라 달라질 수 있다. 따라서 지역적 맥락과 지속적인 평가를 고려하는 섬세한 접근 방식이 청년 고용률의 지속가능한 개선을 달성하는 데 매우 중요하다.

3. 마무리하기

 2000년 이후 십수 년간 20대 초반 고용률은 대폭 하락한 반면에 20대 후반 고용률은 대폭 상승하여 상반된 모습이다. 본고에서는 20대 초반 청년층의 고용률이 부진한 원인을 진단하고 정책방안을 모색하였다. 원인과 정책 방안을 매칭하고자 산업구조 변화 및 기술 발전, 고학력화에 따른 일자리 미스매치, 기업의 경력직 선호 및 채용 경향 변화, 중소기업 취업 기피 현상, 노동시장 이중구조의 다섯 가지로 제시하였다. 가장 근본적인 원인은 노동시장 이중구조 문제로 생각된다. 그간 정부는 매년 청년 일자리 대책을 발표하고 있지만 노동시장 이중구조 문제는 여전히 해결되지 않고 있다. 그동안 장기간 고착화된 노동시장 이중구조 이외에도 저출산·고령화로 인한 인구구조 변화, 4차 산업혁명 및 기술발전 가속화, 탄소제로 에너지 전환, 지역 소멸 가속화 등 앞으로 해결해야 할 난제가 많으며, 이와 같이 복잡하게 얽힌 사회구조적인 문제가 일자리 취약계층인 청년에게 큰 충격을 줄 수 있기 때문에, 새로운 정부에서는 더 크고 더 밝은 대한민국을 만들기 위해 사회적 대타협이 필요하며 청년층이 주도적으로 참여할 기회를 제공할 필요가 있다.

한국의 저출생 위기의 해법
기본소득 도입을 통한 공정과 공동체의 회복에서 찾다

편해성
도서출판 해와 체가 꿈꾸는 세상 대표
동양철학박사, 『여자의 결혼』 저자

1. 들어가면서

한국 사회는 세계가 우려하는 심각한 저출생 위기를 겪고 있다. 이러한 심각한 위기로 인해 한국은 인구 소멸 국가의 위험에 처하고 있다. 문제의 심각성은 인구 소멸 국가의 위기가 막연한 게 아니라 점점 현실이 되고 있다는 사실이다.[1]

2023년 기준 한국의 합계출산율[2]은 0.72명으로[3], 경제협력개발기구(OECD) 회원국 중 가장 낮은 수준이며, 이는 인구 대체 수준[4]인 2.1명의 3분의 1에 불과한 수치로 매우 위험한 상황이다. 이러한 초저출생 현상은 단순히 인구 문제에 그치는 것이 아니라, 사회·경제 전반의

---

1) 편해성, 「한국의 저출산 현실과 대안연구: 동양철학의 분배관을 중심으로」, 동방문화대학원대학교 박사학위 논문, 2024. 1-2쪽.
2) 합계출산율은 여성이 가임기간(임신이 가능한 기간, 15~49세)에 낳을 것으로 기대되는 평균 출생아 수를 말한다.
3) 통계청, 2024년 인구동향조사, 국가포털통계(KOSIS) 통계표.
4) 대체출산율이란, 한 국가가 인구가 감소하지 않고 유지하는 데 필요한 수준의 출산율을 말하며, 한국과 같은 국가에서는 대체출산율이 일반적으로 2.1명이며, 아프리카 등과 같이 사망률이 높은 지역의 경우 인구 유지를 위한 대체출산율이 더 높은 편이다.

지속가능성을 위협하고 있다. 학령인구의 급감, 지방 도시의 소멸, 고령화, 경제성장 둔화, 군대의 존속 문제, 외국인 이주민과의 갈등 등은 모두 출산율 하락과 직·간접적으로 연결되어 있으며, 이는 결국 국가의 존속 자체에 의문을 제기하고, 국가 경쟁력의 구조적 약화로 이어질 수 있다.

저출생이 심각한 국면에 진입한 이후에도 정책 대응이 늦어 저출생 문제는 회복할 수 없는 지경에 이르렀다. 이로 인해 한국은 초저출생 국가가 되었다[5].

정부는 2006년부터 저출산·고령사회 기본계획을 수립하고, 수십조 원 규모의 예산을 투입하며 출산 장려 정책을 지속해 왔다. 그러나 청년 세대의 결혼 및 출산 기피 현상 심화로 인해 합계출산율은 오히려 지속적으로 하락하고 있다. 투입 예산 규모가 프랑스나 스웨덴 등 서구 국가들에 비해 적은 것도 합계출산율 하락을 부추기고 있다. 이러한 현실은 기존의 접근 방식에 대한 근본적 재검토가 필요하고 큰 변혁을 요구한다.

초저출생 문제만 보면 한국식 자본주의는 실패했다고 보아야 한다. 공정의 붕괴, 정치의 불안정, 부의 대물림, 학벌의 계급화 고착, 지도층의 부패, 경쟁으로 인한 불행한 삶, 돈의 가치를 최우선하는 사회 분위기, 공동체적인 삶의 붕괴, 나만 잘살면 된다는 의식 등의 문제로 세계 최고의 불행한 삶을 살고 있다[6]. 여기에는 경제적인 문제와 직결되고

---

5) 이상민·박동열, 『저출산, 프랑스는 어떻게 극복했나』, 도서출판 고북이, 2024, 21쪽, 저출산과 초저출산을 구분하는 이유는 초저출산은 출산율이 다시 올라가기가 매우 힘들다는 사실이다.
6) 편해성, 앞의 논문, 1-3쪽.

있지만, 본질적인 문제는 공정의 상실과 공동체적 삶의 해체에 있다.

본 연구는 이러한 문제의식을 바탕으로, 한국의 저출생 문제에 대해 공정성과 공동체적 삶의 관점에서 기본소득 도입을 통한 해법을 모색하고자 한다.

2. 한국의 저출생 문제와 공정성

가. 문제 제기

한국의 저출생 문제는 경제적 문제로 설명할 수 있다. 실제로 자녀 한 명을 양육하는 데 소요되는 총비용이 약 3억 원에서 5억 원 이상에 달한다는 분석도 있으며[7], 주거비, 교육비, 의료비 등이 이러한 부담의 핵심 요소로 지목된다. 그러나 최근 출산을 기피하는 현상의 주요 원인은 경제적 어려움만으로 환원되기 어렵다. 청년 세대는 경제적 문제가 결국 구조적 불공정에서 기인한다는 인식을 공유하고 있다. 다시 말해, 저출생은 단순한 생계의 문제를 넘어, 경제적 위기와 공정 위기가 중첩된 결과로 보아야 한다. 공정이 보장되지 않는 사회에서 경제적 문제는 단순한 어려움을 넘어 구조적 좌절감으로 확산된다.

오늘날 한국의 저출생 현상은 단지 인구 통계상의 수치 감소에 그치지 않는다. 이는 개인 삶의 질 저하, 사회 구조에 대한 신뢰 상실, 그리고 미래에 대한 전망 부재 등 복합적인 요인들과 밀접하게 연결되

---

[7] 파이낸셜뉴스, 2023. 6. 11, "애 하나 키우는데 3억 훌쩍, 안낳는게 아니라 못낳아요", 한국에서 자녀 1명을 18세까지 기르려면 약 3억6,500만 원이 든다는 분석 결과가 있다. 이는 국가의 적극적인 출산 정책의 변화가 필요한 내용이다. 각종의 통계에서도 양육비, 사교육비, 주거비의 심각함에 비추어 보면 이는 사회적 공감대를 통하여 파격적인 제도의 도입의 필요성을 보여 준다.

어 있다. 특히 최근에는 '공정'이라는 사회적 가치가 저출생 문제를 분석하는 주요 기준으로 부상하고 있다. 청년층을 중심으로 확산되고 있는 상대적 박탈감, 사회 불평등에 대한 분노, 계층 상승 가능성의 상실, 부모의 신분에 따른 부의 대물림 등은 단순한 경제적 어려움 이상으로 출산 기피를 심화시키는 핵심 요인으로 작용하고 있다.

출산율 저하의 배경에는 경제적 부담이라는 실질적 요인이 분명히 존재하지만, 그에 못지않게 중요한 또 하나의 핵심 원인은 사회 전반에 만연한 불공정으로 인한 젊은 세대의 깊은 상실감이다. 단순히 자녀 양육에 필요한 비용이 부담스럽기 때문이 아니라, 노력과 성과가 정당하게 연결되지 않는 사회 구조 속에서 미래에 대한 신뢰를 잃고 있다는 점이 근본적인 문제로 작용하고 있다. 청년층은 불투명한 계층 이동 가능성과 반복되는 불공정 경험 속에서 결혼과 출산을 개인적 선택이 아닌 사회적 불평등한 여건으로 인식하게 되었으며, 이는 단순한 경제 지표로는 설명할 수 없는 국가의 구조적 위기의 문제라고 할 수 있다.

나. 불공정한 사회 구조와 저출생 간의 상관관계

그간 한국 사회의 저출생 문제는 개인의 문제와 가치관 변화로 설명되어 왔다. 그러나 보다 근본적인 원인은 한국 사회 전반에 내재된 구조적 불공정과 연결되어 있다. 한국의 심각한 출산율 저하는 단순한 경제 지표로 설명되기 어려운 복합적 사회 현상이며, 특히 공정성에 대한 신뢰 붕괴가 주요한 요인으로 부상하고 있다. 이는 공정하지 않은 사회 구조가 불확실한 미래를 야기하고 있다는 인식으로 이어진다.

오늘날 젊은 세대는 아무리 노력해도 사회적 신분이나 삶의 조건을 쉽게 바꾸기 어렵다는 부정적인 인식을 갖고 있다. 이는 곧 한국 사회 전반에서 공정성의 기본 원칙이 무너지고 있다고 체감하는 것이다. 고용, 주거, 교육, 복지 등 생애 전환기에 중요한 제도가 특정 계층에게 유리하게 작동한다는 인식은, 젊은 세대에게 "노력으로 미래를 바꿀 수 없다"고 체념하게 하고 그 체념을 점점 더 고착시킨다. 이러한 현실은 단순한 분노를 넘어, 결혼과 출산을 '기회'가 아닌 '불안의 연속'으로 인식하게 만든다.

결혼 후 자녀를 양육하려면 막대한 주거비, 교육비, 돌봄 비용을 감당해야 한다. 그러나 한국 사회는 이제껏 이러한 현실을 개인의 선택 혹은 책임으로 돌리며, 구조적 해결책을 제공하지 않았다. 부모의 자산이 대물림되지 않는 이상, 개인은 불안정하고 취약한 삶을 살아갈 수밖에 없는 구조적 불공정에 직면하게 된다. 이로 인한 공정성의 상실은 사회 전반에 대한 신뢰를 무너뜨리고, 출산을 미루거나 포기하는 결정으로 귀결된다. 결국, 공정성의 위기가 저출생 문제에 직접적 영향을 미쳤다고 볼 수밖에 없다.

미혼 청년층은 "이 사회는 공정하지 않다"는 판단 아래, 결혼과 출산을 선택지에서 제외하고 있다. 생존에 대한 불안감이 지속되면서, 결혼과 출산은 단절된 개별 선택이 아니라 서로 밀접하게 연결된 연속적인 결정이 되었다. 이 중 하나라도 공정하지 않은 조건으로 인식될 경우, 전체 인생 궤도에 대한 위기의식이 자리 잡게 된다. 특히 출산은 자신의 미래뿐 아니라 자녀가 살아갈 사회에 대한 신뢰 여부를 반영하는 중대한 결정이다. 과거 부모 세대는 자녀에게 더 나은 환경을 물려주기 위해 노력했지만, 오늘날의 청년 세대는 자녀가 직면할 불공정하고 과도한 경쟁 구조를 회피하고자 출산 자체를 '감당할 수 없는 결정'으로 여긴다.

결국, 출산율을 높이기 위한 정책은 사회 전반의 구조적 공정성을 회복하는 방향에서 접근해야 한다. 출발선의 평등 보장, 실질적인 기회의 확대, 사회적 신뢰의 회복 없이는 저출생 현상은 지속될 수밖에 없다. 이러한 측면에서 기본소득, 공정한 교육 기회, 안정된 주거 정책, 노동시장 개혁 등은 단순한 복지정책 차원이 아니라 공정성을 기반으로 한 재생산 구조의 회복 전략으로 적극 도입하여야 한다.

다. 주요 분야의 공정 결핍과 출산 기피

한국 사회에서 주거, 교육, 고용, 양육, 성평등과 같은 문제는 결혼과 출산을 기피하게 만드는 주요 요인으로 작용하고 있다. 이러한 문제는 개인의 노력만으로 해결하기 어려운 구조적 문제로 인식되고 있으며, 이에 대한 사회적 대응의 필요도 점점 커지고 있다. 이제는 국가 소멸이라는 위기 앞에서 보다 과감하고 근본적인 국가 차원의 대처가 절실한 시점이다.

각 분야의 출산 기피 원인

구분	내용	비고
주거 문제	부모의 도움 없이 수도권에서 자가 주택을 구입하는 것은 현실적으로 매우 어렵다. 주거의 안정 없이는 현실적으로 출산은 불가능한 현실이다.	인식의 전환 필요
교육 문제	사교육이 공교육을 압도하고, 부모의 경제력에 따라 자녀의 교육 격차는 더욱 벌어지고 있다. 이는 젊은 세대에게 깊은 좌절을 주고 있다.	
고용 문제	평생직장을 장담할 수 없는 젊은 세대는 생존과 관련하여 미래에 대한 불안감을 가지고 있다. 이는 결혼과 출산을 기피하는 요인이다.	
양육 환경	보육과 양육에 대하여 국가가 책임을 지는 인식의 전환을 시급히 가져야 한다. 출산을 하면 국가가 책임진다는 사회적 공감대를 통하여 제도를 도입하여야 한다.	
양성 평등	여성과 남성이 차별 없는 공정한 사회 구조를 시급히 만들어야 한다. 임신 여성과 출산 여성을 우대하는 사회 구조를 최우선하여 만들어야 한다.	

위와 같은 한국 사회의 구조적인 문제는 이미 사회적으로 일정 부분 공감대가 형성되어 있다. 따라서, 이러한 불공정을 시정하기 위한 강력하고 시급한 대책을 마련할 때, 비로소 저출생의 문제 해결에 본격적으로 접근할 수 있을 것이다.

3. 공동체적인 삶의 붕괴

가. 한국 사회의 불행지표

아래의 통계를 보면 한국식 자본주의는 사실상 실패했다. 자살률 1위, 인구 소멸에 직면한 가장 낮은 출산율 1위, 고독사 급증 등 OECD 각종 지표에서 매우 불행한 나라다.[8]

그간 정치학, 사회학, 경제학, 복지학, 인구학 등 다양한 학문 분야에서 저출생 문제의 심각성을 인식해 왔음에도 불구하고, 아래와 같은 불행한 지표에 대해 적극적인 해결 방안을 제시하지 못했다. 이는 결국 출산율에 지속적으로 부정적인 영향을 미쳐왔고 인구 소멸이라는 절체절명의 위기에 빠지게 되었다.

불행 지표

구분	내용	비고
자살률	세계 1위	심각함
저출생률	세계 1위	초저출산 국가
고독사	급증 추세	경제적 문제
인구 소멸 국가	세계 1위	국가 소멸이 현실화 될 가능성
이혼의 문제	경제적인 문제로 급증하고 있음	가족의 해체

※ 편해성, 앞의 논문, 114-115쪽(저자가 수정 재작성).

---

8) 편해성, 앞의 논문, 114-115쪽.

이는 표면적으로는 주거비, 교육비, 돌봄 비용 등 구체적인 경제적 부담에서 비롯되었다고 보아야 한다. 그러나 이러한 경제적 문제의 배경을 들여다보면, 단순히 개인의 소득 수준이나 소비 능력의 문제가 아니라, 사회 전반에 깊숙이 내재된 구조적 불공정과 공동체적 삶의 붕괴라는 보다 본질적인 요인이 자리하고 있음을 확인할 수 있다. 다시 말해, 오늘날 결혼과 출산을 둘러싼 결정은 단순히 돈이 부족해서가 아니라, 노력과 성과가 정당하게 연결되지 않는 사회 구조, 부모의 배경이 곧 자녀의 미래를 결정짓는 불평등한 출발선, 그리고 더 이상 기대하기 어려운 공동체적 돌봄과 상호 지원의 해체 속에서 개인이 느끼는 근본적인 불신과 불안에서 비롯된 것이다.

이러한 사회 환경은 개인으로 하여금 지속적인 생존 경쟁을 강요하면서도, 그 안에서 누구도 신뢰하거나 의지할 수 없는 고립된 존재로 살아가게 만든다. 특히 청년층은 자신뿐만 아니라 미래에 태어날 자녀 역시 같은 구조적 불공정 속에서 살아가야 한다는 사실에 깊은 회의감을 느끼게 되며, 그 결과 결혼과 출산을 삶을 확장하는 선택이 아니라, 불확실성과 책임을 동반한 감당하기 어려운 부담으로 인식한다.

결국, 경제적 부담이라는 겉으로 드러난 문제는, 사회적 불공정과 공동체 해체라는 구조적 배경과 맞물려, 개인으로 하여금 결혼과 출산을 자연스럽게 회피하게 만드는 결정적 요인으로 작용하고 있는 것이다.

나. 공동체적인 삶의 회복

한국 사회의 출산율 저하 문제는 흔히 경제적 부담이나 개인의 가치관 변화로 단순화하여 설명하곤 하지만, 이러한 연구는 현상의 일부만을 설명할 뿐 그 근본 원인에는 도달하지 못한다. 한국 사회의 극심한 저출생 현상은 보다 구조적인 요인, 특히 공동체적 삶의 해체와 관련되어 있다. 과거 한국 사회는 가족, 친족, 이웃, 지역사회 등 다양한 수준에서 상호 돌봄과 정서적 지지가 가능한 다층적 공동체 구조를 갖추고 있었다. 이로 인해 결혼과 출산은 개인이 감당해야 할 고립된 결정이 아니라, 공동체가 함께 나누는 삶의 일부로 기능할 수 있었다.

그러나 1997년 IMF 외환위기를 기점으로 한국 사회는 급격한 구조조정과 신자유주의적 개혁을 거치면서 '경쟁'과 '효율'을 중심 가치로 삼게 되었다. 정리해고, 비정규직 확대, 공공부문 축소 등 일련의 정책 변화는 단지 경제적 지형의 변화에 그치지 않고, 공동체적 삶의 기반이 되었던 사회적 연대와 돌봄의 구조를 약화시키는 결과를 초래했다.[9] 특히 산업화와 도시화는 전통적인 가족 구조를 핵가족화 혹은 1인 가구 중심으로 빠르게 변화시켰고, 이는 공동체 내부의 상호 지원 기능을 실질적으로 무력화시켰다. 더 이상 자녀 양육이 가족이나 마을 전체의 몫이 아니라, 개별 가정 또는 개인이 전적으로 책임져야 하는 짐으로 전락한 것이다.

이러한 공동체의 해체는 청년 세대에게 깊은 불안을 남겼다. 청년층은 더 이상 가족이나 사회로부터 안정적인 정서적·경제적 지원을 기대할 수 없는 현실 속에서, 결혼과 출산을 미래에 대한 투자나 확장으로 인식하기보다는 감당하기 어려운 부담과 위험 요소로 인식하게 되었다. 특히 결혼과 출산이 연결된 생애주기의 결정적 선택들이 하나의 연쇄적 책임으로 작용하는 상황에서, 공공 지원도, 공동체의 지지도 부재한 사회는 청년들에게 생애 전환기를 불안정하게 만들고 있다. 더 이상

---
9) 장하성, 『왜 분노해야 하는가』, 헤이북스, 2015, 17-19쪽.

아이를 낳고 키우는 일이 공동체의 일원이 되는 경험이 아니라, '홀로 감당해야 할 무거운 짐'으로 인식되는 현실은 출산율 저하로 이어지는 직접적인 원인이 되고 있다.

나아가 공동체의 해체는 물질적인 지원의 상실뿐 아니라, 사회적 신뢰의 붕괴로도 이어진다. 구성원 간 신뢰가 약화되고, 사회 제도에 대한 불신이 높아지면 개인은 미래에 대한 예측 가능성을 상실하게 되며, 이는 곧 생애 계획 전반을 유보하거나 포기하는 결과로 나타나게 된다. 실제로 결혼과 출산은 자신뿐만 아니라 자녀가 살아갈 사회에 대한 신뢰를 바탕으로 하는 결정이다. 공동체 감각이 부재한 사회, 즉 돌봄도 연대도 책임도 공유되지 않는 사회에서는 청년들이 자녀를 낳을 이유를 찾기 어렵다.

결국 출산율 저하 문제는 경제적 인센티브나 일회성 보조금만으로 해결될 수 없는 복합적인 사회 구조적 문제다. 오늘날 한국 사회가 당면한 저출생 위기의 본질은, 더불어 살아갈 수 있는 사회라는 믿음이 무너진 데서 비롯된 문제이며, 이는 공동체적 삶의 복원이 동반되지 않는 한 해결될 수 없다.

따라서 저출생 해법은 단지 출산을 장려하는 것이 아니라, 사회 구성원 간의 연대, 상호 돌봄, 신뢰와 책임이 작동하는 건강한 공동체 질서를 재구축하는 것에서부터 출발해야 한다. 이는 정책 차원에서 가족, 직장, 지역사회, 국가가 서로의 생애 과정을 지지하고 보완하는 공존과 공동체적인 삶의 환경을 조성하는 방향으로 나아가야 함을 의미한다.

4. 저출생의 해법: 기본소득에서 구하다

가. 사회적 분배 정의의 확대

한국 사회는 현재 저출생 문제로 고령화, 장차 인구 소멸 등 매우 심각한 위기를 겪고 있다. 이러한 위기는 단순히 경제적 성장의 둔화나 일시적 사회 현상으로 치부하기 어려우며, 그 이면에는 지속적으로 누적되어 온 분배의 불균형과 사회 정의의 결여가 자리 잡고 있다. 특히 소득과 자산의 불평등은 물론, 교육, 의료, 주거, 돌봄 등의 공공자원 접근성에서 발생하는 불평등은 국민의 일상에 깊은 좌절감을 남기고 있다. 이에 따라 한국 사회는 단순한 복지 확장이 아니라, 사회적 분배 정의의 철학과 원칙을 중심으로 한 사회 변혁이 필요하다.

사회적 분배 정의는 전통적으로는 주로 소득 재분배 차원에서 논의되어 왔지만, 오늘날의 맥락에서는 생애 전반에 걸친 기회의 균등과 조건의 공정성 확보를 포괄하는 개념으로 확장되어야 한다. 이는 단순히 가난한 사람들에게 일정 자원을 나누어주는 시혜적 차원을 넘어서, 모든 사회 구성원이 인간다운 삶을 누릴 수 있도록 하는 최소한의 구조적 기반을 의미한다. 특히 출발선의 불평등이 계층 고착과 사회적 단절로 이어지고 있는 현실 속에서, 분배 정의는 더 이상 선택적 가치가 아닌 사회적 통합과 지속가능성의 전제 조건이 된다.

오늘날 한국에서 분배 정의의 결여와 차별은 청년 세대의 미래 포기, 저출생 현상, 노동시장 내 이중구조 심화, 주거 불안정, 교육비, 양육비 등 다양한 문제로 나타나고 있다. 예를 들어, 미혼의 남성과 여성은 주거비, 교육비, 고용 불안정 등 누적된 부담 속에서 결혼과 출산을 회피하며, 이는 곧 인구 감소의 위기로 직결된다. 이러한 결정은 단순한 경제적 판단이 아니라, 한국 사회가 나와 자녀에게 공정한 기회를 제공할 수 없을 것이라는 사회적 불신에서 비롯된다. 따라서 출산율을 높이기 위한 정책 역시 단순한 출산장려금이나 일시적 정책이 아니라, 분배 정의에 기반한 사회적 신뢰 회복이 우선되어야 한다.

사회적 분배 정의의 확대는 단순한 세금 조정이나 복지 확대를 의미하는 게 아니다. 이는 공동체 구성원 모두가 공존 가능하다는 신념을 회복하는 과정이며, 궁극적으로는 공동체적 연대와 책임, 신뢰에 기초한 사회로의 전환을 지향한다. 이 과정에서 기본소득, 공정한 교육기회 제공, 주거 안정, 돌봄 복지 확대 등 다양한 정책이 상호 연결되어야 하며, 이는 개별 정책이 아니라 분배 정의라는 하나의 지속가능한 철학 아래 통합적으로 설계되어야 할 과제다.

사회적 분배 정의의 확대는 인구 소멸에 직면한 한국 사회의 핵심 과제이자, 공존과 공동체적인 삶의 회복과 인구 위기 해소를 위한 필수 조건이다. 한국 사회가 지금까지의 성장 중심적 접근에서 벗어나 정의로운 분배와 상호 존중에 기초한 포용적 전환을 이루지 못한다면, 지금 겪고 있는 인구 소멸 위기는 해결될 수 없다. 따라서 지금 이 시점에서 우리는 사회적 분배 정의의 확대를 단순한 정책적 선택이 아닌, 인구 소멸을 막기 위하여 시급히 도입을 검토하고 파격적으로 받아들여야 한다.

나. 기본소득은 공정한 저출생 해법

한국의 저출생 문제는 개인의 선택이나 단순한 경제적 이유를 넘어선 복합적 사회 구조의 문제로 나아가고 있다. 특히 한국 사회의 청년과 가임기 여성은 출산을 미래에 대한 희망이 아니라, 불공정한 사회 구조에 대한 불신 때문에 포기하는 선택으로 여기고 있다. 이러한 인식은 소득 불균형, 주거 불안, 고용 불안정, 돌봄의 외주화 등 복합적인 구조적 문제가 얽혀 있는 가운데, 개인에게 과도한 책임이 전가된 데서 비롯된다. 이와 같은 현실 속에서 기본소득의 도입이 필요하다.[10] 이는 단순한 경제적 지원을 넘어, 공정한 저출생 해법으로서의 가능성을 제시한다.

기본소득은 모든 국민에게 아무런 조건 없이 정기적으로 돈을 지급하는 제도로, 누구나 최소한의 기본적인 생활을 할 수 있도록 돕는 제도다. 이러한 사회적 제도는 특정한 사람만을 대상으로 하지 않고, 차별이나 낙인 없이 모두에게 적용된다는 점에서 기존 복지 정책과 다르다. 기본소득은 사회 전체의 안정성과 예측 가능성을 제고하는 데 기여하며, 특히 삶의 기반이 불안정한 청년층에게 실질적인 도움을 줄 수 있다. 청년층은 주거, 직업, 교육 등 여러 영역에서 불안정을 겪고 있으며, 이러한 상황에서 결혼과 출산을 결심하기란 매우 어렵다. 이런 상황에서 기본소득은 청년들이 앞날을 조금이라도 예측할 수 있게 해주고, 자신의 삶을 스스로 선택하고 결정을 할 수 있도록 도와주는 제도가 될 수 있다.

기본소득은 또한 사회적 공정성 회복의 수단이기도 하다. 한국 사회는 지금까지 능력과 경쟁을 중요하게 여기는 방식으로 자원을 나누어 왔고, 그 과정에서 부모의 부의 대물림 등의 출발선의 차이는 무시한

---

10) 가이스탠딩, 안효상 옮김, 『공유지의 약탈』, ㈜창비, 2021, 공유지 약탈에서 기본소득을 마련하는 방안이 아니더라도, 한국에서 체납된 세금 등 재원을 마련하는 방안은 다양하게 모색할 시점이다. 이는 후속적인 연구를 통하여 사회적인 공론을 모아야 할 시점이다.

채 오로지 개인의 노력만 강조해 왔다. 기본소득은 이러한 구조적 한계를 넘어서, 모든 구성원에게 동등한 사회적 지위와 선택권을 부여함으로써 공정한 출발선을 마련하는 제도적 장치다.

이는 단순한 생계 보조가 아니라, 개인이 결혼과 출산이라는 삶의 중요한 결정을 할 수 있도록 존엄의 조건을 회복해 주는 방식이다. 또한 기본소득은 아이 돌보기나 가사처럼 눈에 잘 띄지 않는 일의 가치를 인정하고, 그에 맞는 정당한 사회적 분배를 가능하게 해준다.

이러한 사회적 분배는 지금까지 여성에게 집중되어 왔던 출산과 양육의 부담을 사회 전체가 함께 분담하는 구조로 전환할 수 있는 기반이 된다. 이는 저출생의 원인이 여성 개인의 책임이나 가치관 변화에 있는 게 아니라, 사회 구조적 문제임을 분명히 하는 데 중요한 의미가 있다. 즉, 기본소득은 '아이를 낳을 수 없는 사회 구조'를 '아이를 낳아도 괜찮은 사회 구조'로 바꾸기 위한 중요한 시도가 될 수 있다. 이는 미혼 세대에게 국가의 신뢰를 줄 수 있는 제도가 될 수 있다.

결국, 기본소득은 단순한 경제적 지원을 넘어서, 출산율 회복과 사회정의를 동시에 실현할 수 있는 정책적 접점을 제공한다. 국가와 사회의 인식이 저출생 문제의 본질이 구조적 불안과 불공정에 있다는 전제에서 출발하며, 모든 사회 구성원이 미래를 계획할 수 있는 기반을 조성하는 데 필수적인 해법이다.

공정한 사회란 단지 법 앞의 형식적 평등을 의미하는 것이 아니라, 삶의 조건에 대한 실질적 평등이 보장되는 사회를 말한다.

그러한 점에서 기본소득은 가장 근본적이며 동시에 가장 공정한 방식으로 저출생 문제에 접근할 수 있는 해법으로 보아야 한다. 프랑스와 스웨덴의 복지 사례에서 충분히 검증되었기 때문이다. 최근의 헝가리

의 출산 정책도 주목할 필요가 여기에 있다.[11]

5. 맺는말

위에서 보듯이, 한국 사회의 저출생 문제는 단순한 경제적 부담이나 개인의 가치관 변화로 설명하기 어려운, 공정성 결핍과 공동체 해체라는 구조적 위기의 복합적인 결과다. 심각한 경제적인 문제와 함께 청년층은 불공정한 사회 구조 속에서 미래에 대한 신뢰를 잃고 있으며, 공동체적인 연대와 돌봄이 사라진 사회에서 출산은 더 이상 지속될 수 없다. 이러한 현실에서 기본소득은 단순한 복지 제도를 넘어, 공정한 출발선 회복과 공동체 기반 재건의 해법이 될 수 있다.

한국은 저출생 문제로 인해 인구 소멸 국가를 걱정할 만큼 심각하다. 과감한 경제적인 분배를 통하여 해법을 찾아야 한다. 공정과 공동체적인 삶을 회복하기 위하여 파격적인 분배를 통하여 저출생 문제를 해결하여야 한다. 기본소득은 그 믿음을 되살릴 수 있는, 가장 실질적이고도 포용적인 해법이 될 수 있다. 이미 한국의 저출생 대책은 매우 늦었다는 것이 연구하면서 인식하게 되었다. 인구 소멸의 위기에 직면한 한국 사회에서는, 기본소득을 통한 공동체적 삶의 회복과 공정한 사회 구현만이 초저출생 문제를 근본적으로 해결할 수 있는 방안이 될 것이다.

---

11) 이홍직·박선아·이원희·이정은, 「외국의 출산 장려 정책 고찰, 경제적 지원 및 일·가정 양립 지원 정책을 중심으로」, 『생명연구』 제65집, 2022, 97-127쪽.

참고문헌

가이스탠딩, 안효상 옮김, 『공유지의 약탈』, ㈜창비, 2021.
이상민·박동열, 『저출산, 프랑스는 어떻게 극복했나』, 도서출판 고북이, 2024.
이홍직·박선아·이원희·이정은, 「외국의 출산 장려 정책 고찰, 경제적 지원 및 일·가정 양립 지원 정책을 중심으로」, 『생명연구』 제65집, 2022.
장하성, 『왜 분노해야 하는가』, 헤이북스, 2015
파이낸셜뉴스, 2023. 6. 11, "애 하나 키우는데 3억 훌쩍, 안낳는게 아니라 못낳아요".
편해성, 「한국의 저출산 현실과 대안연구; 동양철학의 분배관을 중심으로」, 동방문화대학원대학교 박사학위 논문, 2024.
통계청, 2024년 인구동향조사, 국가포털통계(KOSIS) 통계표.

AI 디지털 교과서 도입, 지금 서둘러야 하는가?

좋은 교육은 좋은 스승에게서 시작된다

박정인

단국대 대학원 과학기술정책융합학과 연구교수, 법학박사

1. 들어가며

교과서는 한 나라의 교육 철학과 미래 비전을 담는 교수·학습 수단이다. 학생에게는 표준 지식을 제공하고, 사회적 연대와 공동체적 사고를 키우는 데 핵심적인 도구로 작동해 왔다. 최근 대한민국은 인공지능 기반 디지털 교과서(AIDT, Artificial Intelligence Digital Textbook, 이하 'AIDT')의 도입을 공식화하고, 빠르게 보급을 추진 중이다. 그러나 국회와 교육부, 여야 정치권, 교육 현장 간의 시각차는 매우 크며, 이로 인해 학부모와 교사, 학생 모두 혼란을 겪고 있는 실정이다.

2025년 1월, 최상목 대통령 권한대행은 국회를 통과한 「초·중등교육법 개정안」에 대해 재의 요구권(거부권)을 행사하여, AIDT의 '교과서' 지위를 회복시켰다. 반면 국회는 AIDT를 '교육자료'로 보는 방향이 다수였고, 이에 따라 법적 지위에 혼란이 발생했다. 이는 기술의 혁신 속도가 사회적 논의와 교육 현장의 준비를 앞질렀기 때문이다.

2025년 1월 런던 '벳쇼(Bett Show)'에서 제기된 다섯 가지 우려(윤리성, 다양성, 프라이버시, 교사 역할, 기술 인프라 부족)는 우리도 충분히 대비하지 못한 영역이다. 따라서 우리는 AIDT 도입 자체를 반대하거나 무조건 지지하는 이분법적 접근을 넘어, '왜 지금인가?'에 대한 진지한 논의가 필요하다.

2. 교과서, 왜 중요한가

가. 교과서의 역할과 진화

역사적으로 교과서는 단지 정보를 담은 책을 넘어, 공적 교육의 기준과 사회적 통합의 수단이었다. 중세 유럽의 성경 중심 교육부터 계몽주의 시대의 보편 교육, 나폴레옹의 중앙집권적 교과서 정책까지, 교과서는 국가가 교육을 통해 국민을 형성하는 중요한 장치였다.

우리나라도 마찬가지다. 조선시대의 유교 경전부터 현대의 국가 검정 교과서까지, 우리는 교육의 질과 형평성을 위해 국가 주도의 교과서 체계를 유지해 왔다. 최근 디지털 기술이 교과서 형태를 전환시키고 있지만, 그 근본 기능과 책임은 변하지 않았다.

나. AIDT의 법적 지위 쟁점

AIDT가 '교과서'인지, 아니면 '교육자료'인지에 따라 교육 현장에서의 활용도는 크게 달라진다. '교과서'로 지정되면 학교는 의무적으로 사용해야 하며, 국가 예산도 집중된다. 반면 '교육자료'로 남는다면 학교장 재량으로 도입 여부가 결정되고, 지역에 따라 차이가 커질 수 있다.

국민의힘은 AIDT를 교과서로 보고, 미래 교육의 전환점으로 삼고자 하는 반면, 더불어민주당은 충분한 준비 없이 서둘러 교과서로 지정하는 것은 시기상조라며 교육자료로 분류하는 개정안을 냈다. 이처럼 논쟁이 첨예한 상황에서, 졸속 도입은 교육 정책의 신뢰도까지 흔들 수 있다.

3. 지금 도입, 정말 급한가?

먼저 국제 비교와 정책을 살펴보면 전 세계적으로 AIDT와 같은 형태의 인공지능 교과서를 정식 교과서로 지정한 국가는 아직 없다. 미국, 영국, 독일 등도 AI 기반 학습 보조 도구는 활용하고 있으나, 국가 교육과정 내 필수 교과서로 지정하진 않았다. 오히려 스웨덴은 디지털 의존으로 인한 학습 효과 저하 문제를 이유로 서책형 교과서를 확대하고 있다. 이러한 흐름을 고려하면, 우리가 세계 최초로 AIDT를 교과서로 지정하려는 이유와 준비 상황은 더 면밀히 검토되어야 한다.

정부는 미래 사회의 핵심 역량을 AI를 통해 키워야 한다고 주장한다. 맞춤형 학습, 실시간 피드백, 학습자 중심 설계는 기존 교과서가 제공하지 못한 혁신이다. 그러나 이런 장점을 실현하려면 디지털 리터러시, 개인정보 보호, 윤리 교육, 인프라 보완이 전제되어야 한다. 즉, AIDT가 단지 새로운 기술이 아닌 새로운 교육 패러다임이라면, 오히려 더 신중하고 탄탄한 정책 기반이 필요한 시점이다. 그렇기에 "도입은 필요하지만 지금처럼 서둘러야 하느냐"는 질문이 정당하다. AIDT 채택률은 지역에 따라 차이가 크다. 보수 성향 교육감이 있는 지역은 채택률이 평균 3배 높다. 심지어 대구는 100%지만 세종은 8%에 불과하다.

정치적 성향에 따라 학습 기회가 달라진다면, 이는 교육의 정치화를 의미하고, 궁극적으로 학생의 권리 침해로 이어질 수 있다. 또한, AI 활용 격차는 장기적으로 디지털 빈부 격차로 확대될 가능성이 높다. 맞춤형 학습의 혜택은 기술에 익숙한 학생에게 집중되고, 그렇지 않은 학생은 오히려 더 뒤처질 수 있다. 즉, 디지털 리터러시 교육이 전제되지 않은 AIDT는 위험한 기술의존성만 키울 뿐이다.

AIDT의 활용은 단순한 디지털 기기 조작이 아닌, 비판적 사고, 정보 해석, 윤리적 판단 능력을 전제로 한다. 아직 초등 3학년에게 이런 역량을 기대하긴 어렵다. 따라서 도입 학년부터 디지털 리터러시 교육을 병행하거나 선행해야 하며, 교사와 학부모 대상 연수도 필요하다.

4. 맺으며: 기술보다 중요한 것은 '선택권'

AIDT는 분명 미래 교육의 중요한 축이 될 것이다. 그러나 그것이 지금 당장, 그리고 일률적으로 도입되어야 할 만큼 절박한 상황인지는 더 많은 논의가 필요하다. 학생과 학부모, 교사가 선택할 수 있는 권리가 전제되어야 하며, 기존 서책형 교과서와 병행 가능한 유연한 제도가 필요하다. "좋은 교육이란, 누구도 밀려나지 않게 묻고 기다려주는 것이다." AIDT의 도입도, 그 정신에서 벗어나서는 안 된다. 교육은 본질적으로 '사람을 사람답게 만드는 일'이다. 이는 단순히 지식을 전달하는 것을 넘어, 한 인간이 다른 인간에게 삶의 방향을 제시하고, 관계 안에서 성장하게 하는 과정이다. 그렇기에 우리는 교육을 '만남'이라 말하고, 교사를 '스승'이라 부른다. 기술이 아무리 발달하더라도, 교육이란 결국 사람과 사람 사이에서 일어나는 '영향력의 전이'이다. AIDT의 등장이 이러한 인간적 교육의 본질을 대체할 수 있을까? 물론 AIDT는 맞춤형 피드백, 실시간 평가, 학습 데이터 분석 등의 기능을 통해 학습 효율을 높일 수 있다. 이는 기술의 장점이며, 우리는 이를 교육에 적극적으로 활용해야 한다. 하지만 AIDT가 아무리 정교해져도, 결코 '좋은 스승'이 될 수는 없다. 왜냐하면, 스승이란 학생의 눈빛을 읽고, 상황을 직관하며, 말로 표현되지 않는 감정을 포착하여 반응하는 존재이기 때문이다. 인간 교사는 때로 침묵 속에서 학생의 불안을 읽고, 한 마디 격려로 무너지는 마음을 붙잡는다. 그리하여 학생은 단지 지식이 아니라 '사람을 통한 배움'을 얻는다. AI는 감정을 계산할 수 있어도 공감할 수는 없다. 얼굴 표정을 분석해 '불안'이라는 값을 도출할 수 있어도, 그 불안의 배경이 무엇인지, 그 학생의 지난 학기 가족사까지 염두에 두고 지도할 수는 없다. 그것이 바로 인간 스승이 가진 비가시적이지만 가장 핵심적인 교육력이다. 교육의 중심은 '내용'이 아니라 '사람'이다. AI는 정답을 줄 수는 있지만, 삶의 방향을 제시할 수는 없다. 스승은 정답을 말해주는 존재가 아니라, 함께 질문하며 스스로 답을 찾도록 길을 안내하는 동반자다. 그래서 스승은 교육의 대상이 아니라 '관계'다.

정서적 안정, 인격적 성장, 사회적 관계 형성 등 교육의 여러 차원은 인간만이 줄 수 있는 돌봄의 결과물이다. 최근 학교 현장에서 학생들의 우울과 불안, 고립감이 심각한 사회 문제로 부상하고 있다. 이 상황에서 기술이 할 수 있는 일은 제한적이며, 오히려 교사의 존재가 더욱 중요해지고 있다. 우리는 AIDT를 교육의 '보조자'로 활용해야지, '주체'로 삼아서는 안 된다. AI가 교과서를 읽어주고, 설명해 주는 것을 넘어서 아이의 학습 여정을 설계하고 판단하는 위치까지 올라선다면, 교육은 점점 '사람 없는 교실'로 나아갈 것이다. 이런 변화는 '비용 절감'이라는 이름으로 진행될 가능성이 높다. 교사 수를 줄이고, 인건비를 절약하고, 시스템이 아이들을 자동으로 관리하도록 유도하는 흐름은 교육의 인간적 가치를 심각하게 훼손할 수 있다. AIDT는 교사들이 반복적인 행정업무나 개별 피드백 부담에서 벗어나, 더 많은 시간을 학생과의 상호작용에 쓸 수 있게 해주는 도구여야 한다. 기술이 교사를 대체하는 것이 아니라, 교사의 교육력을 확장하는 수단이 될 때 비로소 그 진정한 가치를 갖는다. AI는 절대로 사랑할 수 없다. AI는 꾸짖을 수는 있어도, 그것이 인간을 성장시키는 '훈육'이 되지 않는다. 사랑과 훈육, 공감과 기다림, 가르침과 삶의 나눔—이것이 스승이자 교육이다. AIDT 도입은 거스를 수 없는 흐름이지만, 기술이 교육의 중심이 되어서는 안 된다. 우리는 다시 묻고 싶다. "좋은 교육이란 무엇인가?" 도구가 아무리 좋아져도 그 답은 여전히 변하지 않는다. "좋은 스승에게서 시작된다." 앎에 대한 욕구와 인간의 성장은 어디까지나 스승을 찾아서 깨닫고 성숙하는 일이며 교육은 그렇게 삶의 의미를 찾는 모습으로 후손들에게 전달되어야 할 가치여야 한다.

지속가능한 친환경농업을 위한 정책 방향

오형근

㈜한국인증농산물생산협회 중앙회장

'농자천하지대본(農者天下之大本)'은 과거 농경사회의 농업 장려 구호를 넘어, 이제 농업의 바탕인 환경의 보전과 복원부터 안전한 식량자원의 확보까지 지속가능한 환경친화적 농업 활동 전반을 아우르는 개념이다. 친환경농업은 지금까지 생산성 중심의 농업과는 다른 시스템이 필요하다는 점에서 개인 차원에서는 기술적, 경제적으로 더 많은 투자가 필요하기에 국가 혹은 공동체 차원의 지원이 필요하다. 고도의 친환경 농법이라 할 유기농업은 더 말할 나위가 없다.

그럼에도 불구하고 5만여 친환경농가를 위한 유기농업 자재 지원 예산은 155억 원 정도에 불과한 실정이다.

친환경 농업발전에 있어 친환경농업인 스스로의 노력이 정부의 친환경농업을 위한 지원보다 훨씬 컸다는 것은 널리 알려진 사실이다. 이미 한국농업인의 친환경농업에 대한 의지와 열정은 가히 세계적인 수준이라고 자부한다. 그럼에도 불구하고 모든 국가 기반 사업이 이미 갖추어진 우리 현실에서 타 분야에 비추어 보더라도 친환경농업에 대한 정부의 지원은 친환경농업인의 기대에 못 미치는 것이 현실이다.

농림축산식품부의 노력에도 불구하고 친환경 농업예산 지원에 막강한 권한을 가지고 있는 정부 해당 부처가 얼마나 친환경농업에 대한 이해도를 가지고 있는지 묻지 않을 수 없다. 이렇다 보니 우리나라 친환경농업 기반은 아직도 후진국 수준이라는 지적을 면치 못하고 있다. 환경농업을 대하는 예산배정 부서의 의지가 무엇보다도 중요하다. 친환경농업 발전의 열쇠를 쥐고 있는 부처는 예산지원을 할 때 공평성이 있어야 한다.

1인당 국민소득이 4만 달러를 향해 가는 나라에서 세계적 추세인 친환경농업 예산을 제대로 지원해 줄 수 없어서야 되겠는가? '농자천하지대본'에 걸맞은 지원으로 더 이상 채산성의 악화를 방치해서는 아니 된다.

친환경농업은 국가 식량안보에 더해 안전한 먹거리를 생산한다는 점에서 높은 관심을 가지고 지원해야 한다.

농업의 채산성! 이것의 안정은 농업정책의 근본 중의 근본이 돼야 한다. 친환경농업을 지속가능하도록 하기 위한 최대 관건은 채산성 확보다. 이 턱을 넘을 수 있도록 해주는 중앙정부와 지방자치단체의 정책적 지원이 없다면 친환경농업은 위축 내지 고사 수순을 밟을 수밖에 없다.

친환경 농업인의 불만은 또 있다. 정부는 친환경농업 이행 여부에 대한 관리, 감독 등 간섭은 심하면서 안정적 판로 개척 등 지원은 농업인 스스로에게 맡기고 있다는 점이다.

실제 높은 가격의 자재를 사용하여 수확해 보았자 높은 가격이 아니면 채산성을 맞출 수 없음에도 울며 겨자 먹기 식으로 관행 농산물과 비슷한 가격으로 판매하다 보니 친환경농업의 지속은 어렵게 되어 해마다 친환경 농업인의 수가 줄어들고 있음은 친환경 농업의 실상을 잘 보여주고 있다.

또 다른 예로, 학교 급식에 납품되는 친환경 농산물 식자재 가격이다. 안전한 먹거리로 인정하면서도 정작 구매는 관행 농산물과 별 차이 없는 가격으로 매입하니 모순되는 친환경 먹거리 정책이 돼버린 것이다.

정작 친환경농업이 무엇이고 친환경농업 먹거리가 무엇인지를 교육해야 할 교육 당국에서조차 이러한 시각이니 할 말을 잊을 수밖에 없다.

세계는 이미 농업예산의 상당 부분을 농업환경 정책에 할당하고 있지만, 한국의 농정은 식품 안전 관리 수준에 머물러있을 뿐이다. 환경 차원의 과정 관리보다 농산물 중심의 결과 관리에 치중한 결과 친환경 인증에 예기치 않은 불이익을 받는 등 친환경농업을 위축시키는 사례까지 있다.

국립농산물품질관리원에 따르면 2020년과 2024년의 4년 사이에 친환경농업(무농약·유기농) 농가 수는 2020년 5만 9,249호에서 2024년 4만 8,758호로 17.7% 감소했고, 친환경 인증면적 기준으로도 2020년 8만 1,827ha에서 2024년 6만 8,416ha로 16.3% 줄었다. 2024년 친환경 인증면적 비율은 4.5%대에 불과하여 2025년까지 전체 경지면적의 10%로 확대하겠다는 정부의 목표가 얼마나 허황된 것인지 보여준다. 현재 전체 농지에서 유기농지 비율은 1% 전후로 더더욱 증감을 논할 수준조차 되지 않는다.

친환경농업은 토양과 수질 개선 생물 다양성 증진 외에도 토양속 탄소 저장량을 10~15% 증가시키는 효과가 있어 기후위기와 관련한 글로벌 탈탄소 이슈의 유력한 해결 방안의 하나로 거론되고 있다. EU에서 2030년 유기농지 비율을 25%까지 증가시킬 계획을 세운 것도 이러한 전략적인 목표와 연관된다.

이런 글로벌한 전략에는 못 미치더라도, 농림축산식품부뿐만 아니라

환경부와 산업통상자원부도 보다 넓은 시각에서 친환경농업에 접근하는 통합적이고 거시적인 계획을 수립해야 한다. 이와 함께 당장의 친환경농업의 쇠퇴를 막을 채산성 보전 처방을 병행하여야 한다.

친환경 농산물의 채산성을 보전하며 친환경농업을 육성하기 위하여 아래와 같은 정책방향이 요청된다.

첫째, 친환경 학교 급식 단가의 현실화처럼, 친환경농산물의 가격이 생산비용을 보전할 수 있도록 일반 농산물과 차별화해야 한다. 이것이 가장 바람직하다.

둘째, 친환경 농축임산물에 대한 전문 수매처 및 전문 직거래 매장개설 지원이 요구된다. 다만 현대판 봉이 김선달이 되지 않게 실농업인들에게 그 자격을 주어야 한다.

셋째, 국가에서 수매하여 저비용 유통망으로 가격경쟁력을 높이고, 고품질 안전 친환경인증 농산물로 품질 관리를 강화하며, 학교와 군대 등 공공기관 및 협력 기업을 발굴하여 안정적인 수요처를 확보할 수 있도록 해야 한다.

넷째, 유기농 자재 같은 친환경농업 자재에 대해서는 특별한 지원(정책상 필요시 100% 보조)이 있어야 한다. 친환경농산물의 가격이 생산비용을 밑돌 경우 손실분의 생산비용을 보전해 주는 것이다. 차선의 방법이지만 충분한 예산이 뒷받침된다면 생산자의 입장에서는 즉각적인 비용 경감이 이루어지므로 생산 독려에 가장 효과가 빠르다는 장점이 있다. 다만 친환경농업의 과정 관리와 병행되어야 의미가 있고 장기적으로는 근본적인 해결책이 될 수 없다는 한계가 있다.

이외에도 친환경농업은 관행 농업에 비하여 상대적으로 높은 수준의 농업 기술과 농업 환경 관리 등이 요구되므로 이에 대한 중앙정부와 지자체의 체계적이고 지속적인 협업 기반을 제공하는 간접적인 지원도 병행되어야 한다. 그래야 대한민국의 친환경농업이 발전할 수 있고 정부의 산업간 지원 정책에 있어 공평성이 확보될 수 있기 때문이다.

남아공 G20에서 대한민국은 무엇을 이야기할 것인가?

이영란
국제개발협력 활동가
㈜아프리카인사이트 감사

1. 2025년 남아공 G20 정상회의

대한민국의 새로운 정부가 출범하자마자 대응해야 하는, 올해 가장 중요한 정상회의는 오는 11월에 있을 G20일 것이다. 이번 G20의 주제는 '연대와 평등, 지속가능성'이다.

G20 의장국 남아프리카공화국 대통령은 지난 2월, 미국이 불참한 G20 외교장관회의에서 "지정학적 긴장과 분쟁, 전염병의 유행, 기후변화, 빈곤 등 글로벌 도전은 협력과 대화, 연대로만 해결할 수 있다."며 "연대를 통해 인간으로서 진보할 수 있고, 평등을 통해 더 나은 세상을, 지속가능한 발전으로 더 나은 미래를 각각 만들 수 있을 것"이라고 강조했다.

G20은 1997년 아시아 외환위기로 국제금융시장 안정을 위한 협의체의 필요성 대두에 따라 1994년 G20 재무장관 및 중앙은행 총재회의로 시작하였다. G20이 정상회의로 격상된 것은, 마찬가지로 2008

년 미국발 금융위기가 전 세계로 확산되면서 새로운 국제금융, 통화질서 수립의 필요성이 대두하면서부터다.

나아가, G20이 금융과 통화 중심의 회의에서 보다 포괄적인 세계 정상회의로서의 위상을 갖게 된 계기는 2015년 튀르키예 정상회의를 거치며 2030 개발의제 지속가능발전목표(SDGs, Sustainable Development Goals) 이행에 부합하는 방향으로 G20 업무를 조정하기 위한 행동계획을 수립하면서부터다.

이후 해를 거듭하며 개발, 기후변화, 팬데믹, 이주·난민 등 범세계적인 이슈에 대한 G20 차원의 정책 공조 방안을 논의하고 정상선언문 및 부속서를 채택하는 결과를 내왔다. 그리고 2023년에 G20은 다자개발은행 개혁 내용을 담은 정상선언문을 채택하고, 아프리카연합(AU)의 신규 회원 가입에 합의하게 된다.

올해 G20 정상회의를 개최하는 의장국인 남아프리카공화국은 G20 국가 중에서 아프리카 지역의 유일한 국가로서, 아프리카 지역을 대표하여 발언권을 강하게 행사하고 있다.

남아프리카공화국은 G20에서 국제금융체제 개편 시 저개발국의 지분 확대와 지배구조 개혁을 통한 저개발국의 참여 확대와 같이, 국제사회에 아프리카의 저개발 문제 해결을 위한 특별한 고려를 요구하고 있다. 2023년의 다자개발은행 개혁을 위한 내용이 G20 정상선언문에 담기게 되었던 것처럼, 지속적으로 국제금융기구 등의 개혁을 요구하고 있으며, 이를 통해 대부분의 아프리카 국가 등 저개발국에 국제적인 지원이 실질적으로 이루어지기를 희망하고 있다.

남아프리카공화국 대통령은 이번 G20에서 논의해야 할 이슈로 기후변화, 부채의 지속가능성, 정의로운 에너지 전환을 위한 재원, 포괄적 성장과 지속가능한 개발을 위한 필수 광물 활용 등을 두고 있다.

그는 기후변화의 영향으로 인한 강력한 재난 회복력과 대응력이 필요하다고 설명하며, 빈곤한 국가일수록 그 복구 과정에서 더 큰 어려움에 직면한다고 지적하고 있다. 모든 국가가 기후변화에 대처하기 위한 노력을 해야 할 책임이 있음을 인정하면서도, 기후변화에 큰 책임이 있는 국가는 그 책임이 적은 국가를 지원할 의무가 있다고 강조하고 있다.

또한, 개발도상국들이 거의 20년 만에 가장 높은 부채 비용을 경험하고 있다며 "G20 지도자들은 개발도상국에 대한 기후 자금 흐름의 양과 질을 늘리는 데 대한 합의를 확보해야 합니다. 여기에는 다자간 개발은행 강화, 정의로운 에너지 전환 파트너십(JETP, Just Energy Transition Partnership)과 같은 국가 플랫폼에 대한 지원 강화, 민간자본을 보다 효과적으로 활용하는 것이 포함됩니다"라고 말하고 있다.

2. 대한민국의 국제개발협력 정책은?

G20에서 국제개발협력과 관련해, 단순한 재정원조를 넘어 개도국의 능력 배양(capacity building)을 통한 자생력 확충을 중심으로 하는 '서울 개발 컨센서스(Seoul Development Consensus)'를 이룬 것은 이름에서 보듯 2010년 서울에서 열린 회의에서다.

서울 개발 컨센서스는, 저소득 국가의 성장이 중요함을 강조하고, 공유 성장을 위해 저개발 국가와 협력하여 경제성장을 촉진하고, 개도국의 인프라 확충, 인적자원 개발, 개발 경험 공유 등을 통해 자생력을 확충하고, 개도국의 자립 성장을 위한 역량 배양에 초점을 두었다.

이에 대해 우리 외교통상부는 정책브리핑을 통해 "개도국을 문제점(problem)이 아닌 해결책(solution)으로, 성장 원동력이자 세계경제 파트너로 인식하고, 개도국의 자립성장 역량 배양을 통한 지속가능한 경제성장 기반 조성을 위해 개도국의 성장 장애요인(bottleneck) 해소에 중점을 둔다는 점에서, 새천년개발목표(MDGs, Millennium Development Goals) 중심의 UN, 원조효과성 중심의 OECD의 접근방식을 보완하는 새로운 방향성을 제시하고 있다고 볼 수 있다."며 국제개발협력 역사에서 또 하나의 패러다임이 창출되었다고 평가하기도 하였다.

한편 당시 한국 시민사회는 지구촌빈곤퇴치시민네트워크를 중심으로, 서울 개발 컨센서스와 같은 의제가 G20의 새로운 의제로 채택된 데에 대하여 환영함과 동시에 G20의 이 같은 국제개발 의제의 원칙과 정책 방향 및 논의구조 등 몇 가지를 심각한 문제점으로 지적하였다.

서울 개발 컨센서스에서 도출된 '개발'은, 인권에 기반한 인간개발과 사회개발·지역개발의 병행을 강조하는 대신, 경제성장 집중을 최우선 원칙으로 내세우고 인프라 구축, 민간부문의 참여(민간투자 및 일자리 창출 등)와 무역을 강조하였다. 또한, 글로벌 개발 파트너십을 구축하고 세계적·지역적 제도 문제를 개선할 것을 원칙으로 삼았다.

그러나 시민사회는 정작 G20 서울 정상회의에 국가 제도에 심각한 문제점을 갖고 있는 대부분의 개발도상국과 최빈국은 논의 테이블에 초청받지 못했다는 점에서 그 구성의 대표성, 정당성, 개방성, 민주성 측면에서 심각한 한계를 안고 있으며, 이러한 비민주적이고 참여가 가능하지 않은 프로세스는 개발의 의미를 오히려 퇴색시킬 수 있다고 우려를 표했다.

시민사회는 G20의 개발의제는 빈곤의 근절과 인간 개발, 국가 간 혹은 국가 내 빈부격차와 불평등 감소에 초점을 맞추는 국제개발협력과는 그 지향점이 다르다고 보았다. 글로벌 시민사회 역시 경제성장 중심의 G20 개발작업반이 주창한 개발 어젠다가 기존 OECD 및 UN 중심의 국제개발협력과 충돌될 수 있다는 우려를 표명한 이유도 이 때문이었다.

이후 다시 대한민국의 국제개발협력 정책이 대외적으로 조명된 계기는 G20 서울 회의 개최 후 바로 이어진 2011년 부산 세계개발원조총회였다. 세계개발원조총회는 OECD DAC(개발원조위원회)와 세계은행이 공동 주관하는 국제개발협력, 원조 분야의 세계 최대 회의다.

부산 세계개발원조총회는 G20 정상회의와는 달리 주최국인 한국에 의제 결정권이 주어지지 않았으나, 2010년 OECD DAC 가입 및 G20 서울 개발 컨센서스 채택 주도 등을 바탕으로 주도적인 역할을 하였다고 평가하고 있다.

당초 부산총회는 원조효과성 제고를 위한 일련의 국제적 노력을 최종 점검하고 평가하는 마지막 총회의 성격으로 추진되었다. 그러나 실제 개발에 영향을 미치는 요인들을 고려하지 않고 원조효과성만을 논의하는 것에 대한 한계가 분명해지면서, 보다 포괄적인 개발 이슈와 미래지향적인 의제를 논의하는 회의로 재정립되었다.

이러한 과정을 거치며 부산총회는 기존 '원조' 중심의 논의를 궁극적인 '개발' 성과에 초점을 둔 개도국 중심의 맞춤형 개발 지원 체제로 전환하였다. 이에 따라 부산선언 이행 메커니즘으로 OECD와 UN의 합동 지원체제가 출범하면서 기존 OECD 중심의 이행체제는 종료되었다. 더불어 기존 OECD 중심의 개발논의에 유보 입장이었던 중국, 인도 등 신흥국들이 결과문서 승인에 동참하는 진전을 이루었다.

부산총회가 이와 같이 다양한 개발주체의 상호보완성과 차별성을 인정하면서 모든 개발 협력 주체가 참여하는 포용적 파트너십을 구축한 데에는, 개발 협력에서 글로벌 시민사회단체의 역할과 규모의 증대가 배경이자 성과로 보인다. 일반적으로 시민사회단체는 국제개발협력 활동에서 UN이 강조하는, 인권을 중심으로 한 인간개발과 사회개발의 과정에 광범위하게 직접 연결되어 있기 때문이다.

3. 발전의 핵심: 국가의 제도와 기관의 질

2011년 부산 세계개발원조총회를 계기로 국내외 언론은 원조를 받던 나라에서 원조를 주는 나라로 전환한 대한민국에 대해 큰 의미를 부여하며 국제적으로 조명하게 되었다. 정부와 시민사회는 대한민국 발전의 주요 동인이 되었던 효과적인 제도 구축, 여성의 역량 강화 등을 부산 합의사항에 주요하게 반영함으로써 개발 경험을 국제사회와 공유하였다.

부산총회는 국제개발협력 분야에서 대외적으로 상당한 성과를 도출해 낸 만큼, 우리 정부에 많은 이행 과제를 남겼다. 개최국으로서 결과 문서로 약속한 사항, 특히 개발원조 비구속화 확대, 수원국(원조를 받는 나라: recipient, 受援國) 자체 시스템의 활용, 중기 지원계획 제공 등 주요 공약 이행을 위한 국내 집행기관의 역량 강화 및 효율성 제고 노력 강화 등이 필수적으로 요구되었다.

2010년 서울 G20 정상회의부터 2015년 터키 G20 정상회의까지, 각국 정부 및 지구시민사회는 글로벌 금융위기, 식량위기, 기후위기 등 해결되지 않는 문제는, 근대화 이론을 바탕으로 한 인권과 지구생태계의 한계에 대한 무지, 경제성장을 사회발전으로 해석하려는 오류, 개발에 대하여 불평등과 정의 문제를 무시한 채 단순한 기술적 도전과제로 보는 접근방식 등 기존의 지배적인 개발모델과 경제성장모델의 실패를 반영한 것이라는 인식을 공유하였다.

이 시기 기존의 개발 패러다임과 개발 전략은 인권에 기반한 총체적인 개발 방식에 대한 재성찰을 거쳐, 선진국/UN/OECD/G20 중심의 하향식 목표설정이 아닌, 개도국을 포함한 다양한 주체의 참여와 거버넌스 원칙이 보장되는 지속가능발전목표(SDGs)로 모아졌다.

한국 정부는 2010년 제정한 「국제개발협력기본법」을 2020년에 전면 개정하였다. 2021년 동법에 따른 무상개발협력전략회의에서 전략적인 무상원조 이행을 추진하고 있다. 그러나 유상원조 체제와의 실질적인 통합이나 이를 통한 효율성 확보는 물론이고 중요한 주체로서 시민사회의 참여를 포함하여 부산 세계개발원조총회에서 의욕적으로 공약하고 주도한 사항들은 대부분 이행되지 않고 있다.

2012년부터 2019년까지 세계은행 총재를 역임한 김용 박사는 2024년 국내 한 인터뷰를 통해 가장 영향력 있고 훌륭한 업적을 남긴

개발경제학자로 MIT의 대런 애쓰모글루(Daron Acemoglu)를 들었다. 그는 "국가의 제도와 기관들의 질"이 그 나라의 미래를 좌우한다고 주장하였다. 김용 총재는 국가가 성장하거나 못한 이유에 설명해 온 대표적인 이론, 근대화 이론과 그와 반대인 종속이론을 넘어서 대런의 주장을 설명하였다.

그는 극소수에 부가 집중되면 중산층이 증가하지 않고 차별이 심하고 법의 효력이 약한 나라들은 계약을 맺으면 이행한다는 보장이 없게 되며, 반대로 모두의 동등한 발전과 성장을 지원하는 제도가 있는 국가는 그 결과가 좋아지게 되니, 제도는 강력하기도 해야 하지만 모두의 번영에 초점을 맞춰야 한다고 주장한다.

여기에 10년 넘게 국제개발협력 현장에 활동한 글쓴이의 경험을 더하겠다. 필자는 2년간 한국국제협력단 해외봉사단원으로 파견되어 라오스의 중등학교에서 활동하였다. 그 후 10년 가까이 산간 지역 마을과 초중등학교 태양광발전 설비를 지원하고 동시에 이를 지역에서 스스로 운용할 수 있도록 직업기술학교에서 기술자 양성을 위한 교육훈련 프로그램을 진행하였다.

사업을 종료하면서 우리의 국제개발협력 활동의 문제점들을 숙고하여 짚어보았다. 우선은 사실상 사업을 중단하게 된 원인을 제공한 한국국제협력단의 일관성 없는 정책을 가장 크고 직접적인 문제였다고 평가하는 한편, 국제개발협력 사업 현장에서 깨달은 보다 본질적인 문제는, 발전의 이상을 공유하고 그에 따라 개발 목표를 수행할 수 있는 현지의 인적 역량이 너무 부족하다는 점이었다.

라오스에서는 태양광 설비는 물론 재생가능에너지와 관련해 학생을 가르치기 위한 교사, 교사를 가르치기 위한 교수가 절대적으로 부족하였다. 따라서 먼저 교사와 교수를 가르치기 위한 전문가를 한국으로부터 지원받아야 했고, 따라서 비용의 문제로 집중적이더라도 단기적으로 교육훈련 받을 수밖에 없는 소수의 교사와 학생으로는 기대만큼의 성과를 내는 데에는 너무나 큰 어려움이 따랐다.

더불어 지원사업에 대한 우리의 출구전략과 마찬가지로 프로그램에 참여한 교사와 학생을 위한 현지 제도를 활용한 보장책을 마련하지 못한 점이 그나마 양성한 교사와 기술자를 유지하는 것조차 어려웠던 원인으로 작용하였다.

4. 모두의 동등한 발전과 성장을 견인하는 '대학'의 설립 지원

글쓴이의 10년 현장 활동을 가능하게 해준, 당시 에너지기후정책연구소 소장 한재각 박사의 논문에서 또 하나 현장 이야기를 보태 보겠다.

한국전쟁 이후 대한민국의 과학기술인력은 미국으로부터의 기술원조가 투입되어 서울대를 중심으로 이루어졌다. 그 결과 1960년대 전반기에 유일하게 서울대 공과대학만이 비교적 충실한 교육을 진행할 수 있었다.

1960년 문교부와 주한미국경제협조처는 「한국 국립고등교육기관 실태조사 보고서」를 통해 경제발전에 맞춘 분야별 기술인력의 수요 예측의 필요성을 강조하였고, 1968년 과학기술처 차관은 기술교육이 질적으로 낙후되어 있다고 평가하고 이를 극복하기 위한 방안으로서 '산학협동'을 강조하였다.

그는 정부 투자의 한계 때문에 겪고 있는 어려움을 대학과 산업체와의 연대로 극복할 수 있을 것이라 제안하였다. 그러나 산학협동 역시 공과대학들이 실험실습 기자재를 충분히 구비하지 못하였기 때문에 안에서 해결하는 것이 쉬운 일은 아니었다.

따라서 이 문제의 해결을 위해 외국의 기술원조로부터 많은 도움을 받았다. 이공계 대학원 교육의 개혁을 위한 선구적인 노력으로 평가받은 한국과학원(KAIS)은 미국의 대표적인 원조로, 산학협동에 의한 현장 기술자 양성을 위한 교육을 선구적으로 개척한 울산공과대학은 영국의 대표적인 원조 성과로 꼽을 수 있을 것이다. 아주공과대학과 금오공과대학 역시 외국의 원조로 교육을 진행할 수 있었다.

구체적으로 영국은, 공과대학 설립에 필요한 기자재 및 교수 파견, 재원을 제공함과 동시에 영국 고유의 기술 제도를 전파하는 데 적극적이었다. 그 제도는 대학에서의 학습과 공장 등에서 이루어지는 현장실습을 일정한 시간 간격으로 번갈아 가며 진행하는 기술교육 제도로서, 울산공과대학이 지역 산업과 밀접한 산학협동을 추진하는 데 필요한 제도적 기반이 되었다.

영국 교수들은 매년 정기적으로 파견되어 울산공과대학을 지원하였을 뿐만 아니라, 그 결과에 대한 보고서를 영국 해외개발부에 제출하였다. 이들의 보고서에는 울산공과대학 이외에도 영국이 한국에 지원하고 있는 한국과학기술연구원(KIST)이나 KAIS 등에 대한 여러 기술 원조에 대한 사항이 포함되어 있다.

오는 11월 열리는 G20 요하네스버그 정상회의, G20 회원국 중 유일하게 아프리카 지역 국가로서 아프리카를 대표하는 남아프리카공화국이 의장국인 만큼 어느 때보다 개발의제에 대한 논의가 집중될 것이다. 대한민국으로서는 2010년 서울 G20 정상회의와 2011년 부산 세계개발원조총회에서 약속한 이행과제에 대한 국제적인 평가 이루어지는 중요한 공간이 될 것이다.

실제 G20의 개발정책 참여와 연구활동 등 정책개입활동을 펼치고 있는 연구소, 재단, 전문가 집단 등은 2010년부터 'G20 공약이행에 관한 보고서(G20 Summit Final Compliance Report)'를 발표하여 G20 회원국의 책무성 이행을 감시하고 있다. 2012년 보고서에 따르면, 한국은 그 당시에도 2011년 88%보다 두 계단 떨어진 80%의 약속이행을 나타내어 평균을 약간 넘는 수준을 보였을 뿐이다. 1위는 영국, 2위는 EU로 각각 93.5%, 93%였다.

새로운 정부는 과거 정부가 공약한 이행 과제의 수행 여부와 정도를 철저히 점검해 이에 대비해야 할 것이다. 더불어 이제는 내부 제도로서 실행력을 담보한 구체적인 개발협력 방안을 내어놓아 대한민국의 책무성을 증명해야 하는 시기로 보인다.

버락 오바마 전 대통령은 수사적인 한국 교육 예찬을 넘어, 실제 미국 학생들의 수학 능력 향상을 위한 '혁신을 위한 교육' 프로그램을 위해서 한국 교육을 참고하고자 하였다.

우리나라는 이미 2011년 부산 세계개발원조총회에서 우리의 경험에서 나온 발전 동인으로 "효과적인 제도 구축"을 주요한 합의사항에 반영하고, "수원국 자체 시스템의 활용"을 이행과제로 약속한 바 있다.

이제 이러한 정책을 종합하고 구체화하여, 저개발국가의 발전에 필요한 인적 역량을 저개발국가 자체의 공립대학 제도를 통해 안정적으로 양성할 수 있도록 돕는, '기술 원조를 잘 받았던 나라'에서 '기술 원조를 잘 해주는 나라'로 국제개발협력의 책무를 다해야 하겠다.

수평 윤리로의 전환과 한반도 평화 체제 구축

손덕기

공정과 평화 아카데미 공보실장

1. 제도를 바꾸면 바람직한 사회가 이루어지는가?

작년부터 '피크 코리아(Peak Korea)', '일본식 장기불황 경고' 등 대한민국이 위기라는 주장이 부쩍 많아졌습니다. 이 상황에서 12·3 비상계엄이 촉발한 정치 위기는 위기의 심각성을 더하고 있습니다.

그런데 많은 사람이 위기, 특히 정치 위기 때에는 제도 탓을 합니다. 문제는 알코올 중독자인데 술이 문제라는 식입니다. 물론 제도, 중요합니다. 하지만 제도 좋으면 뭐 합니까? 그 제도를 만들고 운영하는 사람이 변하지 않으면 아무리 훌륭한 제도도 '빛 좋은 개살구'일 뿐입니다. 그리고 제도도 그 사회의 의식 수준과 비슷해야지 지나치게 앞서가면 좌초하고 맙니다. 결국 제도를 설계하고 운영하는 사람의 의식과 그 사람들이 이룬 사회의 문화가 변해야 합니다. 즉 의식과 제도가 맞물려서 선순환을 이뤄야 바람직한 사회를 만들 수 있습니다.

안토니오 그람시는 "낡은 것은 죽어가는데 새로운 것은 아직 탄생하지 않았다는 사실 속에 위기가 존재한다. 바로 이 공백 기간이야말로 다양한 병적 징후들이 출현하는 때다."라고 했습니다. 저는 우리 사회에서 빨리 사라져야 할 낡은 것은 수직적 위계질서와 색깔론이라고 생각합니다. 그리고 낡은 것을 대체할 새로운 것은 평등에 기반한 동반자적 관계 정립과 북한과의 관계 재정립을 기초로 한 한반도 평화 체제 구축이라고 봅니다. 새로운 가치가 자리 잡지 못하다 보니 역사의 뒤안길로 사라졌어야 할 구질서가 아직도 기승을 부리고 있습니다.

아래에서는 사라져야 할 낡은 가치와 지금의 혼돈에서 벗어나기 위해 정립해야 할 새로운 가치를 말하고자 합니다.

2. 위계질서의 현황과 폐해

어느 날 회사에서 나이 어린 부장과 연장자인 노동조합 위원장이 말다툼하고 있습니다. 부장은 실적에 기반한 수당이므로 실적에 따라 수당을 주겠다, 이를 결정하는 건 내 권한이니 이제부터 제대로 권한을 행사하겠다고 합니다. 반면 위원장은 이제까지의 관행을 갑자기 바꾸면 되느냐, 직원 간의 형평성도 고려해야 한다, 이렇게 하면 조직 관리하기도 힘들다고 합니다. 시간이 가도 옥신각신하면서 해결의 실마리를 찾지 못하고 오히려 목소리가 높아집니다. 끝내 분을 참지 못한 위원장이 "네 나이 몇이야? 어린 게 건방지게"라고 말하며 나가버립니다.

위의 상황에서 위원장을 이해 못 할 바는 아닙니다. 하지만 전체적으로 부장의 주장이 옳습니다. 왜냐하면 이제껏 관행을 명분으로 부장이 권한을 실질적으로 행사하지 못했는데, 이제 부장이 권한을 제대로 행사하겠다는 의지를 표명함으로써 명분을 갖게 되었기 때문입니다. 위원장이 사무실을 나간 게 사실은 명분에서 밀린 게 더 컸습니다. 그런데 현실에서 위원장이 언쟁을 벌이다가 뛰쳐나가면 대부분 한때의 우발적인 사건 정도로 치부하고 넘어갑니다. 만일 어린 부장이 불리하다고 판을 깼다면 비판과 비난을 오롯이 다 받았을 것입니다. 이는 당연합니다. 문제는 그 당연한 논리가 연장자인 위원장에겐 잘 적용되지 않는다는 점입니다. 이는 뿌리 깊은 위계질서가 작동하기 때문입니다. 충성, 효도, 장유유서가 지배적 윤리로 작용하다 보니 평등을 전제로 한 사람과 사람 간 동반자적 관계가 발 디딜 틈이 없습니다. 다시 말해서 장유유서의 윤리가 지나치다 보니 인간이 평등하다는 기본이 훼손되고 있습니다. 그러다 보니 예의는 둘 다 지켜야 하는데 현실에서는 아랫사람만 예의를 갖춰야 하는 것으로 착각합니다. 아직도 우리 사회에서 나이가 계급이고 권력입니다.

위계질서가 횡행하면 상의하달(Top-down)의 지시는 있는데, 하의상달(Bottom-up)의 의견은 위축됩니다. 이런 상태가 일상화되면 집단지성을 활성화할 수 없습니다. 구성원들은 위에서 내려오는 지시에 타성적으로 대응할 뿐입니다. 이로 인해 조직은 역량을 최대로 발휘할 수 없고, 환경이 변할 때 하의상달의 의견 개진을 통해 의사결정을 바꾸기도 어렵습니다. 왜냐하면 일사불란이 최상의 미덕이고 다른 의견이 틀린 의견으로 취급받아 'No'가 용납되지 않기 때문입니다. 이런 조직은 경직되고 다양성이 자리 잡을 수 없어 역동성이 사라집니다.

개발도상국의 빠른 추격자(fast follower)의 시대에는 빨리 결정해서 일사불란하게 추진하는 것도 나름대로 효율적인 방안이었습니다. 왜냐하면 선도자가 남긴 발자취가 있기 때문입니다. 하지만 선진국의 선도자(first mover)의 시대엔 과거의 성공 경험과 데이터가 미래의 성공을 보장하지 않습니다. 선도자는 조직의 역량을 최대화해서 세밀한 부분까지 정확하게 의사를 결정해야 하고, 환경 변화에 신속하게 대응해야 합니다. 마치 아무도 밟지 않은 눈 덮인 들판을 밟아 갈 때의 마음 자세가 필요합니다. 자신의 발자취가 기준이 되어 뒷사람에게 이정표가 될 수 있지만, 새로운 길을 개척해야 하는 선도자에겐 참고할 기준도 이정표도 없습니다. 선도자에겐 상상력과 창의성이 요구됩니다. 이를 갖추려면 사고가 유연해야 합니다.

3. 점점 심해지는 색깔론

예전에 산에 가다가 현수막을 보고 걸음을 멈췄습니다. '산불 조심'과 그 아래 화재 관련 수십 개의 기관이 나열된 현수막이었습니다. 제 발걸음을 멈추게 한 건 "산불 예방과 피해 최소화를 위해 수고하는 기관과 이 때문에 먹고 사는 사람이 이렇게 많은가?"였습니다. 최근엔 한반도 분단과 관련된, 이해관계가 얽힌 기관과 사람은 얼마나 많을까, 이로 인한 정부 지출은 얼마나 될까, 통일이 된다면 국방비를 포함해서 얼마나 예산을 줄일 수 있을까가 궁금합니다.

예전엔 '빨갱이'라는 낙인을 주로 정치인에게 찍었습니다. 그런데 최근엔 극우파를 중심으로 한 일부 우파 진영에서 단지 자신과 다른 생각을 가졌다는 이유로 '빨갱이', '종북좌파'라고 매도합니다. 예전엔 자신과 다른 생각을 '틀렸다'고 했는데, 이제는 '빨갱이'라는 낙인을 찍습니다. 그 주장에 근거가 없고 설명도 하지 않습니다. 색깔론을 전가의 보도처럼 사용하고 있습니다. 그들의 주장대로 '종북좌파', '반체제인사'가 많다면 대한민국은 민주주의 체제 존립이 불가능합니다.

'국민의힘'은 당의 기본 상징색이 빨간색(파란색, 흰색은 보조로 사용)입니다. 이에 반해 '더불어민주당'의 기본 상징색은 파란색(보조 색상은 보라와 초록)입니다. '국민의힘' 계열 정당은 당을 상징하는 색깔로 21세기 들어서는 빨간색, 20세기엔 파란색과 빨간색을 사용했습니다. 반면에 '더불어민주당' 계열 정당은 상징색이 주로 파란색과 녹색이었습니다. 색깔론을 마치 만병통치약처럼 쓰는 지금 '더불어민주당'이 당의 색깔을 빨간색으로 바꾸고자 한다면 심각하게 고민해야 할 것입니다. 일부에서 '종북좌파'의 본색이 드러났다고 비난할 가능성이 있기 때문입니다. 이에 반해 '국민의힘'은 당의 상징색을 정함에 있어 아무 거리낌이 없습니다.

'더불어민주당'은 1955년 창당된 민주당을 당의 기원으로 규정하고 있지만, 그 뿌리를 해방 직후의 '한국민주당'으로 보는 견해도 있습니다. '한국민주당'은 광복 후 국내에 남아있던 독립운동가들과 지주, 자본가들이 결성한 정당입니다. 태생적으로 우익입니다. 진보 계열 정당이 거의 없다 보니 일부 진보적 정책을 내세우지만, 전반적으로 '더불어민주당'은 보수 또는 중도 보수 정당입니다.

'국민의힘' 일각에서 '더불어민주당'을 '빨갱이', '종북좌파'라고 부정적인 대응, 흑색선전에 주로 의존한다는 것은 그들이 내세울 만한 가치가 무너졌다는 걸 반증합니다. 이 성향이 지속, 강화되면 극우화될 수 있습니다. 이는 '국민의힘' 당 차원에서 비극이지만, 우리나라 정치에서도 불행한 일입니다.

그러면 '종북좌파'로 몰아가는 게 억지이고 무리수라는 걸 알만한 데도 계속하는 의도는 무엇일까요? 상대방으로 하여금 자기 검열을 하게 하는 효과가 있습니다. 다시 말해 사상과 행동에 족쇄를 채우는 것이지요. 이렇게 함으로써 기득권층이 지금의 '더불어민주당'보다도 더 진보적인 정당이 진입하는 것을 막기 위함이라고 생각합니다. 그럼으로써 자본 우위를 튼튼히 하고 기득권층의 이익을 지킬 뿐만 아니라 더 나아가 그들의 이익을 확장하고자 하는 것입니다.

그런데 이렇게 기득권층이 굳어져 변하지 않게 되는 건 고인 물에 비유할 수 있습니다. 물이 흘러야 하듯이 기회균등으로 계층 이동이 활발해야 합니다. 그래야 그 사회가 역동성을 견지하고 앞으로 나아갈 수 있습니다.

4. 위계질서와 색깔론으로부터 벗어나기 위한 방안

첫째, 정부는 문화, 예술 지원을 대폭 확대하되, 간섭하지 않아야 합니다.

12·3 비상계엄을 막을 수 있었던 건 여러 요인이 작용했기 때문입니다. 저는 주요 요인 중 하나로 문화의 힘을 꼽고 싶습니다. 2023. 11. 22. 개봉한 영화 '서울의 봄'을 영화관에서만 1,312만 명이 봄으로써 군사쿠데타가 군부독재로 이어지는 현실을 깨달았고, 2024년 한강 작가가 노벨문학상을 받은 후 그의 소설을 통해 국가 폭력의 참담함을 각성한 시민들이 들고 일어났기 때문에 계엄을 좌초시킬 수 있었습니다. 지난 4일부터 9일까지(6일간) '제33회 타이베이국제도서전'의 관람객은 57만 명이었습니다. 반면에 지난해 서울국제도서전(6. 26.~30., 5일간) 관람객은 15만 명이었습니다. 대만 인구는 2,342만 명(2024년 기준)으로 한국(5,175만 명, 2024년 기준)의 절반에도 못 미친 걸 감안하면

그 차이는 더 큽니다. 정부 지원의 여부와 정도가 이 차이를 초래한 유일한 원인은 아니지만 큰 요인임엔 틀림없습니다. 대만 정부는 문화 화폐 등으로 지원하고, 먼 지역에서 도서전에 오는 학생들에게는 교통비도 지급했습니다. 반면에 서울국제도서전을 주최하는 대한출판협회는 작년에 문화체육관광부와의 갈등으로 정부 예산 지원 없이 행사를 진행했습니다. 올해 타이베이국제도서전에 참석한 라이칭더 대만 총통은 '문화는 나라의 뿌리이자 대만의 영혼'이라고 했습니다. 반면에 작년 서울국제도서전에 대통령은커녕 문화체육관광부장관도 참석하지 않았습니다. 문화가 융성하면 비판의식은 날카로워지고, 비난은 줄어듭니다. 비판의식이 날카로워지는 만큼 사회가 성숙해지고, 비난이 줄어드는 만큼 갈등은 완화되고 축소됩니다. 그런데 기득권층의 상당수는 비난은 방치하고, 비판을 신경질적으로 싫어합니다. 거꾸로 가고 있습니다.

둘째, 긴 호흡으로 학교에서 쌍방향 토론 위주의 정치(민주주의, 인권 등) 교육과 세계시민교육을 활성화해야 합니다.

이를 통해 민주시민, 세계시민을 육성해야 합니다. 이들이 사회에 나오면 근거를 갖고 토론하는 공론장이 활성화될 수 있습니다. 우리가 추구하는 사회는 성숙사회이고, 지향하는 국가는 문화국가입니다. 서구, 특히 미국 편향적인 사고를 제3세계, 개발도상국과의 교류 확대를 통해 고쳐야 합니다. 이제까지의 서구 선진국이 걸어온 길과 다른, 세계시민과 공존할 수 있는 새 길을 열어나가야 합니다. 그 길은 글로벌 리더가 아닌 글로벌 파트너를 지향해야 다다를 수 있습니다. 이를 위해 국공립대학 교수부터 미국 박사학위 최대한도를 정하고, 미국 이외 국가로 유학 가는 학생에게 국가 장학금을 지원하고 교수로 채용해야 합니다.

셋째, 차별금지법을 제정해야 합니다.

선진국 백인과 결혼해서 가정을 이루면 '글로벌 패밀리'라 하고, 개발도상국 비백인과 결합한 가족은 '다문화 가정'이라 구분해서 부르는 경향이 있습니다. 이는 차별의 의미를 담고 있습니다. 선진국 사람에 대해서는 아직 열등감이 남아있어 지나치게 친절하고, 개발도상국 사람에게는 근거 없는 우월 의식으로 업신여기거나 혐오하기까지 하는 경향이 있습니다. 예컨대 예전에 박찬호 씨가 LA다저스에서 투수로 활약할 때 마치 LA다저스가 대한민국의 야구 국가대표팀으로 착각할 정도였습니다. 애정이 넘쳤습니다. 박찬호 씨가 한국인 최초의 메이저 리그 야구 선수였으니 그 열광을 이해 못할 바는 아니지만, 도가 지나쳐 보였습니다. 2023년 말 기준 국내 체류 외국인은 약 251만 명이고 계속 증가할 것으로 전망합니다. 지금의 차별 의식을 줄여나가지 않으면 향후 사회 갈등을 수습하지 못할 지경에 이를 수 있습니다. 차별금지법을 제정함으로써 사회적 약자와 소수자를 동등하게 대우해야 성숙한 사회로 나아갈 수 있습니다.

넷째, 대의(간접)민주주의를 보완·견제하기 위해 직접민주주의를 확대해야 합니다.

지금의 엘리트에 의한 대의민주주의는 견제가 거의 작동하지 않아 민주주의가 위기에 처했습니다. 흔히 선거 기간에만 1인 1표의 민주주의 원리가 작동하고, 나머지 기간에는 1원 1표의 자본주의 원리가 지배한다고 합니다. 갈수록 자본주의 원리의 지배 정도가 점점 더 강해지고 있습니다. 선거 이외의 견제가 거의 없어 선민의식으로 가득 찬 엘리트가 나라의 주인인 국민이 위임한 권력을 농단하고, 국민 위에 군립하려 하고 있습니다. 예컨대 21대 국회에서 국민연금 개선안을 시민 대표단의 숙의 토론을 거쳐 도출했지만, 정부와 여당은 받아들이지 않았습니다. 자신들의 의중과 비슷한 방안으로 나왔으면 수용하려고 했지만, 그들의 의도대로 되지 않자, 국민 숙의로 결정한 방안을 걷어찼습니다. 숙의민주주의가 제도로 의무화되어 있었다면 수용했을 것입니다. 숙의민주주의의 제도화, 국민소환제도의 활성화, 국민발안제도의 도입 등으로 중요 사항은 나라의 주인이 직접 참여, 견제함으로써 민주주의의 본질을 회복해야 합니다.

다섯째, 원칙적으로 모든 정부의 정보는 투명하게 공개해야 합니다.

2023년 전체 공공기관의 정보 공개율은 94.3%(부분 공개 포함, 전부 공개율은 74%)로 높아 보입니다. 하지만 이는 부분 공개 정보를 포함한 수치입니다. 게다가 권력기관을 중심으로 중앙부처는 비공개율이 높아 불투명성과 비밀주의가 강합니다. 이로 인해 시민들의 참여가 보장되지 않아 적정한 견제를 할 수 없습니다. 무엇보다도 투명한 정보공개는 정도 행정의 출발점입니다. 대부분의 사람은 내가 하는 일을 투명하게 공개한다면 편법이 아닌 원칙과 상식에 기반해서 일을 처리하게 되어 있기 때문입니다.

여섯째, 국회의원, 정부 고위직, 기업 임원 등에서 성별 할당제를 도입해야 합니다. 이 세상의 절반만 남성이므로 궁극적으로 남녀 동수를 추구해야 합니다.

제가 30여 년간 직장생활을 하면서 한 번도 여성 상사와 근무한 적이 없습니다. 퇴직한 요즘 생각해 보면 재직할 때 여성 상사와 근무했으면 제 안의 남성우월주의를 조금 더 줄일 수 있지 않았을까 생각합니다. 22대 국회 300명 의원 중 여성 의원은 5분의 1 수준인 61명입니다. 세계 평균 25.6%, 북유럽 평균 44.5%, 아메리카 평균 32.3%에 비해 낮은 수준입니다. 2022년 2월 딜로이트의 '세계 72개국 기업 이사회 내 여성 현황'에 따르면 세계 72개국 기업 이사회 내 여성 이사 비중은 19.7%(2021년 기준)입니다. 이에 반해, 한국은 4.2%에 불과(세계 72개국 중 69위)해 세계 72개국 평균보다 현저하게 낮습니다. 얼굴이 화끈거릴 정도로 창피한 수준입니다. 이 정도면 한쪽 눈으로만 세상을 보는 것과 다름없습니다. 두 눈 똑바로 뜨고도 세상을 제대로 보기 힘든데 한쪽 눈을 감고 보는 세계는 태생적으로 편견에서 벗어나기 어렵습니다.

마지막으로, 우리 사회가 수평 윤리, 한반도 평화 체제로 나아가기 위한 공론장을 활성화하고 지속해야 합니다.
수평 윤리가 확립되면 타인을 수단이 아닌 목적으로 대함으로 상호 존중 사회를 이룰 수 있습니다. 인간을 목적으로 대하면 자부심이 강해지고 자발적 헌신이 일어납니다. 일부에서 한반도 분단 상황을 오남용하여 갈등과 분란을 초래하고 때로는 사익을 추구하는 상황을 줄여 궁극적으로 해소하기 위해서는 북한과의 관계 재정립에 기초한 한반도 평화 체제 구축 방안, 통일방안(여부를 포함)을 공론장에 올려 국민 공감대를 형성해야 합니다.

단순히 정권 교체에 그쳐서는 이제껏 겪어본 적 없는 지금의 위기를 벗어날 수 없습니다. 객토하듯이 우리의 고루한 인습을 타파하여 누구도 가보지 않은 새로운 길을 열어갑시다.

공정과 평화 아카데미 4년을 돌아보며

박상일

공정과 평화 아카데미 공동대표

사람은 다 다르게 태어난다. 심지어 유전자가 같은 일란성 쌍둥이도 지문은 다르다. 다르다는 것 즉 다양성은 생물학적으로는 종의 생존을 위한 전략이기도 하다.

그러니, 이 다름에 어떤 잣대를 들이대고 우열을 나누거나, 한술 더 떠서 옳고 그른 것을 따지며 '다른' 것을 '틀린' 것이라고 하는 것은 누군가의 오만이거나 부자연스러운 편견이다.

공정(공평 포함, 이하 통칭 '공정')은 이 '다름'과 '틀림'을 구분하는 것으로부터 시작한다. 그리고 틀림이 아니라면 공정의 출발은 서로 다름을 인정하고 배려하는 것이다. 아이와 어른, 젊은이와 노인, 남자와 여자, 백인과 흑인은 다르다. 아픈 사람과 아프지 않는 사람은 다르다. 이러한 다름은 이해와 배려 나아가 상생과 공존의 영역이다.

물론 옳고 그른 것을 판단하는 것도 공정의 영역이다. 인간의 존엄과 같은 근원적인 가치부터 신의성실의 원칙, 경자유전의 원칙이나 일부일처 제도처럼 사회적 합의가 필요한 가치 기준까지 공정의 가치는 다양한 스펙트럼을 가진다.

하물며, 그저 사는 지역이 다르다고 차별하고 적대하거나 출신성분을 따져가며 우상화하거나 악마화하며 혐오를 조장하는 행위는 다른 것을 틀린 것으로 호도하는 저질스러운 불공정행위다.

그러므로 단편적인 기준만으로 공정을 내세우려는 '○○지상주의' 류는 그 자체로 공정에 배치됨을 노골적으로 드러내는 것이 대부분이다. '○○'에 '금전', '권력'뿐 아니라 '법', '자유', '능력', '학벌' 등 그 어느 것이 들어가도 공정과는 어울릴 수 없다. 현실에서는 "지상주의"라는 단어만 바꾸어 법치주의로 포장한 법 지상주의, 자유주의로 포장한 자유 지상주의 혹은 신자유주의, 성과주의로 포장한 능력·학벌 지상주의가 공정의 허울을 쓰려 하고 있다. 설상가상으로, '유전무죄 무전유죄'나 '유검무죄 무검유죄'라는 말이 생길 지경으로 금전이나 권력은 아예 그 가면마저 벗어던지고 후안무치하게도 당연하다는 듯이 그 자체가 하나의 가치인 양 행세를 하며 공정의 가치를 대놓고 위협하고 있기도 하다. 이들은 편을 가르고 상대를 대상화하여 혐오를 부추기고 적대하기에 공정이 없는 곳에는 평화도 위태로울 수밖에 없다.

이러한 공정과 평화의 위기가 극단적으로 표출된 것이 2024년 극우에 세뇌된 윤석열 일당에 의한 12·3 비상계엄 친위쿠데타였고 2025년 아스팔트 극우에 의한 1·19 서부지법 폭동이었고 지귀연 법원과 심우정 검찰의 내란 우두머리 피의자 윤석열 구속 취소였고 법조카르텔의 우두머리 격인 조희대 일당의 5.1 사법쿠데타였다. 그리고 이 모든 폭거의 전후에는 보수를 참칭하는 국민의힘과 수구 언론이 있었다. 놀랍게도 이들은 자기들의 범죄적 행위가 야당 때문에 저지를 수밖에 없었다고 강변하는 적반하장 식 억지를 믿어달라고 진영 간의 대결인 양 프레임 전환을 시도하였다. 여태껏 그래왔듯 자신들이 이 판을 바꿀 수 있다고 믿을 것이다(위의 '극우'는 부정선거와 같은 음모론을 신봉하거나 뉴라이트 사관에 경도되거나 나르시시스트적 신격화와 악마화를 일삼는 극단적 분열주의자를 의미한다. 다만 이에 선동된 사람들은 포함하지 않고자 한다).

저들은 자기의 이권을 지키려는 수구 이권 카르텔이지 공동체의 가치를 표방하는 보수 같은 것이 아니다. 보수(conservatism)는 기존 체제를 유지하고자 하는 성향을 의미하고 기존의 국가 시스템을 지키려하기에 통상 여기까지가 보수의 가치를 주장하는 영역이다. 이것이 일부 특정인 혹은 특정 세력이 기존의 이익 구조를 지키려 하는 성향으로 변질되면 수구(extreme conservatism)가 된다. 이 단계가 되면 그들은 공동체적 가치에는 관심이 없게 된다. 자기의 이익을 위해서는 극단주의(extremism)적 행동도 서슴지 않는다. 그리고 늘 자신들의 자유를 내세운다.

그렇게 천민자본주의와 선민의식에 찌든 수구세력은 다급한 나머지 밑바닥을 드러내며 극우를 끌어들였고 극우는 광장에서 수구 언론의 지면에서 여론 조작의 도구가 되었다. 여기에 그치지 않고 최근에 드러난 '대한민국 역사지킴이'처럼 초등학교까지 파고든 극우적 성향의 리박스쿨 사건 등에서 보듯이 역사교육을 가장한 신격화, 언론을 가장한 여론조작, 종교를 가장한 악마화 또한 어른과 아이를 가리지 않아 '사이버 내란' 내지 '역사 내란'이라 할 만큼 선을 넘고 있다. 이것은 다름이 아니라 옳고 그름의 영역이다. 범죄다.

공동체의 가치와 역사는 공동체의 무형 자산이다. 공정과 평화 아카데미는 이러한 공동체의 무형 자산을 훼손하는 '수구 회귀'와 '수구와 극우의 공생'으로 인한 사회의 혼탁과 분열 현상을 우려하고 있다. 윤석열 정부 들어 학계, 언론사뿐만 아니라 이미 공공기관까지 침투한 이들의 연대는 심상치 않은 수준이다. 비뚤어진 소수의 이기심과 악의가 공동체를 도탄에 빠뜨리고 민주주의를 형해화할 수 있다는 것을 통감하고 있다.

그러나 우리에게는 K-민주주의 빛의 혁명을 이끈 강인하고 지혜로운 국민이라는 희망이 있다. 맨몸으로 계엄군의 총구에 맞섰고 추위에 하얗게 밤을 지새우며 내란수괴 윤석열을 파면시켰고 마침내 내란세력을 발본색원하여 심판하고 수구와 극우의 음모를 끊어내고 사회의 통합과 변혁을 이끌어 낼 대한국민이다.

공정과 평화 아카데미는, 공동체의 분열이 가치와 역사에 대한 인식 오류를 확산시키는 행위에서 비롯된 것이라는 점에 주목하며, 역사 공동체의 가치라는 관점에서 최소한의 사회적 지향점을 정하고 규범력을 부여하는 노력을 이어나갈 것이다.

때로 우리는 스스로를 의심하기도 한다. 할 수 있을까. 친구는 물론 가족끼리도 터놓고 대화할 수 없을 만큼 사회 곳곳에 스며든 편견과 오해를 어떻게 풀어야 할까. 그러나 우리는 해야 한다. 아이들에게 왜곡된 역사의식을 심고 여론을 조작하며 혐오를 조장하고 갈라치기하는 것을 방치하면 대한민국 민주주의의 미래는 돌이킬 수 없는 파국을 맞이할 것이며, 그때는 더 이상 남의 일이 아니기 때문이다.

  공정과 평화 아카데미 회원들은 이런 고뇌 속에 길을 찾고 있다. 그러나 우리는 조급해하거나 포기하지 않을 것이다. 세상에는 하나의 기준이나 하나의 정답으로 해결할 수 없는 일도 많다는 것을 알기 때문이다. 또한 때로는 해답은 본래 있는 것이 아니라, 걷는 것으로 길이 만들어 지듯이, 공정과 평화를 위하여 질문을 던지는 행위 속에 혹은 주고받는 허심탄회한 대화와 공감 속에 있는 것이다.

  그런 의미에서 이번에 출간되는 이 '공평사회'도 공정과 평화 아카데미가 걷는 길이다. 공평사회뿐 아니라 '공정과 평화 아카데미'에 대해서도 독자 여러분의 관심과 격려를 부탁드린다.

칼럼
- 위기 극복을 위한
의식의 전환

내가 생각하는 공정과 평화

이정세

법무법인 세중 공동대표변호사, 법학박사

1. 들어가며

'공정'과 '평화'는 전통적으로 서로 다른 영역의 개념으로 인식되어 왔다. 공정은 법과 제도의 영역에 속하며, 분배의 형평성과 기회의 균등을 중심으로 논의되는 개념이다. 반면 평화는 외형상의 갈등이 사라진 상태, 혹은 다양한 집단과 개인들이 조화롭게 공존하는 상태로 여겨진다. 그러나 현대 사회에서 이 두 개념은 결코 별개가 아니다. 오히려 공정 없는 평화는 불균형 속에 강요된 침묵에 불과하고, 평화 없는 공정은 실현되지 못하는 선언적 구호에 지나지 않는다.

현대 민주사회는 단순히 '폭력이 없는 상태'를 평화라고 보지 않는다. 공포 없이 살아가는 조건, 인간의 존엄이 제도로부터 인정받는 상태, 누구도 소외되지 않는 사회 구조가 보장되어야 진정한 의미의 평화가 성립된다. 그런 점에서 공정은 평화를 구성하는 핵심 요소이자, 평화가 정당성을 획득하는 토대라고 할 수 있다.

최근 수년간 한국 사회는 외형적으로는 평온한 듯 보이지만, 그 내부에는 심화된 갈등과 불신이 누적되어 있다. 격차는 확대되고, 기회는 불균등하게 주어지며, 제도는 특정 계층의 이해를 중심으로 움직인다는 인식이 팽배해지고 있다. 특히 청년 세대는 이전 세대보다도 구조적 불공정에 민감하게 반응하며, 취업, 주택, 교육, 병역 등 삶의 모든 영역에서 '기울어진 운동장'을 실감하고 있다. 그 결과로 나타난 것이 '이대남 대 이대녀' 갈등, 세대 간 혐오, 공공기관과 정치권에 대한 전면적 불신이다. 이 갈등은 단지 불만의 표출이 아니라, 사회적 평화를 근본적으로 위협하는 신호탄이다.

'평화'는 단지 갈등이 없다는 소극적 개념을 넘어서야 한다. 그것은 누구나 제도와 사회로부터 존중받고 있다고 느끼는 상태이며, 그 존중은 다름 아닌 공정한 절차와 결과를 통해 실현된다. 제도가 공정하게 작동하지 않을 때, 시민은 규범을 내면화하지 않는다. 그 결과는 냉소주의, 탈정치화, 또는 극단적 이념화로 이어진다. 즉, 공정은 평화를 지탱하는 심리적·구조적 기반인 것이다.

이 글은 법조인의 시각에서 공정과 평화가 어떤 방식으로 긴장하고 조화하며, 어떻게 공동체의 신뢰와 통합에 기여할 수 있는지를 살펴보고자 한다.

2. 불공정이 평화를 해치는 경우

사회적 평화는 단순히 전쟁이나 물리적 충돌이 없는 상태만을 의미하지 않는다. 현대 민주주의에서 평화란 인간의 존엄이 인정되고, 제도적 신뢰를 바탕으로 상호 협력이 가능한 공동체의 상태를 뜻한다. 그런 점에서 불공정은 단순한 '불만'이나 '불편'의 문제가 아니라, 공동체 내부의 신뢰와 연대를 근본적으로 파괴하는 요인이다. 겉으로는 평온한 일상을 유지하는 것처럼 보이지만, 그 아래에는 억압된 분노와 체념,

냉소가 쌓여가며 사회의 내적 평화를 잠식하는 것이다.

오늘날 한국 사회가 겪는 여러 갈등은 그 뿌리에 구조적 불공정을 안고 있다고 볼 수 있다. 예를 들어 교육 기회의 격차는 단순한 입시 경쟁의 문제가 아니다. 지역 간 교육 인프라의 차이, 사교육의 접근성, 정보 불균형은 이미 시작점부터 다른 경주를 강요하고 있다. 제도는 형식상 모두에게 동일한 시험을 보장한다고 말하지만, 실제로는 출발선이 다르다는 점에서 그 공정성은 의심받는다. 이는 낙오자에게 패배감보다 분노를 안긴다. 낙오가 능력의 문제가 아니라 구조 때문이라는 인식은, 곧 시스템 전체에 대한 불신으로 이어진다.

노동시장도 마찬가지다. 비정규직과 정규직 사이의 극심한 격차, 동일노동-다른 임금의 구조, 고용의 안정성에 대한 불평등은 많은 청년과 중장년층에게 "노력해도 바뀌지 않는다"는 절망감을 안긴다. 여기에 더해 채용 비리, 낙하산 인사, 기업의 불투명한 보상 구조는 경쟁 자체에 대한 회의와 불신으로 이어진다. 결과적으로 개인은 사회의 일원이 아니라 경쟁에서 밀려난 소외된 존재로 전락하고, 이는 평화롭지 않은 사회의 정서를 강화한다.

이러한 불공정은 물리적 폭력 없이도 사회 내에 심리적 불안을 확산시킨다. 청년들은 분노하고, 노년층은 조롱당하며, 중산층은 붕괴되고, 취약계층은 보이지 않게 밀려난다. "공정하지 않다"는 감정은 단순한 개인의 불만이 아니라, 제도에 대한 집단적 신뢰의 붕괴다. 이는 언젠가 폭발할 수 있는 긴장의 에너지로 작용한다. 실제로 촛불집회, 20대 남성의 급격한 보수화, 무기력한 이탈과 정치 혐오 등은 모두 공정의 상실에서 비롯된 결과들이라고 볼 수 있다.

더욱 심각한 문제는, 이러한 불공정이 반복되고 방치될 경우 시민들은 점차 '정의로운 사회'에 대한 기대를 접고, 개인주의·이기주의가 팽배하게 된다는 점이다. 사회 구성원이 공동체를 위한 최소한의 신뢰를 상실하게 되면, 평화는 규범이 아니라 우연한 결과가 된다. 법과 제도는 단지 갈등을 중재하는 수준에서 머무르지 않고, 공정성에 대한 감각을 회복시키는 설득력 있는 장치로 작동해야만 한다.

불공정은 더 이상 단지 '부당하다'는 감정적 표현으로 치부되어선 안 된다. 그것은 사회적 평화를 저해하는 구조적 요소이며, 제도적 응답이 시급한 실질적 위협이다. 따라서 진정한 평화를 원한다면, 그 출발점은 사회 각 영역에 내재된 불공정의 구조를 직시하고, 그것을 바꾸기 위한 제도 개혁과 사회적 합의에서 시작되어야 한다.

3. 공정한 제도가 만드는 평화의 조건

공정한 제도는 단순히 갈등을 중재하는 기능을 넘어, 공동체 구성원 간 신뢰를 촉진하고 평화를 유지하는 핵심 기반이 된다. 이는 민주주의의 본질과도 맞닿아 있다. 민주주의란 단지 다수결의 지배를 뜻하지 않는다.[1] 그것은 '누구나 납득할 수 있는 절차'에 기반하여 공동체의 규칙이 정해지고, 그 결과에 대해 수용할 수 있도록 만드는 체계다. 이 때 핵심은 바로 '공정성에 대한 신뢰'다. 공정한 절차는 갈등을 잠재우지 않지만, 갈등이 폭력으로 번지지 않게 막는다. 그것은 평화를 지키는 방패이자, 불만을 제도권 내에서 표출하게 하는 안전벨브 역할을 한다.

---

1) 최근 문형배 전 헌법재판소장 대행은 '민주주의의 가치는 다수결이 아니라 관용과 자제다'라고 하였다.

공정한 제도의 조건은 크게 세 가지로 나누어볼 수 있다. 첫째, 절차적 투명성이다. 입시, 채용, 승진, 재판, 행정 결정 등 중요한 사회 제도가 "어떻게 결정되었는가?"를 명확히 밝힐 수 있어야 한다. 결정의 기준이 사후에 바뀌거나, 특정한 이해관계자에게만 유리하게 작동하는 경우, 제도는 곧바로 불신의 대상으로 전락한다. 이를 방지하기 위해서는 명확한 기준과 그에 따른 공개적 운영, 그리고 누구나 접근할 수 있는 정보 공개 시스템이 필수다.

둘째, 결과의 수용 가능성이다. 아무리 절차가 공정해도, 결과가 지나치게 편중되거나 사회적으로 납득되지 않는다면 제도는 작동하지 않는다. 예를 들어, 지역에 따라 보건의료 서비스의 접근성이 크게 다르거나, 동일한 노동에 대해 고용 형태에 따라 급여가 과도하게 차이 난다면, 그것은 제도의 기능적 실패다. 실질적인 평등, 즉 형식적 기준만이 아닌 사회 구성원의 현실을 고려한 정책 설계가 이뤄져야 한다.

셋째, 지속가능한 피드백 구조다. 제도가 잘못 설계되었거나 현실과 괴리될 때, 그것을 빠르게 수정하고 조정할 수 있는 제도적 메커니즘이 갖춰져야 한다. 이를 위해선 행정부, 사법부, 입법부가 상호 견제하며 균형을 이루는 체계는 물론이고, 시민사회의 참여도 제도화되어야 한다. 옴부즈맨 제도, 청원 제도, 시민참여 예산 등이 대표적이다. 이러한 참여 구조는 단지 감시의 기능을 넘어, 공동체가 스스로 공정을 만들어가는 주체가 되도록 하는 기반이 된다.

공정한 제도는 불가피한 갈등 상황에서도 폭력과 극단 대신 합리적 해결의 길을 열어준다. 예컨대 선거에서 패배한 정당이 결과를 수용하고 다시 도전할 수 있는 것도, 그 선거 제도에 대한 신뢰가 있기 때문이다. 마찬가지로 대학 입시에서 탈락한 수험생, 채용에서 고배를 마신

지원자가 결과를 받아들이는 것도, 그 과정이 공정하다는 확신이 있을 때에만 가능하다. 이는 단순한 결과 수용의 문제가 아니라, 평화를 지탱하는 공동체의 신뢰 구조다.

요컨대, 공정한 제도는 단지 불만을 줄이는 수단이 아니라, 구성원 간 연대의 가능성을 열어주는 구조다. 그 제도하에서 살아가는 사람들은 경쟁 속에서도 서로를 적으로 보지 않고, 공동체의 일원으로 인식하게 된다. 이것이야말로 진정한 의미에서의 평화이며, 공정이 만들어낼 수 있는 가장 강력한 사회적 자산이다.

4. 공정과 평화가 공존하는 방식

공정과 평화는 대부분의 경우 상호 보완적인 가치를 지향하지만, 때때로 극심한 긴장 관계에 놓이기도 한다. 특히 '과거 청산'이라는 주제를 다룰 때 이 두 가치는 쉽게 충돌한다. 과거의 잘못에 대해 책임을 묻고, 정의를 실현하자는 목소리는 공정이라는 가치에서 비롯되지만, 그러한 과정이 오히려 갈등을 재점화하거나 사회를 분열시키는 결과를 낳을 수 있기 때문이다. 이 때 법과 제도는 매우 섬세한 균형 감각을 필요로 한다.

한국 사회는 산업화와 민주화, 독재와 저항, 분단과 냉전이라는 복합적인 역사적 맥락 속에서 수많은 갈등과 상처를 겪었다. 국가 폭력, 간첩 조작 사건, 민주화운동 탄압, 친일 청산 실패 등은 모두 지금까지 사회적 기억 속에 살아 있다. 이를 단지 과거의 사건으로 묻어두는 것은 평화롭지 않다. 억압된 진실은 언젠가 다시 부상하며, 사회적 갈등의 불씨가 된다. 그래서 '진실 규명'과 '책임자 처벌'은 정의 실현의 핵심 요소이자, 공정한 사회를 위한 전제조건이 된다.

하지만 정의 실현의 방식과 속도, 범위는 사회적 수용성과 긴밀히 연결된다. 지나치게 일방적인 처벌 중심의 과거 청산은 새로운 갈등을 불러일으킬 수 있다. '피해자 중심'의 정의 실현이 '가해자 제거'라는 방식으로만 이뤄질 경우, 그것은 복수의 형태를 띠게 되며, 평화보다는 분열을 낳는다.

우리 사회의 경우, 5·18 민주화운동이나 세월호 참사와 같은 사건에서 나타나는 국가 책임에 대한 논의에서도 이와 유사한 갈등이 반복된다. 피해자와 유족은 진상 규명과 책임자 처벌을 요구하지만, 일부 정치 세력이나 집단은 이를 '정치적 선동'으로 간주하고 대립각을 세운다. 이 과정에서 사회는 다시 양분되고, 평화는 멀어진다. 이처럼 정의 실현의 과정에서 발생하는 정치화, 이념화는 공정 그 자체의 가치까지 흔들리게 만든다.

법과 제도는 이때 단순히 법적 형평만을 기준으로 삼아선 안 된다. 공동체 통합이라는 목적하에, 피해자의 고통을 진지하게 경청하고, 가해자의 책임을 엄격하게 평가하되, 궁극적으로는 사회 전체가 다시 한 걸음 나아갈 수 있도록 설계되어야 한다. 진실을 덮지 않으면서도 상처를 확장하지 않는 방식—이것이 바로 화해의 법적 언어이자, 공정과 평화를 접목시키는 윤리적 기술인 것이다.

결국 진정한 평화는 과거를 잊는 데서가 아니라, 그것을 직면하고 정당하게 다루는 데서 비롯된다. 과거 청산은 갈등의 연속이 아니라, 공동체가 더 나은 미래로 나아가기 위한 공정한 통과의례여야 한다. 그 과정에서 법은 심판자가 아니라, 조정자이며 회복의 촉진자여야 한다.

5. 마치며: 공정한 평화, 평화를 위한 공정

 공정과 평화는 사회를 움직이는 두 개의 핵심적 가치이며, 그 사이의 균형은 어느 시대, 어떤 공동체에게나 중요한 과제였다. 우리는 지금 그 어느 때보다도 그 균형의 필요성을 절실히 체감하고 있다. 겉보기에 조용한 사회일수록 그 안에 잠재된 갈등과 불신은 더 깊고, 언제든 폭발할 수 있는 긴장으로 남는다. 이 긴장을 완화하고 공동체의 통합을 이끌어 내는 힘은, 결국 신뢰받는 공정성과 지속가능한 평화다.

 그렇다면 우리는 어떤 공정을 지향해야 할까. 절차만 공정한 형식적 정의는 사회의 요구에 응답하지 못한다. 오히려 실제로 공정한 결과를 만들어내고, 모든 구성원이 그 절차와 결과를 납득할 수 있는 실질적 공정이 필요하다. 그것은 단순히 법률적 기준을 충족하는 것을 넘어, 사회 구성원의 삶의 조건과 경험을 반영하는 감각 있는 제도를 통해 구현되어야 한다. 이는 이론이나 원칙의 문제가 아니라, 일상적 실천의 문제이며, 궁극적으로 제도를 설계하고 집행하는 이들의 철학과 태도에 달려 있다.

 또 갈등을 억압하거나 문제를 은폐하는 평화는 오래가지 않는다. 진정한 평화는 갈등을 공정하게 다루는 데서 비롯된다. 불공정을 직면하고, 그에 대한 책임을 정의롭게 묻되, 그 과정이 공동체를 분열시키는 것이 아니라 통합시키는 방향으로 이뤄져야 한다. 이는 매우 어려운 과제다. 그래서 법의 언어는 더욱 정교하면서 따뜻해져야 한다. 강제와 처벌만으로는 평화를 만들 수 없다. 설득과 회복, 경청과 조정이 동반되어야만 한다.

이러한 시대에 법조인이 맡아야 할 역할은 명확하다. 법을 해석하고 집행하는 이들은 단순한 기술자가 아니라, 사회의 방향을 잡는 나침반이어야 한다. 법조인은 원칙을 수호하면서도, 그 원칙이 삶의 조건 위에서 어떻게 작동할지를 고민해야 한다. 또한 제도가 소수만을 위한 것이 되지 않도록, 제도 밖의 목소리에 귀 기울이고, 때로는 제도 자체를 성찰하는 자세를 가져야 한다. 공정함은 법조인의 태도이자, 시민과의 약속이기 때문이다.

시민 역시 소비자가 아닌 공동체의 주체로서, 공정과 평화가 실현되는 사회를 만들어가는 데 참여해야 한다. 제도가 불공정하게 느껴질 때 문제를 제기하고, 평화를 해치는 담론에 저항하며, 서로 다른 입장을 경청하는 자세를 갖추는 것이야말로 민주사회의 주권자로서의 역할이다.

결국 '공정한 평화'란 갈등이 없는 상태가 아니라, 갈등이 정의롭게 다뤄지는 상태다. 우리는 지금, 그 정의의 언어를 더 정교하게 다듬고, 그 언어가 사회의 일상 언어로 자리 잡도록 해야 한다. 법은 단지 판단의 도구가 아니라, 공존의 문법이 되어야 한다. 그리고 그 문법이 실현될 때, 우리는 비로소 평화 속에서 진정한 공정을 말할 수 있을 것이다.

연민이 정치를 할 때

김영순
인하대 사회교육과 교수, 철학박사
(사)공존과이음 이사장

1. 공존의 다른 이름 연민

"민주주의와 자본주의가 공존하는 대한민국은 모든 국민이 평등한 행복추구권을 누리며 살고 있는가?" 이 질문에 확실하게 "그렇다"라고 대답하는 이는 거의 없을 것이다. 그 이유는 '민주'와 '자본'을 품은 두 가지 이데올로기가 '건전하게' 공존하지 않기 때문이다. 그런데 상이한 이념을 공존으로 설명하는 것은 심각한 어려움이 있을 수 있다. 이 글은 영·육·혼을 가진 인간 개체와 또 다른 인간 개체가 이루는 사회를 공존 개념으로 설명하고자 한다.

다양한 개인들이 다양한 가치관을 가지고 갈등, 경쟁, 협동, 교환의 상호작용을 하며 더불어 삶을 사는 곳이 바로 민주주의 체제를 선택한 사회의 모습이다. 대한민국은 민주주의를 선택했다. 이 민주주의 사회에서는 차이가 차별되지 않고 다양성으로 소통되는 공존의 생태계가 강조된다. 공존의 생태계가 건강하게 구축되기 위해서는 개인이 지닌 감정의 제도적 발현이 중요하다. 이를테면, 정치 지도자들이 지닌 감정이 어떤 개인이나 집단에 악감정의 부정 정서를 가질 때, 그리고 그것이 개인의 감정 수준이 아니라 제도로 발현될 때 통합은 무시되고 공존은 깨질 수밖에 없다.

　탄핵을 당한 윤석열 전 대통령을 보라. 그에게 연민은 오로지 김 여사와 자신의 추종 세력에게만 향해 있지 않았던가. 이런 개인이 지닌 연민은 사회문화 현상에 관한 이해와 무관하지 않다. 아울러 타자와의 공존을 위한 협동적인 작업으로서 역할학습이 주요하다. 나와 너의 위치와 입장을 바꿔 보는 작업이야말로 나와 다른 '타자'를 이해하는 연습이라고 강조한다. 연민은 바로 나와 타자인 '너'의 위치를 바꾸는 첫걸음이다. 윤 전 대통령에게 나-너 관계는 완전히 나는 지배자이고 너는 지배받는 사람으로 간주되었다. 그에게 연민이란 아예 기대하기 어려웠었다.

　우리 사회는 '다름'의 가치가 증폭되는 다문화사회에 접어들어 예기치 않은 문제가 사회문제로 확대되고 있다. 다문화사회에서 구성원 간에 존재하는 다양성을 어떻게 통합해 가는가가 공존의 삶과 지속가능한 사회 발전과 관련이 깊다. 이 글은 어떤 정책을 입안하고 이를 실천하는 사회제도를 넘어 인간 개개인이 지니는 감정과 윤리에 대해 관심을 지닌다. 이런 맥락을 반영한 곳이 바로 상호문화주의다.

　상호문화주의는 개인의 감정을 포함한 개별성을 존중하는 윤리를 실천하는 데 중심을 둔다. 아울러 상호문화주의는 타자의 문화를 존중하는 개방적 자세로 사회통합을 이루어야 한다는 논리를 함의한다. 상호문화는 개인이나 다른 문화 집단이 성공적으로 융화되는 과정이다. 개인과 서로 다른 문화 집단이 지향하는 의미가 양면성을 지니는 과정이고, 이러한 양면성이 하나의 의미로 통일되는 과정이기도 하다. 이러한 과정에서 소통이 일어나고 정서적 반응이 일어나며, 적응과 교육과정과 같은 문화 이식 현상이 일어날 수 있다.

독일 철학자 위르겐 하버마스(Jürgen Habermas)는 자문화중심주의를 넘어서기 위해, 상호 문화적으로 매개된 공동체 구성에 관심을 가졌다. 특히 의식과 의식의 동일성이라는 추상적이고 낭만적인 전략을 넘어 언어가 갖는 상호 문화성을 강조하면서 언어적으로 매개된 상호문화공동체 구성에 집중했다. 상호문화주의는 주류문화와 소수 문화라는 이분법적인 사고를 버리고, 두 화자의 의사소통을 중요하게 생각한다. 상호문화주의의 개념은 이론적으로 상호주관성과 감정이입을 강조하는 후설의 현상학이나 대화를 강조하는 하버마스의 의사소통이론에 함의된 것으로 이해된다.

　상호문화주의는 서로 다른 문화 사이의 관계를 동적인 측면에서 인식한다. 따라서 상호문화주의에서, 문화란 동적 속성을 가지고 있으며, 다른 문화는 서로 간섭함으로써 주류문화와 비주류문화가 묵시적 상호작용을 하게 된다. 즉 상호문화주의는 다양한 현상들의 소극적인 공존을 넘어서 그들 사이의 역동적 상호 실천 행위를 강조한다. 상호 문화적 이해와 대화의 가능성은 생활세계의 차원에서 사회 구성원 간 차이에 관한 많은 타협이 일상적 경험과 만남을 통해 이루어지고 있음에서 엿볼 수 있다. 즉 상호 문화 실천은 만남을 전제로 하고, 이해와 대화의 가능성을 열어두고 있다. 필자는 "상호 문화 실천이란 문화 다양성에 대한 인정과 존중을 바탕으로 상호 적극적인 의사소통과 성찰을 통해 공존 사회를 모색해 가는 사회적 변혁운동이다."라고 정의한다. 또한 상호 문화 실천의 개념을 개인적 차원, 사회적 차원, 초국적 차원으로 영역을 구분하였다.

　상호 문화 실천의 개인적 차원은 기존의 단일민족, 단일문화 정체성에 대한 성찰을 통해, 타문화에 대한 인정과 존중을 바탕으로 공존의 정체성을 함양하고 상호 소통과 배려를 실천하는 행위이다. 상호 문화 실천의 사회적 차원은 서로 다른 문화 집단 간의 능동적인 사회적 상호작용 행위이다. 사회의 제도적 주체들, 예를 들어 지방 및 중앙 정부, 여타 관련 기관이나 조직들이 이주집단의 보편적 인권과 기본적 필요를 위한 자원과 복지를 제공하고, 교육과 사회 참여를 위한 균등한 기회를 부여한다. 이는 사회적 갈등을 방지하고 공존 사회로 전환하기 위한 실천적 행위이다. 상호 문화 실천의 초국적 차원은 인류 보편의 가치관을 형성하고, 권리를 존중하며, 세계시민적 정체성을 가지고 타 문화권과 연계된 국제 활동 프로그램에 적극적으로 참여하여, 세계적 빈곤과 불평등의 해소, 국가 간 이주의 자유를 보장하는 등 실천적 행동을 통해 지속가능한 인류의 발전에 기여하는 것이다.

필자는 이 글을 통해 독자 모두를 연민의 정치 무대에 초대하고자 한다. 나아가 무한한 상호 문화 실천을 요청하고자 한다. 그래야 나와 너의 대화가 너와 나의 만남이 되고 사회적 '우리'로 확장될 수 있기 때문이다.

2. 연민과 상호 문화 실천

상호 문화 실천을 하기 위해 연민의 감정은 개인을 넘어 사회를 지향한다. 연민의 중요성에 대해서 미국의 정치철학자인 마사 누스바움(Martha Nussbaum)의 『두려움의 군주제』란 책을 인용할 필요가 있다. 이 책은 국내에서 『타인에 대한 연민』으로 번역되었다. 여성 지식인인 그가 이 책을 쓴 이유는 자신이 백인 중산층 가정에서 태어나 특혜를 누렸지만 자신조차 차별의 역사 속에서 벗어날 수 없었던 '여성'임을 고백한다. 여성에 대한 다양한 차별이 어디에서 기인하는지를 보여주고자 했다. 그녀가 미국 철학회 회장을 역임했을 정도로 탁월한 연구 실적을 냈음에도 종신 교수직을 제안받지 못했던 이유 또한 성차별과 관련이 있다. 누스바움은 인간이 나약한 존재이기 때문에 언제든 차별의 독성에 오염될 수 있다고 강조한다. 철학의 본향이며 이성주의가 득세했던 독일에서 나치즘이 나올 수 있었던 점을 지적한다.

누스바움은 다른 동물과 달리 인간의 아이는 걷기는커녕 기지도 못하는 무능력하고 나약한 존재라는 글로 책을 시작한다. 인간의 아기가 생존하기 위해서는 필연적으로 부모의 도움이 필요하다. 먹여줘야 하고 재워줘야 하며 배변까지 받아줘야 한다. 기존의 사회화 이론과 달리 그녀가 연구한 바에 따르면, 인간의 독재적 성향은 바로 유아기에 드러난다는 것이다. 내가 생존하기 위해서는 나 자신이 부모의 독재자여야 한다고 주장한다. 유아기부터 내가 원하는 대로 부모가 움직여줘야 자신의 생존을 보장받을 수 있다는 사실을 학습하게 된다.

이 얼마나 이기적인가. 그러나 아무리 성실한 부모라 하더라도 피곤해 줄 수도 있고, 잠시 전화를 받거나 음식을 하기 위해 자리를 비울 수 있다. 이런 상황에서 아기는 필연적으로 자신의 욕구가 채워지지 않는 무방비한 상태를 경험하게 된다. 이때 아기는 울음을 터트리고 소리를 질러 도움을 요청한다. 누스바움은 이 시점에서 아기가 느끼는 감정을 '두려움'으로 표현했다. 이처럼 두려움은 인간이 태생적으로 학습하게 되는 가장 기초적인 감정이다. 두려움은 인간이 고통을 피할 수 있는 수단으로 작동할 수 있지만, 구체적 방법을 제시하진 못한다. 그래서 두려움이 왜곡된 방식으로 확대되고 사회문제의 원인이 된다는 것이다. 개인이 지닌 비이성적인 분노와 혐오로 확대된다. 물론 분노는 항상 나쁘기만 한 것은 아니다. 선의의 분노는 불공정한 상황을 개선하는 데 기여한다. 하지만, 그 방식이 지나치면 타인을 고통스럽게 하는 방식으로 문제를 해결하려 든다. 실제로는 자신의 상황을 개선하는 데 별다른 효용이 없는데도 말이다.

원초적 수준의 혐오감은 내 생명에 해가 되는 것에 대한 방어기제에 가깝다. 대변이나 썩은 우유에 대한 혐오감은 인간이 그것을 섭취하지 못하도록 한다. 그럼으로써 자신의 건강을 보호한다. 이렇게 만들어진 혐오는 왜곡된 상태로 사회에 투영된다. 이 중 무슬림에 대한 혐오가 대표적인 사례다. 테러에 가담하는 무슬림은 전체 무슬림 중 극소수다. 그럼에도 불구하고 대부분의 사람들은 자신의 생명과 재산을 빼앗을 수 있는 테러리스트 집단이라며 무슬림을 경계한다.

당시 누스바움은 트럼프에게 느낀 불안감을 혐오라는 부정적 감정과 자연스레 연결한다. 다수 미국인은 지속되는 경기 침체와 중국의 가파른 성장세, 총기 사고의 불안감 등 여러 불안 요인을 혐오 집단에 전가한다. 트럼프는 이런 맥락을 잘 이용하여 여론을 장악하고 드디어 대통령 자리에 올랐다. 누스바움은 이런 분석을 내놓으면서 "그럼에도 우리는 희망을 가져야 한다. 희망은 두려움의 반대편에 있다. 두 극단적인 감정은 모두 불확실성에서 기인하지만, 그 결과는 분명히 다르다."라고 강조한다. 두려움은 우리 내면으로 깊이 파고들어 질병을 일으키지만, 희망은 긍정적 에너지를 퍼뜨리며, 긍정적인 생각만으로도 신체의 변화를 가져온다고 한다. 희망은 그저 공상에 머물러선 안 되며, 실천해야 유용한 희망이 된다. 마틴 루터 킹(Martin Luther King Jr.) 목사가 자신의 희망을 실천으로 옮겨 인종차별을 혁파했듯, 넬슨 만델라 대통령이 장기간 이어진 억울한 수감생활에도 온 국민을 감화시켜 나라의 미래를 바꾸었듯이, 희망은 그저 희망으로 머물기보단 실천적인 모습으로 드러났을 때 그 빛을 발할 수 있다. 누스바움이 내린 결론은 바로 연민이다. 연민이야말로 희망을 실천적으로 이행할 수 있는 감정의 출발점이다.

연민은 다른 사람의 고통을 이해하고 줄일 수 있는 인간만의 능력이다. 연민의 개념은 감정 이입되는 공감의 개념보다 강렬하다. 연민은 우리가 다른 사람들의 고통을 덜어주고자 하는 마음을 담고 있기 때문이다. 연민은 우리에게 다른 사람을 도울 수 있는 에너지를 주는 동기가 되어, 우리의 도움으로 남의 고통을 완화시킬 계기가 된다. 그렇다면 연민의 어원을 살펴보자. 연민이라는 단어는 문자 그대로 "함께 고통받다" 또는 "동정심의 감정을 다루다"라는 뜻이다. 이는 우리가 다른 사람들의 고통을 인식할 때 느끼는 감정이며 이것을 감소시키려는 욕망이 유발된다. 심리학자들에 의하면 연민의 감정은 다양한 요소로 나뉜다고 한다. 첫째 타인의 고통에 관한 관심을 나타낼 뿐만 아니라 이 경우 할 수 있는 행동에 대한 인식, 둘째 관계있는 두 사람 사이의 고통을 줄이기 위해 거치는 타협 과정을 포함하는 행동 요소. 셋째, 우리의 본능에 따라 행동하도록 동기를 부여하고, 우리에게 개인적인 만족감을 주는 감정적인 반응을 일으키는 감정적인 요소가 그것이다. 개인의 심리적 행복의 수준은 부분적으로 다른 사람들과 형성하는 관계의 유형에 달려 있다.

연민은 우리의 마음을 타자를 향해 열어주는 감정이다. 이 감정이야말로 우리가 다른 사람들의 입장이 될 수 있도록 마음을 열어준다. 감정의 문을 열어주고, 마치 주변 사람이 된 것처럼 그들의 감정을 읽을 수 있게 된다. 무엇이 그들에게 고통을 주는지 알 수 있게 된다. 타자에게 연민이 가득한 마음은 다른 사람들에게 더 가까이 다가가게 해주고 겸손함과 친밀감으로 다른 사람들을 돕기 위해 최선을 다할 수 있도록 만든다. 우리의 도움을 필요로 하는 누군가를 돌볼 때마다, 우리는 마음이 넓어지고 또 다른 사람을 도우려고 나선다.

그런데 왜 우리는 연민에 대해 두려움을 가질까? 아마도 우리야말로 적절한 상황이 아니기 때문에 남의 감정을 인정하고 행동할 기회가 없는 것이다. 사회신경과학자들은 인간은 태어나면서부터 자연스럽게 누군가와 연결되어 있다고 생각하며 누군가를 돕고자 하는 충동이 있음을 주장한다. 처음부터 누군가를 도울 준비가 되어있는 것이다. 그런데 우리는 타자를 왜 돕지 못하는가? 이 질문에 대해 다음과 같은 답을 기대할 수 있다. 첫째, 타자의 처지를 이해하고 도와서 그의 고통이 줄어들면 우리가 힘들 때 그 사람이 돕지 않을 것을 두려워한다. 둘째, 타자의 고통을 관찰함으로써 우리가 느끼고 싶지 않은 슬픔을 느끼게 된다. 셋째, 타자의 고통과 연결되면 또 다른 타자의 고통과 마주하는 것을 두려워한다. 이런 맥락에서 연민을 두려워하는 인간들에게 연민을 만나게 하고자 한다. 필자는 우리 사회에서 일어나는 다양한 갈등과 사회문제의 중심에는 연민의 부족에서 기인한다고 판단한다.

3. 공존의 조건과 연습

동양사상에 "만물은 모두 한 뿌리(萬物同根)"라는 개념이 있다. 이 말은 '우주에 존재하는 모든 것은 그 뿌리가 같다'는 뜻으로 이해된다.

"천지는 나와 함께 살아 있고 만물도 나와 함께 하나가 된다", "하늘과 땅은 나와 뿌리가 같고 만물은 나와 한 몸이다"라는 물아일체(物我一體)의 사상과 맥을 같이 한다.

이러한 관념은 생활세계에서도 나타난다. '까치감'의 유래를 알고 있는가? 한국에서 가장 상서로운 새가 까치였다. 한겨울에 이 '까치감'을 남겨놓은 이유가 과연 무엇인가? 시골에 가게 되면 늦가을에 단풍과 낙엽이 다 떨어진 감나무에 빨간 감이 걸려 있는 것을 볼 수 있다. 그 이유는 까치가 추운 겨울에 굶어 죽지 말라고 감을 몇 개 남겨놓는다. 필자는 '이것이 우리 선조들이 가지고 있는 자연과 공존하는 모습을 보여주는 하나의 좋은 예가 아닌가?'라고 생각한다. 이렇게 우리 선조들은 지혜로운 민족이었다. 미천할 수 있는 까치에게도 존중의 마음을 다한 것, 즉 자연과 공존할 방법을 자연으로부터 터득했고 또 실천했다고 볼 수 있다. 자연과 인간이 공존을 이루어왔기 때문에 자연의 일부로서의 인간과 인간 공존 자체가 그렇게 어렵지 않게 이루어지지 않았을까? 하는 생각도 해볼 수 있다.

"조선 시대와 같은 과거엔 계급이 존재하지 않았나?"라는 질문이 있을 수 있다. 물론 계급이 존재했다. 계급이 존재했다는 것과 공존은 다른 개념이다. 계급 내에서의 공존도 있을 수 있고 계급과 다른 계급 간에, 그러니까 상위 계급이 하위 계급을 배려하고 생각하는 것 자체도 그 시대의 질서로 보자면 공존이라고 볼 수 있다. 그 예가 탈춤이다. 지배 계층에 대해 노골적이고 통렬한 풍자를 담고 있는 이 탈춤은 놀이함으로써 평민들이 가진 양반에 대한 반감을 일정 부분 해소시켜 주는 연희였다. 그럼으로써 궁극적으로 향촌 사회의 안정을 꾀하기 위함이었다고 한다.

공존의 개념을 우선 '홍익인간(弘益人間)'에서 찾아보자. 홍익인간은 "널리 인간 세상을 이롭게 하라" 또는 "모든 사람이 어우러져 행복하게 하라"라는 뜻으로 이해된다. 한반도 최초의 나라로 여겨지는 고조선 건국 신화에서, 천신인 환웅(桓雄)이 인간 세상에 내려와 시조 단군을 낳고 나라를 열 때에 "널리 인간을 이롭게 한다(弘益人間)" 등의 건국이념을 갖고 있었다고 고려시대 일연의 '삼국유사'와 이승휴의 '제왕운기'에서 확인된다. 또한 경천애인(敬天愛人)은 위로 하늘, 즉 우주 만물을 공경하는 것이다. 여기서 무엇을 보여주냐면 바로 자연과 인간의 공존성을 볼 수 있다. 아래로는 무엇인가. 인간들을 사랑한다는 뜻인데, 애인이라는 것은 자기가 아끼는 사람이다. 아낀다는 것이 무엇인가. 누구보다도 사랑하는 대상이다. 인간을 사랑해야 한다는 것이다. 인간과 인간 간의 공존은 바로 '애인'에서 그 정신을 찾을 수 있다. 이렇게 우리 선조는 아주 슬기롭게도 경천과 애인에 대한 그 사상을 지금까지 늘 가지고 내려왔다고 본다.

공존의 조건 속에서 가장 중요한 것은 행위자다. 공존에 있어서 가장 중심은 누구인가? 바로 독자들이다. 이 책을 읽고 있는 당신이다. 당신은 누구인가? 인간이다. 당신은 공존의 주체로서의 인간이다. 그래서 공존의 핵심은 인간 존재라는 것이다. 그래서 인간 본질에 대한 이해가 공존의 조건에서 매우 중요한 역할을 한다고 생각한다.

나는 누구인가. 아마 중학교 때 사회 시간이나 도덕 시간에 나는 누구인가에 대한 자아정체성에 대해 공부한 적이 있을 것이다. 중학교 1학년 사회 교과서에 자아정체성이 등장한다. 자아정체성은 '지피지기(知彼知己)'에서 지기에 해당하는 것으로 이해할 수 있다. 그런데 '지피'가 먼저이다. 순서로 봐서 자기를 아는 것은 남을 먼저 알아야 함을 의미한다. 이는 공존을 위한 첫 단계가 아닌가? 하는 생각이 든다. 자기를 알아간다는 건 무엇인가. 나-자기는 인간이다. 그래서 "인간이 무엇인가"라는 질문은 공존의 조건을 이해하는 데 반드시 거쳐야 하는 과정이다.

인간은 자연에 속하는 일부이다. 신유물론적 사유에서는 인간 역시 자연의 한 물질로 간주된다. 어쨌든 인간은 자연의 일부분이다. 인간은 자연법칙에서 결코 자유롭지 않다. 즉 자연법칙의 지배를 받는 것이다. 인간은 돌이라든가 나무라든가 이런 것과는 다른 생명 유기체다. 돌이 생명을 끊거나 하지 않는다. "돌이 죽었다." 이런 이야기를 들어 본 적이 있는가? 돌은 돌로 계속 존재한다. 그런데 인간은 무엇인가? 태어나고 자라고 결국 죽음에 이르는 유한의 존재다. 인간은 성장, 생성, 전환 등의 끊임없는 일련의 진화 과정을 거친다. 인간은 물질과 마찬가지로 분명히 자연법칙하에 놓여 있다. 인간은 나이가 들고 연로하여 죽게 되면 다시 자연으로 돌아간다.

그런데 이와 다른 입장 중 하나는 인간이 만물의 영장이라는 것이다. 인간은 살아가는 모든 것들을 다 자유자재로 조절할 수 있다는 얘기다. 그래서 인간이 갖고 있는 의미는 본질적으로 지배자와 피지배자라는 개념상 양면성을 가지고 있다. 인간은 어떻게 보면 자연의 일부지만 더 나가서 문화의 일부분이기도 하다. 그러니까 우리가 자연과 문화를 인간과의 관계로 이야기하는데, 자연은 인간이 개입하지 않은 영역이라고 볼 수 있다. 인간이 들어가서 개발하고 변화시키고 하는 것을 우리는 문화라고 부른다. 그래서 독일에서 자연을 나투아(Natur), 문화를 쿨투아(Kultur)라고 칭한다. 영어에서는 이에 해당하는 네이처(nature)와 컬처(culture)라고 한다. 다시 말해 자연은 인간이 개발하지 않은 영역이고 문화는 인간이 개발한 영역이라고 볼 수 있다. 이렇게 보면 자연과 문화가 굉장히 극단적인 측면으로 이분 된다. 바로 인간은 자연과 문화에 각각 포함되거나 그 상관관계에 놓여 있게 된다. 우리가 간과하지 말아야 할 것은 바로 인간이 자연의 일부분이라는 측면이다. 즉 인간은 "인간이 개발하지 않는 것의 일부"라는 논리인데 그것은 인간 역시 자연법칙의 지배를 받는 그런 존재로 이해하면 된다.

인간은 배고픔과 갈증을 느낀다. 두려움과 흥분도 느낀다. 졸리면 자야 한다. 수많은 생리적 요구에 따른 결정은 인간이 자연적 측면에 속하고 있음을 보여준다. 그러면서 인간은 함께 살아가고 무언가를 창조하는 문화적 영역에도 위치한다. 그러다 보니까 자연과 문화의 공존체로서 인간의 역동성을 볼 수 있다. 자연과 인간에 대한 공존 사회에서 인간이 창조하고 향유하는 문화가 위치한다.

4. 연민의 정치를 위한 약속

자연과 문화 사이에 인간이 있고, 그 인간은 공존하고 있는 인간의 역동성을 보여주고 있다. 예를 들어서 배고픔과 갈증은 자연적인 측면이다. 이는 인간의 개체 상에 나타나는 자연적 측면이지만 그것을 해결하는 방식, 예를 들어서 각 나라나 민족마다 배고픔과 갈증을 해결하는 방식은 다르다는 것이다. 어느 나라에서는 배고프면 컵라면을 바로 먹고, 어느 나라에서는 냉동 피자를 꺼내 전자레인지에 돌려서 따듯하게 먹는 방식이 있다. 이는 문화적 행동의 차이 즉 배고픔을 해결하는 방식의 차이이다. 그것이 바로 문화적인 차원이라는 것이다.

자연적인 측면을 줄이면서 문화적 측면으로 나가기 위한 출발이 바로 교육이며 학습의 영역이다. 학습과 교육은 문화와 연결되어 있다. 그래서 우리가 문화를 거론할 때, 문화의 요소에 '학습성'이라는 게 있다. 학습의 본질은 자연적인 것을 제어하면서 문화적 측면을 강화시키는 행위다. '학습성'은 인간적인 측면으로 나아가는 것 중 하나다. 공존 자체에도 자연이 우리에게 갈등과 경쟁이 있더라도 협동적으로 평화롭게 살아가라는 책무를 부여하고 있다고 본다. 인간의 고유한 책무는 인간이 자연의 일부로서 자연의 법칙에 지배받고 있어서 자연을 파괴하거나 자연적인 영역을 침범하는 것을 금하고 있다. 한 사람이 다른 사람의 영역을 침범하면 안 되는 것처럼 공존을 깨트리면 안 된다는 것이다. 이러한 자연적인 요소를 다시 하나의 문화적인 측면으로 바꿔나가는 것이 교육이다.

필자가 이야기하는 것도 '공존을 이런 방식으로 같이 학습하고 배우고 실천하면 앞으로 미래 사회가 지속가능한 사회가 되지 않을까?'라는 것이다. 자연적인 요소를 생각해 보자. 인간은 자연에 그냥 가만히 있으면서 공존을 성취한 것이 아니다. 우리가 독서하고, 공부하는 이유가 무엇인가? 개인의 이익을 위해서 살아가고 있는 사람이 있고, 사회에 봉사하며 또한 더 나아가 세계 평화를 위해서 기여하고자 하는 사람도 있을 거라고 본다. 개인의 목적을 위해, 사회 변화를 위해, 세계 평화를 위해 기여하려면 본질적으로 본인들이 가지고 있는 연민의 감정을 사회로 이식시키는 것이다. 스스로 정치의 영역에서 연민을 표출하는 것이다.

이 글을 통해 필자는 공존하기 위해서는 개인이 연민의 감정을 느껴야 하는 점을 강조하였다. 나아가 연민이 개인의 감정을 넘어 사회정의를 지향하고 도덕적 상상력을 불러일으킨다는 것을 설명하였다. 문학이 힘을 지닌 이유는 그것이 어떤 사회에서 연민의 기호화 과정이기 때문이라고 볼 수 있다. 연민의 텍스트를 생산하는 기호 생산자인 작가와 기호 소비자인 대중 사이에 연민 기호의 유통은 다양성이 증폭되는 사회에서 소외될 수 있는 계층을 돌아볼 수 있는 사회적 여유를 갖게 할 것이다. 여기서 작가를 정치인으로, 대중을 시민으로 대입해 보자. 그렇다면 왜 정치인들이 연민을 가져야 할지 설명된다.

상이한 문화를 지닌 사람들과의 차이점을 다양성으로 이해하기 위해서는 무엇보다 해당 사회 구성원이 연민 감정을 유발하는 게 중요하다. 우리가 시나 소설을 읽어야 하는 이유가 바로 연민에 대한 간접적인 경험이 가능하기 때문이다. 지금의 일상생활에서 인간관계를 법과 제도에 기대고, 시민의 임무로서 앙가주망(사회 참여, engagement)만 강조하고 있다. 이제 이런 제도적 사슬을 내려놓자. 연민과 같은 감정의 움직임이 사람을 바꾸고 다양성으로 변화하는 우리 사회를 변혁시킨다는 믿음을 지니자. 이에 동의하는 독자들은 바로 시를 읽고 쓰기를 시작하라. 이것이야말로 저마다 스스로 연민의 정치 무대에 서는 첩경이다.

민주주의의 본질은
'국민에 의한 정치'입니다

손덕기

공정과 평화 아카데미 공보실장

　탄핵 결정 전 탄핵 반대 집회에 간 적이 있습니다. 그 분들의 주장과 그 주장의 근거를 알고 싶었기 때문입니다. 당시 눈에 띈 게 'KING석열'이라는 손팻말이었습니다. 그 팻말을 든 분 중 상당수는 팻말의 의미를 모르고 단지 대통령 탄핵을 반대하기 때문에 들었으리라고 생각합니다. 그럼에도 묻고 싶었습니다. "왕정으로 돌아가고 싶냐?"고, "왕정이 되면 당장 집회·결사의 자유가 없어 광화문에 나올 수 없을 텐데 그래도 괜찮겠냐?"고. 그 자리에서 질문한다고 제대로 된 답을 듣기 어려울 것이고, 자칫 험악해질 수도 있을까 봐 묻는 걸 포기했습니다.

　우리나라 사람 중 많은 이가 세종을 역사상 가장 위대한 군주로 평가합니다. 그런데 세종이 어리석은 백성을 불쌍히 여겨 선정을 베풀었지만, 당시에도 백성은 통치 대상이었고 위계가 분명한 신분사회였습니다. 왕들이 백성을 위한다는 위민정치를 내세우지만, 임금은 백성에게 은혜를 베푸는 것이라 생각하므로 백성을 바르고 어질게 잘 다스리는 정치는 왕의 선의에 기댈 수밖에 없습니다. 그리고 왕이 선정을 베풀 때에도 많은 백성은 가난했습니다. 지금 그 시대로 돌아가시겠습니까?

제가 민주주의의 본질이 '국민에 의한 정치(by the people)'임을 깨달은 건 1981년 이청준의 '당신들의 천국'을 읽고 나서입니다. 소록도 나환자 병원장으로 부임한 조백헌은 나환자를 위한 낙토(樂土) 건설을 약속합니다. 또한 소설 속에서 원장은 정의로운 사람으로 그려집니다. 그럼에도 나환자들이 원장의 약속을 '우리들의 천국'으로 받아들이지 않은 건 그 천국에서 나환자는 주체가 아닌 대상이기 때문입니다. 자기주도적 학습을 해야 앎이 온전히 자기 것이 되듯이, 자기 주도적 삶을 살아야 사람은 행복합니다. 그리고 국민이 정치 주체가 아닌 통치 대상에 머물면 '국민을 위한 정치(for the people)'도 이루어지지 않습니다. 우리는 이를 역사에서 배웠습니다. 왕정, 전제정 등 소수가 권력을 독과점했을 때 경제성장 과실의 많은 부분도 그들의 차지가 되었습니다. "조금 독재를 하더라도 잘살게만 해 준다면!" 이는 현실에서 이룰 수 없는 희망 고문일 뿐입니다. 민주주의가 밥 먹여 줍니다. 국민이 나라의 주인이 아니면 떡을 주지 않습니다. 떡고물은 줄지언정.

12·3 불법 계엄 이전부터 과도한 대의(간접)민주주의로 인해 나라의 주인인 국민의 위임을 받은 정치인 등이 대리인 역할을 벗어나 국민위에 군림하려는 조짐이 보였습니다. 이로 인해 민주주의는 껍데기만 남았고, 실질적으로는 계급사회로 변하고 있었습니다. 계엄 이후 기득권에 편입된 자칭 엘리트의 상당수가 국민 전체를 대변하는 게 아니라 기득권층의 이익을 대변하고, 공공성 제고를 위해 써야 할 권한을 사익(私益)을 위해 사용하고 있는 걸 두 눈으로 직접 보고 있습니다. 지금까지의 대의민주주의가 한계에 봉착했고, 선출되지 않은 권력이 과도한 권력을 향유하고 있습니다. 그리고 '1인 1표'의 민주주의 원리가 적용

되어야 할 선거 국면에서조차 여러 명의 후보가 '1원 1표'의 자본주의 원리를 옹호하고 있습니다. 그들은 우선 성장하고 분배는 나중에 하자고 합니다. 그리고 사회적 약자를 위한 제도와 예산 지원을 포퓰리즘이라고 매도합니다. 그 결과가 경제협력개발기구(OECD) 가입국 중 자살률(인구 10만 명당 자살자 수), 노인빈곤율, 합계출산율이 압도적 1위이고, 최소 수년 이상 1위를 뺏기지 않고 있습니다. 지금 대한민국의 민주주의가 위기입니다.

그러면 당연히 21대 대선의 시대정신은 '민주주의의 회복'이어야 합니다. 19세기 영국의 역사가 액턴(J. E. Acton)은 "권력은 부패하기 쉽고, 견제받지 않는 절대권력은 절대적으로 부패한다."고 했습니다. 공공 영역에서 제도적 견제와 균형을 통한 전횡과 부패의 방지는 필연입니다. 예컨대 숙의민주주의 도입 등 직접민주주의 제도 도입을 통해 과도한 간접민주정치를 견제하고, 선출되지 않고 책임지지도 않으면서 너무 큰 권력을 쥔 관료를 어떻게 약화시키고 동시에 권한에 합당한 책임을 부여할지, 민주주의와 자본주의의 조화방안이 무엇인지가 선거 쟁점이 되어야 합니다. 그런데 그런 움직임이 없다시피 합니다.

그나마 두 후보에게서 희망을 봅니다.

먼저 민주노동당 권영국 후보는 23일 2차 TV 토론(사회 분야)에서 손바닥에 민(民) 글자를 쓰고 나왔습니다. 이는 3년 전 당시 윤석열 후보의 왕(王)을 패러디했지만, 이번 선거가 왕이 아닌 국민의 대표를 뽑는 것임을 명확히 하였습니다. 또한 우리 사회가 어떤 자리도 내주지 않아

투명 인간 취급받는 사회적 약자를 대변하려고, 주체로 부각시키려고 분투하고 있습니다. 사회적 약자와 소수자가 최소한 지탱할 수 있는 사회를 만들기 위해서도 악전고투하고 있습니다. 물론 당선 가능성은 없다고 봅니다. 당선 가능성이 희박하기 때문에 현실을 경시한 이상적인 공약을 제시한 것으로 평가절하할 수도 있습니다. 하지만 다른 후보 중에도 당선 가능성이 희박한 이가 있는데, 그에게 민주주의 가치를 담은 공약을 발견할 수 있습니까? 실현 측면에서 평가절하하는 이유가 일부 맞을 수 있지만, 사회적 약자를 다른 국민과 동등한 주체로 인정하는 관점은 우리 모두가 지향해야 한다고 봅니다.

다음으로 더불어민주당 이재명 후보는 "이재명을 대통령으로 '고용'하고 싶습니다."를 슬로건으로 삼았습니다. 저는 이 슬로건이 국민이 나라의 주인임을 분명히 하고, 정치인은 국민으로부터 권한을 위임받은 것임을 자각하고 있다는 증거라고 봅니다. 또한 민주주의가 위기에 처한 지금 대한민국의 시대정신을 반영한 구호라고 생각합니다. 앞으로 이 슬로건을 더 부각시켜야 하고, 이 슬로건에 걸맞은 정책을 보강해야 하며, 당선된다면 잊지 말아야 합니다. 23일엔 국민 참여 및 직접 민주주의 활성화를 통해 책임정치를 구현하겠다고 발표했는데 바람직하다고 봅니다. 하지만 상징적인 조치에 그치는 게 아니라 지금의 대의민주주의 정치의 폐해를 줄일 실질적인 조치가 따라야 합니다. 또한 23일 2차 대선 후보 TV 토론에서 여성이 구조적으로 차별받고 있어 임금, 승진, 가사, 양육 등에 있어서 특별한 보호가 필요하다고 강조한 것도 의미가 큽니다. 다만, 후속 조치를 통해 구조적 차별이 완화되어야 합니다.

민주주의는 정치가 추구하는 목표가 아니라 정치를 수행하는 방식입니다. 즉 국민이 나라의 주인으로 선거 등 정치의 핵심을 쥐는 정치 방식입니다. 민주주의가 굳건하면 만인(모든 사람)이 법 앞에 평등하고, 민주주의가 무너지면 특권층인 만 명만이 법 앞에 평등합니다. 지금 우리 사회는 어떤 사회에 가깝고 어느 사회로 가고 있습니까? 저는 "민주주의의 본질에 충실한 후보가 누구인가?"를 기준으로 후보를 지지하고 선택하는 게 바람직한 방안이라고 생각합니다.

어떻게 생각하십니까?

전봇대와 공정에 관한 소소한 이야기

이동일

법무법인 에너지 대표 변호사

1. 들어가는 말

자연이 좋아서 자연 가까이 살고 싶어서 먼 미래에 퇴직한 후 살고 싶어서 경치 좋은 곳에 땅을 사두었는데, 어느 날 그 땅에 50미터가 넘는 아파트 17층 높이의 키다리 송전탑이 들어선다면 어떨까? 그 사람의 꿈은 누가 보상해 줘야 할까? 전국에 전기를 안정적으로 공급하고 싶은 국가의 꿈과 은퇴 후 경치 좋은 곳에서 편히 살고 싶었던 한 사람의 꿈, 어느 것이 우월하다고 할 수 있을까?

공기는 보이지 않지만 우리가 살아가는 데 반드시 필요하다. 전기 역시 눈에 보이지 않지만 우리의 일상을 영위하는 데 꼭 필요하다는 점에서 공기와 비슷하다. 공기는 자연에 존재하는 그대로 사용할 수 있지만, 전기는 인간이 인위적으로 생산하고, 생산된 전기를 전선을 통해 사용자에게 보내야 사용할 수 있다. 구체적으로는 발전소에서 전기를 생산하고, 송전, 변전, 배전 시설을 통하여 전기 사용자에게 전달된다. 수도권 인구 집중으로 수도권에 필요한 전력량은 지속적으로 증가하고 있다.

최근에 전기 생산 지역과 소비 지역을 일치시키는 지산지소(地産地消)가 바람직하고 정책적으로 추진하고 있지만, 아직 현실은 수도권에 부족한 전기를 공급하기 위해서는 지방에 발전소를 늘리고, 생산된 전기를 수도권까지 보내기 위한 송전탑, 송전선로 등을 추가로 건설하여야 한다. 송전탑 및 송전선로는 한번 건설되면 장기간 존속하여야 한다는 점, 해당 시설의 전자파 등의 문제로 인해 혐오시설로 인식된다는 점, 이로 인하여 전력망 시설이 설치되는 토지의 재산적 가치는 상당히 낮아지고, 사용할 수 있는 용도도 제한된다는 점에서 전력망 시설이 설치되는 지역은 피해를 보게 된다. 즉 송전망 건설로 인한 주된 혜택은 수도권에 거주하는 주민과 기업들이 누리는 반면에, 피해는 지방의 토지 소유자 및 전력망 시설 인근 주민이 입는 것이다. 2008년 대한민국을 떠들썩하게 했던 밀양 송전탑 사건은 전력망 건설로 인한 피해의 발생을 시설이 들어설 주민이 감수하는 것이 정의의 관점에서 적절한 것인지 고민하도록 화두를 던져주었다.

2. 전기 사용의 역사

가. 1887년 3월 6일 우리나라 전기 사용의 시작

한국전력공사 홈페이지에는 우리나라에 처음으로 백열등이 켜진 날을 다음과 같이 영화의 한 장면처럼 소개하고 있다. "1887년 3월 6일 저녁, 어스름이 짙게 깔린 경복궁 내 건청궁. 작은 불빛 하나가 깜빡깜빡 하는가 싶더니 처음 보는 눈부신 조명이 갑자기 주위를 밝혔다. '아~!' 주위에 모여든 남녀노소들이 모두 감탄사를 터트렸다. 마침내 우리나라 최초로 점등이 점화된 것이다. 에디슨이 백열전등을 발견한 지 고작 8년 만에 서울에 전등이 켜졌으니 당시로는 획기적인 사건이었다. 그때만 해도 전기는 문명의 총아라 해도 과언이 아니어서 전등 가설에는 큰 돈이 들었다. 궁정에 제일 먼저 전기불이 켜진 것도 그런 이유에서였다. 향원정 연못가에 세워진 발전설비는 당시 동양에서 가장 성능이 뛰어난 것으로, 16촉광 백열등 750개를 켤 수 있는 규모였다. 이때 사용된 발전기의 조립·설치·전등 가설은 미국 에디슨 전기회사의 윌리엄 멕케이(William Mckay)라는 전기기사가 수행하였다. 향원정 연못에서 물을 얻어 석탄을 연료로 발전기를 돌렸는데 기계 돌아가는 소리가 어찌나 우렁차던지 마치 천둥이 치는 듯 했다 한다. 발전기 가동으로 연못 수온이 상승해서 물고기가 떼죽음을 당한 후로, 전등을 일러 물고기를 끓인다는 뜻인 '증어(蒸魚)'라 부르기도 했다. 또 성능이 아직 완전치 못한 탓에 자주 불이 꺼지고 비용이 많이 들어가는 게 꼭 건달 같다해서 우스갯소리로 '건달불(乾達火)'이라 불리기도 했다.[1]" 우리나라는 아시아 3번째 전기 도입 국가로 이후 전기는 근대화와 산업 발전에 중요한 역할을 하게 된다.

나. 1948년 5월 14일 단전 및 1950년 한국전쟁으로 인한 전력난의 극복

우리나라는 분단과 한국전쟁을 겪으며 전력난을 겪었다. 해방 후 우리나라는 압록강, 두만강을 중심으로 한 북한지역에 수력발전소를 건

---

1) https://home.kepco.co.kr/kepco/front/html/PR/F/A/PRFAHP00203.html, 한국전력공사 홈페이지.

설하여 전력을 공급하였다. 1948년 당시 북한에서는 수력발전을 통해 남한의 7배가 넘는 170만kW의 전기를 생산해 남한 전기의 70%를 공급하고 있었다. 북한은 5·10 총선이 남한 단독으로 치러지자 5월 14일 남한지역 송전에 대한 단전조치를 감행하였다. 이때의 전력난은 1949년 준공된 '목포중유발전소'를 가동함과 동시에 미국으로부터 도입된 자코나호 등 8척의 발전함이 부산·인천·마산 등지에 정박하여 전력을 공급하면서 해소되기 시작했다. 이후 1950년 한국전쟁으로 발전시설의 20%가 파괴되며 최악의 전력난을 겪어야 했다. 전후복구사업으로 1956년부터 당인리3호기, 괴산수력, 마산화력, 삼척화력, 화천수력발전소 등이 준공되면서 전력 공급이 안정을 찾기 시작했다.[2] 1948년 북한의 송전 중단 및 1950년 한국전쟁으로 인한 전력난은 정치적 요인에 기인한 것으로, 이 때 우리는 에너지 안보가 얼마나 중요한 지 역사적 경험을 통하여 인식하게 되었다.

다. 1961년 7월 1일 한국전력주식회사의 창립

1898년 한성전기회사는 서울에서 설립된 우리나라 최초의 전기회사이다. 이 회사는 고종 황실의 자본과 미국의 기술을 도입하여 설립되었으며, 서울 시내의 전차와 전등부설 사업을 주도하였다. 한국전쟁을 거치면서 우리 경제기반은 완전히 황폐화되어 버렸다. 모든 것이 잿더미로 변한 전후 상황에서 전력 문제도 예외는 아니었다. 전력생산시설이 파괴되다 보니 심각한 전력기근현상이 나타났고, 전력사업에서도

---

2) https://m.blog.naver.com/energyinfoplaza/223485283077, 한국에너지정보문화재단 블로그.

만성적 적자운영이 되풀이되었다. 이러한 문제를 타개하기 위해, 1951년부터 당시 전기 3사인 조선전업, 경성전기(구 한성전기), 남선전기의 통합 논의가 이루어졌고 논의 10년이 되던 1961년 7월 1일 마침내 한국전력주식회사가 발족하였다. 한국전력의 창립은 업체 난립으로 인한 과다한 전력손실·낮은 노동생산성·수지 불균형의 어려움을 극복하고 우리 전력사업이 성장 궤도에 들어서는 결정적 계기가 되었다. 많은 자금과 인력, 기술이 동원되어야 하는 본격적 전원 개발 사업을 성공적으로 추진하고 이를 통해 급속한 경제성장을 선도해야 하는 시대적 명제를 완성한 것이기도 했다. 한국전력 창립은 곧바로 열매를 맺기 시작하였다. 전력 생산 기술이 급속히 발전하여 전력 생산이 크게 늘어났다.[3] 한국전력공사는 전기사업 허가를 얻어 전기사업을 독점하였다. 이후 2001년 전기사업법 개정을 통하여 한국전력공사가 독점하고 있던 전력산업에 경쟁체제를 도입하기 위하여 전기사업을 발전사업·송전사업·배전사업·전기판매사업으로 세분화하고, 전력거래가 경쟁에 의하여 이루어질 수 있도록 전력시장제도를 도입하는 등 전력산업의 기본제도를 개편하였다. 당시 한국전력공사는 6개의 발전자회사를 설립하여 발전사업에 경쟁체제를 도입하였다.

---

3) https://home.kepco.co.kr/kepco/front/html/PR/F/A/PRFAHP00203.html, 한국전력공사 홈페이지

라. 1965~1987년 「농어촌전화(電化)촉진법」을 통한 전기의 보편적 공급

　1965년에 이르러 도시 지역의 전력이 안정적으로 공급되면서 당시 전력공급에서 소외되었던 농어촌에 대한 전력공급 문제가 새로운 관심사로 대두되었다. 상공부는 1965년 4월 23일 '1965년도 농어촌 전화(電化)사업 계획 요강'을 발표하고 정부 재정융자금 1억 원과 산업은행 자금 2억 원, 도합 3억 원의 융자를 결정함으로써 농어촌 전화사업이 본격화되기 시작하였다.[4] 이 사업의 기본 취지는 경제적으로나 지역적으로 불리한 여건에 있는 농어촌 지역 주민에게 대규모 송변전설비의 공사비용을 제외한 전력공급 공사비를 장기 저리(低利)로 융자해 줌으로써 재정적 편익을 제공하여 전국토에 전기를 공급하기 위한 것이었다. 1969년 말 기준 전국의 총 주택 호수는 4백만 여 호이며 이 중 전기가 공급되지 않는 가구 수는 약 2백만 여 호로 전국의 전력이 공급되지 않는 가구 수의 비율은 59%로 조사되었고, 전기가 공급되지 않는 가구 수가 전력이 공급되는 가구 수를 상회하는 실정이었다. 그러나 10년도 안 되는 단기간에 우리 국민의 저력이 발휘되어 전화 사업은 원활히 시행되었고 계획대로 1979년까지 도서 및 벽지 5만 여 호를 제외하고 전화사업이 마무리되었으며 전력이 공급되지 않는 상태였던 5만 여 호도 1983년부터 사업이 재개되어 1987년의 전화율은 99.8%로 농어촌 전화사업은 성공적으로 마무리되었다. 농어촌 전화사업의 성과는 농어촌의 소득 증대를 촉진한 경제적 효과와 농어민의 생

---

[4] 1960년대만 하여도 전력공급의 혜택을 받지 못하는 농어촌지역이 상당히 많았다. 1964년 말까지 전화 호수는 농어촌이 31만 8000 호로서 농어촌의 전화율은 12.0%에 불과했다.

활수준 향상, 의식구조 개선에 기여한 사회적 효과로 집약될 수 있다.[5]
1965년 제정된 「농어촌전화촉진법」은 농어촌이 발전량 부족과 설비투자액의 과다에 따른 수익성 문제 등 때문에 전화사업이 미진하였으나 전원개발 5개년 계획에 따라 앞으로 공급량이 확대될 것이므로 연간 약 4억 4천 만 원의 예산 조치를 할 수 있는 법적 근거를 마련하여 농어촌의 전력공급 기반시설을 구축하는 전화사업을 추진하기 위해 제정되었다. 구체적으로는 ① 공사비는 전기사업자의 전기시설공사부담금과 정부의 재정자금에 의한 융자금으로 충당하고, ② 지방자치단체의 장과 전기사업자는 다음 연도의 농어촌 전화계획을 매년 2월말까지 정부에 제출하도록 하고, ③ 정부융자금에 대하여는 금융기관을 통하여 전기사업자에게 행하고 당해 지방자치단체는 그 지불을 보증하여 수용자로 하여금 연대채무를 부담하도록 하고, ④ 정부융자금의 상환기간은 20년으로 하며, ⑤ 정부융자금의 상환업무는 전기사업자가 매월 전기요금 수금 시에 일괄 수금하도록 하는 것을 그 내용으로 한다. 이 법의 시행으로 농어촌의 전기시설에 소요되는 자금을 정부가 재정적으로 뒷받침하게 됨에 따라 농어촌 전화사업은 활기를 띄게 되었다. 이 법은 2006년 법률 제명을 「농어촌 전기공급사업 촉진법」으로 개정하였다.

---

[5] 지식경제부·한국전력공사, 2011 경제발전경험모듈화사업: 전력보급 확산을 위한 농어촌 전화(電化)사업, 12면-13면.

마. 1978년 12월, 「전원개발에관한특례법」 제정을 통한 전력공급 인프라의 신속한 구축

지속적인 경제성장과 국민소득 증대 및 농어촌 전화에 따라 전력수요가 연 평균 70% 이상 급신장하였다. 중화학공업화 및 국민생활의 향상으로 계속적인 증가가 예상되었다. 이에 대처하기 위해서는 전원설비의 계속적인 확충과 신속한 건설이 요망되나 건설입지 확보상의 많은 제약과 번잡한 인·허가절차 및 막대한 자금 소요로 원활한 전원개발 추진이 곤란했다. 이를 효율적으로 추진하기 위하여 「전원개발에관한특례법」이 제정되었다. 이 법은 ① 적용범위는 전원설비를 설치 또는 개량하는 전원개발사업으로 하고, ② 전원개발사업자는 한국전력주식회사로 하되 동력자원부장관이 필요하다고 인정할 때에는 그 사업의 일부를 다른 자로 하여금 시행하게 할 수 있도록 하고, ③ 전원개발사업에 관한 중요사항의 심의를 위하여 동력자원부에 전원개발사업추진위원회를 설치하고, ④ 전원개발사업자는 전원개발사업의 실시계획을 작성하여 동력자원부장관의 승인을 얻도록 하고, 동력자원부장관이 승인을 하고자 할 때에는 미리 관계부처의 장과 협의하고 전원개발사업추진위원회의 심의를 거치도록 하고, ⑤ 전원개발사업자가 동력자원부장관의 실시계획 승인을 얻은 경우 다른 법의 허가 등을 받은 것으로 간주하고, ⑥ 전원개발사업구역 내의 토지에 대한 규제조항을 두도록 하며, ⑦ 정부는 전원개발사업의 원활한 시행을 위하여 전원개발사업자에게 그 소요자금의 일부를 지원할 수 있도록 하는 것을 주요 내용으로 한다. 이 법은 2003년 「전원개발촉진법」으로 법률 제명을 개정하여 현재까지 시행되고 있다.

바. 값싸고 품질 좋은 전기 공급을 통한 경제성장

우리나라는 짧은 시간에 전원개발사업을 체계적으로 추진하여 전기 사용에 있어 소외계층이 거의 없는 전기의 보편적 공급을 짧은 시간에 이루었다. 그뿐만 아니라 우리나라의 전기는 가격이 저렴하고 품질이 우수한 것으로 평가받고 있다. 우리나라의 전기 요금은 OECD 38개국 중 다섯 번째로 저렴하다. 전기의 품질을 알 수 있는 지표는 다양하다. 송·변전 손실률과 주파수와 전압의 유지도 전기품질을 쉽게 알려주는 지표다. 송·변전 손실률이란 전력이 만들어지는 발전소에서 우리가 전기를 쓰는 곳까지 이동하면서 얼마나 전력이 손실되는지 알려주는 지표다. 손실률이 적으면 적을수록 낭비되는 전력이 적고 송변전선로가 잘 관리된다는 증거이기에 전기의 품질을 쉽게 확인할 수 있다. 우리나라의 송·변전 손실률은 2021년 기준 3.23%로 선진국 중에서도 가장 적은 손실률을 보여주고 있다. 이는 한전이 송·변전 선로의 고장을 선제적으로 대응하고 고장이 나더라도 신속한 조치를 취하기에 가능한 수치이다. 정전은 사용자의 의지와는 상관없이 전기 공급이 일시적으로 끊기는 상황인데 2020년 기준 우리나라의 호당 평균 정전시간은 8.9분이다. 아프리카 개발은행 아데시나 총재는 나이지리아 제조협회에서 "한국은 전력 공급의 안정성이 담보돼 고부가가치세 제조업 국가로 성장할 수 있었다."고 하였으며 아프리카 국가들이 한국의 전기 공급 시스템을 벤치마킹해야 한다고 하였다. 주파수란 1초 동안 되풀이되는 주파의 횟수로 주로 Hz(헤르츠)로 표시한다. 우리나라의 정격 주파수는 60Hz로 전력계통의 전기적인 속도를 의미하여 전기를 생산하는 발전기의 기계적인 회전속도를 결정하는 요소이다. 우리나라는 전기사업법 및 시행규칙에서 이러한 주파수의 허용오차를 0.2Hz로 규정하고 있다. 이러한 정격 주파수를 유지해야만 고품질의 전기를 사용자에게 제공할 수 있다. 주파수가 일정해야 전동기 등의 회전속도가 일정해져 제품의 품질이 향상되고 컴퓨터와 전자기기의 오차 발생을 방지할 수 있기 때문인데, 우리나라는 실시간 전력계통 운영을 통해 주파수를 0.2Hz보다 더 엄격한 0.1Hz를 목표로 주파수를 유지하고 있다. 전압은 전기를 흐를 수 있게 하는 힘이다. 우리나라 전력계통은 765kV, 345kV, 154kV 3종류로 구성되어 있다. 전압을 결정하는 가장 큰 요소 중 하나는 무효전력인데, 무효전력 수급불균형이 이루어지면 전압은 변동되면서 전압 강하가 발생한다. 만약 전압이 일정하지 않게 되면 전자기기는 성능이 저하되고 수명이 떨어지게 되며 회전기기는 성능저하로 생산하는 제품의 질이 저하될 수 있다. 즉 전기를 사용하는 모든 기기에 안 좋은 영향을 미칠 수 있다.[6] 우리나라의 값싸고 품질 좋은 전기의 공급은 경제성장에 기여하였다. 저렴한 전기요금은 산업 생산비용을 낮추어 경쟁력을 강화하고, 수출 증가와 경제성장에 긍정적 영향을 미쳤다. 이로 인하여 철강, 자동차, 정유화학, 조선 등 에너지다소비 중화학산업 분야의 국제 경쟁력 확보에 크게 기여하였고, 경제성장의 원동력이 되었다. 그리고 우리나라 경제성장을 주도한 반도체 산업의 성장에 품질 좋은 전기 공급은 절대적으로 기여하였다. 반도체 제조 공정은 매우 민감하므로, 전력 공급의 안정성이 필수적이다. 전력 중단이나 변동은 생산 공정에 큰 영향을 미칠 수가 있기 때문이다. 또한 반도체 공장은 초미세 공정을 포함하므로, 전력 품질이 높아야 한다. 즉 전압 변동, 전력 왜곡 등을 최소화하는 것이 중요하다.

---

6) https://m.blog.naver.com/goodmorningkepco/222659554990

3. 송전망 건설 갈등

전력 소비의 지속적 증가는 보다 많은 전력을 생산할 대규모 발전소의 건설 및 송전망 건설의 필요로 이어졌다. 그 사이 환경권, 건강권, 재산권 등 권리의식이 증대하였고, 고압 송전설비는 해당 지역 주민에게 기피시설로 인식되면서, 설비 증설에 반대하는 목소리가 점점 높아지고 있었다. 이로 인한 갈등으로 송전설비는 계획된 시기에 완공하기 어렵고, 그 건설비용도 증가하고 있는 것이 현실이다. 송전망 건설로 인한 갈등은 '밀양 송전탑 건설 갈등'에서 시작되었다. 이후 '서해안 당진화력 송전망 연결 갈등', '동해안 지역 송전설비 포화 문제', '새만금 송전선로 갈등', '수도권 송전선로 과부하 문제'로 이어지고 있다.

가. 밀양 송전탑 사건

송전망 건설로 인한 갈등은 '밀양 송전탑 사건'에서 시작되었다. 밀양 송전탑 사건은 신고리 원자력발전소에서 생산된 전력을 수도권으로 송전하기 위해 765kV 초고압 송전탑 및 송전선의 건설 관련 시설물의 위치 문제를 두고, 2008년 7월 밀양주민들이 송전선로 백지화 요구를 하면서 밀양주민과 한국전력 사이에 갈등이 불거졌다. 이 과정에서 주민들은 전자파로 인한 건강 문제와 환경 파괴를 우려하며 강하게 반대했다. 특히, 송전탑 건설 과정에서 강제 철거와 경찰력 투입이 이루어지며 논란이 커졌다. 밀양사태 이후 송전선로 건설 속도는 크게 늦어졌다. 밀양 송전탑 사건은 보상제도 개선 추진위원회가 발족하여 일부 지역과 보상 협상을 완료하기도 했지만 2012년 1월 주민의 분신 사망 사건이 일어나며 갈등이 증폭되었다. 끊임없는 갈등 속에서 밀양시가 행정대집행을 통해 2014년 6월 반대 주민 농성장을 철거했으며, 2014년 12월 송전탑 69기가 완공되었다.

나. 대구 송해공원 송전선로 갈등

대구 송해공원에 설치되는 송전선로로 인해 대구 달성군 주민들이 한전과 갈등을 빚었다. 대구 달성군 주민들은 송전선로가 송해공원과 주거지에 미칠 피해, 경관 훼손 등에 심각한 우려를 표하며 사업지 계획 철회를 촉구했다.

다. 신가평 변환소 갈등

최근 신가평 변환소 갈등은 경기도 가평군에서, 신한울 원전에서 생산된 전력을 수도권으로 송전하기 위한 변환소 건설이 주민들의 반대로 지연되고 있다. 주민들은 환경 파괴와 지역 경제에 미칠 영향을 우려하며 공사를 반대하고 있다. 2010년 계획 수립 당시 2019년부터 가동할 계획이었지만, 공사는 2023년 8월에야 시작되었다.

라. 북당진~신탕정 송전선로

국내 최장기 송전망 건설 지연 사례는 '북당진~신탕정' 송전선 건설 공사다. 한국전력은 2003년 송전선 공사를 시작해 2012년 6월 준공할 계획이었지만, 지역 주민 반대와 지자체 소송 등으로 준공 일정이 150개월 미뤄진 2024년 12월에 마무리됐다. 당시 송전탑 건설 입지를 확보하는 데만 2003년부터 2014년까지 10년 이상이 소요됐고, 이후에는 인허가를 거부하고 진입로와 작업장 공사를 중지할 것을 명령한 당진시와 한전의 갈등이 계속됐다. 결국 2017년 2월에야 공사를 시작할 수 있었고 이후에도 10년 가까이 지나서야 공사가 완료된 것이다. 이 송전선은 태안화력 등 서해안 지역에서 생산된 전력을 충남 당진, 아산을 거쳐 수도권 남부로 보내는 송전선이다. 2023년 서해안 발전소에서는 송전선이 부족해 최대 3.4GW의 발전제약이 발생했다. 국내 최대 규모의 석탄화력발전소인 태안화력의 발전 용량이 6.5GW인데, 이 중 절반 이상이 송전선 부족으로 인해 멈춰 있던 셈이다.[7]

마. 군산변전소~새만금변전소 송전선로 건설

군산 새만금 송전선로는 2008년 4월 군산 및 새만금산업단지의 전력 공급 능력을 확충하기 위해 설비계획이 수립되었다. 전력을 공급하기 위해 1천872억 원을 들여 군산변전소~새만금변전소 구간(30.6km)에 345kV급 송전탑 88기를 건설하는 사업은 주민들이 당초 계획노선인 토지 경유 노선으로 공사를 하면 땅값 폭락으로 1조원 이상의 재산권과 전자파로 인한 건강권이 크게 침해당한다며 반발했다.[8] 2008년 사업이 시작된 후 공사 중단과 재개를 반복하다가 2016년에야 철탑 88기가 모두 세워졌다.

---

7) 조선일보, 2024. 11. 28. '150개월 지연된 '북당진-신탕정' 송전설 건설, 드디어 마무리' 이기우 기자
8) SBS NEWS, 2013. 12. 12. "군산 새만금 송전선로'갈등 극적 해결'

바. 동해안~신가평 송전선로

발전시설이 밀집된 동해안 지역에서 전력망 포화로 인한 송전제약이 일상화하면서 민간 화력발전사들이 연간 수천억 원의 적자를 볼 위기에 처했다. 이와 같은 송전제약이 발생한 이유는 '500kV HVDC(High Voltage Direct Current, 초고압직류송전) 동해안~신가평 송전선로'의 건설 지연 때문이다.[9] 해당 사업은 울진~신가평(1단계) 230km와 양평~동서울(2단계) 50km를 연결하는 전력망 공사로, 송전용량은 8GW다. 당초 목표대로 2019년 12월 준공됐다면, 지금의 송전제약(7.4GW)은 발생하지 않는다.[10] 그러나 지역 주민의 반발과 지자체의 인허가 문제로 착공이 한참 늦어졌다. 당초 준공 목표는 2019년 2월이었지만, 현재 준공일은 2025년 6월(1단계)과 2026년 6월(2단계)로 밀렸다. 송전제약 7.4GW는 8기의 화력발전소의 발전용량과 일치한다. 이에 따른 화력발전소 가동률은 그야말로 처참할 지경이다. 기저발전원인 원전 8기를 모두 가동한다고 가정할 경우 삼척그린파워·북평화력·강릉안인화력·삼척화력 등 화력발전소 4곳은 아예 발전을 멈춰야 한다. 설비점검 및 장비고장 등으로 원전이 5기(신한울 1기, 한울 4기)만 가동한다고 가정하더라도 화력발전 4곳의 가동률은 59%에 지나지 않는다. 문제는 화력발전소 4곳 중 삼척그린파워(한국남부발전)를 제외한 나머지 3곳의 운영사는 모두 민간 발전사라는 점이다. 국가 전력인프라 건설의 차질에 따른 손실을 민간이 그대로 떠안게 되는 것이다. 이들 민간 발전사

---

9) 대한경제, 2024. 11. 13. '[출구 없는 동해안 전력망 포화] ① 송전제약 7.4GW까지 늘었다... 발전사 "연간 2,500억 적자"'

10) 대한경제, 2024. 11. 13. '[출구 없는 동해안 전력망 포화] ② 송전제약으로 전기본의 신뢰성도 '흔들''

들은 송전망 건설계획을 고려해 발전소를 건설했지만, 본격 가동도 못해보고 적자 경영의 위기에 놓이게 됐다. 한 민간화력 관계자는 "올해 예상 가동률은 15~20%로 관측되는데, 이럴 경우 발전소 1기(1GW)당 2500억 원의 적자가 발생한다"면서, "관련규정 개정으로 송전제약에 따른 보상도 사라져, 어디에 하소연할지 막막하다"고 토로했다. 이를 4곳의 화력발전소에 대입하면 최소 1조 원 이상의 적자가 발생하며, 이 중 4분의 3은 민간이 부담하는 셈이다.[11]

4. 전력망 확충의 필요성

값싼 전기의 공급은 우리나라의 반도체, 철강, 자동차, 정유화학 등 에너지 다소비 산업 분야의 국제 경쟁력 확보에 크게 기여하였고, 경제성장의 원동력이 되었다. 이러한 경제성장에 힘입어 초고층 복합건축물이 증가하여 상업 분야의 전력 사용도 증가하였고, 가전제품의 수요 또한 꾸준히 증가하고 있다. 한편, 전력 사용의 증가는 탄소중립이라는 시대적 소명하에 전기화의 증대로 이어졌다. 집집마다 볼 수 있었던 가스레인지는 전기 인덕션으로 바뀌면서 에너지원이 전기로 바뀌고 있고, 경유 휘발유 차량을 대체할 전기자동차 또한 지속적으로 증가하고 있다. 인공지능(AI) 확산과 그에 따른 데이터센터 확대, 반도체 클러스터 조성, 전기차 보급 등으로 전력 수요가 폭발하는 상황에서 계통의 안정성 확보를 위해서는 늘어나는 수요량에 부합하도록 발

---

11) 대한경제, 2024. 11. 13. '[출구 없는 동해안 전력망 포화] ①송전제약 7.4GW까지 늘었다… 발전사 "연간 2,500억 적자"'

전량을 늘리고 이를 공급하는 전력망도 늘어나야 한다. 핵심 기간망 구축 지연 시 발전소 가동제한 등으로 인한 전력수급 불안정 증대 및 사업자들의 수익 악화로 전력산업 생태계 위축이 전망된다. 또한 24시간 안정적 전력공급이 필요한 철강·석유화학 등의 국내 핵심제품 생산지에 계통불안정으로 정전 발생 시 최소 수십억의 피해 발생이 우려되는 등 전력산업 생태계 및 국가산업 전반에 악영향이 예상된다. 기후위기와 에너지 전환이라는 세계적인 흐름 속에서 무탄소 전원을 확대하고 탄소배출을 감축하여 2030 국가온실가스감축목표(NDC, Nationally Determined Contribution)를 달성하기 위해 송·변전설비 등 전력망의 확충은 반드시 필요하다. 그리고 RE100(Renewable Energy 100, 2050년까지 재생에너지로 전력 100% 조달)과 ESG(Environmental, Social and Governance) 경영(환경, 사회, 지배구조 요소를 기업의 경영에 통합하여 지송 가능한 발전을 추구하는 경영 방식)은 이제 가치의 지향을 넘어 기업의 생존을 위한 필수 실천목표가 되었다. 이를 위해서도 재생에너지의 확대와 재생에너지 공급을 위한 전력망 확충이 필요한 것이다.

5. 2025년, 국가기간 전력망 공정으로의 한걸음

가. 지역사회의 참여와 협력

전력망 건설 과정에서 지역 주민과의 소통과 협력은 필수다. 주민의 의견을 적극 반영하고, 전력망 건설과 관련한 모든 과정에서 투명한 정보 제공과 공정한 의사결정이 이루어져야 하며, 정부와 기업은 이에 대한 책임을 다해야 한다. 국가기간 전력망이 신규로 건설되는 지역은 전력망이 건설되면서 환경적, 사회적 피해를 입는다. 그리고 고압 송전선로가 지나가는 지역에서는 전자파 우려, 경관 훼손으로 피해를 입는 주민의 반발 등의 문제가 발생할 수 있다. 이에 「국가기간 전력망 확충 특별법」을 통하여 송전선로 확충을 신속히 하여 전력 공급 안정성을 높이는 동시에 피해 지역 주민들의 의견을 반영하고 보상을 강화하여야 한다. 「국가기간 전력망 확충 특별법」 제6조는 전력망 확충 중장기 정책목표 및 방향에 관한 사항 등 국가 기간 전력망 확충 기본계획을 수립하도록 하고 있다. 산업통상자원부 장관은 기본계획을 수립하거나 변경하는 경우 공청회를 거치도록 하였다. 동법 제11조에는 사업시행자는 국가기간 전력망 설비 개발사업구역의 위치 면적 등을 포함한 실시계획을 수립하고 산업통상자원부장관의 승인을 받도록 하고 있다. 산업통상자원부 장관은 실시계획의 승인을 하려는 경우 개발사업구역을 관할하는 지방자치단체의 장의 의견을 들어야 한다. 이 경우 개발사업구역을 관할하는 지방자치단체의 장은 지역주민의 의견을 수렴하여 산업통상자원부장관에게 의견을 회신하도록 하고 있다. 동법 제12조는 사업시행자는 실시계획의 승인 또는 변경 승인을 신청하기 전에 일간신문에 실시계획을 공고하고, 관할 지방자치단체의 장에게 통지하도록 하고 있다. 이 경우 14일 이상 일반인이 열람할 수 있도록 하여야 하고, 그 열람기간 내에 설명회를 통하여 지역의 주민 및 관계 전문가의 의견을 듣도록 하고 있다. 이와 같이 국가 기간 전력망 설치 계획부터 실시계획 승인 과정까지 주민이 적극적으로 의견을 개진할 수 있도록 하여 주민수용성을 제고함으로써 절차적 정당성을 확보하도록 하고 있다.

나. 국가전력망 건설 지역 주민에 대한 보상 강화

　밀양 송전탑 사건 이후 2014년 「송·변전설비 주변지역의 보상 및 지원에 관한 법률」(약칭: 송전설비주변법)을 제정하였다. 송전설비주변법은 전력산업에 있어서 필수적인 시설인 송·변전설비의 설치로 인해 그 주변지역에는 잠재적인 사고위험, 경관훼손 및 지가(地價)하락 등의 피해가 발생하고 있으나, 송·변전설비 주변지역의 보상 및 지원에 관한 사항을 법률에 구체적으로 규정하고 있지 아니하여, 전기사업자가 자체 기준에 따라 사업을 실시하고 있어서 주변지역에 대한 충분한 보상 및 지원이 이루어지지 않고 있으므로, 송·변전설비 주변지역에 대한 보상 및 지원에 관한 명확한 근거를 마련하여 지역주민의 재산권을 보장하고 전력수급의 안정을 도모함으로써 국민경제와 지역사회의 발전에 기여하려는 목적에서 제정하였다. 송전설비주변법의 시행에도 불구하고 송전사업자인 한전은 주민의 반대에 원만한 사업이 어려웠다. 그래서 「국가기간 전력망 확충 특별법」 제22조는 송전설비주변법에도 불구하고 사업시행자는 주택소유자, 토지소유자 및 주변지역 주민에게 특별한 보상 또는 지원을 할 수 있는 법적 근거를 마련하였다. 송변전설비 중 무탄소원인 재생에너지에서 생산된 전기 및 원자력발전소에서 생산된 전기를 공급하기 위한 송전·변전설비와 국가첨단전략산업 특화단지에 전기를 공급하기 위한 송전·변전설비를 건설하는 경우 이로 인한 공익이 더욱 크기에 이로 인해 피해를 입는 주민에 대한 보상을 강화할 정당성이 있는 것이다.

다. 국가전력망 건설에 적극 협조한 주민에 대한 보상 강화

국가기간 전력망 개발이 빨리 진행되기 위해서는 사업구역에 편입된 토지 등의 소유자에 대한 보상이 신속히 이루어져야 한다. 통상 토지 등의 소유자의 보상은 협의, 수용재결, 이의재결, 행정소송 단계로 이루어진다. 토지 등의 소유자는 사업시행자에게 협조하지 않고 절차를 진행할수록 보상을 받는 금액이 커지는 경향이 있다. 이에 토지 등의 소유자는 협조하지 않는다. 즉 최대한 법의 힘을 빌려 늦게 보상이 마무리되면 될수록 얻는 금전적 이득이 많기 때문에 초기에 보상 절차가 마무리되지 않아 결국 사업의 시행은 늦어지게 된다. 「국가기간 전력망 확충 특별법」 제21조는 국가기간 전력망의 신속한 확충이라는 공익을 위해 조기에 협의를 통해 보상절차를 마친 경우에는 토지 등의 소유자에게 일정한 금전을 가산하여 보상할 수 있는 법적 근거를 마련하였다.

라. 국가기간 전력망 개발사업구역에 편입되는 토지 소유자의 토지매수청구권

국가기간 전력망 개발사업구역에 편입되는 경우 금전적 보상 보다는 그 땅을 팔기를 원하는 사람이 있을 수 있다. 이에 「국가기간 전력망 확충 특별법」 제21조 제3항은 토지 소유자가 사업시행자에게 해당 토지의 매수를 청구할 수 있는 권리를 부여하고 있다. 해당 토지의 소유자는 금전적 보상을 받던지, 전력망이 들어선 토지를 팔 기회 중 선택할 수 있는 권리를 갖게 되었다.

마. 지역 주민에 대한 재생에너지 사업 참여 지원

국가기간 전력망이 설치되는 인근 주민에 대한 사업시행자인 한국전력공사와 국가의 지원은 많으면 많을수록 정의에 부합한다. 그러나 한전과 국가의 지원은 예산상의 한계가 있을 수밖에 없다. 한편 송전탑, 변전소 등이 설치되는 토지는 향후 사용용도가 제한될 수밖에 없다. 「국가기간 전력망 확충 특별법」 제23조는 사업시행자는 토지 소유자의 매수청구권 행사를 통해 취득한 토지를 중심으로 태양광발전사업이 가능한 토지를 선정하여 인근 지역 주민이 재생에너지 발전사업을 시행할 경우에 지원할 수 있도록 하고, 관할 지방자치단체의 장에게 지원을 요청할 수 있는 근거를 두었다. 국가기간 전력망 인근의 주민들은 전력망 설치로 인한 피해자의 지위에 머무는 것이 아니라, 재생에너지 발전사업에 직접 참여함으로써 수익을 얻을 수 있다. 주민들은 수동적 지위에 머무르는 게 아니라 재생에너지 발전사업에 직접 참여, 즉 능동적인 발전사업 참여로 수익을 얻게 된다. 그리고 전력사업의 주체가 됨으로 인하여 전력망이 왜 필요한지 등 계통에 대한 깊은 이해로 차원 높은 주민 수용성을 확보하는 일거양득의 효과가 있다.

바. 지방자치단체에 대한 재정적 지원

국가기간 전력망 건설이 지체되고 있는 주원인 중 하나는 지방자치단체의 비협조이다. 국가기간 전력망이 해당 지역을 관통해서 건설되면 인근 주민들은 쌍수 들고 반대한다. 주민의 표를 의식할 수밖에 없는 지방자치단체의 장으로서는 청정에너지의 확대, 국가첨단전략 산업단지에 전기의 안정적 공급관점에서 꼭 필요하다는 점을 잘 알고 있지만, 주민의 반대를 외면할 수 없어 협조할 수 없는 것이 현실이다. 이에「국가기간 전력망 확충 특별법」제24조는 사업시행자인 한전은 국가기간 전력망 설비가 설치되는 지방자치단체가 송전·배전을 위하여 지상 공간에 설치되는 설비를 지중으로 이설하는 사업, 에너지이용 소외계층의 에너지 사용을 지원하는 사업, 개발사업구역 주변지역의 복리를 증진하기 위한 사업을 추진할 경우 재정적 지원을 할 수 있도록 법적 근거를 두었다. 이를 통해 국가기간 전력망이 설치되는 지역의 지방자치단체는 재원을 확보하여 주민에게 사용할 수 있도록 함으로서 주민은 그 혜택을 보고, 지방자치단체는 전력망 확충 사업에 주민의 협조를 구할 수 있게 되었다.

사. 국가의 지원

「국가기간 전력망 확충 특별법」제25조는 국가는 개발사업의 원활한 시행을 위하여 개발사업 비용의 전부 또는 일부를 지원할 수 있는 법적 근거를 마련하였다. 국가기간 전력망을 확충하는 것은 전기사업법에 의한 송전사업자의 사업의 일부이나, 송전사업의 특수성으로 인하여 청정에너지의 확대 및 국가첨단전략산업 단지에 안정적 공급이라는 공익을 위하여 필요한 경우 소요되는 비용을 지원할 수 있는 법적 근거를 마련한 것이다.

6. 나오는 말

  어릴 적 아버지로부터 '호롱불 켜던 시절'에 대한 얘기를 들은 적이 있다. 그 시절은 전기가 보급되기 전 사람들이 밤을 밝히기 위해 석유램프를 사용하던 때를 말한다. 호롱불은 작은 병 모양의 등잔에 석유를 담고 심지를 통해 불을 밝히는 방식으로, 조선 후기부터 20세기 초까지 널리 사용되었다. 이때 호롱불 아래에서 책을 읽고, 바느질을 하며, 가족들과 이야기를 나누는 등 호롱불이 밤을 밝혔다. 이후 도시지역을 중심으로 전기 공급이 완료되었고, 1965년에는 농어촌 지역의 전기공급사업이 시작되면서 전기 공급을 위한 송전·배전 시설이 동네 뒷산에 생길 때 "드디어 우리 동네에도 전기가 들어오는 구나!" 하며 주민들은 기대 반, 설렘 반으로 전기시설을 열렬히 환영하였다. 어떤 동네는 하루라도 빨리 전기가 들어올 수 있도록 대책회의까지 하였다. 전력망 건설공사가 박수를 받던 모습은 이제 역사 속의 한 장면이 되었다. 송전·변전시설의 전자파 문제, 환경파괴, 재산가치의 하락으로 인해 송전·변전시설이 설치될 거라는 소식은 더 이상 환영을 받지 못하고 있다. 전력망 건설로 인한 큰 혜택은 수도권에 거주하는 주민과 기업들이 받는다. 특히 국가첨단전략산업단지에 신속히 전기가 공급되면 국가첨단산업육성을 통한 수출증대, 고용 창출 등 국가적 이익은 아주 크다. 그러나 전력망 건설로 인한 피해는 전력망이 지나가는 지방의 주민에게 발생한다. 수도권 중심 주민의 이익을 위해서 송전선로가 지나가는 지역 주민에게 피해를 감수하라고 하는 것은 공정하지 못하다. 청정에너지 확대, 국가 첨단전략산업단지의 조성이라는 공익을 위하여 신규 국가기간 전력망 확충이 필요하다고 하더라도 이로 인해 피해를 입는 주민에 대해서는 적극적으로 의견을 듣고 반영하며, 이들에 대해 충분한 보상을 하는 게 공정에 부합하는 길이다. 공정이란 공평하고 올바르다는 의미다. 전력망 건설은 사회적 공정을 실현하는 중요한 과제와 밀접한 관련이 있다. 이는 단순히 전력을 공급하는 데 그치지 않고, 환경, 지역사회, 경제적 요소 등을 모두 고려해야 하는 복잡하고도, 피해를 입는 지역 주민들의 입장을 헤아려야 하는 섬세한 과정이다. 2025년 「국가기간 전력망 확충 특별법」이 세상에 태어날 준비를 하고 있다. 이 법이 잘 성장하고 작동하여 주민과 공존하고 상생하면서 국가기간 전력망 건설에도 기여할 수 있기를 기대한다.

갈등의 치유와 통합을 위한 사색(思索)

김옥성

OS FUTURES 대표

지금 대한민국은 모두가 아는 바와 같이, 얼마 전 12·3 비상계엄 사태의 여파로 인해 혼돈의 소용돌이 속에 휘말려 있다. 환율은 치솟고 국민경제는 더욱 곤궁해졌다. 갈등의 골이 깊어지면서 국민은 양분되다시피 했다. 정국 불안의 여파인지 전국적으로 사건, 사고도 끊이지 않고 있다.

한쪽은 반국가세력의 패악질을 국민에게 계몽하고자 한다 하고, 다른 쪽은 비상계엄을 반헌법적 내란행위로 규정하여 처벌하고자 한다.

결국 사상 초유의 현직 대통령에 대한 체포와 구속이 이뤄졌고, 이후 법원의 구속취소 결정과 검찰의 석방지휘 결정으로 인해 다시 석방되면서 앞을 내다볼 수 없는 혼돈이 지속되고 있으며, 이 글을 쓰는 현시점에는 헌법재판소의 대통령에 대한 탄핵심판 선고기일과 그 결정에 촉각을 곤두세우고 있다.

이 시점에 다 같이 크게 심호흡을 하며 차분하게 이 사태를 반추해보았으면 한다. 지금의 혼란 자체도 걱정이지만, 앞으로 이 갈등의 골을 어떻게 치유하고 통합해 나갈지가 더 걱정이다.

'모든 해법은 의외로 단순한 곳에 있다'는 점을 언급하면서 우선 다음의 일화를 한번 음미해 보자.

어떤 두 남자가 시비가 붙어 서로 죽일 듯이 싸우다가 결국 경찰서로 불려갔다. 쌍방 폭행으로 입건되어 경찰관이 인적 사항을 묻고 답하는 과정에서 그것을 듣던 상대방 남자의 눈동자가 순간 흔들렸다. 두 귀를 의심하고 그토록 격렬하게 싸웠던 상대방 남자의 얼굴을 빤히 바라보았다. 왠지 나와 닮은 듯 보이기도 하다. "정말 당신 이름이 아무개냐, 혹시 언제 어디에 살았었던 그 아무개 아니냐." 순간 상대방 남자는 어리둥절해하며 "맞다"고 답하였다. 그렇다. 그는 어렸을 때 이별했던 동생이었다. 그제야 둘은 서로 그간의 사정을 듣고 그동안 그토록 서로 애타게 찾아 헤매었던 형제임을 알고는 서로 부둥켜안고 엉엉 울었다 한다. 경찰서에 오기 전의 그 감정들은 이미 봄눈 녹듯이 사라진 것은 두말할 나위도 없었다.

이 소설 같은 일화를 통해 각자가 받아들이는 감성은 분명 차이가 있을 것이다. 우선은 애피타이저처럼, 우리가 일상생활을 하면서 흔히 겪는 누군가에 대한 감정이란 것의 본질적 속성이 무엇인지 이 일화를 통해 한번 엿보아 봤으면 한다.

그렇다고 이 일화 하나로, '우리는 한민족의 핏줄이니 이 한 가지 이유만으로도 서로가 갈등을 풀고 통합의 여정으로 나아가자'고 서둘러 결론을 내기에는 그리 간단한 문제는 아니다.

그간의 근현대사적 경험으로 미루어보더라도 이러한 명분만으로 뿌리 깊은 갈등은 치유되지 않았다. 자칫 '민족주의로 가자는 거냐'라는 전혀 의도치 않은 비판도 있을 수 있고 말이다.

이번 일련의 사태를 접근하는 방식에 있어 역사적, 정치학적, 사회학적, 경제학적, 법적 관점 등으로 다양하게 고찰해 볼 수도 있겠으나, 본 글에서는 주로 철학적인 관점으로 접근하고자 한다. 왜냐하면, 본 필자는 역사적으로 반복되는 이 혼란의 근본적인 원인이 '철학의 부재'라고 생각하기 때문이다. 철학적 논의라 해서 지레 겁먹진 말자. 나 역시 복잡하고 현학적인 내용보다는 단순명쾌한 것을 선호한다. 본질 그 자체는 결코 어렵지 않다. 모든 본질은 오히려 단순함에 있다!

우선 이 '갈등'이란 것의 실체부터 살펴보도록 하자. '갈등'을 여러 가지 의미로 정의내릴 수 있겠으나, 기본적으로는 '서로 상반된 존재(견해, 상황 등 포함)가 조화롭지 못하게 대립하는 양상'이라 할 수 있겠다. 여기서는 필자가 이해하고 있는 내용으로 풀이하고자 한다.

첫째, 우리는 자의이든 타의이든 이 세상에 태어났을 때부터 선천적으로 '분별의 상대적 세상' 속에 놓이게 된다. 이것은 선택의 여지가 없다. 이것이 '원초적 갈등'이다. 양(陽)이 있으면 음(陰)이 있고, 남(男)이 있으면 여(女)가 있고, 좌(左)가 있으면 우(右)가 있으며, 부(富)가 있으면 빈(貧)이 있고, 선(善)이 있으면 악(惡)이 있다.

그럼 이 반대는 무엇인가? 분별(분화) 되기 이전의 '본질적 그 무엇'이다. 전자에 기술된 개념을 '상대계'라 지칭한다면, 후자는 '절대계'라고 일컫는다. 이 두 가지의 개념적 정의에 대해서는 종교 분야나 철학

분야에서 많은 담론이 있다. 그러나, 여기서는 필자가 이해하고 체험한 내용으로 쉽게 기술하고자 한다.

둘째, 모든 인간은 '근원적 내적 갈등'을 내포하고 있다. 우리는 이러한 '분별의 상대적 세상' 속에서 서서히 '나(주관)'와 '남(객관)'을 구분하여 '나' 이외의 세상을 대상으로 인식해 나간다. 그 대상이 물건일 수도 있고, 개념과 이념일 수도 있다. 이러한 상대계 속에서의 태생적 분별의 인식 과정은 개개인이 필연적으로 갖고 있는 근원적 내적 갈등이다. 분별에는 선택(옳고 그름, 취사선택, 상황판단 등)과 그에 따른 결과가 수반되기 때문에 내적 갈등을 일으킬 수밖에 없다. 이러한 근원적 내적 갈등은 개개인의 삶의 경험이나 사유를 통해 국면마다 정리되어 스스로에게 의식적이든, 무의식적이든 서서히 체화되어 간다. 그리고 이것은 각자의 에고(ego)를 형성하는 자양분이 된다.

셋째, 근원적 내적 갈등이 외연을 확장하다 보면 개개인이 인식한 그 분별이 서로 가치적 또는 상황적으로 상충하면서 생기는 '사회적 외적 갈등'이다. 살아오면서 다양한 상황을 접하고 그에 따른 근원적 내적 갈등을 통해 각자가 체화시킨 세계관, 인생관, 윤리관, 가치관 등이 모두 다르며, 세부적으로 살펴보자면 그것은 의외로 스펙트럼이 다채롭다.

지금까지 갈등의 실체와 그것이 발생할 수밖에 없는 구조를 살펴보았다. 갈등이 삶에 역동성을 부여하기도 하지만, 대부분은 긴장과 불편한 상황 내지 혼란을 야기한다.
첫 번째의 '원초적 갈등'은 앞서 얘기 했듯이 이 땅에 현실적으로 살아가는 우리로서는 어찌할 수 없는 부분이다. 하지만 두 번째와 세 번째 갈등은 우리가 어떻게 이해하고 접근하느냐에 따라, 예방하거나 치유할 수 있다.

여기서, 미뤄뒀던 '상대계'에 대비되는 '절대계'의 개념적 이해와 '에고(ego)'의 속성에 대해 논해 보기로 한다.

상대계를 설명하면서, 절대계는 '본질적 그 무엇'이라고 표현한 바 있다. 상대계는 이것이 있으면 저것이 있고, 저것이 있으면 이것이 있으며, 이것이 없으면 저것도 없고, 저것이 없으면 이것도 없다는 쌍생쌍멸의 관계에 있고(홀이라는 개념이 있어야 짝이란 개념도 성립할 것이 아닌가), 더욱 핵심적인 내용은 인식과 분별의 '주체'와 인식되고 분별되는 대상으로서의 '객체'가 나뉘어져 있다는 것이다. 이에 반해 절대계는 이것과 저것은 분화되기 이전의 원초적 통합의 상태이고, 주객 역시 분화되지 않고 통째 하나로 존재한다. 이 절대계의 개념은 지식적으로 이해하려 해도 언뜻 감이 잘 오지 않을 뿐만 아니라 '과연 저게 가능한가?'라는 의문이 들기도 한다. 하지만, 고래로부터 수많은 현자들의 체험적 가르침은 한목소리로 저 절대계에 대해 말씀하시고 계시다!

절대계의 주된 속성은, '순수한 통합적 의식 그 자체로서 지혜와 덕성(사랑, 자비 등)을 빛처럼 발현한다'는 것이다. 우리가 대상으로 인식하지 못하는 그 무엇으로 말이다. 인식되지 못하는데, 있다고 인정할 수 있을까? '인식의 주객이 분리되지 않은 인식 그 자체'라면 가능하다. 참고로, 17세기 프랑스 철학자인 르네 데카르트는 진리에 대한 철학적 사유를 통해 '나는 생각한다, 고로 나는 존재한다'라는 명언을 남겨 '근대 철학의 아버지'라고 불리지만, 생각과 사유는 그 주체와 객체가 이미 분화된 상태이기에 절대계의 순수의식을 규명하지는 못한다.

'인식의 주객이 분리되지 않은 인식 그 자체'라는 것은 깊은 사유와 체험이 동반되지 않으면 조금 받아들이기 어려운 개념이지만, 고려시대 보조국사 지눌스님이 저술한 수행지침서 '수심결'에서 언급하신 '공적영지(空寂靈知)'라는 표현으로 설명을 대신할까 한다. 즉, 의식이 절대계에 이르면(더 정확히는 의식이 전환되면) '공적영지' 상태가 되는데, '텅 비어서 적막한 가운데 신령스러운 알아차림'만 있다는 것이다. 즉, 인식의 주체와 객체가 사라지고 오직 순수한 인식 그 자체만 남아있는 것이다. 이것이 분별이 있기 전 원초적 순수의식의 원형이다. 필자는 성경의 '선악과(善惡果, forbidden fruit)' 비유 역시 이렇게 받아들이고 있다. 분별이 없었던 원초적 순수의식이 선악을 분별하게 되면서, 절대계에서 상대계로 떨어지게 되고, 평화롭기만 했던 에덴동산의 낙원에서 갈등의 세상으로 변모하게 되는 것이다. 신학에서 언급하는 메타노이아(metanoia) 역시 한국 대부분의 교단에서는 '잘못을 뉘우친다'라는 의미로서 회개(悔改)로 번역하고 있지만, '의식의 전환'으로 해석해야 하고, 이것은 곧 절대계의 순수한 의식으로의 전환을 의미한다. 이렇게 해석해야 심층종교로서의 진리적 회통을 논할 수 있는 것이다. 이 시점에서 어떤 분들은, '이러한 개념 자체가 우리의 현실 생활에 얼마나 도움이 되겠는가?'라는 의문을 가질 수도 있다. 치열하게 먹고 사는 문제에 고군분투하는 현대인들로서는 당연한 얘기일 수도 있다. 그래서 그런지 요즘 정치권에서 '먹사니즘', '잘사니즘'이 정치 캐치프레이즈로 등장하는 것을 본다. 그러나 분명한 것은, 본질을 해결하지 못하면 그에 파생된 문제를 근본적으로 해결하지 못한다.

논의를 계속 이어 나가자. 다음은 '에고(ego)'에 대해 살펴보자.

'에고(ego)'의 사전적 정의는, 대상의 세계와 구별된 인식·행위의 주체이며, 체험 내용이 변화해도 동일성을 지속하여, 작용·반응·체험·사고·의욕의 작용을 하는 의식의 통일체이다.

어떤 수행단체나 수행자들은 이 '에고'를 고통의 근원으로 보고 없애야 할 존재로 규정한다. '에고' 때문에 끊임없이 근원적 내적 갈등이 일어나고, 그것이 고통의 근원이라 보기 때문이다. 그러나 안타깝게도 이 '에고'는 없애려 해도 없어지지 않는다. 아니, 없애려 하면 할수록 더욱 고집스럽게 자신을 드러낸다. 때로는 교묘하게 마치 없어진 것처럼 위장하기도 한다. 결론적으로 말하자면, 이 '에고'는 절대계와 상대계를 잇는 가교역할을 하는 필수적 장치이다. 즉, 이 세상을 살아가는 우리로서는 없어서도 안 되고, 없앨 수도 없다. 좀 더 상세히 풀어보자. '에고(ego)'는 인간의 여러 가지 감각기관(시각, 청각, 촉각 등)으로 외부 대상 세계를 인식하고 분별한다. 무엇을 보는 순간 그것이 무엇이라고 분별하고, 무슨 소리를 듣는 순간 무슨 소리라고 분별한다. 또한, 이와 연관된 '생각과 감정'을 동반하게 된다. 좋다, 나쁘다, 아름답다, 추하다, 기쁘다, 슬프다, 화난다, 행복하다 등의 분별이 뒤따르는 것이다. 물건과 사람, 시간과 장소, 기타 상황 등에 대한 즉각적 인식과 분별도 있고, 그를 통해 2차적으로 생각, 감정이 일어나며, 때론 가치판단과 함께 옳고 그름 등의 분별도 일어난다. 우리는 이러한 방식으로 삶을 영위하고 있다.

종합하자면, 우리 의식의 원형적 본질은 절대계에 속한 '분별이 있기 이전의 순수의식'이고, 에고라는 분별적 인식시스템을 통해 상대계인 이 세상을 인식하고 분별하며 삶을 살아가는 것이다.

또한, 절대계의 의식의 본질이 나와 남의 구분이 없기에 개개인의 본질이 모두 그러하다면 전체로서도 그러하게 되므로 결국 '우리는 하나'라는 것이 논리적으로도 성립된다. 적어도 인간이 비록 육체를 가지고 개체성을 띄지만, 그 본질은 의식에 있으므로, 의식 차원에서는 '본질적으로 우리는 하나'인 것이다. 우리가 상황에 따라 어떨 때는 동질감을 느끼고, 어떨 때는 이질감을 느끼지만, 그것은 겉을 표류하는 어떠한 일부분(겉모습, 상황, 취향, 이념 등)에 의해 좌우되는 것일 뿐, 심연으로 들어갈수록 우리는 하나임을 확인하게 된다.

그렇다면, 여기서 현실적으로 존재하는 '나'라는 이 삶의 주인공으로서의 개개인의 캐릭터를 어떻게 정의할까? 내용 하나하나가 모두 철학적 주제이지만, 여기서는 다음에 소개하는 두 영화를 통해 가볍게 이해해 보도록 하자.

2009년 개봉된 제임스 카메론 감독의 '아바타(AVATAR)'에서는, 지구 자원의 고갈을 해결하기 위해 외계 행성인 판도라에 자원을 채굴하려 하지만, 대기의 독성으로 인해 난관에 봉착한다. 이에 현지 토착민인 나비족의 외형에 인간의 의식을 주입하여 원격조종이 가능한 새로운 생명체 '아바타'를 탄생시켜 임무를 수행시킨다.

1999년 개봉된 영화 '매트릭스(MATRIX)'에서는, 인공지능(AI)이 지배하는 세계에서 인간들은 태어나자마자 그들이 만들어낸 인공 자궁 안에 갇혀 AI의 생명 연장을 위한 에너지로 사용되고, AI에 의해 뇌세포에 매트릭스라는 프로그램을 입력 당한 채 평생 1999년의 가상현실을 살아간다. 이 가상현실 속에서 실제 현실을 인식할 수 있는 인간은 없고, 꿈에서 깨어난 자들만이 전도된 세상을 바로잡고 그 세상을 지배할 수 있다는 내용이다.

두 영화에서도 의식과 캐릭터, 주어진 세상을 주요하게 다루고 있다. 일찍이 장자는 '나비의 꿈(호접지몽, 胡蝶之夢)'에서, '내가 나비를 꿈 꾼 것인가, 아니면 지금의 자신은 나비가 꾸고 있는 꿈인 것인가'라고 설파하였다. 무엇이 현실이고, 무엇이 가상현실인지는 중요하지 않다. 현대물리학의 최근 성과인 양자물리학도 이중슬릿실험 등을 통해 '빛은 입자이자 파동(빛의 이중성)'이라 규명하였고, 그 입자 역시 파동이 아닌가하는 논의에까지 이르고 있다. 의식 또한 파동이다. 과학도 점점 본질에 다가서고 있는 것이다. 이 세상이 지극히 현실세상인지, 아니면 가상현실인지 홀로그램우주론, 다중우주론 등과 같이 또 다른 시각에서의 과학적 논의도 있지만, 어찌 되었든 우리는 각자 하나의 캐릭터로서 주어진 삶을 살아가고 있다.

여기서 우리는 앞에서의 논의와 함께 주요한 메시지를 읽어내야 한다.
앞서 절대계의 주된 속성을 '순수한 통합적 의식 그 자체로서 지혜와 덕성(사랑, 자비 등)을 빛처럼 발현한다'라고 규정한 바 있다.
현실적인 개개인의 캐릭터가 이 세상에서 어떠한 삶을 살든, 사회적 부와 권력이 있든 없든 간에, 우리 본연의 모습은 원초적 순수의식으로서 '모두가 본래 하나인 존재'이고, 그래서 우리 모두는 근원적으로 평등한 것이다. 부와 권력 등이 그 자체로서 삶의 목적이 되도록 하는 현재 세상의 주류 시스템은 본질에 부합하지 않는다. 신(神)의 존재가 이렇게 세상을 창조하였든, 아니면 우주 만물이 원래 그런 원리로 흘러가는 것이었든 간에 이 세상은 통합으로 시작해서 (가상)현실 속에서 통합의 중요성을 다시 깨닫고 결국 종착점은 다시 통합으로 가는 여정일 뿐이다. 앞서 강조한 '모든 본질은 오히려 단순함에 있다'와 더불어 '순수한 통합은 그 자체로 목적이자 수단이며 그 결과다'라는 것이다.

예나 지금이나 정치인들이 틈만 나면 얘기하는 단골 메뉴 중 하나가 '통합'인데 과연 누구를 위한 통합이던가. 그들이 국민이라고 부르는 그 '국민'은 전체를 아우르는 국민이던가? 필자는 플라톤이 주창했던 '선(善)의 이데아'를 실천할 철인의 정치가 이 땅에 구현되길 희망하는 이상주의적 소망이 있다. 정권 유지나 여타의 사욕이 개입된 정치구호로서의 통합이 아니라, 진정한 통합을 이룰 수 있는 정치지도자는 이 땅에 언제 도래할 것인가.

통합을 위해서는 사회의 크고 작은 갈등을 대화와 타협으로 풀어내려는 성숙한 민주주의적 의식이 필요하다. 목적도, 과정도, 결과도 통합이라는 화두를 들고 해야 한다. 그것은 당위다. 사회적 대타협의 대표 산물이 바로 '헌법(憲法)'이다.

지금의 헌법은 독재자들의 입맛대로 개정된 슬픈 역사를 제외하면, 기본적으로 통일된 사회적 합의이다. 공직자뿐만 아니라 전 국민이 이를 지켜야 할 의무가 있는 것이다. 고위공직자나 정치인은 더 말할 나위도 없다. 헌법 전문에 우리나라는 대한민국임시정부의 법통을 계승하고 있고, 본문 제3조에서 대한민국의 영토는 한반도와 그 부속도서로 한다고 분명히 천명하고 있다. 비록 휴전상태이지만 평화적 통일을 지향한다 하였다. 이를 부정하는 이들이야말로 반국가세력이다. 지금 겉으로 자유민주주의를 부르짖는 세력은 해방 전후나 6·25 전쟁 전후의 이념에서 헤어 나오지 못하고 있다. 빨갱이의 반대 용어로 쓰고 있으니 말이다. 레드 콤플렉스(Red Complex)의 전형에 불과하다.

헌법 제1조에서 대한민국은 민주공화국이고, 주권은 국민에게 있으며, 모든 권력은 국민으로부터 나온다고 하였다. 주권재민의 정신을 천명한 것이다. 권력은 애초부터 분립된 바가 없다. 입법, 행정, 사법이라는 3개의 축은 국민이 부여한 권한을 견제와 균형을 이뤄 헌법 전문에 명시한 기본정신과 주권재민을 실효적으로 구현하기 위한 장치이다. 그 임시 부여받은 권한을 권력이라 부르며 독단에 빠지는 정치세력이 있다. 헌법 제7조에 공무원은 국민 전체에 대한 봉사자이며, 국민에게 책임을 진다고 하였다. 공복(公僕)으로서의 의무를 망각하고 권력에 도취한 자들이 막강한 권한을 부여받아 행사하면 나라는 혼란에 빠지고 국민은 도탄에서 허덕이는 건 자명하다. 맹자가 주창한 왕도정치도 비록 왕정이지만 민본을 정치의 근간으로 삼았다. 그의 저서 '맹자'에서 언급한 "가장 귀한 것은 백성이다. 그 다음이 사직이며, 임금이 가장 가벼운 존재다"라고 한 말을 모든 공무원은 명심해야 할 것이다. 지식과 권력과 부를 독과점한 엘리트들이 자신들만의 도그마로 세상을 바라보며, 유한한 삶 속에서 그들의 카르텔을 형성하고 유지하고자 하는 야욕 앞에서는 진정한 국민의 통합과 행복은 요원하다.

좌파냐 우파냐, 성장이냐 분배냐. 모두 낡은 잣대다. 합리주의적 중도로서 전체 국민만 바라보고 통합과 번영을 위한 국정운영만 있을 뿐이다. 때만 되면 나오는 개헌 논의는 대부분 권력구조에 대한 것이다. 그들의 관심이 거기에 있기 때문이다. 입법 공백으로 지금의 혼란을 키운 입법자들이 국민에 대한 미안함이 전혀 없다. 현재 대두되는 개헌 논의를 서둘러서는 안 된다. 현재의 소모적인 전 지구적 시스템을 개선하기 위한 '지속가능발전', 누구나 최소한의 인간다운 삶을 살기 위한 '기본사회' 등 이 시대에 걸맞은, 아니 미래세대까지 아우르는 사회적 담론에 대한 충분한 논의를 한 후에 이를 헌법 개정에 반영해야 할 것이다.

수준 높은 의식이 기본이 되어야 한다. 그래서 결론은 다시 교육이다. 지금처럼 성적과 효율만 강조해서는 제대로 된 본질적 의식에 도달할 수가 없다. 재주만 훌륭하고 덕이 없으면 그 사람(才勝德者)은 매우 위험하다. 수준 높은 의식을 갖춘 후에 이를 구현할 제도를 새로이 가다듬어야, 문화의 융성을 통해 새로운 시대의 진정한 선도국가로 나아갈 수 있는 것이다. 순수한 통합을 지혜와 덕성으로 일궈 나가는 것은 전 인류적 과제이다. 편협한 자국우선주의를 외치는 지도자는 진정한 지도자가 아니다. 이를 명심하지 않으면, 머지않아 판도라 행성을 찾게 될 것이며, 영원히 가상현실 속에서 분열과 갈등 속에서 헤매게 될 것이다. 깨어난 자들만이 전도된 이 세상을 바로잡고 본질을 구현할 것이다!

공동체 내 다양성과 공정의 긴장과 조화

변용완
중앙대학교 법학연구원 연구교수, 법학박사
개인정보보호위원회 제도혁신자문단위원

오늘날 '공정'은 한국 사회의 핵심 담론이자 갈등의 중심어로 작동하고 있다. 특히 교육, 고용, 복지 등 제도 전반에서 공정에 대한 요구는 그 어느 때보다도 빈번하게 제기되고 있으며, 많은 경우 갈등의 정당화 근거로 동원되기도 한다.

예를 들어 교육 분야에서는 대학입시 제도의 공정이 지속적으로 논란이 되고 있다. 수시와 정시의 비율, 특목고 및 자사고의 존재, 부모의 경제력에 따른 사교육 격차 등은 공정한 출발선이 보장되지 않는다는 비판을 낳는다. 가장 최근 이슈로는, 의과대학 정원 확대 문제다. 정부는 지역 의료 불균형 해소와 공공의료 강화를 위해 의대 정원을 늘리겠다고 발표하였으며, 이는 특히 지방 거점대학 중심으로 반영될 계획이었다. 이 과정에서 공정성 논란이 불거졌다. 일부에서는 "수능과 내신을 통해 치열하게 경쟁한 학생들이 의대에 진학하는 것이 당연하다"고 주장하며, 정원 확대가 경쟁의 질서를 흐릴 수 있다고 본다. 반면 농어촌·지방인재 특별전형을 통한 의대 진학이 늘어날 경우, 상대적으로 교육 인프라가 부족한 지역 학생들에게 '기회의 균형'을 제공하는 제도적 장치로 평가되기도 한다. 특히 서울 등 대도시권 수험생과 학부모는 "지방 의대 정원이 늘어나는 것은 상대적 불이익"이라고 느끼며 반발하는 반면, 지역사회는 "지역 의사는 지역 인재가 맡아야 지속가능한 의료서비스가 가능하다"는 입장을 보인다. 이처럼 의대 정원 확대는 기회의 균등과 결과의 평등, 그리고 사회 전체의 이익이라는 가치가 충돌하는 대표적 교육 이슈다.

결국 이 문제는 단순히 몇 명을 더 뽑느냐의 문제가 아니라, 누구에게 어떤 기회를 어떤 기준으로 제공하는 것이 공정한가라는 근본적인 질문을 던진다. 이는 공정이라는 가치가 절대적 기준이 아니라 사회적 맥락에 따라 조정될 수 있는 상대적인 개념임을 보여준다.

이처럼 공정성(fairness)은 결코 단일하고 절대적인 개념이 아니다. 어떤 이에게는 '기회의 균등'이, 다른 이에게는 '결과의 평등'이 공정의 핵심으로 인식된다. 특히 공동체 내부의 다양성이 중시되는 현대사회에서는 공정성의 적용 방식에 따라 정의의 구현이 달라질 수 있다. 가령 장애인 고용 의무제도는 특정 집단에 대한 우대 조치처럼 보일 수 있으나, 실질적 평등을 달성하기 위한 공정한 장치로 이해되기도 한다.

결국 오늘날의 '공정'은 단순한 원칙이 아닌, 다양한 가치와 관점이 충돌하고 조정되는 복합적인 개념이다. 한국 사회는 이 공정성에 대한 다양한 해석 사이에서 사회적 합의를 모색해 나가야 하며, 이를 위한 지속적인 대화와 제도적 보완이 필요하다.

그럼 공정성은 무엇인가?

공정성은 일반적으로 정의(正義, justice)의 핵심 요소 중 하나로 간주되며, 특히 존 롤스(John Rawls)의 정의론에서는 정의를 곧 "공정으로서의 정의(Justice as Fairness)"로 규정한다. 롤스는 개인의 우연한 출신 배경이나 능력의 차이가 불평등으로 고착되지 않도록 하기 위해, 공정한 제도 설계를 통해 정의를 실현해야 한다고 주장한다.

그러나 공정성은 언제나 형평성과 일치하는 개념은 아니다. 사회적 담론에서는 종종 모든 사람에게 동일한 조건과 동일한 기준을 적용하는 것이 곧 공정한 것이라는 인식이 자리 잡고 있다. 이는 일명 "같은 시험, 같은 기회"라는 구호로 대표되며, 형식적 평등(Formal equality)에 기반한 정의 개념을 반영한다. 하지만 이러한 접근은 모든 개인이 동일한 출발선에서 시작하지 않는 현실을 간과한다는 점에서 한계를 지닌다. 예컨대, 경제적 자원이 부족하거나 교육 기회에 접근하기 어려운 환경에서 성장한 이들은 표면적으로는 같은 시험을 치르더라도, 그 시험에 이르기까지의 준비 과정에서 이미 불리한 위치에 놓여 있다. 이러한 차이를 무시하고 동일한 기준을 일괄 적용하는 것은 오히려 불평등을 심화시키고, 구조적 격차를 재생산하는 결과를 초래할 수 있다. 이 지점에서 형평성(equity)의 개념이 공정성을 보완하고 조정하는 중요한 원칙으로 제시된다. 형평성은 개인의 차이를 인정하고, 그에 따라 필요한 자원이나 기회를 차등적으로 제공함으로써 실질적인 기회의 평등을 추구한다. 이는 단순히 결과의 평등을 강제하려는 것이 아니라, 개인의 잠재력과 능력이 실현될 수 있도록 제도적 장벽을 완화하고 불균형을 조정하려는 시도이다.

특히 사회적 소수자, 예컨대 장애인, 저소득층, 성소수자 등과 관련된 정책 영역에서 형평성은 핵심적인 기준으로 작용해 왔다. 이들에게 실질적인 참여 기회를 보장하기 위한 제도적 배려는 단지 특혜가 아니라, 정의로운 사회로 나아가기 위한 필수적인 조치로 간주 된다. 따라서 진정한 공정성은 단순한 '동일함'이 아니라, '적절함'과 '필요함'에 기반하여 재정의될 필요가 있다.

공동체는 본질적으로 다양한 존재들의 공존 공간이다. 젠더(성), 세대, 민족, 언어, 문화, 장애, 경제적 조건 등 다양한 차이는 공동체 구성원의 실질적 필요를 달리 만든다. 그러나 통상적인 공정 담론은 이러한 차이를 충분히 반영하지 못한다. 예컨대 대학입시의 사회통합 전형, 여성할당제, 장애인 고용 의무제 등은 실질적 기회의 평등을 실현하려는 제도적 시도이지만, 역차별 논쟁의 대상이 되며 공정의 명분 아래 비판받곤 한다.

이는 공정성이 때로는 다수의 이해관계에 기반한 배제의 언어로 사용될 수 있다는 점을 보여준다. 동일한 잣대는 표면적으로 중립적이지만, 그 기준 자체가 특정한 사회경제적 조건에 기초하고 있는 경우가 많다. 결과적으로, 공정성은 동일 대우가 아니라 맥락적 조정과 차등 고려를 포함하는 실질적 개념으로 확장되어야 하며, 이는 공동체 내 공존의 조건으로 기능할 수 있다.

공정성을 다양성과 조화시키기 위한 몇 가지 제도적·문화적 조건이 필요하다.

첫째, 절차적 정당성이다. 롤스의 이론이 보여주듯, 사람들은 자신의 이해에 반하는 결과일지라도, 그 과정이 공정하다고 느끼면 수용할 가능성이 높다. 따라서 의사결정 과정의 투명성과 참여성은 필수다.

둘째, 다름에 대한 존중과 인식의 전환이다. 다양한 배경과 조건을 지닌 구성원들은 서로 다른 필요와 권리를 가진 존재로 이해되어야 하며, 공동체는 이들을 포용할 수 있는 문화적 감수성을 갖추어야 한다. 다양성은 갈등의 원인이 아니라 공동체의 지속가능성을 위한 자원이라는 인식 전환이 필요하다.

셋째, 공정 기준에 대한 충분한 의견 공유이다. 공정성의 판단 기준은 일방적으로 부과되는 것이 아니라, 구성원 간의 대화와 참여를 통해 형성되어야 한다. 이러한 민주적 정당성이 뒷받침될 때, 공정성은 단순한 분배의 기준을 넘어 공동체 신뢰의 기반이 된다.

공정은 고정불변의 정의로 환원될 수 있는 개념이 아니다. 오히려 그것은 시대와 사회, 문화적 맥락에 따라 지속적으로 재구성되는 사회적 원리이자, 인간 상호작용의 규범적 지향이라 할 수 있다. 다시 말해, 공정은 단순한 규칙의 적용 문제가 아니라, 공동체 구성원 간의 상호 존중과 이해, 그리고 갈등을 조율하는 섬세한 기술이기도 하다.

이러한 관점에서 보면, 공정을 오로지 '동일한 대우'라는 형식적 평등의 틀에 가두는 것은 현실의 복잡성과 인간 사회의 다양성을 외면하는 결과를 낳는다. 동일한 대우의 강요는 오히려 다양한 삶의 조건을 고려하지 않음으로써 특정 집단이나 개인에게 불리하게 작용할 수 있으며, 이는 곧 차이를 억압하고 배제하는 구조로 이어질 수 있다. 그 결과, 공정이라는 이름 아래 오히려 부정의가 발생하고, 공동체의 연대와 지속가능성마저 위협받게 된다.

따라서 오늘날의 공정성은 형평성과 다양성의 원칙을 내포하는 맥락적이며 관계 지향적인 개념으로 확장되어야 한다. 여기서 말하는 형평성은 사회적 배경, 능력, 기회 구조 등의 차이를 인정하고, 이를 고려한 차등적 접근을 정당화하는 개념이며, 다양성은 인간 존재의 고유한 차이를 존중하고 포용하는 공동체의 역량과 직결된다.

이러한 확장된 공정성은 단순히 규칙을 공평하게 적용하는 차원을 넘어서, 각자의 처지와 배경을 이해하고, 그에 따른 필요를 충족시키기 위한 실질적 조정의 원리로 작동해야 한다. 다시 말해, 공정이란 모두를 같게 만들기 위한 기계적 평준화가 아니라, 서로 다른 존재들이 함께 살아갈 수 있도록 조율하고 협력하는 사회적 약속이자 공동의 삶의 방식이다.

　오늘날 우리는 묻지 않을 수 없다. "공정은 과연 누구를 위한 것인가?", "어떤 차이를 어떻게 고려해야 진정한 공존이 가능한가?"라는 물음은 더 이상 이론의 문제가 아니다. 그것은 우리가 속한 사회의 방향을 결정짓는 실천적 과제이며, 동시에 정의로운 공동체를 위한 철학적 성찰이기도 하다. 진정한 공정은 타인의 고통과 차이를 외면하지 않고, 그것을 존중하고 이해함으로써 모두가 함께할 수 있는 사회를 구축하는 데서 출발한다.

현재는 미래에게 사회통합으로 답해야 한다

왕성옥
한국 지방의회 연구소 대표, 의회학 박사

최근 우리 사회는 파시즘의 양상마저 보이며 사회적 갈등과 분열이 심화되고 있다. 경제적 불평등이 파시즘의 자양분이고 되는 현상을 우리는 목도하고 있다. 정치의 공적 영역에서 더 뚜렷하게 극적인 대립을 보여준다. 비(非)논리가 논리를 무력화시키려 하고, 국민의 규율인 법(法)은 이상한 방식으로 무시되고 있다.

내가 살아가고 있는 대한민(民)국에서 이런 일을 보고 있자니 당혹감을 감추기 어렵다. 더 당황스러운 것은 이런 일련의 흐름이 일시적인 현상이 아닌 사회·경제적 흐름 안에서 맥락을 가지고 태동하고 있다는 점이다. 1930년대 독일의 히틀러로 대변되는 파시즘과 지금의 파시즘이 다른 점은 유튜브로 대변되는 '온라인 파시즘[1]'이라는 점이고, 우리가 하나씩 차근차근 해결해야 가야 할 과제다. 정치, 경제, 사회, 문화 등 제반 영역에서 모든 세대가 함께 어울려 만들 미래이기도 하다.

파시즘은 '다름'과 '차별'을 먹고 몸집을 키우는 특징이 있다. 그 징조

---

[1] 온라인 파시즘은 미켈 볼트 라스무센(Mikkel Bolt Rasmussen)이 그의 저서 『후기 자본주의 파시즘(Late Capitalist Fascism)』(한울아카데미, 2024)에서 언급한 것으로, 파시즘 운동이 소셜 미디어를 이용해 메시지를 전파하는 것을 말한다.

를 나는 최근 극우 유튜버가 근거 없이 주장하고 이를 광장에서 확인 없이 확신으로 번지게 하는 '중국인 개입'과 '빨갱이'라는 틀에 가두는 일련의 광장 이념 편향에서 엿보게 된다. 이는 과도한 폭력을 동반하고 그 증오의 대상은 곧 차별의 대상이 되기도 했던 것을 우리는 이미 역사에서 경험했다.

그래서 새삼 사회적 통합이 절실한 요즘이다. 좋은 게 좋은 게 아닌, '무엇이 잘못되었고 무엇이 통합인가?'에 시간을 할애할 필요가 있다.

'사회통합'은 오래된 주제이다.

사회통합(Social integration, Social cohesion, Social Mix, Social inclusion)은 사회학, 정치학, 경제학 등 다양한 학문 분야에서 연구된 개념으로, 일반적으로 사회 구성원 간의 결속과 연대를 바탕으로 한 조화로운 공존을 의미한다.

또한 경제협력개발기구(OECD, The Organisation for Economic Co-operation and Development)의 보고서에 따르면 사회통합의 반대가 되는 "'배제'는 '개인이나 가구가 평균적인 사회적 생활수준에서 배제되거나 소외되는 과정을 설명하는 용어'"라고 정의하고 있다.

사회통합을 모든 구성원이 소속감을 느끼고, 소외되지 않으며, 사회적 이동성을 경험할 수 있는 사회를 만들기 위한 노력으로 정의하였고, 이는 사회통합을 정적인 상태가 아닌 지속적인 과정으로 보는 관점을 반영한다.

한국보건사회연구원은 사회통합을 '사회 구성원들이 공동체에 대한 소속감으로 공동의 비전을 공유하며 다양한 배경을 가진 구성원들이 동등한 기회를 누리는 상태'로 정의한 바 있다. 사회통합에 대한 국제적 정의와 비교할 때 한국의 특징은 공동의 비전 공유를 강조하는 점이 다소 다르다.

위에서 언급한 사회통합의 개념을 요약하면, 사회통합은 다음과 같은 특징으로 정리할 수 있다.

첫째, 소속감은 사회통합의 핵심 요소로 이는 개인이 자신이 속한 공동체와 정서적 연결을 느끼는 것을 의미한다.

둘째, 포용은 모든 구성원이 사회의 다양한 영역에 참여의 기회를 가지는 것을 의미하며, 경제적, 사회적, 정치적 차원의 참여 보장을 목표로 한다.

셋째, 배제는 사회통합을 반대로 설명하는 개념이다. 따라서 사회통합은 사회적 약자가 지속가능한 사회 목표의 평균적인 수준에서 배제되지 않고 평균의 사회생활의 자원(물, 에너지, 토지 등)을 평등하게 누리는 것으로 해석한다.

넷째, 정당성은 사회 제도와 규범에 대한 구성원들의 수용과 신뢰를 의미한다.

다섯째, 평등은 기회의 평등, 과정의 평등, 결과의 평등을 포괄하는 중요한 사회통합 요소로서 예를 들면 교통 접근성, 에너지 접근성과 활용도, 물 관리의 중요성과 평등 그리고 성평등(Gender Equality) 등에서 모든 시민의 평등성이 보장되어야 한다는 것이다(OECD, 2024).[2]

사회통합의 핵심은 사회적 약자에 대한 '포용'을 전제로 하며 이는

---

2) 이 내용은 필자의 박사학위 논문 「사회통합 관점에서의 주택협동조합 비교 연구 -한국과 독일의 법·정관을 중심으로-」 (2025)에서 일부 인용함.

문화적 흡수나 강요가 아닌 상호 존중이다. 존중의 내용은 상호 간 선(善)한 영향력이고 그 결과가 사회통합이라는 꽃을 통해 만개한다. 그 꽃이 때가 되어 떨어지면 그 떨어진 자리에서 달콤한 열매가 달린다. 사과나무는 사과를, 포도나무는 포도를, 하얀 꽃 핀 감자는 하얀 감자를, 붉은 꽃 핀 감자는 붉은 감자를 열매로 맺는다.

사회통합은 차별이 아닌 '다양성에 대한 존중'과 '질서'를 의미한다. 이는 공정(公正)과 정의(正義)의 문제이기도 하다. 불평등은 모든 악의 근원이다. 한정된 토지를 소수가 과도하게 점유하는 것, 한정된 자원을 소수가 점유할 뿐만 아니라 한 세대가 다 써버려 다음 세대에게 불평등을 전가하는 물, 에너지, 환경의 문제가 그것이다.

특히 저출생 고착화와 고령화 급속 진행, 경제적 불평등의 심화, 다문화 현상 등으로 인해 사회 구성원 간의 갈등과 분열의 심화는 불확실한 미래와 경제적인 손실로 이어진다는 점에서 당면한 대한민국의 과제이기도 하다. 이뿐만 아니라 AI로 대변되는 기술 진보로 인한 사회 구조 변화의 역설이 '불평등'과 '사회적 배제'의 심화 요인으로 작용하고 있다는 점이다. 따라서 사회통합은 다각적인 접근이 필요하다.

우리는 이제 다시 질문을 시작해야 한다.
'땅은 원래 누구의 것이었는가?' 'AI는 우리에게 어떤 불평등과 부(不)정의를 은폐하고 있는가?' '사회통합은 왜 필요한가?' '혹시 우리가 질문하지 않거나 질문을 잘 못해서 모두를 나락으로 빠뜨리고 있지는 않는지?' '노동의 가치가 각각 다른 것은 정당한가?' '금융 자본은 우리 모두에게 친절한가?' 등등에 대한 각자의 자리에서 나오는 질문을 회피하지 않고 반드시 물어야 한다. 답은 질문에서부터 나오기 때문이다. 그리고 상호 소통과 협력을 통해 이런 질문들의 정답을 향해 끊임없이 도전하고 나가야 한다.

민주국가, 그리고 시민의 책임과 권리 사이

박순길

한국정책연구네트워크 연구이사, 의회학 박사

민주주의는 "국가의 주권은 시민으로부터 유래한다"는 명제 위에서 시민 각자가 동등한 책임과 권리를 공유하며, 이를 헌법과 법률이라는 제도적 장치로 구현하는 정치 체제로 정의된다. 그러나 권리와 책임이 균형을 이루지 못할 때 공동체는 지속가능한 발전 대신 갈등과 정체의 늪에 빠지곤 한다. 역사는 이를 여실히 증명한다. 고대 아테네의 민주정은 시민권이 있는 자에게 방대한 자유를 보장했으나, 다수의 독재(tyranny of the majority)[1]라는 아이러니를 동시에 낳았다. 반면 중세 봉건사회는 신분제와 조공 체계 속에서 시민에게 과도한 의무를 강제하며 혁명의 씨앗을 키웠다. 이렇듯 균형이 무너지면 민주주의는 발전이 아니라 내적 균열을 경험한다. 오늘날 대한민국 또한 '권리 과잉·책임 결핍', '권리 위축·책임 과중'이라는 이중 위협을 마주하고 있다. 이러한 배경에서 시민의 책임과 권리의 정교한 조율 메커니즘을 재점검하고, 민주국가에 걸맞은 성숙한 시민상을 천착(穿鑿)하는 작업은 시급하고도 필수적인 과제라 하겠다.

---

1) "다수의 독재(Tyranny of the Majority)"는 다수의 의사가 소수의 권리와 자유를 침해하거나 억압할 수 있는 상황을 지칭하는 정치적 개념을 뜻함. 이는 민주주의가 모든 시민의 평등한 참여를 보장하는 원칙을 지닌 동시에, 다수의 의견이 절대적 우위를 가지면서 소수의 권리나 자유를 침해할 수 있는 위험을 내포하고 있음을 경고하는 것임.

고대 아테네는 이소노미아(isonomia, 법 앞의 평등)를 내세우며 시민권을 확장했지만, 외국인·여성·노예는 이러한 권리에서 배제되었다. 이는 다수 시민의 단기적 이익이 전체 폴리스의 장기적 안정을 해칠 수 있다는 경고를 남겼다. 중세 유럽은 정반대의 오류를 범했다. 영주와 농노 간 수직적 관계는 권력의 집중을 강화했고, '의무 없는 권리', 혹은 '권리 없는 의무'가 양산됐다. 1789년 프랑스 대혁명은 이 불균형을 바로잡으려는 민중의 거센 반작용이었다. 이러한 사례들은 책임과 권리와 상호 보완성이 민주 공동체 존속의 핵심 동력임을 방증(傍證)한다고 할 것이다.

정보통신기술의 비약적 발달은 개인이 의견을 표현하고 이해관계를 투사(projection)할 수 있는 창구를 폭발적으로 확대하였다. 그러나 '무제한적 표현의 자유'가 타인의 인격을 침해하고, 가짜뉴스가 여론을 오도하는 현실은 권리의 오·남용이 공동체 신뢰를 갉아먹는 전형적 사례다. SNS의 익명성은 책임 회피의 방패로 악용되면서 권리의 과잉에 의해 사회적 자본(social capital)을 약화시키고 있다.

반대로, 책임이 과도하게 강조되는 시스템에서는 시민의 자발성·창의성이 억압되고, 행정 편의적 통제가 심화된다. 일부 국가에서 감시사회로 비화된 디지털 행정은 시민을 '통제 대상'으로 환원(reduction)함으로써 권리의 본질을 훼손한다. 두 극단 모두 민주주의의 건강성을 위협하는 '기울어진 운동장(unlevel playing field)'을 조성한다.

민주국가는 국가·지방자치단체 등 공적 공동체와, 종교·학교·동호회·시민단체 등 사적 공동체가 병행하여 이루어지는 다층적 거버넌스다.

공적 공동체는 헌법과 법률, 조례 등 제도적 규범에 의해 권리와 책임을 명문화하며 법치주의 원칙 아래 구속력을 갖고 운영된다. 예컨대 납세·국방·교육·환경보전 의무는 법적 구속력을 지닌다. 반면, 사적 공동체는 자율 규범과 관습을 통해 상호 책무를 조정하게 된다. 동호회의 회칙, 학교의 학칙, 종교단체의 교리가 이에 해당한다. 이들은 공적 규범을 보완·심화하며 시민사회의 다양성을 보장하는 역할을 수행한다.

이상의 두 공동체는 시민이 다중적 정체성(multiple identity)을 학습하고, 책임과 권리를 단계별로 내면화할 수 있는 실천의 장을 제공한다. 이러한 시민민주주의 실천의 장에서는 공동체 운영에 네 가지 원리의 적용이 요구된다.

첫째, 참여(Participation)의 원리이다. 모든 시민은 선거·국민투표·정책토론·자원봉사 등 공적 절차에 실질적으로 참여할 수 있어야 한다. 이는 단순 '권리 행사'에 머물지 않고, 의사결정 결과에 대한 후견적 책임(ex post responsibility)을 포함한다.

둘째, 투명성(Transparency)의 원리이다. 정부·지자체·공공기관은 정책 결정 과정과 정보에 모든 시민이 손쉽게 접근할 수 있도록 해야 하며, 시민은 정보 공개 청구제도·데이터 포털 등을 활용해 감시 기능을 수행할 수 있어야 한다.

셋째, 책임성(Accountability)의 원리이다. 시민은 법적·도덕적 기준뿐 아니라, 정치적 결과에 대한 책임(political accountability)을 인식해야 한다. 잘못된 선택의 비용은 결국 공동체가 부담하기 때문이다.

넷째, 공정성(Fairness)의 원리이다. 재산·성별·지역·세대 간 차별 없이 균등한 기회를 보장해야 하며, 사회적 약자를 위한 합리적 조정

(affirmative action)을 통해 '형식적 평등'을 '실질적 평등'으로 진화시켜야 한다.

그리고 시민민주주의에서 책임과 권리가 균형을 이루기 위해서는 다음과 같은 교육적·제도적 조건이 뒷받침되어야 한다.

첫째, 시민교육의 내실화가 이루어져야 한다. 초·중·고 교육과정에 '민주시민교육' '미디어 리터러시'를 필수적으로 편성하고, 체험형 학습·모의의회·지역사회 프로젝트 등 실천적 교육 방법을 도입하고 확장해야 한다.

둘째, 투명한 거버넌스 플랫폼이 구축되어야 한다. 공공기관의 의사결정 과정을 온라인 플랫폼으로 공개하고, 시민 패널(citizen panel)이나 숙의형 공론의 장(deliberative forum) 등을 제도화하여 책임성과 투명성을 함께 강화해야 한다.

셋째, 디지털 시민 윤리의 확립이다. 익명성 뒤에 숨어 책임을 방기하는 행태를 줄이기 위해 실명 기반의 공론장을 확대하고, 허위 정보 유통 책임 추적 시스템을 도입할 필요가 있다.

넷째, 시민 주도 공공 캠페인의 활성화가 필요하다. 환경·안전·복지 등 공익 영역에서 '나눔과 연대' 문화를 확산시켜 권리와 책임의 선순환을 체득하도록 해야 할 것이다.

현대 민주국가는 권리의 확장성이라는 성취에도 불구하고, 책임의 이행성이 상대적으로 취약한 '비대칭적 시민성(asymmetric citizenship)[2]'이라는 난제를 안고 있다. 이러한 문제의 해결을 위해, 국

---

[2] '비대칭적 시민성(asymmetric citizenship)'이란 현대 민주국가에서 시민의 '권리와 책임' 사이의 불균형을 의미, 즉 '권리의 과다 vs. 책임의 결여' 상황을 지칭함.

가 차원에서는 민주시민교육 강화, 투명한 의사결정 시스템 구축, 디지털 윤리 제도화로 권리·책임의 균형을 제도적으로 뒷받침해야 한다. 동시에 시민 각자는 타인의 권리 보호를 위한 자기 절제, 공동체 이익을 위한 참여 확대, 정보 검증 능력 함양을 통해 '자유를 누리는 만큼 책임을 다하는 성숙한 시민'으로 거듭나야 할 것이다.

결국, 권리 없는 책임은 "강제"이며, 책임 없는 권리는 "방종"이 될 것이다. 민주국가의 지속가능성은 책임과 권리라는 두 개의 축이 정교하게 맞물려 돌아갈 때 비로소 확보된다고 본다. 우리 모두가 "자유의 날개와 책임의 발자국"을 균형 있게 펼칠 때, 대한민국은 한 단계 더 성숙한 민주공동체로 도약할 수 있을 것이다.

『법 앞에서』의 정치: 데리다와 라투르를 통해 본 '법 블랙박스'

백우인

문학 평론가, 문학박사
인하대 다문화 융합연구소 연구교수

    근대적 의미의 법은 공동체의 약속이자 규율이었다. 서구 근대 정치 철학의 긴 역사에서 법은 사회계약의 산물로 해석되어 왔다. 장 자크 루소(Jean-Jacques Rousseau)는 법을 '일반 의지(volonté générale)'의 표현으로, 토마스 홉스(Thomas Hobbes)는 무정부 상태를 극복하기 위한 절대주권의 형식으로 이해했다. 이들은 법을 통치와 복종 사이의 계약적 기초 위에 세웠고, 그 계약은 인간 사이의 '이성적 합의'에 기반한다고 믿었다. 위르겐 하버마스(Jürgen Habermas)의 공론장(public sphere) 이론은 공적 담론을 통해 '합리적이고 이성적인' 논의가 이루어지는 장을 중요시한다. 즉, 시민들은 공론장에서 자유롭고 평등한 조건 아래 의견을 교환하고, 사회적 합의를 도출하는 과정에 참여한다고 가정한다. 이 이론은 합리적 대화와 상호 이해를 기반으로 사회적 문제를 해결할 수 있다는 희망을 내포하고 있다. 이상적인 공론장이 실현되는 사회에서는 사람들이 갈등을 해결하고 합의를 이끌어 내는 방식으로 사회적 결속을 형성한다. 그러나 프란츠 카프카(Franz Kafka)의『법 앞에서』가 묘사하는 사회적 현실에서 사회계약론과 공론장은 다음과 같은 문제를 제기한다. 첫째, 누가 그 계약에 접근 가능한가? 둘째, 그 법의 문은 누구에게 열려 있는가? 셋째, 공론장은 존재하는가? 이 글은 『법 앞에서』를 매개로, 자크 데리다(Jacques Derrida)의 탈구축주의(해체주의, Deconstructivism)와 브뤼노 라투르(Bruno Latour)의 행위자-네트워크 이론(ANT, Actor-Network Theory)을 교차시키며 사회계약설의 법을 비판적으로 고찰한다.

『법 앞에서』의 내용을 간추리면, 시골에서 온 한 남자가 "법에 들어가고 싶다"며 문지기에게 요청하지만, 문지기는 지금은 안 된다고 거절한다. 남자는 언젠가는 들어갈 수 있을 거라 믿고 문 앞에서 기다린다. 그는 평생을 그 문 앞에서 보내며 문지기를 관찰하고, 여러 시도를 하지만 결국 입장하지 못한 채 죽음을 맞이한다. 마지막 순간, 그는 "왜 나 말고는 아무도 법에 들어가려 하지 않았느냐"라고 묻자, 문지기는 말한다.
"이 문은 오직 당신만을 위한 문이었소. 이제 닫겠소."

카프카를 독해하다 보면, 『공정하다는 착각』(마이클 샌델(Michael J. Sandel)만큼이나 '법 앞에 만인은 평등하다'라는 말이 그로테스크(grotesque)한 진리가 된다. 법은 항상 열려 있는 듯 보이지만, 실제로는 접근이 어렵다. 순종적인 기다림은 진정한 '법'에 도달하지 못하게 만든다. 법은 각자에게 다른 의미로 다가오며, 주체적인 결단이 없다면 '법'은 도래하지 않는다. 법은 추상적인 체계가 아니라, 개인이 직접 결단하고 나아가야 도달할 수 있는 '고유한 사건'인 셈이다. 그러므로 법을 기다리는 자가 아니라 '결단하는 자'만이 법에 도달할 수 있다고 읽힌다. 그러면서 카프카가 말하려 했던 것은 체제의 폐쇄성만이 아니라 우리가 법을 '어떻게 기다리고 있는가', 그리고 법이라는 이름 아래 어떤 구조가 작동하고 있는가에 대한 근본적인 문제 제기로 보인다. 문지기는 질서가 아니라, '접근할 수 없는 질서'의 상징이며, 법은 실재라기보다 욕망과 권력의 장으로 재배치된다.

카프카의 작품들에서 묘사되는 사회적 현실은 하버마스가 그린 공론장과는 현저히 다른 양상을 보인다. 카프카의 세계는 공론장이 실현되지 않는, 혹은 공론장 자체가 존재하지 않는 사회의 구조를 보여준다. 『성』, 『심판』에서 K는 이유도, 죄목도 알지 못한 채 조사받고 심판받는다. 성의 관료들은 어떤 설명도 해주지 않으며, 상황은 점점 미궁으로 빠진다. 『성』에서 성은 행정 기구가 아니라, 권력과 제도, 관료주의, 법률이 복잡하게 얽힌 구조물이다. 『법 앞에서』 역시 법은 비밀스럽고 접근할 수 없는 것, 즉 타자에게 닫혀 있는 구조로 나타난다. 주인공은 법 앞에 서 있지만, 그 법은 결코 그에게 열린 문을 제공하지 않는다. 이 법은 논의나 합의, 해석이 이루어질 수 있는 공적인 공간을 허락하지 않으며, 오히려 그것을 독점적으로 유지하려 한다. 이처럼 카프카의 작품은 공론장이 제대로 작동하지 않는 사회의 현실을 그려내며, 이는 하버마스가 이상적으로 제시한 공론장 이론의 실현 가능성에 대한 의문을 제기하는 것이다.

'법'과 '정의'는 종종 같은 이름으로 불리지만, 정치철학은 이 둘 사이의 긴장에서 출발한다. 데리다에게 법(law)은 '반복 가능하고, 적용 가능한 규칙'으로 정의된다. 법은 실정화되고 제도화된 규범 체계로서,

인간 사회가 규정하는 바에 따라 구성된다. 이러한 법은 역사적이며 정치적 산물로, 각 시대와 사회의 요구에 맞춰 형성된다. 법이 반복 가능하고, 적용 가능한 규칙이라는 것은 보편성과 반복 가능성에 대한 요구에 다름 아니다. 법적 판결은 반드시 예측 가능하고, 규칙을 따르는 방식으로 내려져야 할 것이다. 그렇지만 이러한 법의 제도적 특성은 또한 법의 해체 가능성을 의미한다. 법은 그 적용에 따라 언제든지 재구성될 수 있으며, 그 자체로 완결된 진리나 정의를 내포하고 있지 않다. 법이 항상 정치적이고 역사적 산물로서 사회적 요구에 맞춰 변화한다는 말은 바로 이런 맥락에서다.

데리다에게 정의(justice)는 '도래하는 것(to come)', 다시 말해 아직 오지 않았고 오고 있는 사건이며, 어떤 규칙으로도 환원되지 않는다. 정의는 어떤 절대적 타자, 개별자에 대한 무한한 책임으로만 접근 가능하다. 법은 실정화되지만, 정의는 실정화될 수 없다. "법은 해체될 수 있다. 그러나 정의는 해체될 수 없다"라는 말은 이런 의미를 함축한다. 데리다의 문법에 따르면, 진정한 정치철학은 법 앞에 서는 것으로 끝나지 않는다. 그것은 법을 다시 쓰는 일, 정의의 도래에 맞춰 법을 번역하는 일이 되어야 한다. 라투르는 이 과제를 더 구체적으로 체현할 수 있는 틀을 제안한다.

라투르는 '행위자-네트워크 이론'으로 사회적, 자연적 현상에 대한 새로운 시각을 제시한 철학자이자 사회학자이다. 라투르의 핵심 개념은 '행위자'와 '네트워크'다. 그는 인간과 비인간, 사회와 자연을 이분법적으로 나누지 않고, 이들 간의 상호작용과 연결망을 중심으로 세상을 이해하고자 한다. 그의 주요 주장은 '모든 존재는 관계와 상호작용 속에서 의미를 만들어낸다'는 것이며, 이로 인해 기존의 근대적 이분법 사고방식에서 벗어나, 세계를 연결된 네트워크로 바라보게 한다. 라투르가 전개한 '행위자-네트워크 이론'은, 사회적 관계를 인간 중심으로만 설명하는 것이 아니라, 인간과 비인간을 포함한 모든 행위자들이 서로 얽히고 영향을 미친다는 것을 전제로 세상(실재)을 이해한다. 그는 물질적 객체, 기계, 기술 등 비인간도 행위자로 간주하며, 이들이 인간과 동등하게 상호 작용하는 과정에서 사회적 현상이 발생한다고 주장한다. 그의 강조점은 한마디로 사회적 현실은 인간과 비인간, 자연과 사회가 함께 결합된 혼종적인 행위자가 만들어가는(구성되는) 복잡한 네트워크의 결과물이라 데에 있다.

라투르는 『우리는 결코 근대인이었던 적이 없다』에서 홉스의 고전적 사회계약론을 해체하고, 그 핵심 개념인 '리바이어던(Leviathan)'을 선험적인 절대 권력이 아니라, 번역을 통해 구성되는 인공물로 재정의한다. 홉스가 상정한 사회계약은 '만인의 만인에 대한 투쟁'이라는 자연 상태를 극복하기 위해 인간이 자신들의 권리를 주권자에게 일괄 위임하는 행위로 이해되었다. 그러나 라투르는 이러한 모델이 실제 사회적 질서의 구성 방식과 괴리되어 있다고 비판한다. '행위자-네트워크 이론'의 관점에서 볼 때, 리바이어던이라는 '블랙박스(black box)'는 위에서 주어진 실체가 아니라, 다양한 인간과 비인간 행위자들이 상호작용하고 협상하며 끊임없이 '번역(translation)'을 수행한 결과로 만들어진 '정치적 네트워크의 산물'이다. 이때 블랙박스란, 너무 잘 작동해서 쉽게 접근을 허용하지 않는 기술, 사실, 제도, 이론, 도구 등을 말한다.

가령, 국가권력의 정당성, 법의 권위, 주권의 절대성 등이 너무나 '당연한 것'처럼 받아들여지고 있어서, 그 구성 방식, 폭력성, 배제의 논리는 더 이상 의심받지 않는다는 것을 뜻한다. 번역이란, 언어적 변환이 아니라 이해관계를 재조정하고, 설득과 타협, 심지어는 물리적 강제력을 통해 동맹을 규합하며, 하나의 거시-행위자를 창출하는 과정이다. 이를테면 사회계약설에서 '리바이어던'이라는 형태를 형성해 가는 복잡한 조율의 과정이 바로 그것이다.

라투르는 이를 '홉스의 패러독스'라고 부르며, 사회계약 이전에는 존재하지 않던 크기나 위계를, 번역을 통해 구성된 네트워크 속에서 나중에야 획득된 것으로 설명한다. 라투르는 「거대한 리바이어던 해체하기: 행위자는 실제를 어떻게 거시-구조화하며 사회학자는 이 과정을 어떻게 도울 수 있을까」라는 논문에서 리바이어던은 처음부터 큰 것이 아니라, 행위자의 번역을 통해 커지는 것이라고 피력한다. 즉, 권력의 원천은 위임의 순간에 있는 것이 아니라, 번역의 연속적 실천에 있다. 특히 라투르는 이 거대한 권력의 안정성과 지속성이 단지 인간의 의사결정만이 아니라, 문서, 장비, 법률 문구, 통계, 기술 인프라 등과 같은 비인간 행위자의 협력에 의해 보장된다는 점을 강조한다. 이러한 비인간 요소들이야말로 리바이어던을 지속가능하게 만들며, 일시적인 인간의 의지나 합의를 넘어서 네트워크의 영속성을 만들어낸다. 따라서, 라투르의 해석에 따르면 사회계약이란 항상 갱신되고 재구성되는 계약, 즉 '번역의 네트워크'다.

라투르의 이론에 따르면, 법은 법의 권위와 제도적 틀을 통해 강제로 강요되는 것이 아니라, 다양한 행위자들의 네트워크를 통해 끊임없이 구성되고 재구성된다. 카프카의 세계에서는 법이 고정된 권위로 존재하며, 주인공은 그것에 도달할 수 없고, 결국 '법 앞에서' 더 이상 할 수 있는 일이 없다. 그러나 라투르에게 있어 법은 결코 그처럼 닫혀 있는 구조가 아니다. 오히려 법은 다양한 사회적, 정치적, 문화적, 경제적 행위자들이 상호 작용하는 네트워크로서 이해되어야 한다. 이로 인해, 법은 고정된 권력의 기계가 아니라, 열린 과정으로 바라볼 수 있다. 법은 한 사람이나 집단의 손에 의해 결정되는 것이 아니라, 다수의 행위자에 의해 끊임없이 협상되고 변형되는 과정 속에서 의미를 가지게 된다.

그러므로, 라투르의 관점에서는 '법을 다시 그리는 실천'이 가능하다. 구체적으로, 법에 대한 고정된 해석을 거부하고, 법을 구성하는 다양한 행위자를 인식하고 그들 간의 상호작용을 통해 법의 의미를 다시 재구성하는 것이다. 이는 기존의 법에 대한 비판적 재구성을 넘어서, 실제로 법을 만들어가는 과정에 적극적으로 참여하는 새로운 형태의 정치적 실천이다.

그렇다면, 카프카의 인물처럼 문 앞에서 죽음을 기다리는 존재로 남을 것인가, 아니면 데리다가 요청하는 '불가능한 정의'의 도래를 감행할 것인가? 라투르는 이 물음에 구체적인 윤곽을 제공한다. 그는 정치란 '다수의 행위자가 함께 존재하게 되는 방식의 실험'이라고 보았다. 그리고 그 실험이 곧 '번역의 실천'이다. 이 실천은 서로 이질적인 존재들이 함께 네트워크를 이루며, 특정한 질서나 규범을 '작동하게 만드는' 정치적 조율의 방식이다. 법은 이 네트워크 위에서만 존재할 수 있으며, 따라서 법은 고정된 규범이 아니라 '행위'이자 '과정'이 된다.

가령, 환경 법제를 생각해 보자. '기후변화'라는 사건은 인간 중심의 법률 언어로만 해석될 수 없다. 여기에는 기온, 이산화탄소, 위성 데이터, 시민 행동, 미래 세대의 이익, 비인간 생명체의 생존권 등이 얽혀있다. 이러한 조건 속에서 법은 기존의 틀로는 도달할 수 없는 영역에 진입한다. 이때 필요한 것은 누가 누구와 연대하고, 어떤 사물과 감응하며, 어떤 관계들을 새로 구성하는가이다. 법은 다시 쓰여야 하며, 이 다시 쓰임은 바로 번역의 정치를 통해 가능해진다.

여기에서 데리다의 '정의는 항상 도래해야 하며, 반복될 수 없다'는 명제가 다시 살아난다. 번역은 반복되지 않는 행위이며, 법은 동일하게 적용되는 것이 아니라 항상 새롭게 발명되는 것이다. 그 과정에서 기존의 법적 주체의 경계는 흔들리고, 공론장은 확장된다. 인간만이 아니라, 데이터를 가진 기계, 문학, 광장의 연대, 감정의 파장, 역사적 트라우마도 이 정치의 행위자가 된다. 이것이 바로 '법을 다시 그리는 자'의 윤리이자 정치다. 더 이상 문 앞에 서지 않고, 문 자체를 다시 짓는 자. 다시 말해, '정의의 문'이란 이미 주어진 입구가 아니라, 다양한 존재들이 함께 설계하고 참여하는 열린 구조물이어야 한다. 라투르가 말한 '협상과 조율의 정치'는 바로 이 새로운 법 구성의 기술이자 감수성이다. 카프카의 법에서 주인공은 블랙박스화된 법에 도달할 수 없으며, 법의 문 앞에서 기다리지만 결코 문을 넘지 못한다. 하지만 라투르는 가능성을 열어둔다. 그것은 바로 법이라는 블랙박스를 열어 그것을 구성하는 행위자들을 재조립하고 그것의 네트워크에 적극적으로 참여하는 것, 그리하여 '기다리는 자'에서 문 자체를 새로 만들 수 있는 법을 재구성하는 '행위자'로 변신(metamorphosis)하는 것이다.